图 2-28　明暗交替环境测试结果

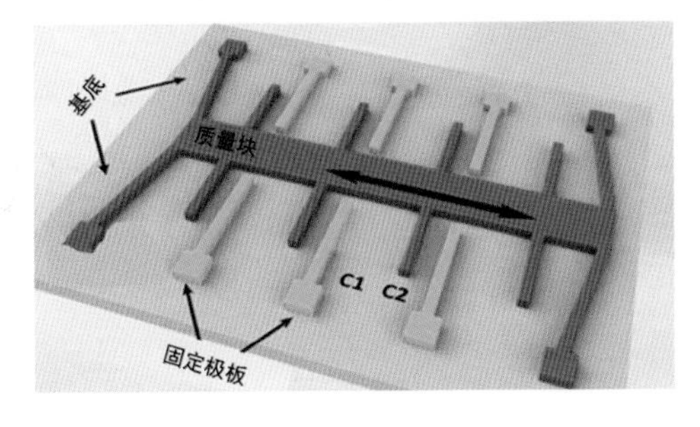

图 3-8　一个接近真实 MEMS 加速度计的结构示意图

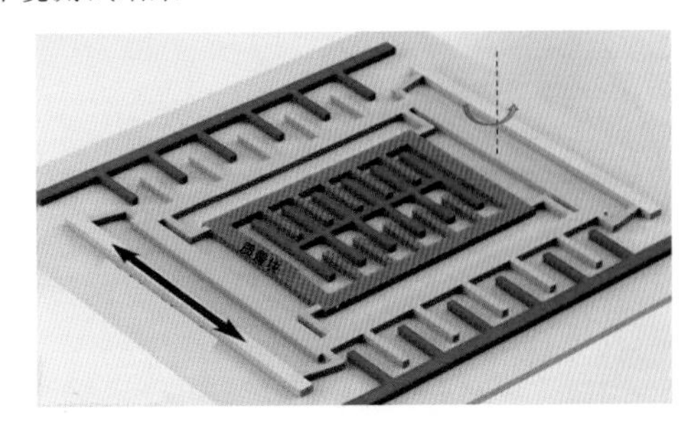

图 3-12　MEMS 陀螺仪结构示意图

图 6-7　激光雷达点云效果

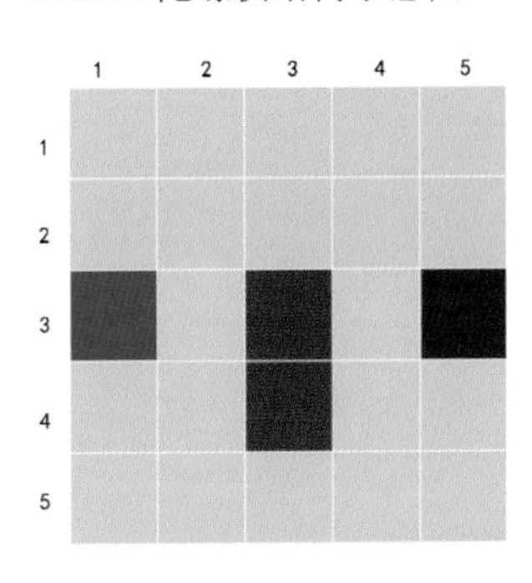

图 6-28　经过简化后的搜索区域

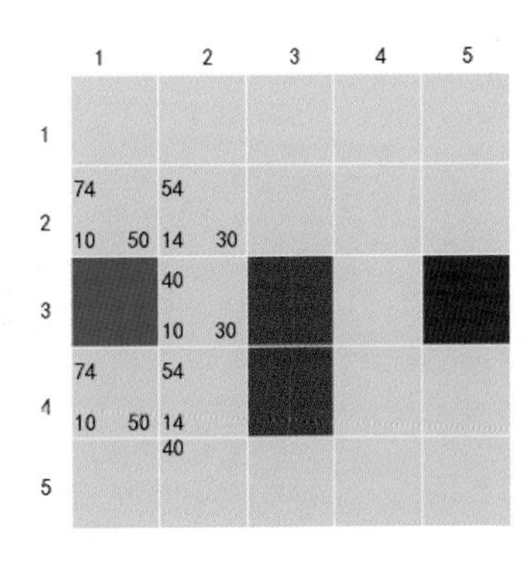

图 6-29　第 1 轮计算后的结果

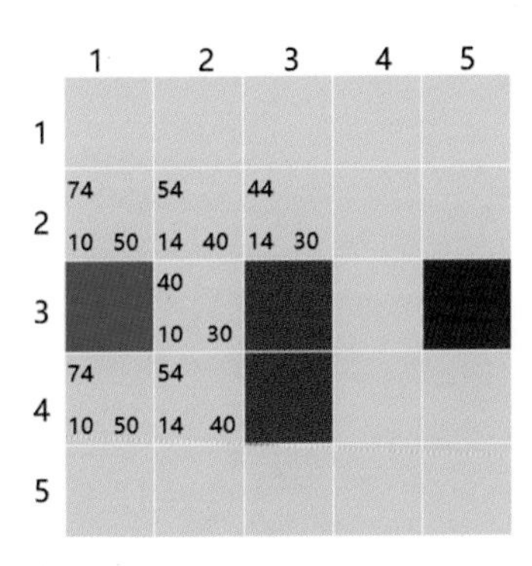

图 6-30　第 2 轮计算后的结果

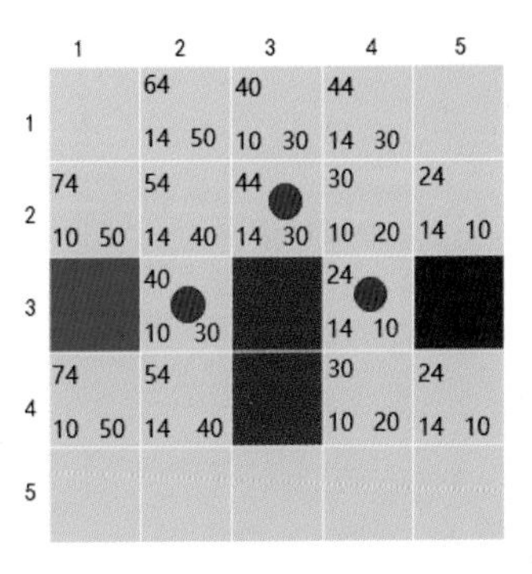

图 6-31　最后计算得到的结果

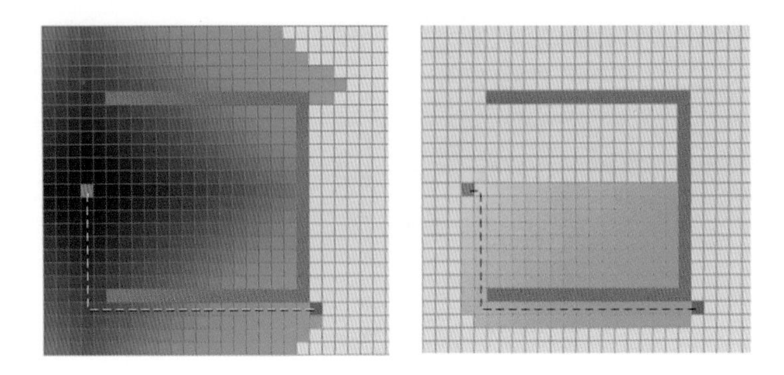

图 6-32　Dijkstra 算法和 A*算法的路径搜索效率示意图

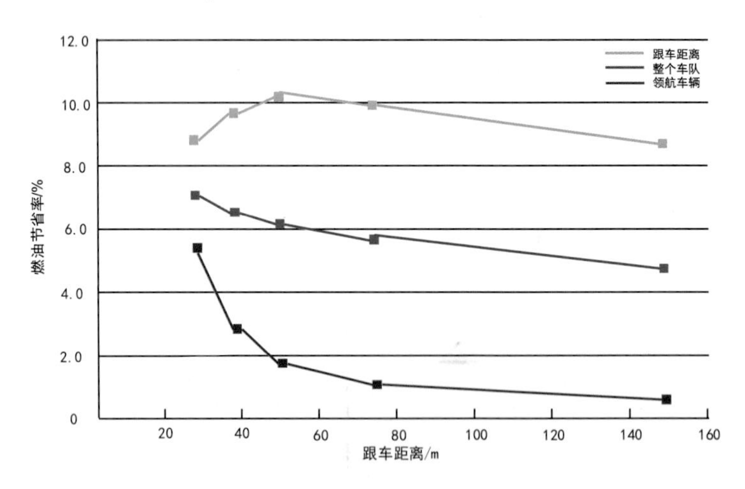

图 8-26　车间距离与油耗的关系

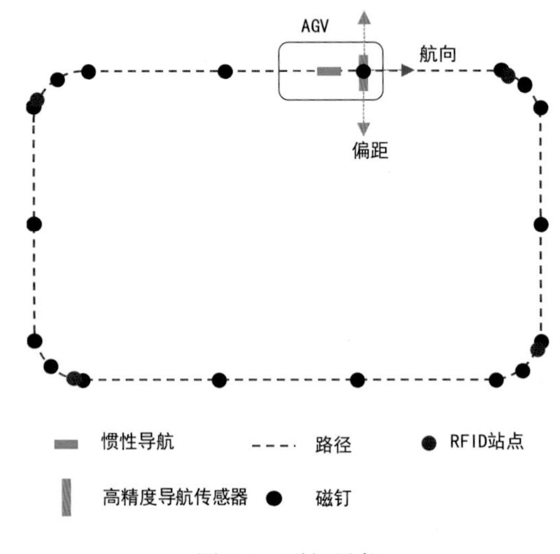

图 9-7　磁钉导航

大话自动驾驶

11号线人◎著

電子工業出版社
Publishing House of Electronics Industry
北京•BEIJING

内 容 简 介

本书从硬件、软件、行业三个方面系统地介绍自动驾驶那些事儿。在第1篇中，通过5章详细介绍雷达、相机、定位、芯片、线控底盘等自动驾驶关键硬件的工作原理、应用场景、发展趋势等内容。在第2篇中，通过3章详细介绍自动驾驶领域具有代表性的算法、系统、功能等内容。在第3篇中，通过1章对行业中发生的一些具有长远借鉴意义的故事进行分析和总结。

本书作为一本自动驾驶知识科普图书，由浅入深、通俗易懂，既适合汽车行业从业者和有兴趣从事汽车行业的读者阅读，也适合高等院校车辆、机械、计算机等相关专业师生阅读。

图书在版编目（CIP）数据

大话自动驾驶 / 11号线人著. —北京：电子工业出版社，2023.11

ISBN 978-7-121-46532-1

Ⅰ. ①大… Ⅱ. ①1… Ⅲ. ①汽车驾驶－自动驾驶系统 Ⅳ. ①U463.61

中国国家版本馆CIP数据核字（2023）第199875号

责任编辑：张　爽
印　　刷：三河市华成印务有限公司
装　　订：三河市华成印务有限公司
出版发行：电子工业出版社
　　　　　北京市海淀区万寿路173信箱　　邮编：100036
开　　本：787×980　1/16　印张：25　字数：448千字　彩插：1
版　　次：2023年11月第1版
印　　次：2023年11月第1次印刷
定　　价：109.00元

凡所购买电子工业出版社图书有缺损问题，请向购买书店调换。若书店售缺，请与本社发行部联系，联系及邮购电话：（010）88254888，88258888。

质量投诉请发邮件至zlts@phei.com.cn，盗版侵权举报请发邮件至dbqq@phei.com.cn。

本书咨询联系方式：faq@phei.com.cn。

推荐语

作者长期身处自动驾驶产业一线，对自动驾驶的基本原理及细节理解透彻，并以容易让人理解的方式讲述出来。本书在内容定位上，“内行读了不觉得肤浅，外行读了不觉得深奥”，且不乏幽默感、趣味性，是一本值得细读的书。

九章智驾创始人 苏清涛

一位沉醉于自动驾驶之美的工程师，一位立志要将自动驾驶之美记录下来的从业者，一种表面戏谑、本质严谨的写作风格，一本平实但深刻、严肃但有趣的自动驾驶科普图书。

智加科技中国首席科学家 崔迪潇博士

本书从一线从业者的视角出发，内容更接地气、更扎实。书中写出了普通工程师对技术细节的执着，道出了一线从业者对行业变革的独到见解。这是一本在严肃科普中透着诙谐，在硬核知识中蕴藏着幽默，让人耳目一新的自动驾驶科普图书。

斯年智驾 CEO 何贝博士

作者在智能汽车行业工作多年，看到了自动驾驶领域的现状及存在的问题。本书用通俗易懂的语言阐明了晦涩难懂的技术原理，用幽默趣味的方式厘清了枯燥无聊的硬核知识。本书内容可谓“实而不虚、精而不滥”，是一本非常扎实的自动驾驶科普图书。

深信科创自动驾驶首席科学家 黄浴博士

序一

亲爱的读者朋友们，你们好！

自动驾驶汽车是许多科幻作品的标准配置。1993 年，科幻电影《超级战警》中就出现了利用计算机控制的自动驾驶汽车，它们在道路上高速行驶、灵活避障、智能快捷，是电影主角拯救苍生的交通工具。美中不足的是，电影将这一技术的出现时间设定为 2032 年，然而科技的发展速度显然超过了人们的想象。如今，自动驾驶技术正以强大的生命力不断改变人们的生活方式，并成为以人工智能为代表的第四次工业革命的重要推手。

作为一名自动驾驶领域的研究人员，我阅读过不少关于自动驾驶的优秀书籍。按照我的理解，这些书籍主要分为两类：一类是面向专业人员的技术类书籍，另一类是面向少儿的科普类书籍。除此之外，似乎还缺少一类既包含技术原理，又有趣味性和科普性的书籍。这类书籍面向的读者对象是社会大众，它可以用生动有趣的方式展示技术原理，并结合实际案例和人文故事，让大多数读者不至于对一项高端晦涩的技术望而却步。本书针对这一空白做了有益的尝试，以诙谐幽默的语言向读者讲述自动驾驶的技术脉络，以循序渐进的方式让读者快速建立自动驾驶的知识体系，并最终带领读者走进这个风起云涌的领域。

最初打开本书时，其中的标题让我眼前一亮，“割韭菜第二快的刀”“老兵的二次出征”“备战科考的‘寒门书生’”……这是活泼而不失严谨的写作方式。细读本书后，我发现它可以帮助读者快速深入了解自动驾驶的硬件系统，从传感器到控制器，再到执行器，从而使读者了解每个精巧的部件如何协同工作、如何将车辆变成拥有智慧的交通工具。同时，本书还介绍了作为自动驾驶灵魂的软件系统，帮助读者理解类脑算法如何模仿人和超越人，以及如何实现全自主的感知、决策和控制。本书还分享了一些有趣的行业主题，包括智能汽车的成本控制、落地场景的选择，以及关键的技术路线之争，为读者了解这个行业起到了抛砖引玉的作用。虽然关于自动驾驶的很多问题现在还未得到确切的结论，但是本书提供了更多思考和探索的空间。

借用王国维先生对学问之道三重境界的比喻，读书过程首先在于观其大略，了解概貌；其次在于熟读精思，孜孜以求；最后专注探究，以求豁然贯通。作为自动驾驶领域的一名研究人员，我特别期待本书能够激发读者对科技的好奇心，启发读者对智能汽车、智慧交通乃至人类科技文明发展的思考。

最后，请你们翻开这本书，跟随作者一起踏上自动驾驶的探索之路。祝愿每位读者朋友阅读快乐，快乐阅读！

李升波

2023 年 7 月于清华园

序二

20 世纪以前，汽车技术始终以一种“徐徐展开”的方式向世人展示它的魅力，发动机、变速箱、底盘作为汽车的经典“三大件”，未曾展现其“女大十八变”般的风采。

20 世纪以后，汽车技术开始以一种“急速狂飙”的方式向世人展示她的活力，电动化、智能化、网联化作为汽车的新式“三大件”，正在以让人目不暇接的方式进行着技术革新。

在新式“三大件”中，以智能化为代表的自动驾驶——作为人工智能在汽车领域点亮的璀璨明珠——必将改变人类社会的出行方式。但每当有人问我“高级别自动驾驶什么时候可以大规模落地”的时候，我竟不知该如何回答。

单车智能与车路协同尚未决出胜负，是否需要高精地图仍在被讨论，传感器技术路线还没有收敛……行业内的争论加上行业外的质疑，使技术上本就未收敛的自动驾驶蒙上一层神秘的面纱。

如何褪去面纱，还原自动驾驶技术的本来面目？我想，面向大众的科普是最好的方式之一。

《大话自动驾驶》便是一本我读过的，并窃以为可以发挥此类作用的科普书。本书作者既非行业外观察者，也非行业内评论员，而是上可对接供应商、中可斡旋研发、下可汇报客户的一线从业人员，所以本书的主题是接地气的、内容是详实的、讲解是循序渐进的。

本书从硬件、软件、行业三个方面展开对自动驾驶技术的全方位科普，从中你既能了解到激光雷达的使用痛点，也能学习到卡尔曼滤波的神奇之处，还能窥探到干线物流仓到仓的运输模式。

粗读本书的时候，我会不时地被作者诙谐幽默的文风逗笑；细读某些章节的时候，我会被作者对自动驾驶技术深入浅出的写法吸引。书中虽有不少公式，但并未提高阅读门槛；虽有很多术语，但并未增加阅读难度。

当然，本书依旧存在需要改进和优化的地方，每个章节内容独立的写法虽然可以方便读者随翻随阅，但也容易让人产生阅读上的割裂感，希望本书再版时可以增加各个章节间承上启下的内容。

最后，愿自动驾驶能够早日历经完“八十一难”，修成“正果”！

黄岩军

2023 年 7 月

前言

编写背景

2020 年之前，我是一名“传统汽车人”——传统车辆工程专业毕业，成为传统主机厂零部件工程师，上学时在实验室拆过发动机、变速箱，工作后在试制车间拆过控制器、刷过软件。那时，我以为自己会一直在这个岗位兢兢业业工作到退休。

2020 年是我职业生涯及人生的分水岭。受公司变革措施的影响，我开始思考自己在零部件工程师岗位上的发展前景，久思而不得，风高浪急之下，我决定收拾行囊、重新出发，出发的方向就选在了当时炙手可热的人工智能领域。历经百般波折后，我如愿在 2020 年国庆假期后踏入了自动驾驶领域。

刚踏入自动驾驶领域时，我能明显感受到这个领域对“传统汽车人”并不“友善”，无论是硬件还是算法，涉及的知识广度和深度都远超汽车领域以往的任何新技术。但遗憾的是，我却找不到一本可以带我入门的科普图书，已有的资料多是出自科研院所的论文。

同时，在摸索着开展工作的过程中，我发现只了解一些孤立的知识点很难将工作做好：对于来自上游的需求，基于当前的技术条件无法准确判断是否合理；对于来自下游的结果，基于当前的技术条件无法客观评价是否达到极致。

以上两点正是本书诞生的背景，我编写本书的初衷是系统全面地介绍自动驾驶领域关键的软硬件知识，力求有公式但不无聊、有图片但不浅显，为相关从业者和爱好者提供一本自动驾驶领域的百科全书。对于我个人而言，本书也是一份对自我修炼过程的记录。

本书内容

本书主要介绍自动驾驶软硬件的核心知识，围绕硬件、软件、行业三部分展开。

第 1 篇“硬件那些事儿”，主要围绕自动驾驶的雷达、相机、定位、芯片、线控底盘进行介绍。

- 第 1 章介绍激光雷达和毫米波雷达（3D 和 4D 毫米波雷达）的相关知识。
- 第 2 章介绍车载单目相机、车载双目相机、车载鱼眼相机、车载红外相机的相关知识。
- 第 3 章介绍 GNSS、IMU、高精度组合导航、UWB 的相关知识。
- 第 4 章介绍 AI 芯片、安全核、PCIE 的相关知识。
- 第 5 章介绍线控制动、线控转向、线控悬架的相关知识。

第 2 篇“软件那些事儿”，主要围绕自动驾驶的算法、系统、功能进行介绍。

- 第 6 章介绍 SLAM、卡尔曼滤波算法、点云配准、决策规划的相关知识。
- 第 7 章介绍高精地图、时间同步、gPTP、交换机、Hypervisor、复杂工况和恶劣天气、系统设计的相关知识。
- 第 8 章介绍 ODC、AEBS、泊车、远程驾驶、编队行驶、单踏板模式的相关知识。

第 3 篇“行业那些事儿”，主要围绕对行业发展具有借鉴意义的事情进行介绍。

- 第 9 章介绍在自动驾驶领域封闭场景、半封闭场景、开放场景中发生的一些故事。

本书特色

（1）全栈知识。本书涉及自动驾驶的全栈知识，既涉及与硬件相关的传感器、计算单元、芯片，也涉及与软件相关的算法、系统和功能，还有对行业的分析解读。本书能让读者快速了解自动驾驶知识的全貌，有利于读者构建“钉耙型”知识结构。

（2）深入浅出。本书内容全面且有深度，针对每个知识点，按照过去、现在、将来的思路展开横向介绍，并按照原理、价值、应用的思路展开纵向介绍，目的在于使外行人看得进去、使内行人看了有感悟。

（3）语言诙谐。本书通过有趣的故事引入主题，并用诙谐的语言对主题进行介绍，将晦涩难懂的知识点变得通俗易懂，使读者看得进去、看得明白。

（4）完美图解。本书通过大量形象化的绘图，对知识点进行介绍和剖析，使复杂难懂的问题变得简单有趣，使阅读过程更有乐趣。

建议和反馈

躬身而知不易，写科普图书不易，特别是写自动驾驶相关知识的科普图书。尽管我已竭力使本书接近完美，但自动驾驶领域涉及的知识广泛且深奥，因此本书不可避免地存在一些我理解不到位甚至存在偏差的问题。希望本书能起到抛砖引玉的作用，让行业内更多专家和学者投身到自动驾驶的科普工作中。任何关于本书的错误、建议，或者如果需要任何的帮助，都可以关注我的微信公众号“十一号组织”，或者根据本书封底处的“读者服务”加入本书读者群，与我进行交流，我将不胜感谢。

11 号线人

目录

第 1 篇　硬件那些事儿

第 2 篇　软件那些事儿

第 3 篇 行业那些事儿

第1篇

硬件那些事儿

01 雷达

车载雷达作为自动驾驶领域一类重要的感知传感器，既包括炙手可热的激光雷达，也包括历久弥新的毫米波雷达。它们在自动驾驶急速狂飙的道路上究竟扮演着怎样的角色？正在以一种什么样的技术路线向前演进？落地过程暴露出哪些问题？怎样发现、解决这些问题？

本章首先会以激光雷达中一面重要的“镜子”为切入点，详细介绍业界主流的混合固态激光雷达的工作原理；然后以激光雷达在落地过程暴露出来的一些问题为背景，介绍一套解决这些问题行之有效的方法；最后以传统 3D 毫米波雷达的工作原理为引子，介绍 4D 毫米波雷达如何一步步被锻造成自动驾驶圈内“割韭菜第二快的刀”。

1.1 “镜子”，激光雷达撬起前装量产的支点

在自动驾驶的感知领域，一直存在着路线之争。以特斯拉为首的少数派从“第一性原理”出发，坚持以更接近人眼原理的相机去感知环境信息。以 Waymo 为首的多数派坚持激光雷达、相机等多传感器融合才是走向胜利的康庄大道。

在多数派的多传感器融合路线中，激光雷达成为绝对的主力感知传感器。尽管激光雷达的技术演进路线依旧发散，甚至站在 2023 年的时间点都看不到一个清晰的终局方案。但作为中间过渡技术方案的混合固态激光雷达，正迎来自己在前装量产的高光时刻。

据《建约车评》报道，2022 年下半年，部分头部激光雷达厂商的单月前装量产出货量已经达到 1 万台，2023 年更是有望达到年 10 万台的出货量级。相比于 2020 年和 2021 年月均百台、千台的出货量，混合固态激光雷达上车可以算得上是阶段性的胜利。

细究各激光雷达厂商出品的混合固态激光雷达产品，发现它们无论在收发器还是扫描单元上均未实现技术上的收敛，有种“三国混战”的既视感。神奇的是，多条混合固态激光雷达技术路线都与一面“镜子”有关。

“镜子”在混合固态激光雷达的技术路线上扮演着什么角色？发挥了哪些至关重要的作用？下面让我们一探究竟。

1.1.1 机械旋转式激光雷达

正式开始介绍混合固态激光雷达中的“镜子”之前，有必要先简单介绍它的前辈，一位仍处于当打之年的勇士：机械旋转式激光雷达。

机械旋转式激光雷达主要包括三大模块：发射模块、扫描模块和接收模块。

发射模块和接收模块由一个个激光发射器和接收器堆叠而成，发射模块和接收模块在电机带动下进行 360°旋转。发射模块发射的激光束在扫描模块反射下，将每条激光线束均匀打到外界被测物体上。接收模块接收到被测物体回波脉冲后，计算激光脉冲发射与接收之间的时间差，通过乘以光速来实现物体之间距离的测量。

机械旋转式激光雷达的原理决定了它要实现多少数量线束的点云效果，就需要有多少组激光发射器和接收器。机械旋转式激光雷达的成本、体积、装调难度又直接和线束数量成正比，而对于这种技术方案，业界普遍认为无法实现前装量产，归纳下来，主要有以下几点原因。

（1）成本。主机厂对前装量产的单颗激光雷达有一个默认的成本共识——价格低于 1000 美元，等效线束大于 64 线。别说 64 线，连 16 线的机械旋转式激光雷达的平均价格目前都无法达到这一价格区间。激光雷达的成本主要集中在激光发射器和接收器，因此要达到这一价格区间，就必须从降低激光发射器和接收器的数量上入手。

（2）车规。机械旋转式激光雷达内旋转的大电机和机械扫描部件很难满足主机厂的车规要求。有的人会问，雨刮电机为什么符合车规？这是因为，电机轴承磨损导致雨刮少移动或多移动 2mm，是几乎不会影响使用效果的，但是激光雷达却不行。激光雷达作为高精密的传感器，在高温耐久、振动冲击过程中，其测距精度、点云质量都需要满足严苛的试验标准，否则就无法满足车规要求。

（3）造型。大家可能在路上或新闻报道中都看到过车顶装有机械旋转式激光雷达的测试车辆，图 1-1 是 Waymo 公司运营的 Robotaxi 的实拍图。对这种长了“犄角”和“避雷针”的自动驾驶汽车，路人总是充满好奇。

对于测试车辆来说，这种造型没有问题，毕竟车子所有权归属于公司，消费者买的是出行服务。但是要说服消费者去买一辆车顶装有机械旋转式激光雷达的私家车，还是挺有难度的。故在造型上，机械旋转式激光雷达还需更含蓄一点，以满足前装量产嵌入式造型的要求。

图 1-1 Waymo 公司运营的 Robotaxi 的实拍图

（4）制造。机械旋转式激光雷达的生产制造瓶颈在于装调。2017 年，当时 Velodyne 是唯一的高线束激光雷达供应商，其供货周期基本在半年到一年，作为股东的百度拿货都困难，更别提当时的自动驾驶初创公司了。以 64 线机械旋转式激光雷达为例，每个激光收发器都需要校准一次，共需要 64 次，且基本全由人工完成。这样的生产制造能力，无法满足千万级销量的前装量产市场需求。

鉴于以上痛点，各激光雷达厂商基本都在机械旋转式激光雷达的基础上，推出了面向前装量产的混合固态激光雷达，以期可以在成本、车规、造型、制造能力上尽快达到主机厂的要求。

1.1.2 混合固态激光雷达

混合固态激光雷达是指发射模块和接收模块不再进行 360° 旋转，而是通过一面“镜子”的一维或二维往复旋转，来实现激光线束的扫描。这个镜子时而是棱镜，时而是转镜，时而又是微机电系统（Micro-Electro-Mechanical-System，MEMS）微振镜，总之不是我们熟悉的穿衣镜。

1. 棱镜

棱镜路线的代表人物，也是唯一走这条路线的激光雷达厂商是 Livox。Livox 的名声大噪并不是因为它的母公司大疆创新在无人机领域“独霸武林”，而是因为它在 2020 年直接推出万元价格区间内面向自动驾驶的激光雷达。

Livox 独创的非重复扫描技术，在 0.1s 的积分时间内，扫描覆盖率与机械旋转式 64 线激光雷达相当，而彼时机械旋转式 64 线激光雷达的平均价格还在 10 万元左右。

Livox 的思路也非常简单，既然成本主要花在激光收发器上，那么它就从减少激光收发器的数量上着手。可是数量减少，怎么实现和高线束机械旋转式激光雷达一样的点云效果呢？

Livox 给出的解决方案是采用空间激光通信领域的旋转双棱镜（或称为旋转双光楔）方案。如图 1-2 所示，激光雷达的收发模块（图 1-2 中的 PLD 发射器和 APD 接收器）固定，通过电机带动双棱镜进行高速旋转。通过对光学参数进行特殊设计，可以产生不同角度的折射光线，从而实现视场角（Field Of View，FOV）范围内更高线束的覆盖。而随着电机转速的不同，会产生不同的扫描图案。

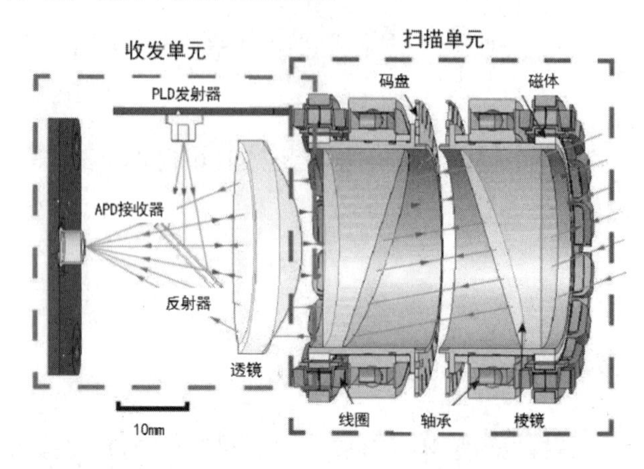

图 1-2 Livox 激光雷达的双棱镜结构①

激光收发器的数量减少了（2021 年 8 月上市的小鹏汽车 P5 车型搭载的 Livox 车规版激光雷达 HAP 只有 6 组激光收发器，但在 100ms 积分时间内可达到与 144 线机械旋转式激光雷达相同的点云效果），成本相应大幅降低。激光收发模块固定，电机只需要带动双棱镜旋转，避免了类似传统机械旋转式激光雷达的多次装调问题，量产能力也相应得到了提高。

剩下的就只有车规这一道关卡了，因为要用 6 组激光收发器实现与 144 线机械旋转式激光雷达相同的点云效果，双棱镜在单位时间就必须转得更快，最终导致电机转速高达 6000r/min。要知道，通过了车规的法雷奥激光雷达 Scala 电机转速也只有 600r/min。电机的寿命与电机的转速成反比，高转速对轴承及油脂的选择大有讲究，这需要大量的耐久试验及超高的工艺水准，这类基础工艺也是我国制造业普遍欠缺的。Livox 棱镜方案系列混合固态激光雷达产品能否经得起车规的考验，让我们拭目以待。

2. 转镜

转镜赛道就比较热闹了，国外的厂商有 Ibeo、Innovusion，国内的厂商有禾赛科技、

① 参考自 Liu Z, Zhang F, Hong X. Low-cost Retina-like Robotic Lidars Based on Incommensurable Scanning, 10.48550/arXiv.2006.11034[P]. 2020.

镭神智能、华为等。且这一技术路线是唯一诞生过符合车规要求激光雷达的路线，即由法雷奥和 Ibeo 合作研发的 Scala。

2017 年，第一代 4 线 Scala 1 实现量产，它是全球首款通过车规级认证的激光雷达，同年被首发搭载在奥迪 A8 车型上。2021 年，第二代 16 线 Scala 2 车规级激光雷达实现量产，同年被首发搭载在全新奔驰 S 级车型上，Scala 2 实物图如图 1-3 所示。第三代 Scala 3 正在研发中，预计在 2024 年实现量产。

图 1-3 Scala 2 实物图

在转镜方案中，激光收发模块不动，电机带动扫描镜围绕其圆心不断旋转，从而将激光束反射至空间的一定范围，实现扫描探测，其技术创新方面与机械旋转式激光雷达类似。转镜方案存在一面扫描镜（一维转镜）、两面扫描镜（一纵一横，二维转镜）及多面镜等多种细分技术路线。

在一维转镜方案中，激光扫描线束数量依旧与激光收发器数量一致，仅减少机械转动部件，无法减少激光收发器的数量；在二维转镜方案中，可以用更少的激光收发器实现相同线束的扫描效果；多面镜通过特殊的镜面设计，可以进一步减少激光收发器的数量，在集成难度和成本控制上更有优势。

这条技术路线的知识产权壁垒非常牢固，想要突破专利壁垒，必然要走一条难度更大、风险更高的路。为此，各厂商在转镜之外，还会融入其他的产品创新点。例如，禾赛科技的 AT128 产品，其卖点不在转镜，而在芯片化。将 128 通道激光收发器集成在一块芯片上，实现固态电子扫描。

上游激光收发器的技术进步，是芯片化方案的硬件基础。已知的激光收发器芯片化技术方案有用垂直腔面发射器（Vertical Cavity Surface Emitting Laser，VCSEL）替代当前主流的边缘发射器（Edge Emitting Laser，EEL）、用单光子雪崩二极管（Single Photon Avalanche Diode，SPAD）探测器替代当前主流的雪崩光电二极管（Avalanche Photodiode，APD）探测器。

EEL 和 VCSEL 的结构及原理示意图如图 1-4 所示，虽然 VCSEL+SPAD 激光收发器方案有利于芯片化，但由于 VCSEL 的能量密度低，以及 SPAD 的感光串扰问题，非常考验激光雷达厂商的系统优化能力。

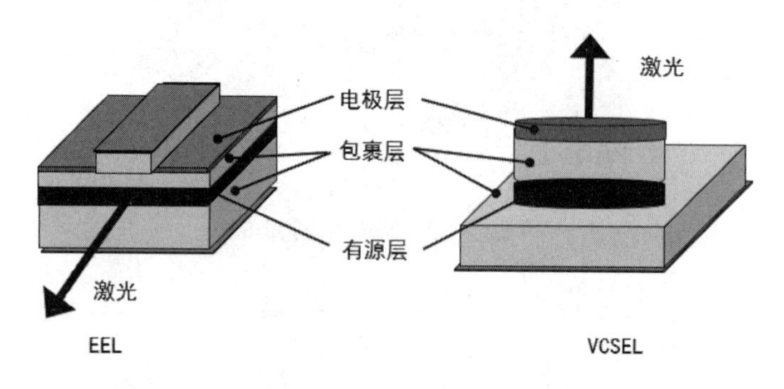

图 1-4 EEL 和 VCSEL 的结构及原理示意图

芯片化是所有激光雷达厂商的归宿，是解决激光雷达成本、质量、效率问题的关键，不仅适用于棱镜、转镜，以及 MEMS 微振镜激光雷达，也适用于激光雷达的终极形态。

转镜方案和棱镜方案一样，都未能彻底摆脱电机，不过转镜方案中电机的转速明显下降，最高只有 2000r/min，但仍存在高温耐久稳定性差、视场角受限、信噪比低等问题。转镜方案的部分厂商也已经获得主机厂定点，究竟谁能从这条技术路线上脱颖而出，让我们拭目以待。

3. MEMS 微振镜

MEMS 微振镜是当前被寄予厚望的一条混合固态激光雷达技术路线，走此路线的新厂商最多，主机厂官宣的定点数量也最多。国外厂商有 Innoviz、Luminar，国内厂商有速腾聚创、一径科技等。

MEMS 微振镜通过控制微小的镜面在水平和垂直两个自由度围绕其悬臂梁做往复运动，将打到上面的激光束反射到不同的角度来实现水平、垂直两个维度的扫描。

在 MEMS 微振镜方案中，激光收发模块固定不动，微振镜在静电、电磁、电热或压电驱动下运动。因此，MEMS 微振镜方案是真正的没有电机的方案，其采用的 MEMS 技术又在汽车微传感器领域得到了广泛的验证、使用。

通过精准控制微振镜的偏转角度，可以大大减少激光收发器的数量，同时通过控制扫描路径可以达到等效高线束机械旋转式激光雷达的点云效果，因此 MEMS 微振镜方案在成本上具备了冲击前装量产的优势。整体方案取消了笨重的电机、转镜等机械运动设备，取而代之的是毫米级尺寸的微振镜，因此对于提高激光雷达可靠性有极大的帮助。

但是 MEMS 微振镜技术路线也不是完美无缺的。此技术路线中激光雷达测距能力和视场角大小与微振镜的镜面尺寸成正比，要实现更高的等效线束及更大的视场角，需要微振镜的镜面尺寸尽可能大，但这会增大微振镜的工艺难度、降低微振镜的良品率。大尺寸的微振镜还会降低 MEMS 的整体可靠性、稳定性。同时，微振镜属于振动敏感性器件，材料的属性会随着温度、振动变化而变化，故在高振动场景下，其可靠性和稳定性是个难题。

越是充满挑战的技术难题，越容易建立起技术壁垒，也就越容易建立起长期优势，让我们静待这条技术路线开花结果。

❑ 休息一下

春秋战国时期的“百家争鸣”，是中国学术文化、思想道德发展的重要阶段，奠定了中国文化发展的基础；中华人民共和国成立后的“百花齐放，百家争鸣”，促进了新中国科学文艺事业的繁荣发展。而今，自动驾驶圈激光雷达的“百镜齐转”，注定将促进自动驾驶再上一层楼。

1.2 激光雷达，揭秘面具下隐藏的真实面目

规格书上写着 200m 的测距能力，实测下来视场角边缘为何只有 100m？在烈日当头和夕阳西下时，激光雷达点云的噪点水平怎么会相差这么大？遇到高反射率物体和低反射率物体时，激光雷达怎么像见了仇人一样，剑拔弩张？

激光雷达技术演进的路线尚未收敛，新加入的玩家又如雨后春笋般涌现，导致市面上基于不同技术路线的激光雷达新产品层出不穷。自动驾驶公司前期不断在核心算法、场景理解上建立竞争壁垒，忽视了自动驾驶硬件导入前的测试验证。结果在实际落地过程中，硬件暴露的各种问题最终成为影响项目进度的主要因素。

浓妆淡抹与穿金戴银都是表面现象，内心的真善美才是我们应该追求的本质。下面就和大家分享一些激光雷达“盛世容颜”下的真实面目，以及如何通过行之有效的验证方法揭开面具，还原其本来面目。

1.2.1 面具掩盖下的真实面目

激光雷达在量产落地过程中暴露出来的一些典型问题，有的是硬件原理问题，有的是软件算法问题，问题之间可能还存在相互掣肘的关系。如何在博弈中设计最优的产品，真正考验着激光雷达厂商的系统能力，也是决定其能否持续拥有竞争力的关键。

1. “拖尾”问题

按照测距方式不同，激光雷达主要分为飞行时间（Time Of Flight，TOF）与调频连续波（Frequency Modulated Continuous Wave，FMCW）两类。TOF 类型的激光雷达是目前量产的激光雷达的绝大多数选择。

TOF 类型的激光雷达的测距原理如图 1-5 所示，激光雷达发射端首先发射一个脉冲，打到被测物体后返回。激光雷达接收端接收到回波后计算两个脉冲之间的接收时间差，并通过乘以脉冲传播速度（近似光速）来测量物体之间的距离。

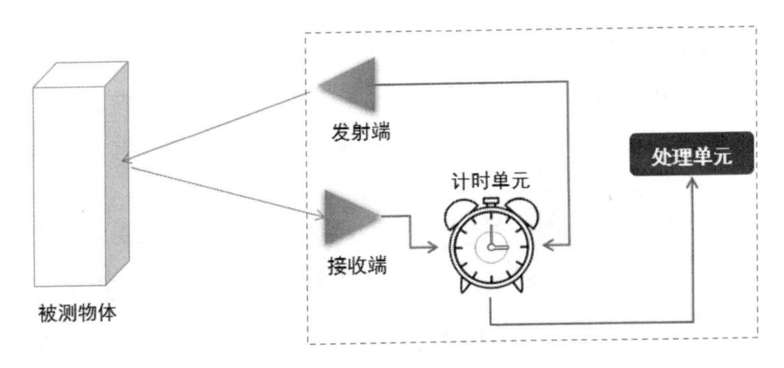

图 1-5　TOF 类型的激光雷达的测距原理

在理想情况下，脉冲打到被测物体表面是一个理想的光斑点，但由于实际的脉冲存在一定的发散角，所以打到被测物体上是一个面，且随着距离的增加，这个面会逐渐增大。因此就存在这样一种可能性，当存在前后两个被测物体，且激光雷达脉冲打到前面被测物体的边缘时，就有可能出现部分激光脉冲打到后面被测物体上，如图 1-6 所示，这就是激光雷达著名的拖尾问题。

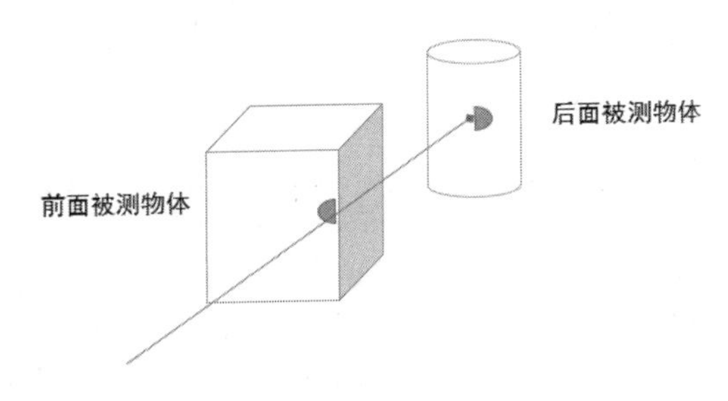

图 1-6　TOF 类型的激光雷达的拖尾问题

拖尾问题的直接后果就是激光雷达打出去的一个脉冲返回两个回波脉冲，导致激光雷达陷入“迷茫”，无法判断以哪个为准。解决拖尾问题，如果从源头上考虑，那么可以选用能量更聚焦、发散角更小的激光发射器；如果从算法上考虑，那么可以通过判断角度阈值是否在合理范围内，从而实现拖点的甄别及删除。

2. 盲区“吸点”

激光接收器一般有几纳秒到几十纳秒的死区时间，死区时间是指激光雷达接收到一个激光脉冲后到再能接收一个新激光脉冲所需的最短时间。当一束激光脉冲打出去时，首先会在激光出射镜头产生一个内反射信号，该信号被激光接收器接收。如果障碍物距离太近，由于激光接收器还处于死区时间，近距离物体的脉冲回波无法被探测到，从而导致近距离物体测距不准。

激光雷达探测近距离物体时出现的测距不准问题被称为“吸点”，这是困扰整个行业的难题，需要底层硬件不断进化。测距不准的近距离区域通常会被称为“盲区”，盲区的大小因产品而异，通常为 1～2m。

3. 高反“鬼影”

对于高反射率物体，进入激光雷达视场角范围及测距能力范围后，输出的点云除了在真实位置有成像，还容易在其他位置形成一个形状、大小类似的成像，这个虚假的成像被称为“鬼影”。不同类型的激光雷达产生“鬼影”的行踪各不相同。

“鬼影”的形成是由于激光雷达对高反射率物体反射回来的高强度回波非常敏感，在实际驾驶场景中，常见的高反射率物体包括交通指示牌、锥桶、三角指示牌、汽车牌照和尾灯等。

图 1-7 展示了激光雷达的一个典型高反“鬼影”案例，安装在车辆右侧的激光雷达本来无法扫描到左侧 180°的区域，但是由于右侧存在一个高反的指示牌，导致“鬼影”现象发生，从而在左侧形成一个形状、大小相似的点云。

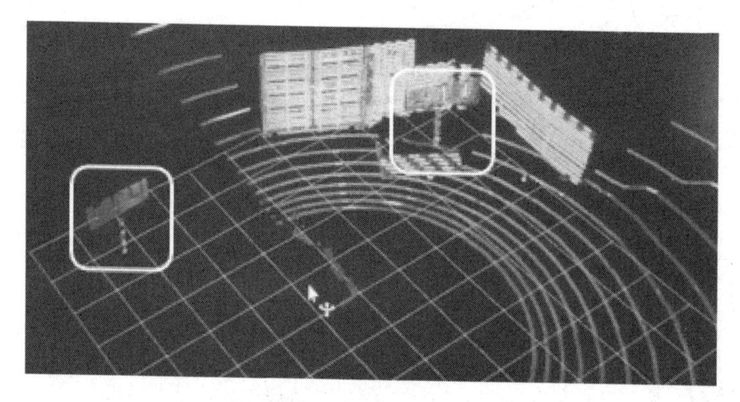

图 1-7 激光雷达的一个典型高反“鬼影”案例

4. 高反“膨胀”

对于高反射率物体，另一个异常现象就是“膨胀”。“膨胀”是指激光扫描高反射率物体后，输出的点云会向四周扩散，看起来就像“膨胀”了一样，因此称为高反“膨胀”。

我们来看激光雷达的一个典型高反“膨胀”案例，图 1-8 中白框中的部分本来是一些高反射率的细金属杆，但由于“膨胀”问题的存在，变成了一个球。

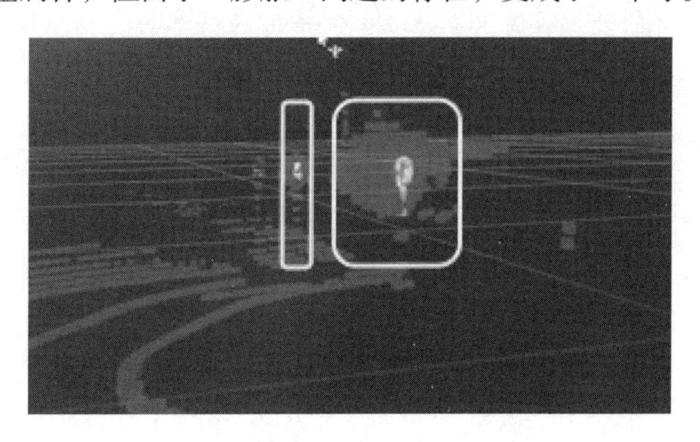

图 1-8 激光雷达的一个典型高反“膨胀”案例

解决高反“鬼影”和高反“膨胀”问题是一个系统工程，既需要硬件本身具有对高反射率信号的良好分辨能力，又需要算法配合进行适中的优化。

5. 空洞

对于近处低矮障碍物，激光雷达在由远及近靠近的过程中，出现的点云时有时无的现象被称为“空洞”。障碍物原始点云的时有时无会让感知算法难以连续跟踪，从而无法准确判断是不是一个固定障碍物，容易导致危险的急刹车或频繁加/减速的现象。

6. 串扰

对于 TOF 类型的激光雷达，当对向道路上有其他同类型的激光雷达发射的激光脉冲时，自车上的激光雷达有可能会被干扰，导致无法判断是自身激光脉冲的回波还是其他激光雷达发射的激光脉冲。当前这个问题既没有大量出现，也没有得到广泛关注，毕竟在大街上找一辆装有激光雷达的车还不是特别容易，更别提多辆了。

对于此类问题，经常被提及的解决方案是引入脉冲编码技术。发射时对激光脉冲进行编码，保证不同激光雷达发射的脉冲是不可重复的、不可变化的真随机发射脉冲序列，也就是每一束激光脉冲都是独一无二的。检测到回波脉冲后进行解码，从而判断是否是自身激光脉冲的回波信号。但是编码技术带来的信噪比下降问题、测距能力牺牲问题，是激光雷达厂商需要权衡的。

此外，同一辆车上的两个相邻 TOF 类型的激光雷达 A 和 B，如果安装位置比较凑巧，使激光雷达 A 发射的激光脉冲经过漫反射之后被激光雷达 B 接收，则存在较小的概率使激光雷达 B 无法分辨是自己发射的激光脉冲的回波，还是旁边激光雷达 A 的回波。

对于此类问题，可以通过加装时钟同步模块，将同一辆车上的所有激光雷达的扫描动作与同一个时钟信号保持同步。在激光发射器发射一个激光脉冲后，在同步时钟的计算下，接收器延后一定时间进行接收，随后关闭。如果在此时间接收不到，则认为丢点。此方法能尽量避免相邻激光雷达激光脉冲漫反射的影响。

对于 FMCW 类型的激光雷达，通常采用激光相干检测技术来彻底解决激光雷达间的串扰问题。FMCW 类型的激光雷达采用回波与本征光相互干涉的方法来检测回波，而路上的其他激光雷达发射的脉冲不会与本征光产生干涉，也就不会被检测为自身回波。

7. 干扰

对于 TOF 类型的激光雷达，基于直接探测的原理，直接测量激光脉冲的回波信号，激光接收器本身不具备区分进入激光接收器的回波是自身发出的激光脉冲的回波，还是环境中其他光的功能。因此在正午强光照射时，激光雷达很容易在激光点云中出现雪花一样的噪点。

自从对阳光更敏感的 1550nm 激光发射器出现后，TOF 类型的激光雷达的干扰问题就变得更加严重。这个问题可以从系统和算法两个层面优化：在系统层面，可以通过各种滤波片来对抗干扰；在算法层面，可以加入发射回波与发射脉冲的能量对比策略，忽略能量较小的阳光干扰。

1.2.2 去伪存真的导入流程

面对众多规格书上参数相似、采购价格接近、技术路线相似的激光雷达产品，自动驾驶公司该如何花费适中的人力、物力和时间找到价值观一致的产品呢？答案是标准化导入流程。标准化导入流程通过流水线化的验证及评审过程，可以剔除人为主观好恶，达到去伪存真的目的。

笔者总结出了一套标准化导入流程。整个标准化导入流程包含三大阶段（产品验证阶段、研发验证阶段、实车验证阶段）、六大步骤（单体性能验证、单体架构级功能验证、软件系统验证、硬件系统验证、客户现场验证、项目批量化导入），如图 1-9 所示。当然，通过更新每个阶段的测试内容，这套标准化导入流程不仅适用于激光雷达，也适用于域控制器、高精度组合导航、相机、毫米波雷达等自动驾驶硬件产品。

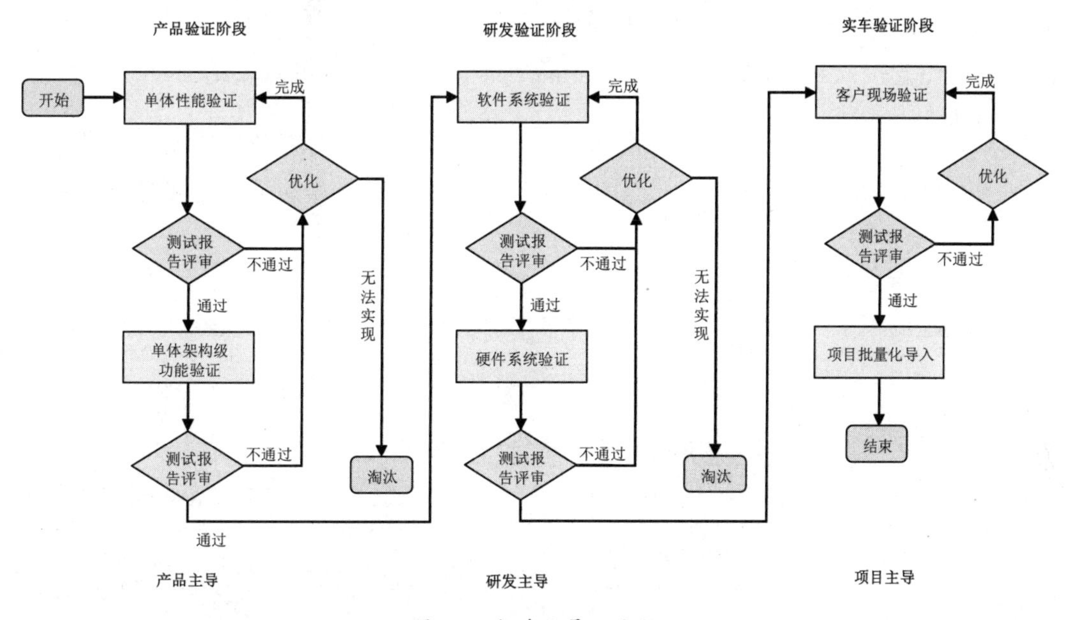

图 1-9 标准化导入流程

1. 产品验证阶段

此阶段由产品部门主导，主要包括单体性能验证和单体架构级功能验证两个步骤。

对于激光雷达来说，单体性能验证内容主要包括规格书参数核实、典型障碍物的识别效果、特殊场景表现等；单体架构级功能验证主要用来验证产品是否满足平台化架构对零件的功能要求，包括时间同步方式、时间同步精度、网络管理、电源管理、诊断配置升级等。

产品验证阶段的测试方案由产品部门收集客户场景、系统架构、算法研发等方面的需求，汇总形成一份准入测试用例，并由测试部门负责执行，由技术负责人牵头进行决议。

2. 研发验证阶段

此阶段由研发部门主导，主要包括软件系统验证和硬件系统验证两个步骤。研发验证前需要将一套硬件布置在测试车辆上，布置的位置和角度应遵循理论上的量产布置方案。软件系统验证是对各个算法模块进行算法匹配、理论布局、中央处理器（Central Processing Unit，CPU）占用、算力消耗及内存读写速度等方面的验证。硬件系统验证主要考察电气连接方案和机械固定方案是否满足整车系统稳定、可靠的要求。

研发验证阶段的测试方案由研发部门根据自己软件模块对激光雷达的需求，设计有针对性的测试用例，同时由研发部门负责执行，由技术负责人牵头进行测试结论的决议。

3. 实车验证阶段

此阶段由项目部门主导。挑选合适的客户现场，进行可靠性、耐久性、一致性验证。验证周期为 1～3 个月，若验证通过，则开始进行批量化导入。

实车验证阶段的测试方案由测试部门根据现场易出问题的场景，设计有针对性的测试用例，测试报告由项目部门牵头，由组织产品部门、研发部门、测试部门进行评审，从而决议是否进行大规模批量化导入。

1.2.3 去粗取精的验证方法

针对导入流程中的三大阶段、六大步骤，下面分别给出相应的验证方法和验证内容。

1. 产品验证阶段

在产品验证阶段，主要目的是摸清激光雷达的底细，从而找到其性能边界，避免后期试错的成本。因此，验证主要分为 4 个方面：规格书参数验证、典型物体识别、特殊场景测试、架构级功能验证。

1）规格书参数验证

从规格书中，挑选出我们关心的且供应商最容易做文章的参数，包括视场角、测距能力和盲区，规格书参数验证内容如表 1-1 所示。

表 1-1　规格书参数验证内容

验证内容	测试要求	测试目的
视场角	测量扫描区域水平视场角的分布情况及垂直视场角的分布情况	验证真实视场角大小
测距能力	测量 0°，−1/3 水平视场角，+1/3 水平视场角，最左边缘、最右边缘的测距能力	验证真实测距能力
盲区	准确验证真实盲区，并测试盲区内测距精度	验证真实盲区大小

对于视场角，假定规格书上给出了垂直视场角为 30°的参数，但这个值其实并非在所有水平视场角范围内都可以达到，部分水平视场角范围可能只能达到 25°，这是常见的供应商做文章的地方。

对于测距能力，假定规格书给出了最大测距值为 150m 的参数，同样，这个值也并非在所有水平视场角范围内都可以达到，在水平视场角边缘，最大测距值可能只有规格书给出的最大测距值的 80%。

因此，规格书参数验证过程既可以确认激光雷达是否满足需求，也可以同步验证这家公司最基本的诚信品质。

2）典型物体识别

激光雷达规格书上的分辨率是一个抽象的数字，我们无法从中想象出在不同距离下，激光雷达对不同大小物体的识别效果。同时，由于激光雷达面对高反射率或低反射率物体会出现一些特殊现象，因此有必要梳理出落地场景中的典型物体，并测试激光雷达在不同距离下对这些物体的识别效果。典型物体识别验证内容如表 1-2 所示。

表 1-2　典型物体识别验证内容

验 证 内 容	测 试 距 离	测 试 角 度	测 试 目 的
雪糕筒	5m/10m/20m/50m/100m/150m/200m	0°，−1/3 水平视场角，+1/3 水平视场角	高反识别效果
交通指示牌			高反识别效果
黑色座椅			正常低反识别效果
细密铁丝网			细密低反识别效果
白墙			查看点云分层情况
建筑物			正常物体识别效果

3）特殊场景测试

阳光直射、扬尘天气、雨雪天气等都是自动驾驶车辆会遇到的一些特殊场景，特殊场景测试验证内容如表 1-3 所示。在这些场景中，如果激光雷达本体系统架构和算法足够优秀，那么可以在一定程度上减轻这些特殊场景的影响，同时搭配后端轻量化的算法，即可实现自动驾驶车辆在绝大多数特殊场景下的正常工作。

表 1-3　特殊场景测试验证内容

验 证 内 容	测 试 要 求	测 试 目 的
干扰测试	将激光雷达的激光出射面对着正午的阳光	验证阳光干扰的影响
串扰测试	多台激光雷达放在一起共同工作	验证激光串扰的影响
扬尘测试	20m 处扬尘，查看点云	验证扬尘过滤的能力
雨水测试	20m 处模拟下雨，查看点云	验证雨水过滤的能力

4）架构级功能验证

架构级功能验证主要验证产品是否具备平台架构要求的时间同步、电源管理、网络管理、诊断配置、远程升级等功能，架构级功能验证内容如表 1-4 所示。这些也是影响后期批量化部署及交付的重要功能。

表 1-4　架构级功能验证内容

验 证 内 容	支 持 情 况
时间同步	IEEE 1588 v2（PTP 协议）
	IEEE802.1AS（gPTP 协议）

续表

验 证 内 容	支 持 情 况
电源管理	电源开闭可控输入/输出口
	冗余供电
网络管理	网络唤醒、休眠
	DHCP 协议
	组播
诊断配置	远程诊断
	远程配置
	远程升级

2. 研发验证阶段

在研发验证阶段，主要包括软件系统验证和硬件系统验证两个步骤。

各功能模块对激光雷达的要求不同，感知模块的侧重点可能是激光扫描方式、点云完整度及噪点情况；定位模块的侧重点可能是测距精度及点云分层情况；主动安全模块的侧重点可能是在特殊场景下的识别效果。因此，软件系统验证的目的是让激光雷达硬件匹配相应的感知算法，一方面可以评估算法移植的工作量，另一方面可以验证新激光雷达是否满足本功能的需求。

硬件系统验证主要包括电气接口方案及机械固定方案，验证内容包括供电电压是否足够稳定，整车电磁辐射对通信链路的影响，瞬时启动功率对整车其他用电器的影响，机械安装方案是否牢固、可靠等。

由于研发验证阶段是按照量产状态布置新的激光雷达，同时将激光雷达接入现有架构中，因此可以同步验证理论布局是否满足各模块的功能需求、CPU 占用影响、算力消耗及内存读写速度等情况。

3. 实车验证阶段

在实车验证阶段，主要包括客户现场验证。验证内容包括新激光雷达的可靠性、耐久性和一致性。测试部门通过对易出问题的使用场景或工况进行汇总，并刻意让激光雷达工作在这些场景中，以加速对可靠性、耐久性和一致性的验证。

❑ **休息一下**

产品从诞生到成熟，少不了经历问题由发散到收敛的过程，同时我们也不可能要求产品在所有性能上都十分优秀。各家公司梳理清楚自己的需求，并通过验证流程和验证内容搞清楚产品的性能边界、问题严重程度，如此才能一探面具下隐藏的真实面目，找到最匹配自己项目的产品。

1.3 4D 毫米波雷达，“割韭菜第二快的刀”

在自动驾驶领域，如果说激光雷达是“割韭菜第一快的刀”，估计无人反驳。据赛博汽车统计，2022 年全年，国内乘用车市场共有 12 款车型搭载激光雷达上市。而其中大部分新车的上市策略是：先硬件预埋，功能开发验证完成后，再通过 OTA（Over The Air）进行软件更新。激光雷达厂商着实体验了一把站在风口的感觉。

除了激光雷达，自动驾驶领域另一把“普通的刀”在经过重新淬火锻造之后，也开始展现出不凡的功力，江湖送其“4D 毫米波雷达”称号。它通过在普通毫米波雷达的基础上增加俯仰角测量的能力，实现对被测物体高度数据的测量，最终也具有了和激光雷达相似的点云输出能力。

4D 毫米波雷达自带速度信息的点云输出能力，再加上在可靠性、稳定性及量产成本等方面具有完全碾压等效线束激光雷达的优势，使行业内一致喊出了“自动驾驶传感器领域的下一个风口”和“低线束激光雷达终结者”等变革口号，并隐隐约约展现出一种“割韭菜第二快的刀”的潜质。

下面我们就来科普藏在这把“刀”背后的秘密。

1.3.1 “刀”的诞生——多普勒效应

这把“刀”的诞生还要从多普勒效应说起。

1842 年，奥地利物理学家多普勒发现了多普勒效应。所谓多普勒效应，是指波源和观察者有相对运动时，观察者接收到的频率和波源发出的频率并不相同，两者之间的差值叫作多普勒频率。

多普勒效应用公式表达如下。

$$f_{\mathrm{r}}=\left(\frac{v\pm v_{\mathrm{r}}}{v\pm v_{\mathrm{s}}}\right)f_0$$

式中，f_{r}为观察者观测到的频率，f_0为波源发出的频率；v为波的传播速度，v_{r}为观察者的速度，v_{s}为波源的速度。分子取正号、分母取负号，对应于波源和观察者沿其连线相向运动；分子取负号、分母取正号，对应于波源和观察者沿其连线相背运动。如果我们在波源的位置放置一个探测器接收反射回来的波，通过检测多普勒频率，就可以测得观察者相对于光源的移动速度。再根据波发出和接收的时间差，基于 TOF 原理，便可以计算出观察者相对于光源的距离。

多普勒效应奠定了毫米波雷达这把“刀”诞生的理论基础。

1.3.2 “刀”的锻造——发展简史

毫米波雷达这把“刀”的雏形出现在 20 世纪 40 年代的第二次世界大战中，英国通过部署对空雷达站，有效抵御了德国空军的一系列空袭行动。二战中的一战成名，让毫米波雷达在二战后迅速推广普及到各个领域。

毫米波雷达在汽车领域的应用可以追溯到 1973 年，德国 AEG-Telefunken 和博世公司合作投资研究汽车防撞雷达技术，但由于技术和成本原因，其一直未能大规模商业化落地。

20 世纪 80 年代，欧洲在“欧洲高效安全交通系统计划”的指导下重新开启了车载毫米波雷达的研制，并在技术和成本均实现突破后，迎来了汽车防撞雷达的广泛应用。

里程碑事件发生在 1999 年，奔驰在 S 级车型上使用 77GHz 毫米波雷达实现了基本的自适应巡航功能，这开启了辅助驾驶时代，也迎来了毫米波雷达在汽车领域的蓬勃发展。

毫米波雷达刚刚面世的时候，受制于芯片工艺等原因，一个雷达中需要配备七八块射频芯片才能保证基本的分辨率。这导致当时的毫米波雷达体积巨大、成本高昂，只在高端车型偶有应用。机械旋转式激光雷达在诞生初期，各方面都像极了这位前辈。

进入21世纪之后，伴随着锗硅半导体工艺的发展，毫米波雷达集成度大幅提高，成本大幅下降，在高端车型上的应用也迎来了一次小爆发。这又像极了混合固态激光雷达当前的局面。

2017年，德州仪器（Texas Instruments，TI）推出了基于互补金属氧化物半导体（Complementary Metal Oxide Semiconductor，CMOS）工艺的毫米波雷达芯片，将射频芯片、数字处理芯片和微控制器三个模块集成到一个片上系统（System on Chip，SoC）上，既显著降低了毫米波雷达的成本，又大幅拉低了毫米波雷达的开发难度。这又有点像我们期待的固态激光雷达的样子。

TI随后将天线也集成在芯片中，推出了集成度更高的天线片上集成（Antenna on Package，AoP）芯片，直接将毫米波雷达的价格拉到了百元级别，并提供了毫米波雷达开发“傻瓜式”工具链，我国由此掀起了轰轰烈烈的毫米波雷达创业及国产化浪潮。

1.3.3 “刀”的秘密——工作原理

毫米波雷达工作原理主要包括工作频段、基本组成和工作体制，这也是这把“刀”最重要的三个小秘密。

1. 工作频段

毫米波雷达，从名字可以猜测出，这是一种工作在毫米波频段的雷达。而毫米波是指波长在1～10mm、频率在30GHz～200GHz的电磁波，其传播速度和光速近似相等。这个频段的电磁波在探测能力、穿透能力、抗干扰能力等方面均具有不错的表现，完美契合车载领域，并助力毫米波雷达在车载传感器领域赢得了“全天时、全天候”工作的美誉。

毫米波雷达主要使用24GHz、60GHz、77GHz和79GHz这4个频段。24GHz准确来说属于厘米波，24GHz 毫米波雷达由于测量距离有限（60m 左右），分辨率一般，常被设计为角雷达，用于探测大视场角范围的近距离障碍物。60GHz 毫米波雷达由于易受大气衰减影响，常被设计为生命体征检测雷达，用于对车内生命体征及人员姿势进行检测。77GHz 和 79GHz 毫米波雷达由于测量距离较远（200m 左右），常被设计为主雷达，作为前向长距离感知的利器，这两个频段也是未来车载毫米波雷达领域的主流频段。

2. 基本组成

毫米波雷达核心组成部分包括收发天线、射频单元（Radio Frequency Unit，RFU）、模数转换器（Analog to Digital Converter，ADC）、数字信号处理器（Digital Signal Processor，DSP）、微控制器单元（Micro Controller Unit，MCU）等。上文提到过，毫米波雷达刚诞生时，这些器件都是分立的，后来通过 CMOS 工艺将 RFU、ADC、DSP、MCU 等直接集成到一个 SoC 中（不同厂家的 SoC 集成模块数量略有差异）。

今天我们随便拆开一个传统毫米波雷达，会发现它除了索然无味的外壳、接插件和固定装置，尚能引起我们一点兴趣的就是两块印制电路板（Printed Circuit Board，PCB）了（有的厂家集成到一块 PCB 上），传统毫米波雷达结构爆炸图如图 1-10 所示。

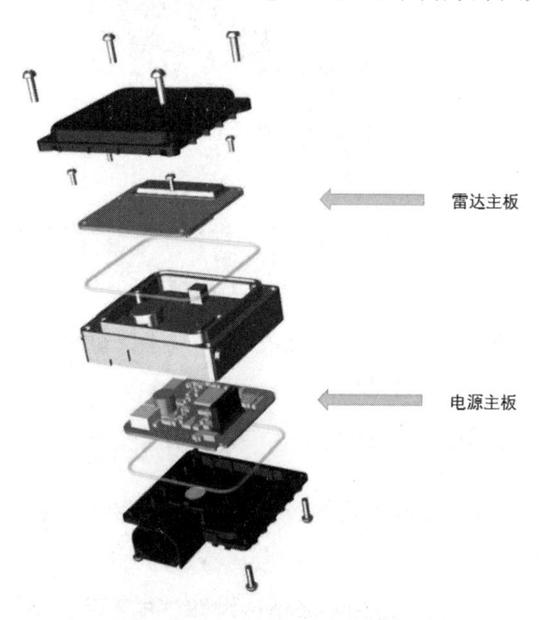

图 1-10 传统毫米波雷达结构爆炸图

电源主板上面密密麻麻竖立着电感、电容、二极管、电源芯片等，主要负责系统电源管理。厂家一般还会在上面集成一个安全控制器，提供与整车通信及安全相关的功能。

雷达主板可以说是整个毫米波雷达的核心，上面包括天线、RFU、DSP 和控制电路等。

（1）天线。理论和实践证明，当天线的长度为电磁波波长的 1/4 时，天线的发射和接收转换效率最高。而毫米波的波长只有几毫米，所以天线可以做得很小。通过使用多根天线构成阵列天线，还能够实现窄波束的目的，而窄波束意味着更高的方位角分辨率。

目前，毫米波雷达天线的主流方案是微带阵列，最常见的一种设计是在高频 PCB 上集成微带贴片天线，并将高频 PCB 集成在雷达主板上。图 1-11 展示了一个雷达主板集成天线高频 PCB 的实物，这是一个 3 发 6 收阵列天线。此种方案极大地降低了毫米波雷达的成本和体积。

图 1-11　雷达主板集成天线高频 PCB 的实物

（2）RFU。RFU 负责信号的调制、发射、接收及回波信号的解调，是毫米波雷达的核心射频部分。目前主流的方案是通过单片微波集成电路（Monolithic Microwave Integrated Circuit，MMIC）技术将射频部分集成。MMIC 是一种采用半导体工艺在半导体衬底上制造出无源和有源元器件的技术。

在毫米波雷达领域，基于锗硅工艺的 MMIC 集成功能电路主要包括低噪声放大器、功率放大器、混频器、检波器、调制器、压控振荡器、移相器、开关等部件。发射器、接收器和 DSP 均作为独立单元，这使得毫米波雷达设计过程复杂，整体体积也较为庞大。

随着 COMS 工艺的发展，MMIC 一方面变得更小，另一方面也为其与 DSP 和 MCU 集成提供了工艺可行性。在 2016 年年底，TI 推出了基于 CMOS 工艺的高集成度 77GHz 毫米波雷达芯片 AWR1642，将前端 MMIC、DSP 和 MCU 三个模块集成在一个 SoC 上，在显著降低了毫米波雷达成本的同时，还大幅降低了开发难度。

（3）DSP。DSP 通过嵌入不同的信号处理算法，提取从前端采集得到的中频信号，获得特定类型的目标信息。DSP 是毫米波雷达稳定性、可靠性的核心。

（4）控制电路。控制电路根据 DSP 输出的目标信息，结合车身动态信息进行数据融合，最终通过主处理器进行决策处理。

3. 工作体制

根据辐射电磁波方式不同，毫米波雷达主要分为脉冲波工作体制和连续波工作体制两种类型。

脉冲波技术是指毫米波雷达在短时间内发射具有高峰值功率的短脉冲，基于多普勒频率和 TOF 原理实现对被测物体速度和距离的测量，基于并列接收天线收到同一被测物体反射的脉冲波的相位差实现角度测量。由于脉冲功率高，因此可以在大杂波背景下，检测出远距离小幅度移动的被测物体，但是也带来了高成本、大体积和高功耗的缺点。目前车载毫米波雷达领域很少采用脉冲波工作体制。

连续波技术可以分为频移键控（Frequency Shift Keying，FSK）、恒频连续波（Continuous Wave，CW）和调频连续波（Frequency Modulated Continuous Wave，FMCW）等方式。其中，FMCW 由于具有同时检测多个被测物体、分辨率较高、成本较低等优点，成为毫米波雷达采用最多的一种工作体制。

FMCW 是一种频率随时间线性增加的 Chirp 波形，其振幅相对于时间、频率相对于时间的波形如图 1-12 所示。毫米波雷达内部合成器负责生成 Chirp 信号，并以帧为单位，等时间间隔地通过发射天线发出一串 Chirp 信号。

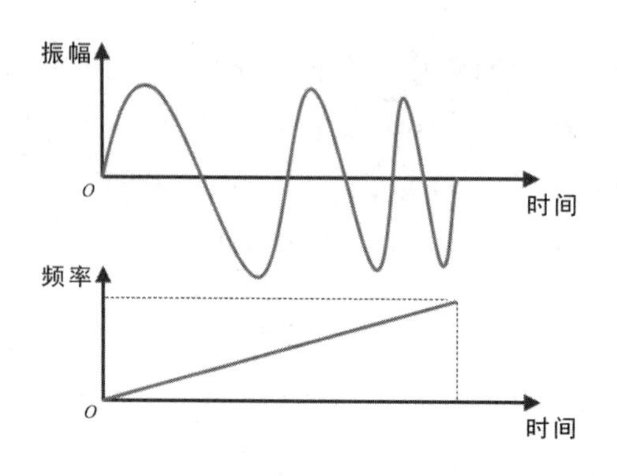

图 1-12　Chirp 波形

在毫米波雷达接收天线收到发射回来的电磁波后，其会将回波信号与发射信号一同送入混频器内进行混频。发射信号在遇到被测物体并返回的这段时间内，回波信号的频率相较发射信号已经发生了改变。混频器的目的就是计算出发射信号与回波信号之间的频率差，称为中频信号。这个中频信号中包含了被测物体的距离信息，后续再经过滤波、放大、模数转换和测频等处理后就可以获得被测物体的距离信息。

对于速度测量，由于被测物体距离的不同，毫米波雷达接收到的回波信号相位也会不同。通过对一帧中所有单个 Chirp 信号进行等间隔采样，并对采样点的数据进行傅里叶变换，可以利用相位差来测量被测物体的速度。

对于角度测量，利用多个接收天线接收同一个回波信号，并计算回波信号之间的相位差，从而实现角度测量。

1.3.4　“刀”的重生——3D 变 4D

上文介绍的毫米波雷达只能输出距离、速度和角度信息，也被称为 3D 毫米波雷达。而距离 D 和角度 θ 是安装毫米波雷达的自车在平面极坐标系下的数据，如图 1-13 所示。通过将极坐标系转换为笛卡儿坐标系，我们可以获得目标车在 x 轴和 y 轴方向上与自车的距离。这时，我们会发现少了 z 轴方向上的距离，而这也是 3D 毫米波雷达饱受诟病的缺点之一。

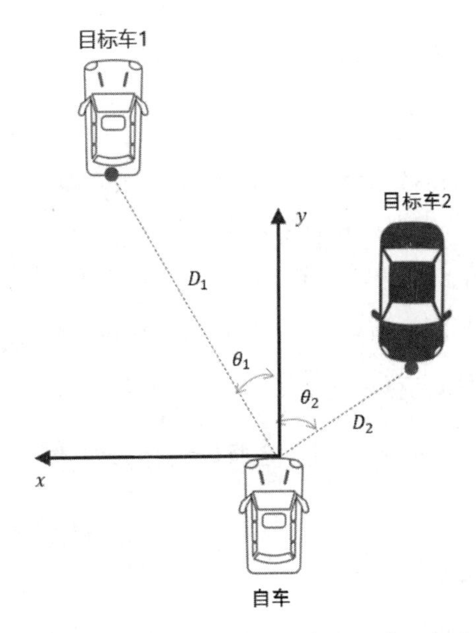

图 1-13 毫米波雷达距离、角度测量示意图

对移动物体来说，这个缺点还不算大问题，毕竟按常理推测，在道路上探测到的移动物体应该都是正常运动的物体，这也是各厂商一贯的处理策略，从而规避了无法获得高度这一缺陷。但是对于低空飞行的鸟、被风吹起的轻质物体（如树叶、塑料袋等），依旧存在误识别的问题，这应该也是 3D 毫米波雷达处理移动物体时的边缘场景。

但是对静止物体来说，这个缺点就是致命的。道路中间的井盖、减速带，悬在半空中的各种标识牌、限高架，以及静止的车辆等，由于没有高度信息，通过 3D 毫米波雷达完全无法决策这些障碍物是否影响通行。针对静止物体，各厂商简单粗暴，要么直接忽略，要么大幅降低置信度。这也是特斯拉早期几起事故的发生原因之一：相机没有识别出倾倒的白色货车车厢，虽然毫米波雷达识别到了，但是结果在决策中的置信度太低，导致车辆没有触发自动紧急制动功能。

由此，3D 毫米波雷达这把“刀”便有了一个江湖传闻：无法识别静止物体。而这个传闻将这把“刀”牢牢困在辅助驾驶的混战时代，一直无法在自动驾驶的新战场赢得充足的尊敬。直到闭关苦练十年后，“测高刀法”横空出世，并被起名为 4D 毫米波雷达。

4D 毫米波雷达最显著的特性就是可以精确探测俯仰角，从而获取被测物体的真实高度数据，也就是目标物体在笛卡儿坐标系下 z 轴方向上的距离。凭借这一特性，4D 毫米波雷达就可以识别静止物体了。

除此之外，4D 毫米波雷达的分辨率也获得了极大的提高。以 Arbe 的 4D 毫米波雷达 Phoenix 为例，其水平分辨率和垂直分辨率分别为 1°和 2°，水平分辨率比普通 3D 毫米波雷达提升了 5～10 倍，垂直分辨率比常见的 16/32 线机械旋转式激光雷达的垂直分辨率提升 1 倍。这让 4D 毫米波雷达在扫描同一被测物体时可获得的扫描点数极大增加，从而实现低线束激光雷达的点云扫描效果。

下面我们就来看看 4D 毫米波雷达是修炼了什么内功而具有测量俯仰角和提高分辨率的能力。

1. 测量俯仰角

上文介绍角度测量原理时提到，需要通过多个接收天线接收同一个回波信号来计算相位差，从而实现方位角的测量。而由于成本和体积的限制，当前毫米波雷达使用的多是单片收发器，天线要么 3 发 4 收，要么 3 发 6 收，满打满算也就十几个虚拟通道。这么捉襟见肘的虚拟通道配置，即使全用在方位角的测量上，分辨率都不忍直视，更别提匀出一些通道放在俯仰角的测量上了。

而要想实现对俯仰角的测量，就必须增加虚拟通道的数量，最容易想到的方法就是将多个单片收发器级联，这也是目前大部分 4D 毫米波雷达产品采用的方法。但各厂商级联的方案各有不同，有追求低成本的 2 片级联，也有追求高性价比的 4 片级联，还有追求高性能的 8 片/16 片级联。毫米波雷达巨头大陆集团推出的 4D 毫米波雷达 ARS540 采用 4 片级联的方案，将 NXP 的 4 片 MMIC 级联，实现 12 发 16 收，总计达 192 个虚拟通道。这比其经典的 3D 毫米波雷达 ARS408 的 3 发 6 收 18 个虚拟通道方案，在虚拟通道总数上翻了 10 倍多。

这种将硬件进行直接堆叠方案的缺点也显而易见，成本、尺寸、功耗会同步大幅增加，工艺复杂度的提升和大量天线之间的干扰问题，也是厂商无法忽略的，再加上数据量大幅增加，对处理器芯片性能要求更高，怎么看此种方案都不是 4D 毫米波雷达最终的样子。

与硬件堆叠相对应的是依靠AI算法增加虚拟通道数，此方案的代表厂商是傲酷。高工智能汽车在一篇报道中提到，傲酷靠AI软件创造出极多虚拟天线的方式，彻底解决了困扰车载毫米波雷达界几十年的只能用增加实体天线数量提高角分辨率的世界难题，用软件重新定义了雷达。同时，4D毫米波雷达产品的物料成本和普通毫米波雷达基本相似，但其性能却是碾压式的优越。

根据部分厂商的测试情况来看，这种方案虽然可以大幅增加虚拟通道数，提高点云数量，但存在大量没有利用价值的虚点。虚点问题让此条技术路线蒙上了些许阴影。而部分芯片巨头已经开始自主研发多通道阵列射频芯片组、雷达处理器芯片和基于AI的后处理软件算法。集成化、芯片化、定制算法，这似乎有点技术革新的味道了，可能会是4D毫米波雷达该有的终极样子。

2. 提高分辨率

分辨率直接和虚拟通道的数量成正比，上文已介绍过增加虚拟通道的方案，此处不再赘述。速腾聚创16线激光雷达RS-LiDAR-16的水平分辨率和垂直分辨率分别为0.2°和1°，而上文介绍的Phoenix的水平分辨率和垂直分辨率分别为1°和2°。两者的水平分辨率相差4倍，垂直分辨率相差1倍。4D毫米波雷达通过技术迭代确实有取代低线束激光雷达的能力，但在512线激光雷达即将开始量产的时代，16线激光雷达已经很难在乘用车上找到容身之地。即使说16线激光雷达即将在乘用车领域被淘汰，似乎也不太过分。

速腾聚创的混合固态激光雷达RS-LiDAR-M1在2022年获得了众多主机厂定点，其水平分辨率和垂直分辨率均为0.2°。这一分辨率作为主激光，部分主机厂还在抱怨不够用，再回头看看4D毫米波雷达的分辨率，不知道4D毫米波雷达这个“成像”是怎么叫出口的。

1.3.5 “刀”的款式——各家主流产品参数

根据公开信息，总结几款4D毫米波雷达产品信息，如图1-14所示，最新性能参数以各家网站最新公布为准。高工智能汽车在 2022 年 10 月的一篇报道中指出，4D 毫米波雷达将从 2023 年年初开始小规模前装导入；预计到 2024 年，定点/搭载量有望突破百万个；到 2025 年，占全部前向毫米波雷达的比重有望超过 40%。

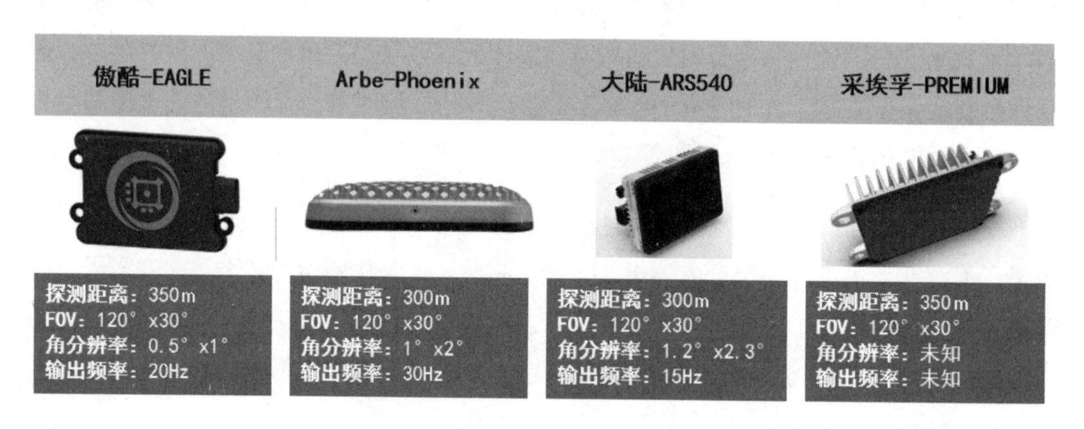

图 1-14 主流 4D 毫米波雷达性能参数汇总

❑ **休息一下**

国内把 3D 毫米波雷达原理吃透和用好的主机厂和供应商不多，再加上一个维度信息的测量，国内厂商有信心不被国外巨头牵着鼻子走吗？为了与众不同，以便在市场宣传时打出“全球首款”和“市场首家”的口号，除了徒增虚名，似乎别无用处，倒不如专注在产品研发和使用上，避免真正成为 4D 毫米波雷达这把“刀”下的“韭菜”。

1.4 本章小结

混合固态激光雷达和 4D 毫米波雷达作为车载雷达领域最先进的产品，被寄予驱动自动驾驶从测试验证走向量产落地的重任。如何基于自动驾驶的使用场景将产品打磨到极致、如何配合算法将产品的性能发挥到极致、如何减少产品本身的性能缺陷，需要自动驾驶产业上下游沉下心来共同为之努力、奋斗。

02 相机

谈到相机，就不得不提马斯克和他的特斯拉。马斯克基于第一性原理，只采用 8 个相机作为感知传感器，就打造出了使特斯拉独步武林的全自动驾驶能力，并成功挑起"纯视觉、车路协同、多传感器融合，谁是自动驾驶终局"的话题。相机究竟具有什么神秘之处，本章我们一探究竟。

2.1 车载单目相机，自动驾驶的"眼睛"

2.1.1 作用

眼睛之于人类的重要性不言而喻，而相机作为自动驾驶的"眼睛"，也被寄予了在自动驾驶领域开疆拓土的厚望。相机可输出丰富的感知细节信息，并具有适中的价格、稳定可靠的性能，已在辅助驾驶和自动驾驶领域展示出不凡的威力。

1. 感知功能

相机可用于中远距、全天候内目标检测，包括动态目标（行人、车辆等）和静态目标（车道线、交通标识、交通信号灯等）。通过结合毫米波雷达的感知信息，当前可以比较成熟地实现预警（前向碰撞预警、车道偏离预警等）和控制（自适应巡航、车道保持辅助、自动紧急制动等）等众多辅助驾驶和主动安全功能。未来，相机与激光雷达、

4D 毫米波雷达的多传感器融合方案，被认为是实现自动驾驶的标准硬件配置。

2. 环视功能

通过将大角度范围内的光线进行压缩、扭曲，提供大角度范围内车辆周边环境数据，并通过多个环视相机图像的拼接、去扭和校正，实现低速场景下非常实用的 360° 全景影像功能。在泊车场景下，通过对停车线的识别，还可辅助实现自主泊车功能。

3. 监测功能

通过采集驾驶员面部图像数据，一方面可以进行身份识别、认证，继而调整专属身份的自定义功能；另一方面可以用来监测驾驶员是否有走神、疲劳、打瞌睡等影响驾驶安全的行为，以便及时进行预警提醒。

2.1.2 原理

车载单目相机的原理包括透镜成像原理和感光显像原理两部分。

1. 透镜成像原理

光成像现象最早可追溯到战国时期的小孔成像，以兴天下大利为己任的墨子发现用一个带有小孔的板遮挡在墙体与物体之间，墙体上就会形成物体的倒影。墨子及其弟子将发现的这一现象记录在著作《墨经》中："景到，在午有端，舆景长，说在端。"这一记录成为中华民族对光直线传播现象的第一次形象描述。

文艺复兴时期，思想进步飞快的欧洲人也发现了这一现象，但他们没有仅限于将其写在著作里，而是思考如何利用这个现象来丰富自己的精神生活，这是兵荒马乱的春秋战国年代所没有的条件。而在不断实践之后，欧洲人成功将小孔成像应用在绘画领域，并发明了暗箱写生。

在暗箱一面开一个孔，在另一面挂一块画布，通过临摹画布上的影像，一幅《戴珍珠耳环的少女》很快就可以完成，画画效率及质量大幅提升。但时间一久，欧洲人发现暗箱太暗，不利于细节的临摹。如果把孔开大一点，让更多的光线照进来，成像效果又非常模糊，不适合画画。这个难题可让欧洲人犯了难。

在追求艺术道路上未服输的欧洲人通过不断试验，发现将凸透镜装在暗箱的孔上，能将传播过来的光线聚焦，这样孔开得大一点，也能得到清晰明亮的影像。而这利用的就是凸透镜的屈光性原理：光线由一种介质进入另一种不同折射率的介质时，会发生前进方向的改变，这也是车载单目相机透镜成像原理的基础。

2. 感光显像原理

暗箱写生经过一段时间的风靡之后，部分欧洲人开始琢磨，如果不用人画，而是通过一种物质将影像直接记录下来，说不定是一个巨大的商机。基于这个思路，欧洲的科学家们不断尝试，最终发现碘化银这种材料对光线非常敏感，在不同强度的光线照射下可以形成不同大小的晶体。

将这个感光材料涂到一个光滑的平板上并曝光几十分钟，就可以把影像记录下来，这就是著名的银版照相技术，标志着现代摄影术的开端。感光材料自此成为欧美研究人员的研究重点，且在经历无数种材料的排列组合试验之后，诞生了风靡全球的感光材料“胶片”。而其发明者所在公司——柯达，顺势推出胶卷家用相机，让相机开始走入寻常百姓家。

胶片的狂欢随着电子化感光材料的出现而终止，基于电子感光材料的数码相机在前期拍摄成本、后期处理便利性上具有碾压性的优势，在成片质量已经不输胶卷相机的现状下，胶卷相机走下历史舞台合乎情理，取而代之的是全民摄影时代的到来。

2.1.3 组成

目前，车载单目相机的组成部分相差不大，不谈螺丝、外壳、密封圈等机械部分，从外往里的重要组成部分为镜头、图像传感器、图像信号处理器和串行器。典型车载单目相机结构爆炸图如图 2-1 所示，详细组成部分如表 2-1 所示。下面对重要组成部分逐一展开介绍。

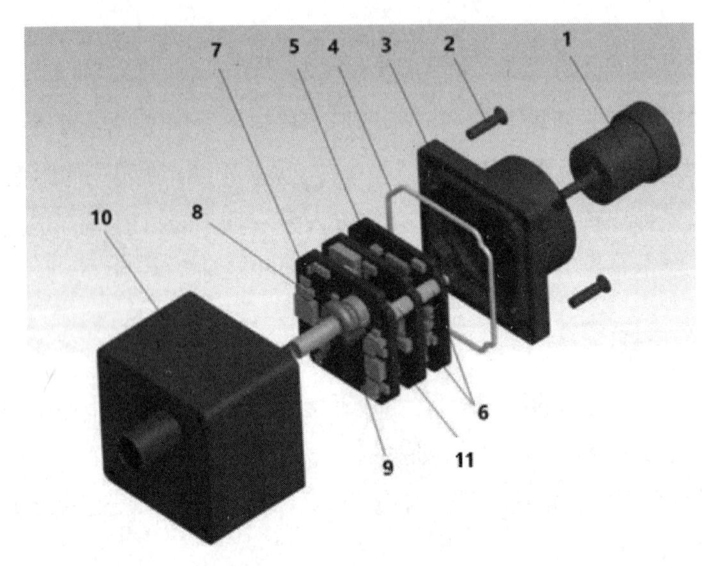

图 2-1 典型车载单目相机结构爆炸图

表 2-1 典型车载单目相机组成

编 号	部 件 名 称	编 号	部 件 名 称
1	镜头	7	串行器
2	固定螺栓	8	O 形圈
3	上外壳	9	固定螺栓
4	密封圈	10	下外壳
5	图像传感器	11	图像信号处理器
6	铜柱		

1. 镜头

从原理上讲，镜头可以等效为一个凸透镜，它收集被照物体反射光并将反射光聚集到图像传感器上，类似于小孔成像中的小孔。而车载单目相机选型的重要参数焦距和视场角就与镜头息息相关。

焦距是衡量镜头光线聚集或发散的度量参数。以凸透镜为例，如图 2-2 所示，平行光线入射到凸透镜时，理想的凸透镜会将所有的入射光线都聚集到一个点，这个点就是焦点。焦距是指从凸透镜的光心到焦点的距离。

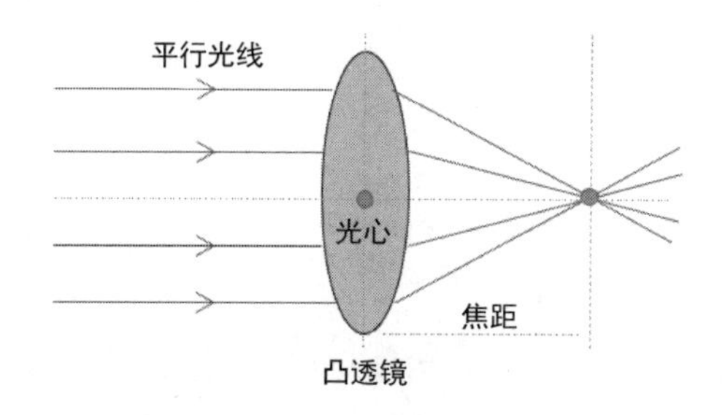

图 2-2 镜头焦点和焦距的示意图

相机视场角，是指以镜头光心为顶点，由被测物体的物像可通过镜头光心的最大范围的两条边缘构成的夹角。超过这个视场角范围的物体不会被镜头获取到，视场角包含水平视场角（Horizontal Field Of View，HFOV）、垂直视场角（Vertical Field Of View，VFOV）和对角视场角（Diagonal Field Of View，DFOV），如图 2-3 所示。

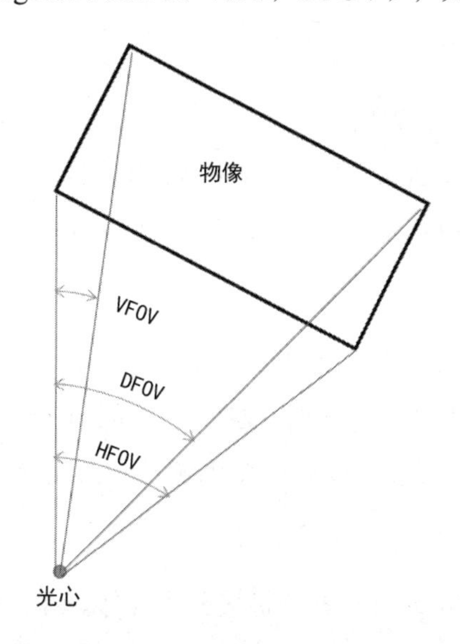

图 2-3 HFOV、VFOV 和 DFOV 含义示意图

一个确定的焦距就意味着一个确定的视场角。焦距数值越小，视场角越大，相机可拍摄的范围就越大，但距离远的物体会分辨得不是很清楚；焦距数值越大，视场角越小，相机可拍摄的范围就越小。只要焦距选择合适，即便距离很远的物体也可以拍摄得清清楚楚。图 2-4 展示了焦距和 DFOV 的对应关系。

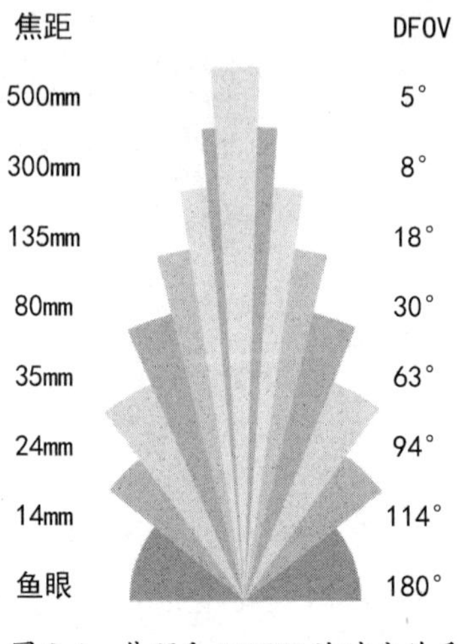

图 2-4　焦距和 DFOV 的对应关系

2. 图像传感器

图像传感器是一种将镜头聚集的光信号转换为电信号的电子成像介质，设计难度大、玩家少、需求量大。这导致 2020 年以后车规级 200 万像素的图像传感器供不应求，进而导致 200 万像素的车载单目相机在 2021 年全年一机难求，供应商反馈有的货期甚至达到一年以上。

图像传感器主要有两种类型：互补金属氧化物半导体（Complementary Metal Oxide Semiconductor，CMOS）类型和电荷耦合器件（Charge Coupled Device，CCD）类型。目前，CMOS 类型图像传感器在车载单目相机领域中占绝对主导地位，主要供应商有安森美、索尼、豪威。

CMOS 是一种由硅和锗两种元素所做成的半导体。在一块芯片大小尺寸的半导体上面雕琢百万、千万的像素，每个像素都集成感光二极管、传输电极门和放大电极门等电路，主要起着光电转换、电荷电压转换和模数转换三大作用。

CCD 是一种单晶材料半导体。同样切一块芯片大小尺寸的半导体，只能在上面雕琢出基于光电效应产生模拟电荷信号的功能。而想要实现数字图像数据输出，还需要在后端增加地址译码器、模数转换器、图像信号处理器、电源和同步时钟控制电路等。

CMOS 和 CCD 最主要的差别在于集成度和放大器。上文已介绍，CMOS 的集成度远高于 CCD。CMOS 中每个像素直连一个放大器，负责从电荷到电压的转换，在对百万个像素信号分别进行处理时，信号一致性控制是一个巨大挑战。CCD 中每个像素产生的电荷信号先送入电荷存储器中，再通过专属通道输出至一个总的放大器进行从电荷到电压的转换，信号的一致性会比较好。

这两方面的差别导致 CMOS 和 CCD 在某些性能上具有不小的差别，部分性能对比如表 2-2 所示。

表 2-2 CMOS 和 CCD 性能参数对比

功能类别	CCD	CMOS
系统集成度	工艺复杂、集成度非常低	工艺成熟、集成度非常高
灵敏度	高（相同像素，相同感光器尺寸）	中
分辨率	高（相同像素，相同感光器尺寸）	中（大尺寸感光元件可克服分辨率低的缺陷）
速度	中	高
动态范围	大	中
噪声	较小（单一模数转换器）	较大（过多模数转换器导致）
成本	较高（良率低，制造成本高）	较低
功耗	高	低（约为 CCD 的 1/10）
体积	大	小

相机选型中的很多重要参数都与图像传感器有关，下面介绍几个主要的参数。

（1）光学尺寸。光学尺寸指图像传感器感光区对角线的长度，一般用英寸表示。光学尺寸越大，通常意味着成像尺寸越大，感光性能越好，信噪比越低。目前常用的光学尺寸有 2/3 英寸、1/2 英寸、1/3 英寸、1/4 英寸等。

（2）像素。像素是图像传感器的最小感光单位。图像传感器的感光区是由多个像素排列组成的二维矩阵。相机的分辨率可以用横纵方向的像素数表示，如 1920 像素 × 1080 像素，二者的乘积就是我们常说的相机像素总数，如 200 万像素（2 Maga Pixel，2MP）。像素的总数量直接决定了图像传感器的综合能力。

（3）像素尺寸。像素尺寸是图像传感器上每个像素的物理尺寸，用相邻像素的中心间距来表示。像素尺寸越大，能收集到的光子数越多，芯片灵敏度越高，意味着在同样的光照条件下和曝光时间内，芯片能收集到的有效信号越多。然而在相同分辨率下，像素尺寸越大，芯片面积越大，芯片的成本和价格会随着像素尺寸呈平方级增长。

（4）动态范围。动态范围表征了传感器同时分辨强光和弱光的能力。图像传感器的动态范围越大，就可以探测越大光强范围内的场景信息。对于明暗交替的道路场景及进出隧道的瞬间，这个参数具有重要意义。

（5）灵敏度。灵敏度是衡量图像传感器光电性能的最重要指标。高灵敏度意味着可以在光照较暗或曝光时间较短的情况下得到清晰的图像，所以在微光成像、高速成像等应用中，应选取具有高灵敏度的图像传感器芯片。

（6）快门类型。CMOS 类型图像传感器上集成了电子快门，它分为全局快门和卷帘快门。全局快门芯片的每个像素中集成一个信号存储单元，所有像素同时开始曝光、同时结束曝光，因此适合捕捉高速运动物体的瞬时状态。由于在像素内集成存储单元需要相对复杂的电路结构，降低了像素内的有效感光面积，因此全局快门 CMOS 类型图像传感器一般噪声较大、灵敏度较低、动态范围较小。

和全局快门不同，卷帘快门的每行像素开始曝光和结束曝光发生在不同时刻，但是所有像素的实际曝光时间是相等的。因卷帘快门像素内没有信号存储单元，曝光结束后，信号会被马上读出。由于传感器无法在同一时刻读出所有行的信号，因此曝光需要逐行停止、逐行读出。为了保证每行像素的曝光时间相同，每行的开始曝光时间就需要顺移。因无须信号存储单元，卷帘快门设计相对简单，可以最大限度优化有效感光面积，提高图像传感器的灵敏度，减小噪声。

3. ISP

图像信号处理器（Image Signal Processor，ISP）是用来处理前端图像传感器输出信号的单元。基于初中物理知识可知，人眼所能看到的各种颜色的光其实是由光的三原色红绿蓝（Red Green Blue，RGB）按一定的比例混合而成的。

如图 2-5 所示，图像传感器的感光板上放置了一个色彩滤波阵列，阵列上 RGB 三种颜色间隔排列。这样一次曝光就会产生RGB三个图层，每个图层中彩色是有感光数值的点，白色是没有感光数值的点，这些感光数值被称为图像传感器输出的原始数据。

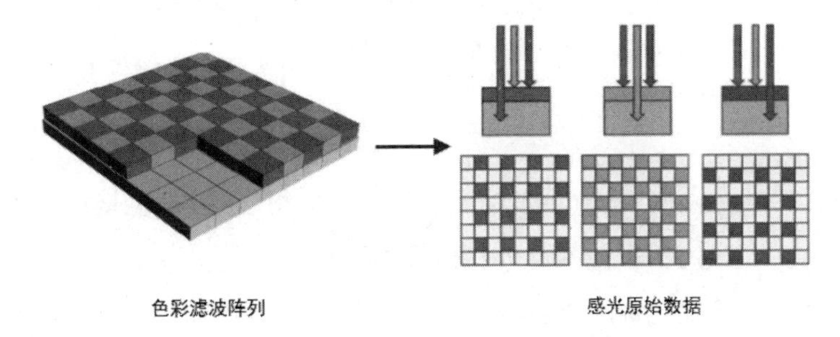

图2-5 色彩滤波阵列工作原理示意图

ISP要输出每个像素的RGB三个值，只能根据旁边像素RGB的值，并通过颜色插值算法计算本像素其余两种颜色的值，这是ISP的最重要工作。插值的“配方”成为ISP厂商的核心竞争力之一，插值效果的优劣成为大厂和小厂的显著区别。可能有人有疑问：为什么不放置3套感光板呢？这样每个像素都可以直接感知RGB的3个分量。这是因为3套感光板的时间同步和对齐的技术难度已经让常人无法接受，更别提成本了。

ISP除了负责颜色插值，还负责一些我们在使用相机过程中耳熟能详的功能，特举几例。

（1）自动白平衡。人因为有先验经验，总可以将不同光源下的白色物体识别为白色。但是图像传感器不具有这样的特点，ISP需要通过算法将不同色温光线下的白色物体输出为统一的白色。

（2）颜色校正。图像传感器获取的图像，除了白色有差距，其他颜色也有差距。因此，ISP还需要通过算法对除白色以外的颜色进行校正。

（3）色彩空间转换。目前，车载单目相机的数据输出格式通常为YUV。YUV使用一个亮度分量Y和两个色度分量U、V来表示基本色彩空间，其传输和存储时更省带宽。因此，ISP还需负责色彩空间的转换。

（4）自动曝光。人眼对不同强度的光有很强的适应能力，而图像传感器却不具备这种能力。因此，ISP 就需要根据光强度自动调节曝光时间。

（5）自动对焦。拍过照的人都知道，焦距没对好，拍出来的照片很容易变得模糊，ISP 可以通过判断图像的模糊程度，自动调整焦距。

4. 串行器

相机串行接口（Camera Serial Interface，CSI）是移动产业处理器接口（Mobile Industry Processor Interface，MIPI）联盟制定的相机标准接口，也是多数 ISP 使用的数据输出标准。CSI 的高速、低传输延时、低功耗特点使其特别适合传输移动设备的相机数据，但是传输距离较短，长距离传输时无法保证信号的完整性。

对于乘用车或商用车动辄 5m 甚至 10m 的长距离数据传输的要求，就需要通过串行器将数据转换为适合长距离传输的高速总线标准。目前，车载领域主流的两种长距高速传输总线为基于低电压差动信号（Low-Voltage Differential Signal，LVDS）协议的 FPD-Link 和 GMSL。

FPD-Link（Flat Panel Display Link）最早是由美国国家半导体公司提出来的一种处理器和 LCD Panels 之间的高速数字接口，目前已经发展到 FPD-LinkIII。FPD-LinkIII支持通过单个差分链路实现高速视频数据传输和双向控制通信的全双工控制，大大减少了互连线尺寸，同时消除了偏差问题，并简化了系统设计。

GMSL（Gigabit Multimedia Serial Links）是美信公司推出的一种高速串行接口，适用于视频、音频和控制信号的传输。通信介质支持同轴电缆及屏蔽双绞线，使用 50Ω 同轴电缆或者 100Ω 屏蔽双绞线时，传输长度可达 15m 甚至更长。GMSL 的核心技术为串行器/解串器技术，工作时首先通过串行器将并行数据流转换为串行数据流，然后使用更高的频率进行传输，最后通过解串器将接收到的串行数据流转换为并行数据流。

❑ 休息一下

未曾想，小相机竟然隐藏这么多大道理，这也难怪它一直被称为自动驾驶的“眼睛”。但这同时让笔者产生了一点思考：如何评价众多自动驾驶公司的技术能力？是通过传感器的配置豪华度，还是官方公布的优雅路试视频？可能都是，也可能都不是，但车载单目相机的使用水平肯定是一个重要参考信息。

高线束激光雷达+高精度组合导航+高精地图的配置可以让自动驾驶公司快速实现在开放道路进行测试，在封闭场景启动落地。但如果想真正让自动驾驶车辆具有人类一般的机动性、灵活性、高效率，还要充分利用“眼睛”的信息。

花大钱（多传感器融合路线和车路协同路线）办大事，这是理所当然之事；花小钱（纯视觉路线）办大事，这才是立身保命的本事。

2.2 车载双目相机，老兵的二次出征

在自动驾驶的感知武器库中，有一款为模拟人的双眼感知原理而设计的产品。它带着神童的光环诞生，却一度湮没在“简单即复杂”的自动驾驶生存法则中。而今，它褪去青涩，带着风雨中洗礼后的成熟，重新出现在自动驾驶感知的主战场——车载双目相机，一位老兵的二次出征。

2.2.1 概述

早在20世纪90年代末，意大利帕尔马大学视觉实验室VisLab就利用双目相机在高速公路完成了2000km的长距离自动驾驶试验，自动驾驶占比94%，自动驾驶期间的最高车速达到了112km/h。即使放在今天，这一成就也足以让竞争对手汗颜。但是后来的故事没有按照俗套的剧本演绎，自动驾驶视觉感知故事的主人公一度变成了2.1节中介绍的车载单目相机。

车载单目相机在自动驾驶领域已经混得风生水起，前有传统豪门Mobileye的一见钟情，中有车中贵族特斯拉的情有独钟，后有遍地开花自动驾驶企业的万千恩宠。车载单目相机俨然一副修炼绝世武功后，睥睨武林且不可一世的样子。

然而，车载单目相机的测距功能高度依赖深度学习。在目前深度学习视觉感知框架下，需要先进行目标识别，才能进行下一步的距离探测。

也就是说，如果前方存在被测物体，但是深度学习没有成功识别出此目标，那么感知模块会向后端模块输入无障碍物的信息。这导致规划模块基于无障碍的输入信息不会进行变道或刹车决策，后果可能就是新闻中自动驾驶车辆的“视而不见，目中无物”。

提高深度学习视觉感知目标识别率的方法就是加大训练数据集，穷尽自动驾驶车辆路上可能遇见的一切目标。但对于“人不能两次踏进同一条河流”的变化世界来说，“穷尽”本身就是伪前提。

车载双目相机通过左右两个相机从不同角度同时对被测物体成像，并基于视差原理计算图像对应点的位置偏差，从而获得被测物体的距离信息，结合相机的内外参数，最终得到带有空间三维坐标的图像数据。这意味着，车载双目相机无须识别出目标，也能探测目标的距离，且测距准确度远高于车载单目相机通过深度学习估算的距离。

图 2-6 所示为斯巴鲁森林人车型配置的车载双目相机，堪称双目相机在车载领域的巅峰之作。

图 2-6 斯巴鲁森林人车型配置的车载双目相机

这么好的仿生产品，一位出道即成名的童星，后来为何未能在自动驾驶领域得到大规模的应用？原因很多，有算法实现的复杂度，也有处理芯片的高门槛，还有效益的无法平衡等。下面就从车载双目相机的测距原理、结构原理等方面进行剖析，看看能否从技术层面将这些原因解释清楚。

2.2.2 工作原理

车载双目相机测距过程包括标定、立体匹配和图像校正等步骤。整个过程涉及矩阵变换、三角相似和代数运算等相关数学知识。下面先通过如图 2-7 所示的双目测距原理示意图，简要介绍整个测距原理，然后结合公式详述每个过程。

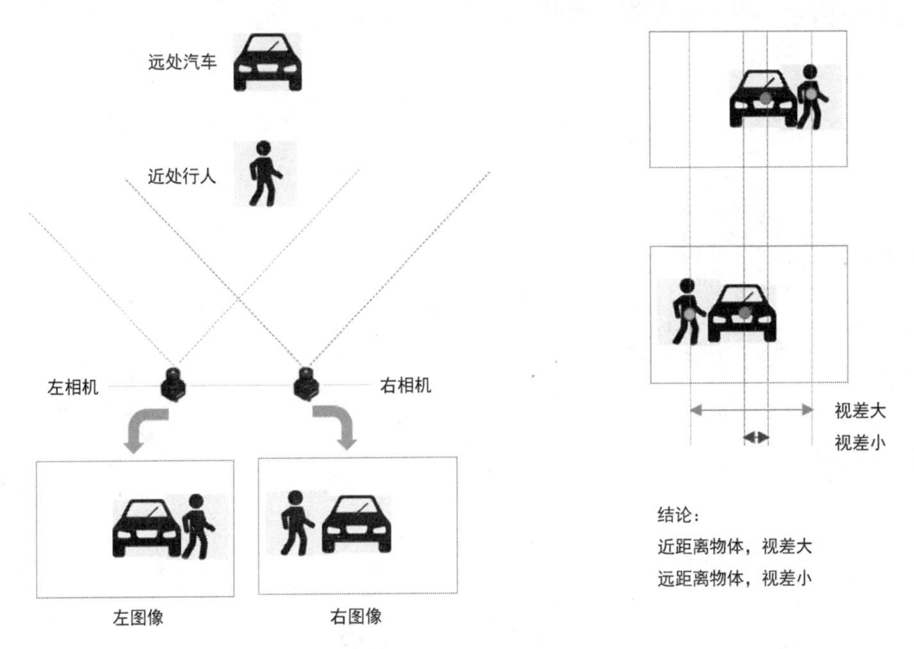

图 2-7 双目测距原理示意图

对于图 2-7 左半部分的行人和汽车，从左右相机成像的结果上看，同一物体在左图像和右图像中的位置是不同的，同一物体的同一像素点在两个相机中的位置差被称为视差。从图 2-7 右半部分可以看出，近处行人视差大，远处汽车视差小，车载双目相机正是基于这样的视差原理（近视差大、远视差小）来测量被测物体深度的。

1. 车载双目相机标定

相机成像实际上是将真实世界的三维物体映射到成像平面二维图像的过程。为确定真实世界的三维物体表面某点与其在成像平面二维图像中对应点之间的相互关系，必须建立相机成像的几何模型，这些几何模型参数就是相机参数（内参、外参和畸变参数）。

相机参数通常需要通过实验与计算才能得到，求解相机参数的过程称为相机标定。

车载双目相机标定其实就是分别获取每个相机的参数，从而获得两个相机的相对位置关系，为图像校正等提供位置依据。下面首先介绍车载单目相机的几何模型及标定原理。根据透镜成像原理建立的车载单目相机理想几何模型如图 2-8 所示，涉及四大坐标系：世界坐标系、相机坐标系、图像坐标系和像素坐标系。

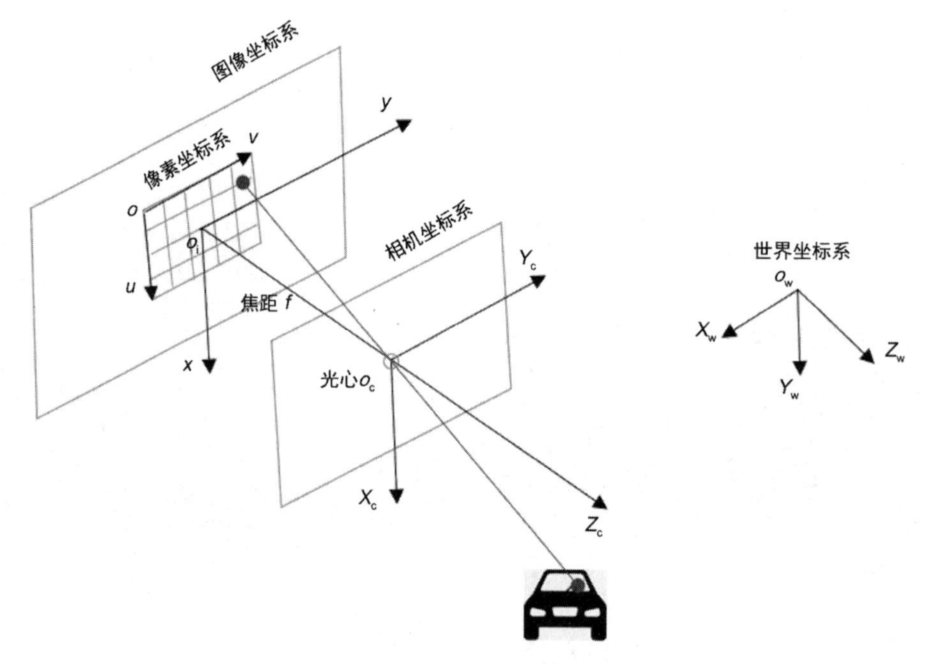

图 2-8 车载单目相机理想几何模型

世界坐标系(X_w,Y_w,Z_w)：以外界某个参考点 o_w 建立的三维坐标系，用于描述物体（包含相机、被测物体等）在真实世界中的位置，单位是 m。

相机坐标系(X_c,Y_c,Z_c)：以光心 o_c 为原点，光轴 Z_c 指向相机正前方的三维坐标系，用于从相机的角度描述真实世界中被测物体的位置，单位是 m。

图像坐标系(x,y)：以光轴 Z_c 与成像平面的焦点 o_i 为原点建立的二维坐标系，用于描述成像过程中被测物体从相机坐标系到图像坐标系的投影关系，单位是 m。

像素坐标系(u,v)：以图像平面左上角点 o 为坐标原点的二维坐标系，用于描述每个像素在图像平面上的相对位置，也是用户最终看到的画面，单位为像素。

为了数学描述方便，一般以相机坐标系 X_cY_c 平面为对称面，将车载单目相机理想成像模型中的成像平面（与图像坐标系 xy 平面重合的面）对称到另一边，如图 2-9 所示，这也是我们在车载单目相机的相关文章中最常看到的版本。

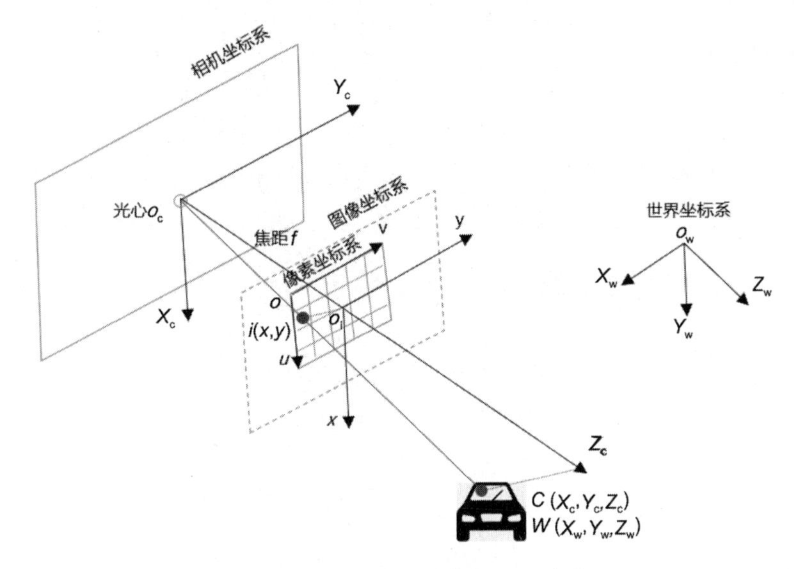

图 2-9　车载单目相机常用几何模型

车载单目相机标定主要包含两个过程：① 从世界坐标系到相机坐标系的几何关系参数的标定，这部分参数只与世界坐标系的外部位置有关，称为外参标定；② 从相机坐标系到像素坐标系之间的投影几何关系参数的标定，这部分参数与相机的焦距、像素尺寸等相机内部参数有关，称为内参标定。

1）外参标定

从世界坐标系到相机坐标系的变换是一个刚体变换，通过旋转和平移即可将世界坐标系下物体的点 $W(X_w,Y_w,Z_w)$转换为相机坐标系下的点 $C(X_c,Y_c,Z_c)$，用旋转矩阵 $\boldsymbol{R}$ 和平移矩阵 $\boldsymbol{T}$ 可表示为如下关系：

$$\begin{bmatrix} X_c \\ Y_c \\ Z_c \end{bmatrix} = \boldsymbol{R}_{3\times3} \cdot \begin{bmatrix} X_w \\ Y_w \\ Z_w \end{bmatrix} + \boldsymbol{T}_{3\times1}$$

等效变换后可得

$$\begin{bmatrix} X_c \\ Y_c \\ Z_c \\ 1 \end{bmatrix} = \begin{bmatrix} \boldsymbol{R}_{3\times3} & \boldsymbol{T}_{3\times1} \\ \boldsymbol{O} & 1 \end{bmatrix} \cdot \begin{bmatrix} X_w \\ Y_w \\ Z_w \\ 1 \end{bmatrix}$$

2）内参标定

从相机坐标系到图像坐标系是一个从三维到二维的投影变化过程，对于相机坐标系下的点 $C(X_c,Y_c,Z_c)$与其在图像坐标系中的投影点 $i(x,y)$，利用相似三角形原理可得如下关系：

$$\frac{x}{X_c} = \frac{y}{Y_c} = \frac{f}{Z_c}$$

等效变换后可得

$$\begin{cases} x = \dfrac{f}{Z_c} X_c \\ y = \dfrac{f}{Z_c} Y_c \end{cases}$$

用矩阵形式表达为

$$Z_c \cdot \begin{bmatrix} x \\ y \\ 1 \end{bmatrix} = \begin{bmatrix} f & 0 & 0 & 0 \\ 0 & f & 0 & 0 \\ 0 & 0 & 1 & 0 \end{bmatrix} \cdot \begin{bmatrix} X_c \\ Y_c \\ Z_c \\ 1 \end{bmatrix}$$

如图 2-10 所示，从图像坐标系到像素坐标系是同一平面的不同坐标系原点、不同坐标系单位的转换。图像坐标系的原点在图像传感器的中心，像素坐标系的原点在图像传感器的左上角；图像坐标系的单位是 m，像素坐标系的单位是像素。

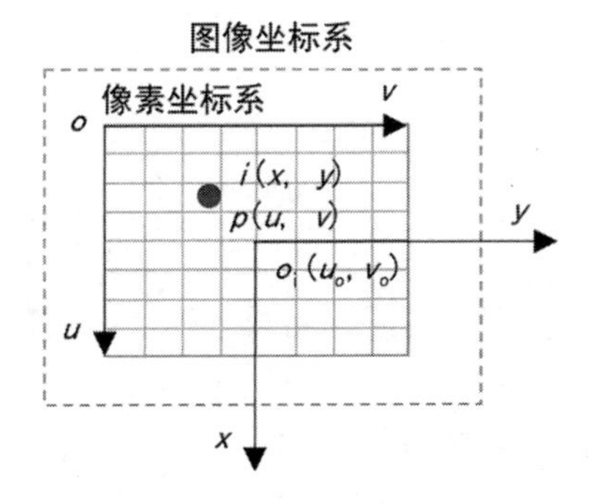

图 2-10 图像坐标系与像素坐标系的关系示意图

当图像坐标系的原点 o_i 在像素坐标系下的坐标为(u_o,v_o)，一个像素点在 x 轴、y 轴方向的尺寸分别为 $\mathrm{d}x$、$\mathrm{d}y$ 时，图像坐标系下的点 $i(x,y)$映射在像素坐标系下的点 $p(u,v)$的坐标可以表示为

$$\begin{cases} u = \dfrac{x}{\mathrm{d}x} + u_o \\ v = \dfrac{y}{\mathrm{d}y} + v_o \end{cases}$$

进一步处理后可得如下公式：

$$\begin{bmatrix} u \\ v \\ 1 \end{bmatrix} = \begin{bmatrix} \dfrac{1}{\mathrm{d}x} & 0 & u_o \\ 0 & \dfrac{1}{\mathrm{d}y} & v_o \\ 0 & 0 & 1 \end{bmatrix} \begin{bmatrix} x \\ y \\ 1 \end{bmatrix}$$

因此，相机坐标系下的点 $C(X_\mathrm{c},Y_\mathrm{c},Z_\mathrm{c})$与其投影在像素坐标系下的点 $p(u,v)$的完整数学关系如下式所示：

$$\begin{cases} u = \dfrac{f}{\mathrm{d}x} \cdot \dfrac{X_\mathrm{c}}{Z_\mathrm{c}} + u_o \\ v = \dfrac{f}{\mathrm{d}y} \cdot \dfrac{X_\mathrm{c}}{Z_\mathrm{c}} + v_o \end{cases}$$

进一步处理后可得如下公式：

$$Z_{\mathrm{c}} \cdot \begin{bmatrix} u \\ v \\ 1 \end{bmatrix} = \begin{bmatrix} \frac{f}{\mathrm{d}x} & 0 & u_o & 0 \\ 0 & \frac{f}{\mathrm{d}y} & v_o & 0 \\ 0 & 0 & 1 & 0 \end{bmatrix} \cdot \begin{bmatrix} X_{\mathrm{c}} \\ Y_{\mathrm{c}} \\ Z_{\mathrm{c}} \\ 1 \end{bmatrix}$$

2. 立体匹配

1）车载双目相机理想成像模型

将车载单目相机模型理解透了，那么车载双目相机模型无非两个相机的叠加。为了便于理论分析，我们首先建立光轴平行、焦距相等、左右相机坐标系在 x 轴正方向重合的车载双目相机理想成像模型，其示意图如图 2-11 所示。

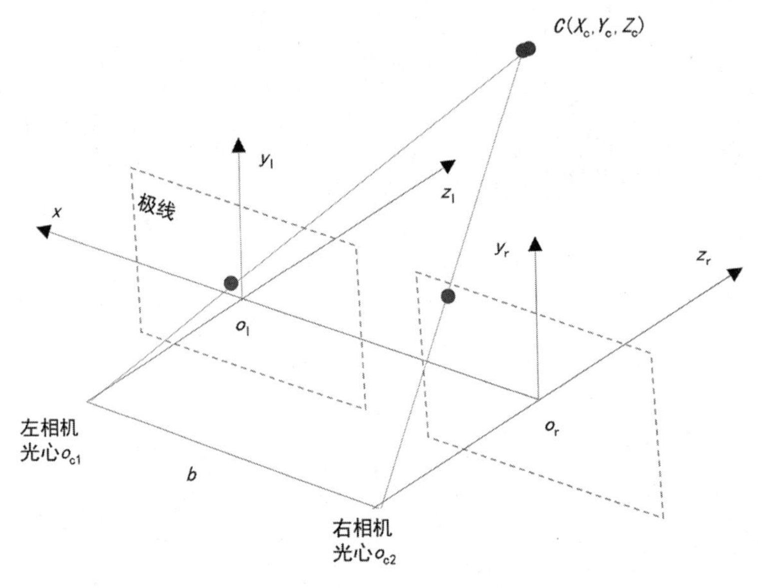

图 2-11 车载双目相机理想成像模型示意图

左右相机光心之间的距离 b 称为基线距离，为了便于求出被测点 C 的深度值 Z_{c}，将 C 点投影在相机坐标系的 xz 平面上，投影示意图如图 2-12 所示。

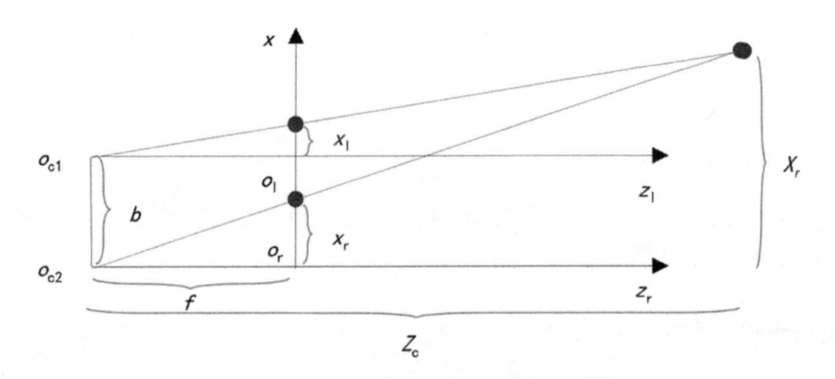

图 2-12 车载双目相机投影示意图

由三角形相似原理可最终求得点 C 的三维坐标值关系，如下公式所示：

$$\begin{cases} \dfrac{Z_c}{f} = \dfrac{X_c}{x_r} \\ \dfrac{Z_c}{f} = \dfrac{X_c - b}{x_l} \\ \dfrac{Z_c}{f} = \dfrac{Y_c}{y_r} \end{cases}$$

进一步处理后可得如下结果：

$$\begin{cases} X_c = \dfrac{bx_r}{x_r - x_l} \\ Y_c = \dfrac{by_r}{x_r - x_l} \\ Z_c = \dfrac{bf}{x_r - x_l} \end{cases}$$

由上述公式可知，要想得到 C 点的深度值及三维坐标值，需要知道：① 相机焦距 f 和基线长度 b，这在上一步标定过程已经获得；② x_r 和 x_l 的差值，也就是视差值。

所谓视差，是指被测点在不同位置的相机中成像位置的差异。为了计算视差，我们必须为左边图像中的每个像素点在右边图像中匹配到对应像素点，这就是车载双目相机立体匹配的问题，也是车载双目相机的核心问题之一。

2）极线约束

按照常规思维，为了在右边图像中匹配左边图像的一个像素点，我们可以将右边图像中的每个像素点与左边图像的这个像素点进行匹配。对于像素为 10 万的车载双目相机来说，匹配的工作量勉强可以接受。如果像素为 100 万、200 万，甚至 800 万呢？为了提高匹配的效率，部分专业人士提出了极线约束的解决方案。

如图 2-13 所示，被测点 C_1 和左相机光心 o_{c1} 和右相机光心 o_{c2} 三点构成的平面称为极平面，极平面与成像平面相交的两条直线称为极线。对于理想车载双目相机模型来说，空间点 C_1 在左相机成像平面的投影点，对应于右相机成像平面的投影点，一定在右相机的极线上，这就是著名的极线约束原理。

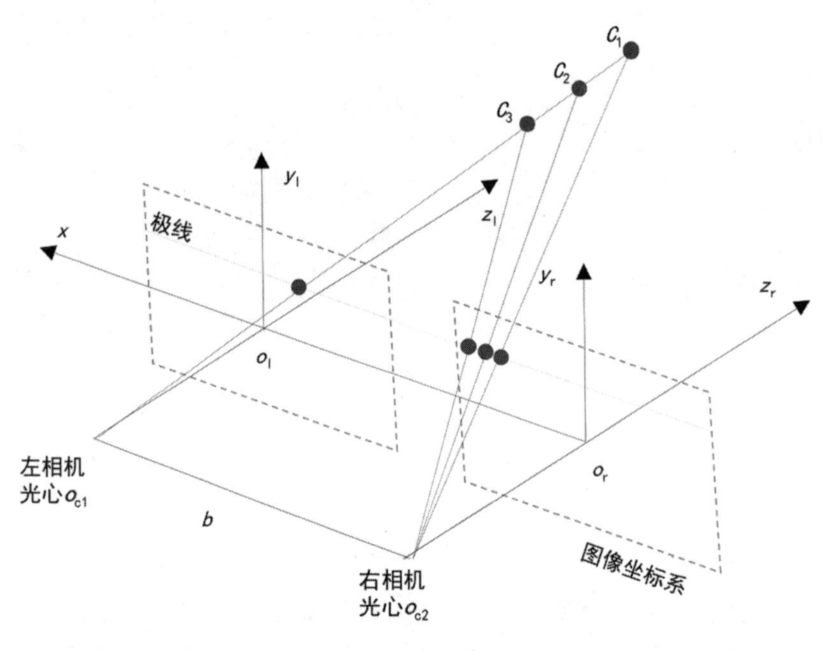

图 2-13 极限约束原理

这是基于最理想的车载双目相机模型设计出来的方法，但在现实情况中，可能由于装配误差、安装误差等原因，左右相机光轴不平行，成像平面不重合，结果就是左右极线不平行、不共面，如图 2-14 所示。针对这种情况，只需提前进行图像校正即可。

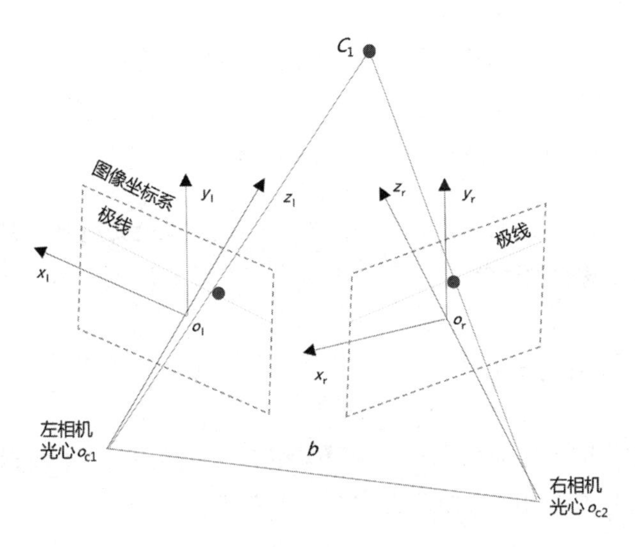

图 2-14 左右极线不平行、不共面示意图

3. 图像校正

图像校正的目的是将现实世界中光轴不平行的两个成像平面重新投影到一个光轴平行的成像平面上，这样两个相机的极线就平行了，左相机成像平面中的像素点只需沿着水平的极线方向在右相机成像平面中进行匹配搜索即可。

但是在实际操作过程中，由于标定误差、计算误差的存在，左相机成像平面上的一个像素点并不总是恰好在右相机成像平面极线上，而是在极线附近；同时，在进行单个像素点搜索匹配时，由于光照等原因，匹配的稳健性会比较差。针对这两个问题，出现了基于滑动窗口匹配及基于能量优化的匹配方法。

2.2.3 关键性能

车载双目相机作为一款以深度值测量为撒手锏的传感器，其测距精度及测距能力无疑至关重要。由前文推导的公式可知，车载双目相机的深度值由基线距离 b、焦距 f 和视差值决定，如下公式所示：

$$Z_c = \frac{bf}{x_r - x_l}$$

从公式中可以比较直观地得到如下关于测距精度的结论：① 用于求解视差的算法偏差越小，测距精度越高，这是算法层面；② 基线距离越大，焦距越大，测距精度越高，这是硬件层面；③ 被测物体离得越近，测距精度越高，这是被测物体距离层面。

测距能力和基线距离关系紧密：基线距离越大，测距能力越强；基线距离越小，测距能力越弱。所以，基线距离在一定程度上决定了车载双目相机的测距能力。

2.2.4 成名路上的阻碍

从车载双目相机的工作原理来看，从模型建立到立体匹配都有了成熟的理论支撑，那么横亘在这位童星成名路上的阻碍必定是工程实现了。

（1）车载双目相机的立体匹配是一个复杂的世界难题，解决这个世界难题需要用到复杂的并行处理算法。同时，为了保证在误差存在的情况下立体匹配的稳健性，算法复杂度又急剧提升。基于开源代码加上自己的注释，便宣称掌握全栈解决方案的套路不管用了，并行处理算法是需要大量真金白银的投入、旷日持久的研发才能获得的技能。

（2）车载双目相机的立体匹配算法包含大量乘法、除法和开方等复杂并行计算，且算法本身在不断优化。通用型的图形处理器（Graphics Processing Unit，GPU）不是特别适合作为主处理芯片，在算法定型之后，应用型专用集成电路（Application Specific Integrated Circuit，ASIC）才是最优解。在算法没有定型的今天，现场可编程门阵列（Field Programmable Gate Array，FPGA）无疑是最佳的选择。而基于硬件编程语言对 FPGA 进行编程，又是中小型创业公司难以快速掌握的能力。Veoneer 第四代车载双目相机产品使用了 Xilinx 的 Zynq UltraScale+ MPSoC 型号 FPGA 作为处理器。

（3）光照敏感是依赖自然光的传感器的通病。如果迎着光和逆着光拍摄同一物体，然后匹配两张图片上对应的像素点，人脑都有点困难，如何敢要求“机脑”呢？在现实世界中，因为光照角度原因，确实会导致左右相机成像明暗相差较大，这在一定程度上增加了立体匹配的难度和误差。

（4）被测物体单调的纹理是车载双目相机的另一个软肋，比如针对颜色一致的货车车厢、颜色一致的墙面，左相机的一个像素点可能与极线上的大部分像素点都匹配，双目相机算法工程师此时也只能屈服于立体匹配的难度与误差。

只有克服上述困难后，才会拥有一个结构简单、成本低廉、测距能力优秀、测距精度适中的深度测量传感器。然而，上述困难没有现成的开源方案任君选择，也不是简单招几个算法工程师研究三个月、半年就可以搞定的事情，需要的是庞大的研发队伍旷日持久的工作。因此，我们看到研究车载双目相机的大多是大型供应商，国外有Veoneer、博世、大陆集团、电装、日立等，国内有中科慧眼、华为、大疆等。而能使用车载双目相机的也大多为大型主机厂，国外有斯巴鲁、奔驰、丰田、本田等，国内有吉利、红旗等。

❑ 休息一下

车载双目相机作为最接近人类双眼原理的传感器，在诞生之初就迎来了自己的高光时刻。但由于一些工程实现问题，众多厂商知难而退。而今，伴随着部分工程实现问题的突破，在自动驾驶“白刃战”打响的前夕，车载双目相机再次披挂上阵。其能否在新的“武器”装备下，再次焕发生机，值得我们拭目以待。

2.3 车载鱼眼相机，备战科考的“寒门书生”

“800万像素”和“250m测距能力”等字眼频繁出现在自动驾驶相关的宣传报道中，这源于自动驾驶对感知能力“更远、更强”的不懈追求。车上不装十几个相机，主机厂市场部都没有底气宣传新车具备真正的高级辅助驾驶功能。按照这种硬件堆叠的思路，在自动驾驶量产落地的那一刻，平平无奇的车身不知道会不会更名为“相机车身”。

电子电气架构的分久必合，正在使车内几十个控制器向融合为个位数的域控制器方向发展，直至最终演变为一两个中央集中式的高性能计算单元。智能驾驶领域内数量众多、种类繁多的传感器，虽仍处在数量、种类和性能同时无序增长的阶段，但在可预见的时间节点，也终将走向融合与集中的发展道路。

对于相机一类传感器来说，如果视场角足够大，感知距离也在场景的需求范围内，那么再搭配上训练有素的感知算法，势必将大大减少车载相机的需求数量，并提高获取感知关联数据的能力。而可能具有此种潜质的选手便是车载鱼眼相机——一种已经在环视和泊车场景中成熟应用，并在高级辅助驾驶领域崭露头角的希望之星。

在环视场景中，车载鱼眼相机通过将大角度范围（大于 140°）内的光线进行压缩、扭曲，提供大角度范围内车辆周边环境数据，并通过将多个相机图像拼接、畸变校正，实现低速场景下非常实用的 360°全景影像功能。在泊车场景中，车载鱼眼相机与超声波雷达融合，完成对停车线的识别、障碍物的检测，从而实现不同等级的泊车功能。

随着车载鱼眼相机自身内力的提升（支持光流及多目标检测等）、车载鱼眼相机感知算法的突破，以及自动驾驶的价格比拼，车载鱼眼相机有望迎来在自动驾驶舞台上的高光时刻。本节就来介绍当前默默无闻，但有希望在未来一鸣惊人的车载鱼眼相机。

2.3.1 成像原理

前面介绍了车载单目相机和车载双目相机，我们了解到这两类相机都是基于透镜成像原理工作的。在对相机建模时，通常使用如图 2-8 所示的小孔成像模型。

在小孔成像模型中，遵循相似成像准则，物体在经过射影变换之后成的像，可以保持绝大部分几何性质不变。比如，直线经过变换之后仍是直线，曲线经过变换之后仍是曲线，两线交点变换过来之后仍是两线交点，等等。而由于透镜制造工艺误差等原因引入的图像畸变，我们总是想方设法校正掉。

另外，在小孔成像模型中，如果焦距一定，那么图像传感器像素平面的面积直接决定了相机视场角的大小，超过这个视场角范围的物体不会被镜头获取到。因此，基于透镜成像原理的相机，其视场角无法做到足够大，水平视场角一般小于 140°。

但是在一些领域，比如气象科学（这也是鱼眼相机最初诞生的领域），工作人员需要对天空天象变化进行观测，因此需要有一种相机能将整个半球形天空一次性拍摄下来；在安防监控领域，安保团队期望有一种相机能从俯视角度一次性拍摄整个监控区域。为了实现这些目的，就需要相机具有水平 180°甚至更大的视场角能力。

就在科研人员陷入苦苦思索时，仿生学义无反顾地“站”了出来。科学家发现鱼的眼睛在往上看时，可以看到水面上整个半球形空间。细究原因，科学家发现由于水的折射率比空气大，光线由空气进入水中后会发生折射，且折射角比入射角要小。同时随着入射角增加，折射角变小的程度也会增加。基于这个特性，水面上 180°半球形空间的物体就可以被扭曲、压缩到一个有限的成像平面上，如图 2-15 所示。

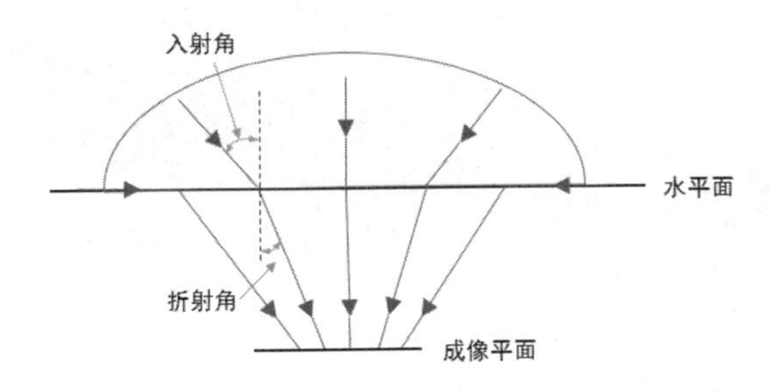

图 2-15　光线进入水中折射原理示意图

光学上有一个专业的术语来描述这种现象，叫作“斯内尔窗”，如图 2-16 所示。斯内尔窗更准确的描述为：从水中往上看，180°的视角会被压成 96°的光锥。受此现象启发，人们发明了鱼眼镜头，它是一种利用光的折射规律，将很大范围内光线进行压缩和扭曲到一个相对较小空间内的镜头，被压缩和扭曲后的光线可以被相机内部图像传感器记录下来，再通过去畸变即可还原真实的图像比例。

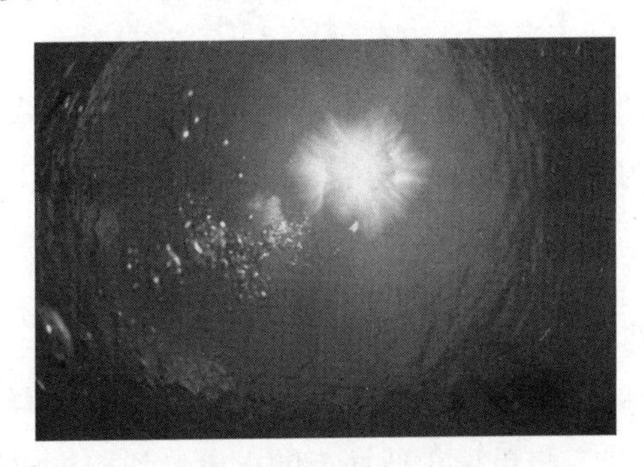

图 2-16　斯内尔窗

鱼眼镜头设计的核心思想就是：拥有更大的球面弧度（超广角），成像平面离透镜更近（短焦距）。鱼眼镜头视场角可以达到甚至超过 180°，因其视场角超大，最终成像会有非常大的桶形畸变。如图 2-17 所示，鱼眼镜头一般由十几个不同的透镜组合而成，最前面的几个透镜直径短且呈抛物状，向镜头前部凸出，主要负责折射，使入射角减小。其余的透镜相当于一个成像镜头。

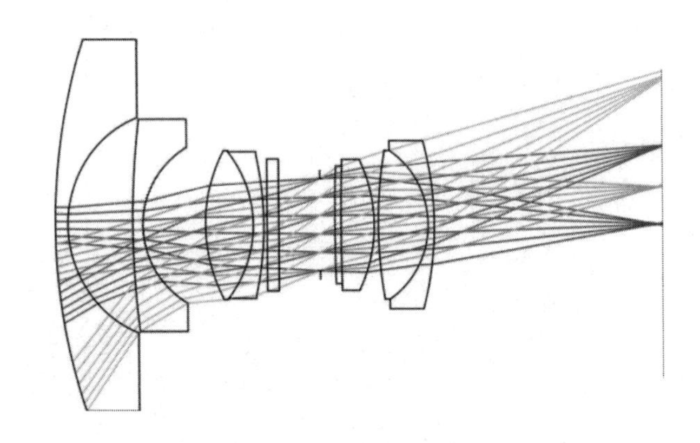

图 2-17 鱼眼镜头组成[①]

鱼眼镜头是源于斯内尔窗而发明出来的，但后来，人们发现其极凸的造型非常像鱼的眼睛。渐渐地，大家一听到鱼眼镜头，就以为它是仿照鱼的眼睛而设计的，可以说这是一个美丽的巧合。

2.3.2 成像模型

前文提到，车载单目/双目相机成像遵循相似成像准则，真实世界中的直线仍被投影为图像平面上的直线。为了将尽可能大的真实世界投影到有限的成像平面上，车载鱼眼相机允许了畸变的存在，遵循的是非相似成像准则。

在研究车载鱼眼相机成像模型时，一般分为两个步骤。第一步，将真实世界中的点投影到一个虚拟单位半球面上（图 2-18 中 w 点投影到 q 点），球心与车载鱼眼相机坐标系的原点 o_c 重合；第二步，将单位半球面上的点投影到相机成像平面上，这是一个非

① 高秋娟，徐云辉，姜华，等. 微光夜视鱼眼镜头的研究与设计[J]. 光学与光电技术，2021，19（4）：80.

线性过程（图 2-18 中 q 点投影到 d 点）。

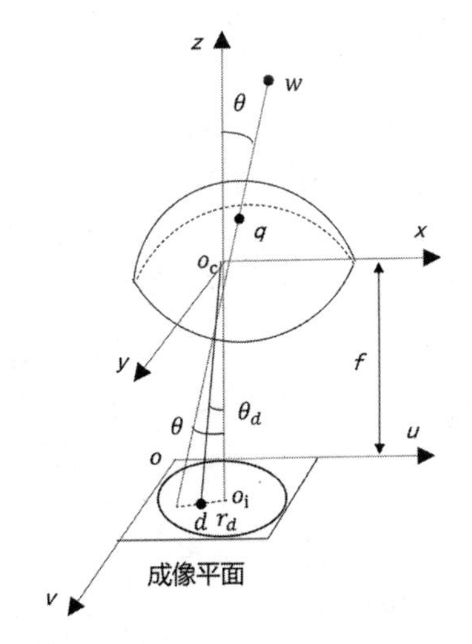

图 2-18 车载鱼眼相机成像模型

从图 2-18 中可以看到，单位半球面上的 q 点投影到相机成像平面上的 d 点是一个非线性过程，折射角 θ_d 小于入射角 θ。而投影模型要表征的就是成像平面的像高 r_d 和入射角 θ 之间的映射关系。经过不断的努力，前人总结出了几种投影模型，每种投影模型均对应一种鱼眼镜头类型。常用的投影模型有 4 种，分别是等距投影模型、等立体角投影模型、体视投影模型和正交投影模型。

和小孔成像模型一样，为了便于数学分析，在投影模型中，我们将成像平面对称到相机坐标系上方区域。在下面的介绍中，f 为鱼眼相机的焦距，θ 为物体在空间中与光轴所成的入射角，r_d 为成像点到成像平面中心 o_i 的成像高度，简称像高。

（1）等距投影模型。如图 2-19 所示，这是最简单的一种投影模型，成像点到成像平面中心的像高 r_d 与入射角 θ 成正比，这个比例系数就是相机焦距 f，用公式表达为 $r_d = f \times \theta$。在这种投影模型中，当入射光线之间的角度相同时，其对应各投影点之间的像高相同，这也是这种投影模型名称的来源。同时，这种模型还可以解决在小孔成像下入射角为 90° 时图像无限拉伸的问题，畸变量适中，因此它被广泛应用在工程领域。

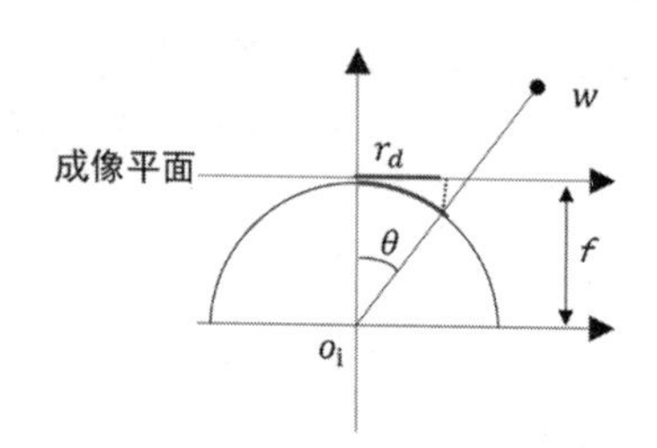

图 2-19 车载鱼眼相机等距投影模型

（2）等立体角投影模型。图 2-20 所示为车载鱼眼相机最常用的一种投影模型——等立体角投影模型，从名字就能领会到该投影模型的真谛。等立体角的特点是相等立体角的入射面会产生相等面积的像。该投影模型用公式表示为 $r_d = 2f \times \sin(\theta/2)$。

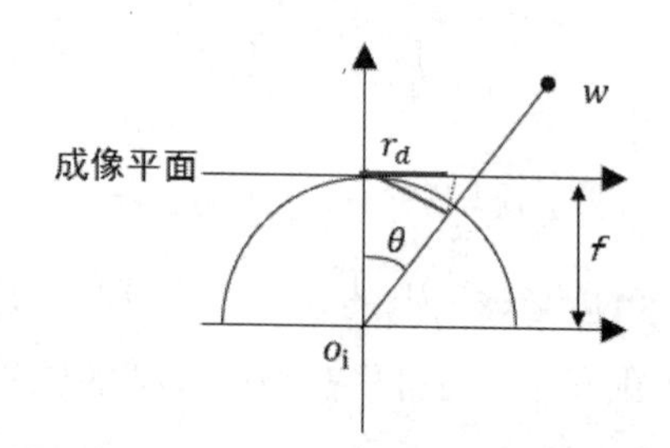

图 2-20 车载鱼眼相机等立体角投影模型

（3）体视投影模型。如图 2-21 所示，这是一种保角不变投影模型，球形物面上的微小面元经过体视投影后，成像仍然是一个小圆，因此这种投影模型对微小物体成像具有相似性，但是相似性也会带来视场角不足的问题。该投影模型用公式表示为 $r_d = 2f \times \tan(\theta/2)$。

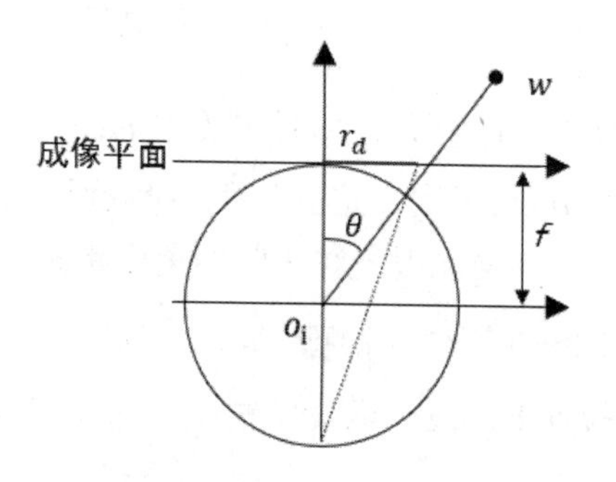

图 2-21 车载鱼眼相机体视投影模型

（4）正交投影模型。如图 2-22 所示，这种投影模型带来的畸变最大，对边缘物体压缩最厉害，接近 180°处的图像信息几乎全部丢失，且无法对 180°以外的场景区域进行描述，因此该投影模型实际上很少使用。但这种投影模型不会产生透射映射的近大远小结果。该投影模型用公式表示为 $r_d = f \times \sin\theta$。

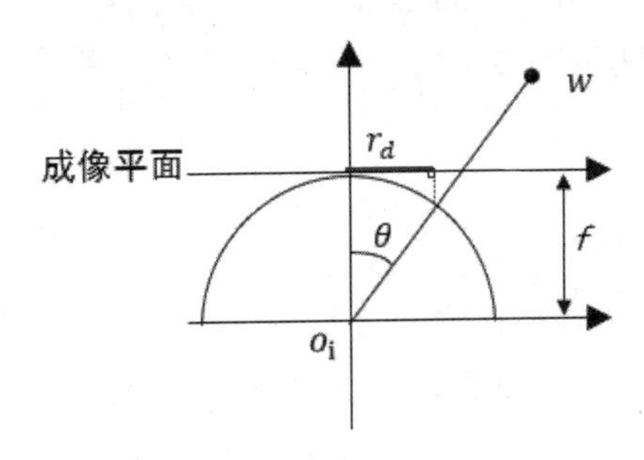

图 2-22　车载鱼眼相机正交投影模型

2.3.3 畸变校正

对于相机类传感器来说，畸变是必然存在的。畸变校正就是寻找一个重映射矩阵，将原始图像中的部分像素点或插值点进行重新排列。当然，不同的需求往往对应不同的畸变校正方案。

对于车载单目相机来说，为了得到像素坐标系和三维世界坐标系的对应关系，我们需要对相机的桶形畸变和枕形畸变进行校正。而对于车载双目相机来说，为了做极线对齐，实现深度估计，我们需要将两个相机输出变换到同一个坐标系下。张正友老师的棋盘标定法是目前对上述两类相机校正效果最好的方法。

对于车载鱼眼相机来说，径向畸变极为严重，以至于我们都可以忽略掉其他方向的畸变。棋盘标定法、横向展开法、经纬度法是车载鱼眼相机常用的三种畸变校正方法。

棋盘标定法只能校正鱼眼图像中间的部分，靠近圆周的区域会被拉伸得很严重，导致视觉效果变差，所以棋盘标定法一般用于简单测量或图像拼接的前置任务。

横向展开法将俯视视角变为正视视角，因此可以根据区域功能进行切片，再用普通视角的检测模型完成后续任务。但是缺点也一目了然，比如在真实世界中，展开图的左右两侧应该是连通的，但是当有目标在鱼眼图中穿过分界线时，在展开图中该目标会在左侧消失，在右侧出现（或者倒过来），看起来不是很自然。

经纬度法包含经度和纬度两个方面。对经度进行校正时，只对竖直方向进行校正，水平方向依然是扭曲的。对纬度进行校正时，水平方向可以实现较好的校正，但竖直方向依然是扭曲的。这种方法可谓鱼和熊掌不可兼得。

2.3.4 行业进展

2020 年，华为推出的 800 万像素超级车载鱼眼相机，采用自主视觉算法+玻璃模压非均匀镜头，相比市面上 200 万像素鱼眼相机，其检测距离翻倍、分辨率更高。华为官方宣称：4 个超级鱼眼相机，可以替代传统 4 个侧视+4 个环视的高阶 360° 感知方案，支持大视场角及 80m 的环视检测距离。

2021 年 7 月，三星发布适用于车载环视系统或后视相机的专用图像传感器 ISOCELL Auto 4AC。该款图像传感器采用 1/3.7 英寸感光面积、120 万像素分辨率、3.0μm 像素尺寸，并内置 ISP，可输出 YUV422、RGB888 和 RGB565 三种图像数据。同时支持 120 分贝高动态范围图像，支持发光二极管闪烁抑制功能，可为自动驾驶系统辨识车灯、交通信号灯提供更加准确的数据。

2021 年 11 月，法雷奥发布了世界上第一个面向量产的车载鱼眼相机开源数据集 WoodScape，整个数据集包含 10000 多张图片，旨在通过提供足够的相关数据，推动适用于自动驾驶行车和泊车领域的车载鱼眼相机视觉算法的深度开发，而不再停留于传统的校正算法。

数据集中的图片是由几辆法雷奥汽车在欧洲的不同地理位置拍摄的，每辆车上配备了 4 个车载鱼眼相机，每个车载鱼眼相机提供 100 万像素、24 位分辨率和 30 帧/秒的图像数据。数据集经过人工标注后可用于语义分割、深度估计、2D 物体检测、视觉测距、运动分割、污垢检测及端到端驾驶等任务训练。

❑ 休息一下

未来，随着车载鱼眼相机在像素、视场角和感知距离等性能参数方面的不断突破，也许没有厂家愿意拒绝由此带来的硬件成本降低，以及算力资源需求降低。车载鱼眼相机在高速行车场景的江湖地位还不可预测，但其在低速泊车场景的领导能力已经开始凸显。

2.4 车载红外相机，一颗冉冉升起的新星

2021 年 4 月，“滴滴双子星”自动驾驶硬件平台发布，1 台覆盖 100m 范围的红外相机被放在中心位。

2022 年 3 月 29 日，艾睿光电与踏歌智行达成战略合作，双方将共同推动红外热成像在矿用车无人驾驶领域的应用。

2022 年 9 月 2 日，广汽埃安与高德红外·轩辕智驾宣布达成深度合作，广汽埃安旗下新能源车型将搭载红外智驾传感技术，打造全天候智驾感知方案。

车载红外相机为何在自动驾驶开始走向深水区时出现？又为何常作为极端恶劣天气的感知方案高频出现在公司的高层汇报会上？带着这些疑问，本节将科普这颗冉冉升起的新星，它极有可能成为在自动驾驶感知领域排得上座次的“水浒英雄”。

2.4.1 工作原理

车载红外相机采用的红外热成像技术，在军事、消防、医疗、工业生产、海关中的应用已经非常广泛。

红外热成像技术分为主动红外热成像技术和被动红外热成像技术。主动红外热成像技术通过红外灯主动照射，并利用目标反射回来的红外光来实施探测。被动红外热成像技术借助于目标自身发射的红外辐射来实施探测。

被动红外热成像技术所探测的红外辐射的波长为 0.75～1000μm，介于可见光波段与

微波波段之间。任何温度高于热学力零度（–273℃）的物体都会发生红外辐射，红外辐射波段对应的能量为 0.1～1.0eV，上述能量范围之内的物理化学效应都可以通过探测器来接收。

被动红外热成像技术具有更远的探测距离、更优秀的应对恶劣天气的能力，因此它成为车载红外相机主流的技术方案。

车载红外相机的核心零部件包括镜头、探测器、处理电路及图像处理软件。物体的红外辐射经过镜头聚焦到探测器上，探测器对接收到的红外辐射进行光电处理，然后根据目标与背景或目标各部分之间的温差或热辐射差，通过图像处理软件处理后得到电子视频信号，最后生成人眼可见的红外图像。红外热成像探测原理如图 2-23 所示。

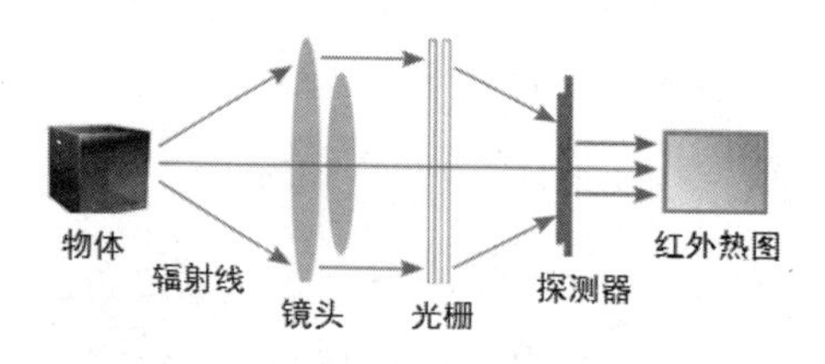

图 2-23　红外热成像探测原理

红外热成像探测器作为车载红外相机的核心部件，是探测、识别和分析被测物体红外信息的关键，其性能直接决定了设备最终成像的分辨率和灵敏度。在技术类别上，红外热成像探测器又可分为制冷型探测器和非制冷型探测器。

制冷型探测器的优势在于灵敏度高、能够分辨更细微的温度差别、探测距离远，但是专门的制冷装置会导致红外相机的结构复杂且成本高昂，因此制冷型探测器主要应用于高端军事装备。

非制冷型探测器无须制冷装置，能够在室温状态下工作，具有启动快、功耗低、体积小、质量轻、寿命长、成本低等诸多优点。非制冷型探测器虽然在灵敏度上与制冷型探测器有一定差距，但经过十余年的发展，其在性价比上已经明显优于制冷型探测器，因此成为车载红外相机探测器的主流方案。

目前掌握非制冷型探测器核心技术的国家主要有美国、法国、以色列、日本和英国等。中国近十年在此方面发展飞速，在世界上争得了一席之地，代表厂商有北方广微、烟台艾睿光电、杭州大立和武汉高德红外等。据报道，国内已有企业开发出世界第一款8μm 非制冷型红外热成像探测器芯片，分辨率达到 1920 像素×1080 像素，能够满足高端红外热成像仪轻量化、高性能的需求。

2.4.2 作用

到 2022 年年底，业内还没有出现一种传感器可以满足全天候、全天时和全场景的感知需求。为了早日实现自动驾驶的伟大理想，多传感器融合成为绝大多数厂家的共同选择。但谁与谁融合能够在性能、可靠、安全、稳定等方面达到 1+1＞2 的效果，目前还没有定论，各厂家仍在尝试。

目前，主流的感知传感器包括激光雷达、车载单目相机、毫米波雷达等，它们的优缺点经常会被对比，这里进行简单的汇总，如表 2-3 所示。

表 2-3 常用传感器优缺点对比

类　型	优　点	缺　点
激光雷达	探测距离远 探测精度高	受雨、雪、雾、烟尘影响较大 分辨率随着探测距离增大而降低 价格高
车载单目相机	成像清晰 价格低	逆光、浓雾、大雨、夜间效果不佳
毫米波雷达	可测相对速度 较强的雨、雪、雾、烟穿透能力 价格低	误检率较高 分辨率不足

车载红外相机的原理决定了其无法承担感知主传感器的重任，但其被动成像的优势、全天候（不受雨、雪、雾影响）的特点、全天时（不受眩光、逆光、无光影响）的特性，使其极有可能成为应对恶劣天气和复杂工况场景不可多得的良将。

1. 黑夜环境

夜间是交通事故频发的时间段，全国每年发生的交通事故中，一半以上发生在夜间。车载红外相机的被动成像不依赖可见光，所以即使在全黑的道路上也可以有出色的表现。图 2-24 展示了某厂家的某一产品在黑夜环境下的官方测试效果。

图 2-24　车载红外相机在黑夜环境下的表现

2. 眩光环境

眩光环境的典型代表是“黑洞效应”和“白洞效应”。所谓“黑洞效应”，是指驾驶员行车进入隧道，光线忽然从亮到暗，瞳孔快速放大，眼睛一时无法适应，会感觉一片漆黑，此时隧道洞口就像个黑洞。从隧道出来时则刚好相反，光线忽然从暗到亮，瞳孔快速缩小，人眼看到的是一片白光，被称为“白洞效应”。

就是这短短的几秒眩光时间内，交通事故就有可能发生。眩光环境不仅使人眼无法适应，基于可见光成像的车载单目或双目相机也无可奈何。但是车载红外相机由于只接收长波段信息，不接收可见光波段信息，在强弱光交替场景中，感知功能完全不会受到影响，图 2-25 展示了某厂家的某一产品在眩光环境下的官方测试效果。

图 2-25　车载红外相机在眩光环境下的表现

3. 雨雾环境

雨雾天气是交通事故的高发天气，黄浴博士在其《自动驾驶发展面临的恶劣天气问题》文章中提到：在降雨条件下发生事故的风险比正常情况高 70%。基于可见光成像的车载单目或双目相机，在低照度情况下或者雨雪等恶劣天气状况下都没有穿透功能，作用大打折扣；毫米波雷达倒是在此种状况下具有一定的穿透能力，但其居高不下的误检率和捉襟见肘的分辨率，使其难以做到很高的置信度；至于激光雷达，不管是 905nm 还是 1550nm 波长，在这种环境下全都中看不中用。

车载红外相机由于探测的红外辐射波长较长，所以其穿透力更好，抗干扰能力较强，即使在暴雨、浓雾下依旧可以拥有较好的成像效果。图 2-26 展示了某厂家的某一产品在浓雾环境下的官方测试效果。

图 2-26 车载红外相机在浓雾环境下的表现

2.4.3 实测结果

一个偶然的机会，笔者拿到了国内某厂商的一款分辨率为 640 像素×512 像素的车载红外相机产品，对其进行了一个典型应用场景的识别效果测评，并与一款分辨率为 1920 像素×1080 像素的可见光车载单目相机进行对比，用于评价其在提升复杂环境下的自动驾驶感知能力，下面选取几个典型场景进行分析。

1. 强逆光环境

对于可见光车载单目相机来说，进隧道与出隧道会有短暂的致盲，其间会导致车道线、交通标识识别失效。我们通过测试强光照射下的仓库内部来模拟进入隧道的场景，测试结果如图 2-27 所示。

图 2-27 强逆光环境测试结果

从测试结果来看，可见光车载单目相机已经完全看不清仓库内部结构，而车载红外相机可以清晰看到仓库内部结构。

2. 明暗交替环境

高速公路或城市主干道一般会有路灯，少量的灯光对可见光车载单目相机高动态性能要求非常高，可见光车载单目相机在该场景下识别车道线、交通标识等的效果已经足够优秀。现在我们看下车载红外相机在这种场景下识别车道线的效果，测试结果如图 2-28 所示。

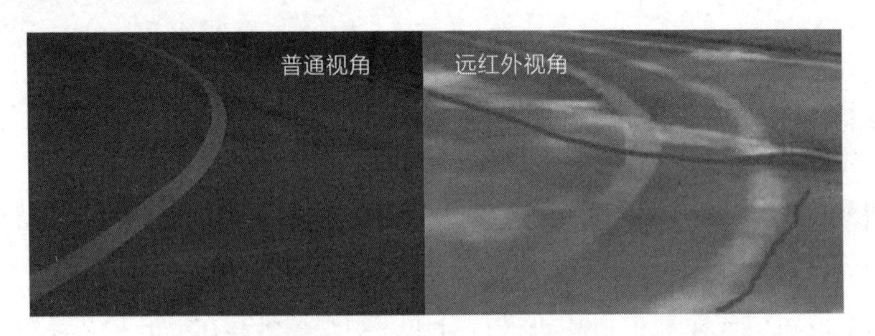

图 2-28 明暗交替环境测试结果

可见光车载单目相机非常清晰地识别出了车道线，车载红外相机虽然也识别出了车道线，但也识别出了非正常的车道线。上方红线标出的地方是下水道，被识别为一条近似车道线的图像。右下角红线标出的地方是已经完全擦除的旧车道线，人眼基本看不出来，但却被车载红外相机发现。城市中车道线的擦除、重画现象不在少数，车载红外相机若要排除干扰，准确识别出车道线，还需要不断对算法进行改进。

3. 全黑环境

在全黑环境下，人眼和可见光车载单目相机都是失效的，我们测试了全黑环境下车载红外相机的识别效果，测试结果如图 2-29 所示。

图 2-29 全黑环境测试结果

图片上可能不明显，但在实际验证时来看，效果是非常惊人的，距离 10m 左右，人眼才看到这个骑电瓶车的人，但是在 100m 开外，从车载红外相机中就可以看到慢慢驶近的人。

2.4.4 面临挑战

车载红外相机离真正大规模量产落地还有漫长的路要走，而在这漫长的道路上，首先需要翻越成本和算法两座大山。

1. 符合前装量产上车的成本

车载红外相机有这么多明显的优点，为何迟迟没有大规模前装量产？最主要的原因可能还是成本。有业内人士指出：高性能车载红外相机的成本甚至高于传统汽车的发动机加变速箱的成本。这是对成本极其敏感的乘用车领域无论如何也无法接受的。

车载红外相机降低成本的关键路径之一是在探测器的封装技术上进行突破。封装作为应用于探测器的一项核心技术，是探测器中技术壁垒及成本占比最高的环节，封装成本可以占到探测器总成本的30%～50%。

2. 感知算法

基于可见光车载单目或双目相机的感知算法已经有了长足的进步，但是基于车载红外相机成像特点的感知算法却一直未能有所突破，其中包括红外波与可见光融合、真彩转换、单目测距算法等。

2.4.5 主要玩家

红外热成像技术的头部企业国外有以色列的SCD，法国的ULIS，美国的FLIR、雷神、DRS等。国内厂商更是如雨后春笋般涌现，这里着重介绍两家在2022年已开发出车规级红外热成像探测器的中国企业：轩辕智驾和烟台艾睿光电。

轩辕智驾成立于2016年7月，是武汉高德红外旗下全资子公司，主要负责车载红外热成像技术产品的开发和销售。目前，轩辕智驾已量产的车规级产品包括25μm像元尺寸、分辨率为768像素×576像素的车载红外相机和17μm像元尺寸、分辨率为768像素×576像素的车载红外相机。

烟台艾睿光电成立于2010年，是睿创微纳子公司，专注于红外热成像产品的研发和制造。目前，烟台艾睿光电已量产的车规级产品包括17μm像元尺寸、分辨率为384像素×288像素的车载红外相机和12μm像元尺寸、分辨率为640像素×512像素的车载红外相机。

可能有人会问，与可见光车载单目相机相比，车载红外相机分辨率为什么会这么低？其实不然，由于成像原理不同，分辨率为640像素×512像素的车载红外相机，其红外图像效果已经非常清晰、细腻，距离500m处仍可分辨出野兔大小的物体；分辨率为384像素×288像素的车载红外相机，距离700m处仍可准确识别行人。

像元尺寸的大小主要影响成像模组大小、分辨率与辨识距离。更小的像元尺寸能进一步满足热成像模组设备小型化、集成化的行业需求。同时，在相同焦距的光学系统下，像元尺寸越小，空间分辨率越高，辨识距离越远。

❑ 休息一下

随着自动驾驶对恶劣天气和恶劣环境的关注度的提升，车载红外相机将成为全天候、全天时完全自动驾驶感知系统的重要一员，以及解决自动驾驶长尾问题的有力武器，但在真正功成名就之前，其还要耐心地修炼基本功。

2.5 本章小结

相机之于自动驾驶，就如眼睛之于人类，其重要性不言而喻。但可以肯定的是，自动驾驶在发挥出这只“眼睛”的真正威力前，还有漫长的路要探索，陡峭的山峰要翻越。这既包括相机本身性能的提升，也包括针对相机算法的优化。

03
定位

人类驾驶员在开车时，会基于当前的实时位置来规划前往目的地的行驶路线，同时会基于当前偏离车道中心线的位置来调整方向盘的角度。当人类驾驶员变成自动驾驶系统时，过程也是如此，准确定位是下一步决策规划的前提。

为了使自动驾驶全场景定位精确、可靠，工程师尝试了各种各样的手段。有的从提高卫星信号接收的数量和质量着手，有的从融合多种定位传感器的数据着手……本章将系统地介绍自动驾驶领域常用的定位方案及其工作原理。

3.1 GNSS，自动驾驶定位团队的“保护伞”

在自动驾驶行业的工作岗位中，有靠算法能力吃饭的感知工程师，有靠创意能力吃饭的市场部人员，有靠协调能力吃饭的项目管理工程师。但是有一个工作岗位，特别像农民，需要靠“天”吃饭。运气好的年景，连续几个月都收不到现场反馈的问题；运气不好的年景，时常连续几周凌晨两三点还在现场排查问题。

这个靠“天”吃饭的工作岗位就是自动驾驶定位工程师，而导致其需要靠“天”吃饭的原因就是使用了让人爱恨交织的全球卫星导航系统（Global Navigation Satellite System，GNSS）。“爱”是因为GNSS定位结果可以做到足够精确，定位方式也足够简单；“恨”是因为不同季节太阳活动的强弱，不同月份可用的卫星数量的多少、不同时期周围电磁干扰的强弱，以及不同地点多径效应的强弱都会影响 GNSS 定位结果的可靠性和准确性。

虽然融合定位是自动驾驶定位技术的未来发展方向，但是不得不承认，GNSS 仍将在融合定位中占有举足轻重的地位。在 GNSS 可以独当一面的场景中，好像也没人愿意开发复杂且更易引入其他定位问题的融合定位算法。现在各厂家所谓的融合也仅是在 GNSS 定位结果不可信时，启用里程计/IMU/激光雷达/相机做短暂的辅助定位。

“如果有一天 GNSS 可以进化成适应全场景稳定可靠的定位系统，我会悲喜交加，喜的是不用再去面对一些无解的定位问题，悲的是自动驾驶可能不再需要这个工作岗位了”，这是来自一位自动驾驶定位工程师的自嘲。下面深入剖析一下 GNSS。

3.1.1 定义及组成

GNSS 是一种能在地球表面或近地空间的任何地点，为用户提供全天候的三维坐标、速度及时间信息的空基无线电导航定位系统。我国的国之重器北斗卫星导航系统（BDS）、美国的全球定位系统（GPS）都属于 GNSS 的一种。

GNSS 主要由空间卫星星座、地面控制站和接收机三部分组成。

1. 空间卫星星座

空间卫星星座是指运行在太空不同轨道上的卫星，每颗卫星覆盖地面上的一定区域，一定数量的卫星按照一定的规则分布便能覆盖整个地球。全球排名靠前的几大卫星导航系统无论是卫星数量、运行轨道，还是在通信原理等方面都不尽相同。比如，我国“北斗三号”星座由 30 颗工作卫星构成，美国 GPS 星座由 24 颗工作卫星构成。

卫星一方面生成并广播卫星信号给接收机，另一方面接收地面控制站信号进行自身控制。

2. 地面控制站

地面控制站发挥着控制卫星运行、保障天地通信的重要作用，是 GNSS 可以稳定运行与提供可靠服务的关键。按实现功能的不同，地面控制站主要分为监控站、主控站和注入站三部分。

- 监控站是自动化的数据采集中心，采集的数据主要包括与视场中卫星之间的伪距值、气象数据（气温、气压和相对湿度）等。监控站将采集的数据进行初步处理后发送给主控站。
- 主控站是地面控制站的核心部分，既要负责收集监控站的数据，计算出需要发回卫星的数据；又要监控卫星状态，并及时向卫星发送控制指令；还要管理、协调地面控制站各部分的工作。
- 注入站负责将主控站计算出来的卫星所需的数据（卫星星历、时钟钟差和控制指令等）按照一定的格式，经大口径发射天线写入卫星中。

3. 接收机

接收机是我们与 GNSS 接触最多的地方了，其存在形态千差万别，既有安装在手机内部的普通导航型接收机，也有自动驾驶领域使用的高精度接收机。接收机通过对卫星载波信号进行接收、处理和解算，实现定位、导航和授时的功能。

3.1.2 卫星信号结构

接收机想要窥探的秘密都隐藏在卫星的信号中，卫星信号主要由三部分构成：导航电文、测距码和载波。

导航电文又称为数据码（D 码），用于描述卫星的运行状态，包括星历、历书、卫星钟差、卫星健康状态和电离层延时模型等参数。在所有的参数中，最重要的是星历参数。星历参数是一种描述太空卫星位置和速度关于时间的表达式，可用于精确计算卫星在某一时刻的位置和速度等运行状态。随着时间的推移，星历参数的精度会下降，地面控制站每隔一段时间（“北斗三号”卫星一般是 1h）就要对所有卫星的星历参数进行更新。

测距码是一组看似杂乱无章，实则按照一定规律编排的二进制码，所以也被称为伪随机噪声码（Pseudo Random Noise，PRN）。它既可以通过码分多址来区分不同的卫星信号，也可以用于伪距测量。GPS 常用两种测距码：C/A 码和 P 码。C/A 码也被称为粗码，其定位精度可以达到 10m 左右。P 码也被称为精码、军码，其定位精度可以达到 6m 左右。

导航电文和测距码属于低频信号，而卫星轨道又较高，为了保证低频信号在传播过程可以顺利穿过电离层，不被反射或接收，需要将低频信号调制到高频振荡波上。这个可运载调制信号的高频振荡波被称为载波。GPS 使用的载波频率主要有 L1（1575.42MHz±1.023MHz）、L2（1227.60MHz±1.023MHz）和 L5（1176.45MHz±1.023MHz）三段。除了用来调制信号，载波还可用来测距及测定多普勒频移。

3.1.3 车载 GNSS 接收机

车载 GNSS 接收机是接收机在汽车领域应用的具体形态，是 Robotaxi 主驾可以没有驾驶员的关键。车载 GNSS 接收机在汽车上既存在一个单独的零件形态，也存在集成在其他零件中的形态。但不管形态如何，按照功能模块来分，车载 GNSS 接收机都主要由天线、射频（RF）、基带和处理单元组成，如图 3-1 所示。

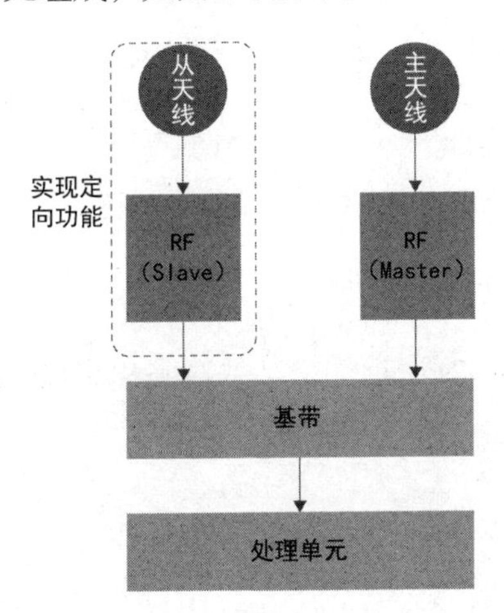

图 3-1 车载 GNSS 接收机功能模块组成

1. 天线部分

车载 GNSS 接收机天线部分最显而易见的作用就是接收空间卫星发射的载波，并进行能量转换，将载波能量转换为车载 GNSS 接收机中其他模块易于处理的电信号。

由于卫星处在万里高空之上（“北斗三号”卫星高度为 2.13 万千米～2.15 万千米），卫星载波即使频率很高，穿越重重困难到达车载 GNSS 接收机之后，能量也会比较微弱，因此车载 GNSS 接收机天线往往设计为有源天线，在天线中放置一个低噪声放大器（Low Noise Amplifier，LNA）对电信号进行放大和滤波。

自动驾驶行业最常用的是一种叫作“蘑菇头”的天线，专业名称叫作扼流圈天线，如图 3-2 所示。别看它身材矮胖，但是具有高稳定的相位中心、近似半球的方向图、一定的多径抑制能力、高而稳的增益，因而成为车载 GNSS 接收机重要的组成部分。

图 3-2 扼流圈天线

图 3-2 中的扼流圈天线在实际应用中有两根常用的天线——主天线和从天线。单天线只能实现定位功能，双天线配合单独的射频部分可实现定向功能。

2. 射频部分

射频（Radio Frequency，RF）前端是车载 GNSS 接收机最重要的硬件部分，主要用于实现频率搬移、信号放大和噪声抑制。

（1）频率搬移：将高频模拟信号变频为中频数字信号。

（2）信号放大：通过链路增益对电信号进行放大，以便于模数转换器识别并处理。

（3）噪声抑制：在放大信号的同时引入尽量少的噪声以使输出的中频信号具有较高载噪比，以便于基带数字信号处理。

3. 基带部分

射频前端输出的中频信号会被送入基带部分进行信号捕获和信号跟踪处理。

信号捕获是指，基于测距码的自相关性和正交特性区分不同卫星信号，对测距码的初始相位进行粗略估计，并基于这些粗略估计值来初始化跟踪环路，有助于信号跟踪。

信号捕获是一个三维的搜索过程。第一维是从卫星方向搜索，从接收到的信号中获取可能包含的卫星信号；第二维是从测距码方向搜索，本地生成复制码，并对复制码与测距码做相关性计算，从而获取正确的初始相位参数。第三维是从多普勒频移方向搜索，本地生成复现载波，通过有序地更新载波频率，寻找与输入信号对齐的载波信号，提取此时的多普勒频移。搜索完成后，若捕获成功，则将这三个信息送入跟踪部分。

信号捕获是接收机中信号处理的第一步，只有完成信号捕获才能开始信号跟踪。信号跟踪本质上是为了实现对信号载波和测距码的稳定跟踪而采取的一种对环路参数的动态调整策略。信号跟踪由载波跟踪环和测距码跟踪环两部分组成，它们分别用来跟踪接收信号中的载波和测距码。

4. 处理单元部分

处理单元通过内部算法计算观测用户瞬间的三维坐标、三维运动速度、接收机时钟修正数据及一些其他导航信息，同时对车载 GNSS 接收机各部分进行管理、控制和校验。

3.1.4 作用及原理

用户从车载 GNSS 接收机处最终得到一个包含三维坐标、速度及时间等信息的技能包，这个技能包被称为 PVT（Position Velocity and Time）。对应到自动驾驶领域，就是我们常说的定位、导航和授时功能。随着双天线 GNSS 接收机的发展，在 PVT 之外又扩展出定向功能。下面分别介绍一下四大功能及其实现原理。

1. 定位

目前常用的单纯依靠 GNSS 定位的技术方案有伪距定位和载波相位定位。

1）伪距定位

伪距定位利用的是测距码与本地复制码的相关技术。车载 GNSS 接收机收到卫星载波后，解调出测距码。同时，车载 GNSS 接收机在内部时钟控制下产生一组与测距码结构相同的复制码。将复制码延迟一定时间后与测距码做相关性计算，若延迟 Δt 时间自相关系数最大，则认为 Δt 是测距码从卫星到接收机的传播时间。利用这个时间计算的卫星和接收机的距离未考虑时钟误差、大气层折射延迟等因素，并非“真实距离”，因此被称为伪距。

伪距 ρ 可由下式计算：

$$\rho = c\left(t_u - t_s\right) = c\Delta t$$

式中，c 为光速，已知量；Δt 为测距码从卫星发射到接收机接收的传播时间，已知量；t_u 为接收机收到测距码的时间，t_s 为卫星发送测距码的时间，两者均是为了后续推导方便而引入的中间变量，不需要进行测量。

我们假设车载 GNSS 接收机时钟误差为 t_1，卫星时钟误差为 t_2，信号在大气电离层传播产生的误差为 t_3，信号在对流层传播产生的误差为 t_4。考虑了这些因素后，真实距离 r 可由下式计算：

$$r = c\left[\left(t_u - t_1\right) - \left(t_s - t_2\right) - t_3 - t_4\right]$$

将 ρ 代入上式化简可得：

$$r + ct_1 = \rho + ct_2 - ct_3 - ct_4$$

将 r 用三维坐标形式表示可得：

$$\sqrt{\left(x_1 - x\right)^2 + \left(y_1 - y\right)^2 + \left(z_1 - z\right)^2} + ct_1 = \rho + ct_2 - ct_3 - ct_4$$

式中，(x_1, y_1, z_1)为从导航电文星历中解析出的卫星坐标，已知量；(x, y, z)为接收机位置，未知量；c 为光速，已知量；ρ 为伪距，可计算量；t_2 在导航电文中可查，已知量；t_3 和 t_4 都可由相应的模型计算，可计算量。

从以上公式可知，存在 4 个未知量 x_1、x_2、x_3 和 t_1，因此需要 4 个方程才可以求解。这也是伪距定位需要在可以接收到 4 颗及以上数量卫星的导航报文的地方才能正常工作的原因。

伪距定位的优点是数据处理简单，对定位条件的要求低，可以非常容易地实现实时绝对定位；缺点是定位精度较低，在没有其他技术辅助的条件下，使用北斗或 GPS 测距码实现的定位精度基本都在 10m 左右。

2）载波相位定位

伪距定位“拙劣”的定位精度简直令人“不堪入目”，而与其齐名的另一位兄弟“载波相位定位”，却有着更加强健的体魄和更加有趣的灵魂。

“北斗三代”B1 频点载波的中心频率为 1575.42MHz，换算成波长约为 190mm。如图 3-3 所示，我们可以测量载波发射时刻和接收时刻的相位，计算两者之间相位差（包括传播过程中经历的 N 个整数周期的载波相位），并与波长相乘，便可求出卫星和接收机之间的距离。按照测距精度为载波波长的 1/10～1/100 计算，理论上可以实现毫米级定位。

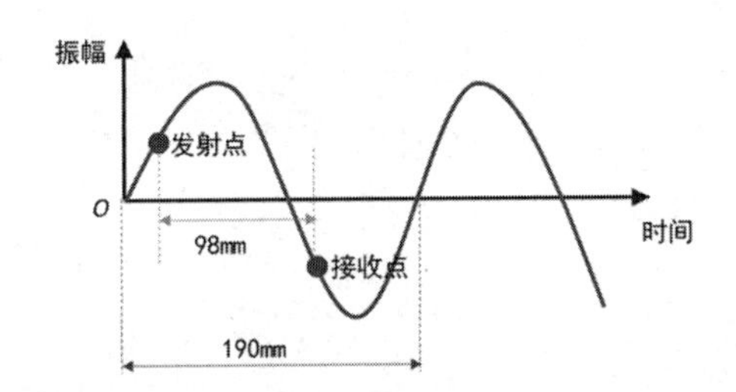

图 3-3 通过载波相位差计算距离的原理示意图

对于相位差测量，接收机在信号跟踪的载波跟踪环部分，复制出与接收的卫星信号一致的本地载波和本地伪码信号，并实现相位锁定。相位锁定意味着接收机在任意时刻接收到的载波相位与本地产生的载波相位相同。通过计算接收机在某一时刻的本地载波相位与本地初始相位之差，便可求得载波相位差。

但是，波长 190mm 远远小于卫星和接收机之间的距离，因此从发射点到接收点之间还存在 N 个整数载波波长，如图 3-4 所示。这个 N 被称为整周模糊度，如何准确地求得 N 值是载波相位定位方法的关键。这里无法像伪距测量那样通过增加求解卫星数量来求解整周模糊度，因为每颗卫星与接收机之间的整周模糊度都不同。

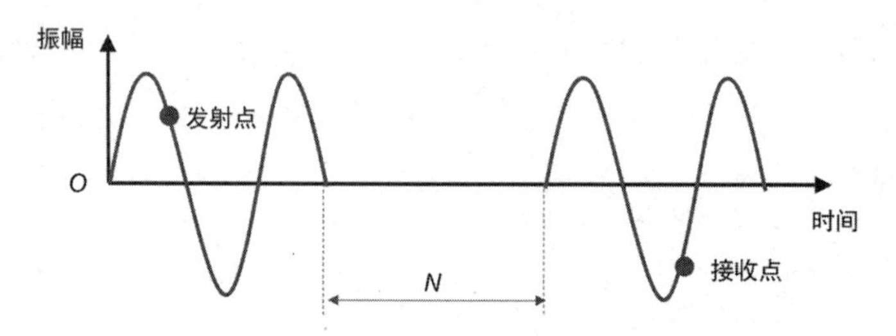

图 3-4　发射点和接收点之间的 N 个整数载波波长

整周模糊度 N 的求解一直是热点问题，催生了快速模糊度解算算法、整周模糊度函数法、经典待定系数法、三差法和伪距法等一系列方法。由于存在整周模糊度求解问题，载波相位定位方法的数据处理过程十分复杂。难且正确的道路带来的好处就是，使用载波相位定位方法的精度实际上可控制在 3m 左右，比伪距定位方法的 10m 左右的定位精度要高不少。

载波相位定位已经将定位精度提高了好几倍，但这还远远无法满足自动驾驶高精度的要求，为此常会引入一些天基或地基的辅助手段。现在比较常用的手段是通过地基的无线通信网络，传送修正数据，提供辅助信息，加强卫星导航信号的搜索跟踪性能，加快速度，缩短定位时间，提高定位精度。

2. 定向

在自动驾驶领域，车辆不仅需要实时知道自己在哪里行驶，还需要实时知道在朝哪个方向行驶（也就是车辆的姿态），以便于准确预测接下来的行驶轨迹。在哪里行驶属于定位内容，而朝哪个方向行驶则属于定向内容。面向自动驾驶领域的主流车载 GNSS 接收机，无一例外都提供了对双天线定向功能的支持。

实现定向功能的车载 GNSS 接收机在硬件上需要具备双天线卫星信号接收及处理能力。车辆的姿态可通过固定在车辆上的两根天线的基线向量确定，所以求得基线向量是确定车辆姿态的前提。

目前，测量车辆姿态的方法有两种，一种是伪距测量方法，另一种是载波相位测量方法。由于载波相位测量方法的精度要远高于伪距测量方法的精度，且能有效地消除接收机钟差和卫星钟差，因此自动驾驶领域绝大多数车载 GNSS 接收机产品采用载波相位测量方法。

在载波相位测量方法中，主天线和从天线在相同时刻对一组相同的卫星进行测量，并对两根天线的载波相位观测值做差分处理，之后利用载波相位整周模糊度解算算法得到从天线相对于主天线的精确位置（基线长度，即主从天线相位中心之间的距离），经过坐标转换，便可求得方位角（基线向量与正北方向之间的夹角）和俯仰角（基线向量与水平面之间的夹角）。定向测量中距离和角度的含义如图 3-5 所示。

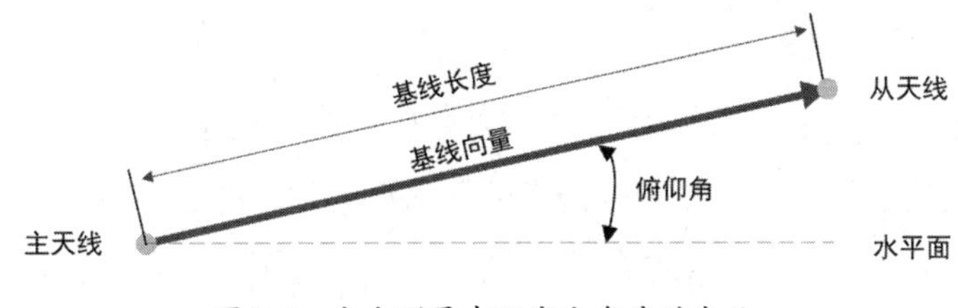

图 3-5 定向测量中距离和角度的含义

3. 导航

目前，导航还没有被业内普遍认同的严格定义，但一般包含两部分内容：一是确定物体在相对坐标系下的位置和速度；二是与目标点位置比对，并通过一些方法引导物体前往目标点。

由上述定义可知，定位是导航的基础。在车载领域，要实现导航功能，还需要搭配车载地图，而车载地图绘制又需要 GNSS 提供定位功能。导航与定位可谓形影不离。

4. 授时

时间同步是自动驾驶多传感器融合的前置条件之一，时间同步的基础是有一个特别准确的时钟源对系统进行授时。GNSS 卫星上搭载的原子钟是地球上屈指可数的精确时间测量仪器，再加上地面控制站的不断修正，GNSS 卫星简直是时钟源的“天选之子”。据相关报道，“北斗三号”卫星上搭载的原子钟在没有校正的前提下，300 万年才会有 1s 累积误差，授时精度可以达到 10ns。

卫星播发的导航电文中包含一个时间帧，这个时间帧的第一位数据的边沿与发送时间值严格对应。通过测量这个边沿，可以在本地恢复出这个边沿，并基于此计算出导航电文发射时间。

最后就是计算导航电文的传播时间及接收机的时钟误差，而这是我们在定位功能中介绍的内容。有了上述信息，便可以进行本地时间修正，从而完成授时功能。接收机完成授时后，将时间同步给系统内主时钟，主时钟负责系统内其他零部件的时间同步工作。

3.1.5 误差来源

无论是伪距定位还是载波相位定位，其实际定位精度都在米级，这也是单纯依靠 GNSS 定位的精度极限，离自动驾驶渴求的厘米级定位精度还有很长的路要走。究竟是哪些误差的存在让单纯依靠 GNSS 的定位精度一直登不了“大雅之堂”呢？

（1）与卫星相关的误差。卫星根据星历计算出来的位置和速度，与实际位置和速度存在一定的误差，被称为星历误差；卫星原子钟的频偏、频漂导致其与地面更精准的时钟之间仍存在一定的时钟误差；卫星信号从内部电路产生到离开发射天线存在内部的传播延迟。

（2）传播路径上的误差。载波在电离层传播时，传播速度的变化、传播路径的弯曲等因素会导致电离层传播延迟；载波在对流层传播时，传播路径也会弯曲，同样存在对流层传播延迟；经某些物体表面反射后，到达接收机的载波与直接来自卫星的载波叠加干扰后产生多径效应。

（3）与接收机有关的误差。与接收机有关的误差包括：接收机上廉价的石英钟产生的误差；受外界环境影响而产生的测量误差；接收机相位中心与天线参考点之间的中心偏差；载波进入接收机后进行内部处理时产生的延时误差。

3.1.6 差分定位

基于当前的技术水平，有些误差我们无能为力，但有些误差我们可以通过建模及估计方法进行消除或减小。在消除或减小误差的方法中，差分绝对算是力能扛鼎的那位。

星历误差、电离层误差、对流层误差和接收机误差等，对一定半径范围内的接收机来说都是相同的。如果我们用一台接收机计算出这些误差，并将误差广播给一定半径范围内的其他接收机，那么共同提高定位精度便不是奢望。

差分定位可以分为位置差分、伪距差分和载波相位差分三类。三类差分定位的工作原理基本相同，都是由基准站计算并广播差分数据，接收机收到差分数据后对其测量结果进行修正，以获得精确的定位结果。不同的是，三类差分方法发送的差分数据的具体内容不一样，可实现的定位精度也不同。差分定位的通信链路如图 3-6 所示。

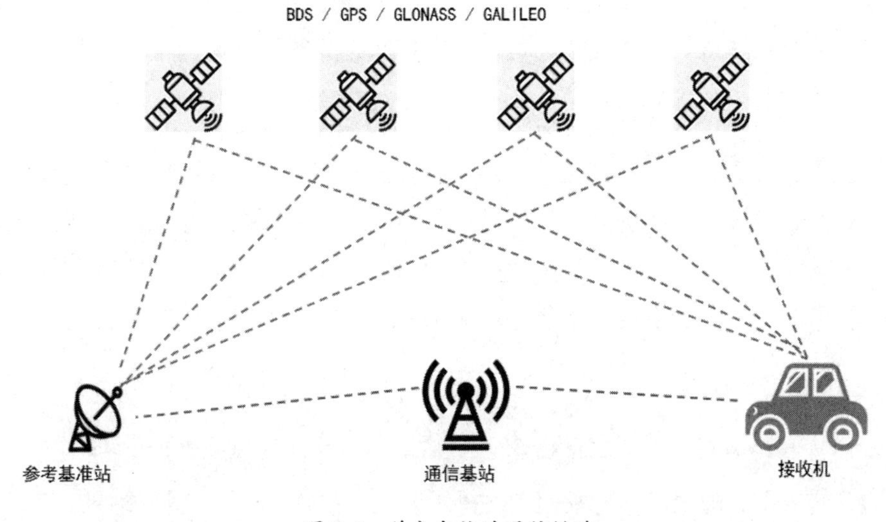

图 3-6 差分定位的通信链路

1. 位置差分

位置差分是一种比较简单的差分方法。基准站一方面已知自己的精准三维坐标，另一方面通过接收卫星信号可以解算出另一个三维坐标。基准站计算两个三维坐标之间的误差，并将此误差数据作为差分数据，通过无线网络广播出去，接收机收到此差分数据后进行自身三维坐标的修正。

由此可知，位置差分方法中的差分数据是三维坐标层面的误差。使用该方法时，需要使用一定半径范围内的接收机进行观测，并使用与基准站相同的一组卫星，且接收机的定位精度会随接收机与基准站距离的增加而降低。采用此种方法的定位精度可以控制在 5m 左右。

2. 伪距差分

在 GNSS 的所有应用领域中，伪距差分是目前应用比较广、技术比较成熟的差分方法。基准站一方面通过接收卫星信号并计算得到伪距值，另一方面利用基准站的已知精准坐标及从卫星星历中解算出来的卫星坐标，计算出从基准站到卫星的真实距离。真实距离与伪距值相减即可得到伪距测量误差。基准站利用无线网络将此误差值作为差分数据发送给一定半径范围内的接收机，接收机利用此差分数据修正伪距值，再进行定位解算，从而获得接收机的准确位置。

伪距差分方法中的差分数据是伪距层面的误差。该方法不要求接收机与基准站观测并使用完全相同的卫星，因为在一定区域内的所有卫星的伪距测量误差可以看成是一样的。但是和位置差分方法一样，该方法的定位精度会随着接收机与基准站距离的增加而降低。试验数据显示，在基准站半径 20km 范围内的定位精度可达到亚米级。

3. 载波相位差分

提起载波相位差分，大家可能觉得有点陌生，但是如果提起它的江湖外号——实时动态差分（RTK），那么自动驾驶圈内无人不竖起大拇指。RTK 是一种可以实时处理两个载波相位观测量的差分方法。基准站和接收机不断地对相同的卫星进行监测，在基准站捕获卫星载波信号后，通过无线网络将载波相位测量值实时发送给接收机。接收机对自身捕获的载波相位测量值与基准站发送过来的载波相位测量值进行求差，并进行自身三维坐标的解算。

载波相位差分方法中的差分数据是载波相位层面的误差。和位置差分一样，载波相位差分要求基准站和接收机观测和使用的是同一组卫星，因此同样存在精度随接收机与基准站距离的增加而降低的问题。但基于载波相位层面的差分可以减小或消除绝大部分误差，在基准站半径 30km 范围内的定位精度可达到厘米级。

3.1.7 多星多频接收技术

"多生孩子好打架"，这个策略用在 GNSS 上也非常合适。可观测的卫星数量越多、可接收到的频点越多，GNSS 定位精度、可靠性及稳定性就会越高。为此，诞生了多星多频接收技术。

1. 多星接收技术

无论是北斗还是 GPS，整个系统在轨道上只有二三十颗工作卫星，而具体到地球的某一固定位置，可用的卫星数量就更少了。理论上，在地球上的任意地点、任何时刻，可用的北斗卫星数量在 10 颗左右，GPS 在 8 颗左右。虽然都满足大于或等于 4 颗的定位数量需求，但是无法保证每颗可用卫星都有非常好的信号质量，也无法保证车辆行驶过程中不会有高楼或高山遮挡住部分卫星信号。

为了充分发挥全球不同卫星导航系统的作用，诞生了互帮互助的多星接收技术，即接收机可同时接收并处理全球不同卫星导航系统中的卫星信号。因而，在地球上的任意地点、任意时刻，可用的卫星数量直接翻了好几倍，而接收机也就有充足的底气去选择那些信号质量更好的卫星来参与定位解算。

目前世界上在建或已经建成的卫星导航系统主要有以下三类。

（1）全球卫星导航系统，如美国的 GPS、中国的 BDS、俄罗斯的 GLONASS、欧盟的 GALILEO。

（2）区域卫星导航系统，如日本的 QZSS、印度的 IRNSS。

（3）卫星增强系统，如美国的 WAAS、日本的 MSAS、欧盟的 EGNOS、印度的 GAGAN、尼日利亚的 NIGCOM SAT-1。

目前市面上比较先进的接收机可以支持 5 星接收技术，这 5 星分别是 GPS、BDS、GLONASS、GALILEO 和 QZSS。

GPS（全球卫星定位系统）是美国第二代卫星导航系统，是一个结合卫星及通信发展技术，利用导航卫星进行测时和测距的中距离圆形轨道卫星导航系统。

BDS（北斗卫星导航系统）是中国自行研制的全球卫星导航系统，可在全球范围内全天候、全天时为各类用户提供高精度、高可靠的定位、导航、授时服务，并且具备短报文通信能力，已经初步具备区域导航、定位和授时能力，定位精度为分米、厘米级别，测速精度为 0.2m/s，授时精度为 10ns。

GLONASS（格洛纳斯卫星导航系统）是俄罗斯研制的全球卫星导航系统，主要服务包括确定陆地、海上和空中目标的坐标及运动速度信息等。

GALILEO（伽利略卫星导航系统）是由欧盟研制和建立的全球卫星导航系统，提供导航、定位、授时服务。

QZSS（准天顶卫星导航系统）具有独特的 8 字形卫星轨道，恒久覆盖东亚上空，能够有效增加遮挡环境下的可用卫星信号数，提升 GPS 导航的准确度和可靠度。

2. 多频接收技术

GNSS 是军民两用产品，在军用和民用领域使用的是完全不同的载波。在民用领域，为了较好地消除电离层折射延迟，GNSS 一般会选择两个或两个以上的载波进行信号调制，每个载波频段称为一个卫星频点。不同 GNSS 的频点也不尽相同，表 3-1 列出了 5 种 GNSS 常用频点及其对应的中心频率信息。

表 3-1 5 种 GNSS 常用频点及其对应的中心频率信息

GNSS	卫 星 频 点	中 心 频 率
GPS	L1C/A	1575.42MHz
	L2P、L2C	1227.60MHz
	L5	1176.45MHz
BDS	B1C/A	1575.42MHz
	B2A	1176.45MHz
	B2B	1207.14MHz
	B3I、B3Q、B3A	1268.52MHz
GALILEO	E1-I、E1-Q	1575.42MHz
	E5a	1176.45MHz
	E5b	1207.14MHz
	E6c、E6p	1278.75MHz
GLONASS	L1C/A	1602MHz
	L2P、L2C	1246MHz
	L1	1600.995MHz
	L2	1248.06MHz
	L3	1202.025MHz
QZSS	L5	1176.45MHz
	S	2492.028MHz

如果接收机可以接收并处理同一 GNSS 的不同频点，那么可以大大消除电离层对电磁波信号的延迟影响，提高抗干扰的稳健性。目前，市面上比较先进的接收机可支持对 16 个频点的接收处理。

16 频接收和 5 星接收技术合起来就是大名鼎鼎的 5 星 16 频技术。在同样的环境下，有人畅通无阻，有人寸步难行，这是某厂商形容的 5 星 16 频技术与前一代 4 星 11 频技术的巨大差异，而产生如此巨大差异的根本原因用 4 个字概括就是“星多任性”。

❑ 休息一下

GNSS 在自动驾驶领域的存在感略低，整天不是抬头思考就是埋头干活，很少有感人的事迹，以至于它的损友们夸赞自己的优点时，总是拿 GNSS 的缺点做对比。

比如，惯性测量单元总喜欢嘲笑GNSS定位数据的输出频率太低，而自己可以是它的十几二十倍；里程计总是强调自己是GNSS被遮挡时的救星，可以用来进行短时航迹推算；激光雷达时不时透露通过点云配准方法，可以提供比GNSS更高精度的定位结果。

但是大家可能忽略了一个事实：在自动驾驶定位领域，GNSS才是大家施展才华的那个舞台和根基。其他传感器再优秀，也仅是在GNSS被遮挡、定位数据更新频率低的时候提供一些辅助，属于锦上添花。但无锦何来花？作为自动驾驶领域低调有内涵的代表，GNSS撑起了高精度定位的整片天空，也撑起了多数自动驾驶公司下一阶段“全无人”测试运营的雄心壮志。

3.2 IMU，自动驾驶定位团队“小而美”的队员

自动驾驶定位团队中既有位高权重的九代长老GNSS，也有颜值担当的华山师妹同步定位与地图构建（Simultaneous Localization And Mapping，SLAM），还有雄踞一方的边塞将军超宽带（Ultra Wide Band，UWB）。每人都练就了一门绝世武功，GNSS修炼的是室外吸“星”大法，SLAM修炼的是勾魂摄魄妖法，UWB修炼的是近身搏击之术。

然而每门绝世武功在自动驾驶圈都有一个众人皆知的致命缺点，GNSS在有遮挡的环境下功力全失，SLAM在特征重复或缺失的地方威力大减，UWB在面对飞镖远战对手时束手无策。要想克服长尾问题从而获得极高的安全性，自动驾驶定位团队势必还需要一位成员的加入。几经挑选与面试，惯导测量单元（Inertial Measurement Unit，IMU）脱颖而出，它修炼的是与其他成员互补的“玉女心经”，小而美，被认为是自动驾驶定位团队夺冠的最后一块拼图。

一个经典的配合场景是：GNSS在隧道场景中完全失去作用，这时可以用SLAM进行局部定位与匹配，但是在隧道内特征缺失和重复且车道线缺失时，SLAM存在一定的失效概率，这样的小概率长尾问题一定会存在且必须被解决。此时，IMU的“玉女心经”便可以发挥作用，结合之前感知的车道线信息和高精地图，IMU可以保持一段时间相对定位的准确，直到汽车离开隧道后，GNSS定位恢复或SLAM匹配到合适的特征。

本文就深挖IMU“小而美”的特点，看它修炼的“玉女心经”有什么神奇之处。

3.2.1 基本介绍

标配版本 IMU 集成了一个三轴加速度计和一个三轴陀螺仪，俗称六轴 IMU。高配版本 IMU 再多集成了一个三轴磁力计，俗称九轴 IMU。加速度计可以测量物体在其坐标系下的三轴加速度，陀螺仪可以测量物体在其坐标系下的三轴角速度。通过对加速度和角速度数据进行积分运算，可以解算出物体一个相对的定位信息。

与 GNSS 一样，IMU 也来自军工领域。长期以来，受限于高昂的成本，IMU 仅为国防和航天所用。在军事演习过程中，导弹能准确击中军事目标而不误伤民用建筑，其中便有 IMU 的巨大功劳。随着价格更加亲民的 MEMS 加速度计和陀螺仪的出现，普通民众才开始享受 IMU 的红利。手机屏幕的自动旋转功能、智能手环的计步功能、虚拟现实（VR）头盔等，无不是 IMU 发光发热的地方。

3.2.2 加速度计原理

每一轴的加速度计都可以简化为如图 3-7 所示的等效模型，包括一个质量块、两根弹簧和一个指示针。

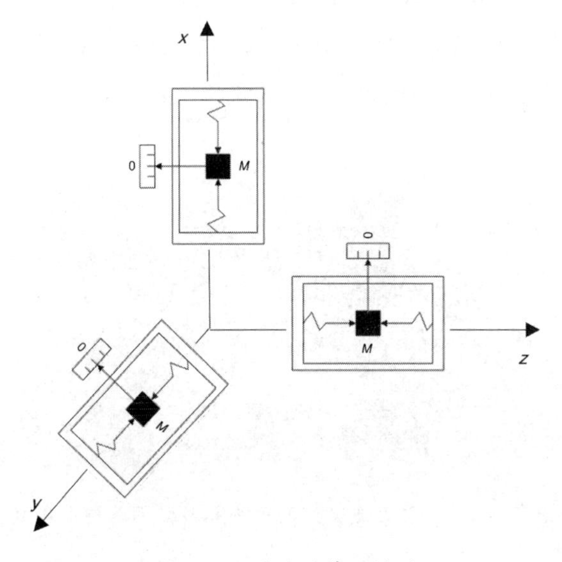

图 3-7 加速度计等效模型

将如图 3-7 所示的三个加速度计封装起来固定在汽车上，当汽车静止时，受重力作用，质量块会往一个方向压缩，并最终实现平衡。这时，根据指示针位移计算的加速度，就是重力在各个坐标轴下的分量。

当汽车开始加/减速行驶时，由于惯性作用，质量块会往车辆移动方向相反的方向移动，而这时指示针的位移变化量正比于汽车加/减速度的变化量。利用这些数据，就可以计算汽车在任意时刻的加/减速度，计算公式如下：

$$\boldsymbol{a}_m = \begin{bmatrix} a_{mx} \\ a_{my} \\ a_{mz} \end{bmatrix} = \frac{\boldsymbol{f}}{m} - \boldsymbol{g} = \begin{bmatrix} a_x \\ a_y \\ a_z \end{bmatrix} - \begin{bmatrix} g_x \\ g_y \\ g_z \end{bmatrix}$$

式中，a_{mx}、a_{my}、a_{mz} 为所求汽车相对加/减速度在坐标系各轴下的分量；$\boldsymbol{f}$ 为弹簧所受的压力；g_x、g_y、g_z 为重力加速度在坐标系各轴下的分量。

一个接近真实 MEMS 加速度计的结构示意图如图 3-8 所示，中间的橙红色物体为一个质量块，两头通过具有弹簧性质的长条结构与基底相连，橙红色的短栅与淡绿色的短栅均为电容的极板。当基底在图 3-8 中黑色双箭头方向有加速度时，质量块会沿加速度相反的方向移动，导致橙红色极板与淡绿色极板之间的距离发生变化。通过测量极板电容 C 的变化就可以得到加速度的大小。在三轴加速度计中，在三个方向各有一个这样的结构，且做到了微米的尺寸，后端配合相应的测量电路，并集成在一个芯片中，就构成了一个三轴 MEMS 加速度计。

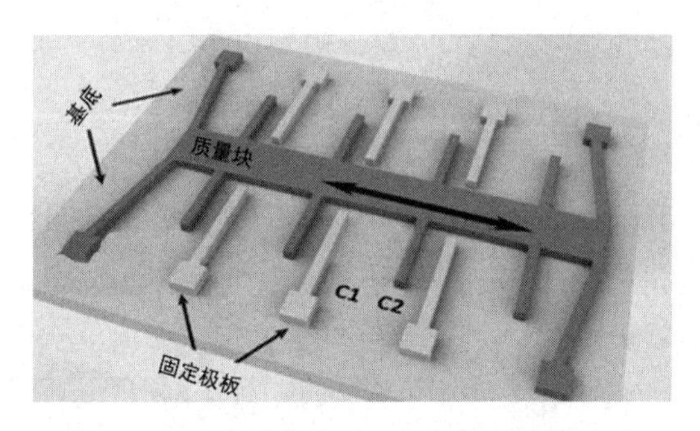

图 3-8　一个接近真实 MEMS 加速度计的结构示意图

3.2.3 陀螺仪测量原理

在查阅大量资料后，笔者发现大家对陀螺仪的测量原理理解千差万别。有的资料认为陀螺仪基于角动量守恒定律，也有的资料认为陀螺仪基于科里奥利力，还有的资料认为陀螺仪基于角动量守恒定律下的科里奥利力。粗看这些资料，除了逻辑性有所欠缺，所讲内容也都能自圆其说。

但是细究起来，没有一家的观点是完整、清晰的。无论是角动量守恒定律还是科里奥利力，都是陀螺仪的测量原理之一，但仅适用于特定类型的陀螺仪。比如，最早的机械转子式陀螺仪基于的是角动量守恒定律，而目前广泛应用的 MEMS 陀螺仪基于的是科里奥利力。所以说，原理介绍前的对象说明非常重要。

下面就从最早的机械转子式陀螺仪讲起。1850 年，法国物理学家 J.Foucault 研究地球自转时发现，高速转动中的转子在没有外力作用时，其自转轴永远指向一个固定方向，基于以上原理，他发明了一种装置并用陀螺仪命名这种装置。陀螺仪被发明以后，首先在航海领域崭露头角，随后在航空领域大放异彩，毕竟在万米高空，如果没有仪器辅助，是很难靠肉眼辨别方向的，而在飞行中看不清方向，其危险性可想而知。

机械转子式陀螺仪的核心部分是高速旋转的陀螺转子和陀螺主轴，在陀螺主轴上加一个内环架，便构成单自由度陀螺仪（总共 2 自由度）。在内环架外再加一个外环架，便构成双自由度陀螺仪（总共 3 自由度）。再辅以驱动陀螺转子高速旋转的力矩马达、信号传感器等，便构成了一个完整的陀螺仪，其结构示意图如图 3-9 所示。

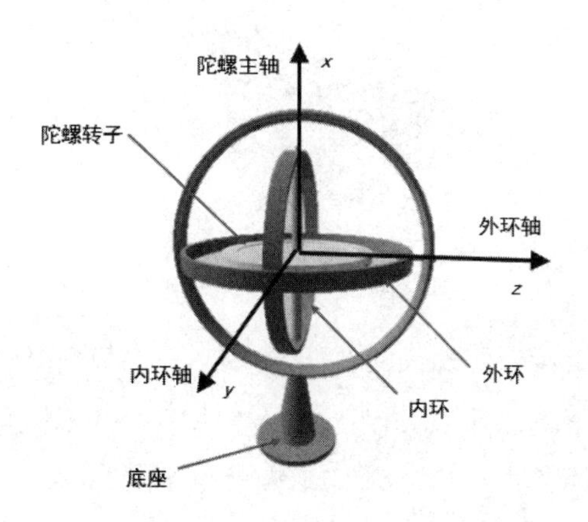

图 3-9 机械转子式陀螺仪结构示意图

机械转子式陀螺仪基于角动量守恒定律的两个重要特性来测量角速度：定轴性和进动性。

（1）定轴性是指陀螺转子在高速旋转时，若没有任何外力作用在陀螺仪上，则陀螺仪的自转轴在惯性空间中的指向保持稳定不变，即指向一个固定的方向。

（2）进动性是指陀螺转子在高速旋转时，若外力矩作用于外环轴，则陀螺主轴将绕内环转动；若外力矩作用于内环轴，则陀螺主轴将绕外环转动。转动角速度方向与外力矩作用方向相互垂直。

下面以单自由度陀螺仪为例来解释角速度测量原理，单自由度陀螺仪简化模型如图 3-10 所示，x、y、z 分别为陀螺仪的三个轴。假设基座固定在汽车上，y 轴为汽车的前进方向。当汽车绕 y 轴或 z 轴旋转时，内环具有隔离运动的作用，陀螺转子不会随车辆转动而转动。但当汽车绕 x 轴转动时，会产生一对力 F 作用在内环上，形成力矩 m_x，沿 x 轴方向。由于陀螺仪没有该方向的转动自由度，力矩 m_x 使陀螺主轴绕内环 y 轴进动。因此，在测量 y 轴的角速度即可测量汽车在 x 轴的角速度时，具体建模求解过程需要基于动量矩定理，用的全是初高中物理知识，此处就不展开推导了。

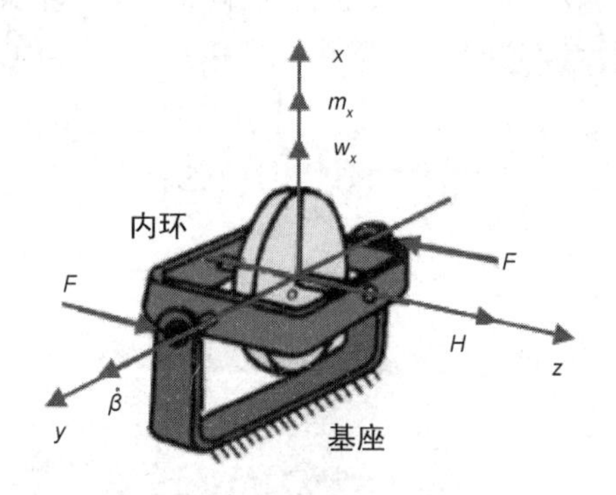

图 3-10 单自由度陀螺仪简化模型

随着物理学的不断进步，陀螺仪的类型越来越多，精度也越来越高。目前为人熟知的有光纤陀螺仪、激光陀螺仪和 MEMS 陀螺仪。MEMS 陀螺仪虽然精度不如光纤陀螺仪和激光陀螺仪，但其体积小、功耗低、成本低、易于批量生产，因而成为自动驾驶领域非常重要的一块拼图。

MEMS陀螺仪的角速度测量原理基于一种非真实存在的力——科里奥利力。这是一种非惯性参考系下引入的惯性力，引入之后便可以应用牛顿三大定律求解。假设一个黑色质量块以特定的速度 v 沿着一个方向移动，当被施加一个外部角速度 ω 时，将产生一个力 F，如图3-11所示，这个力将导致质量块发生相对于施加角速度方向的垂直位移。

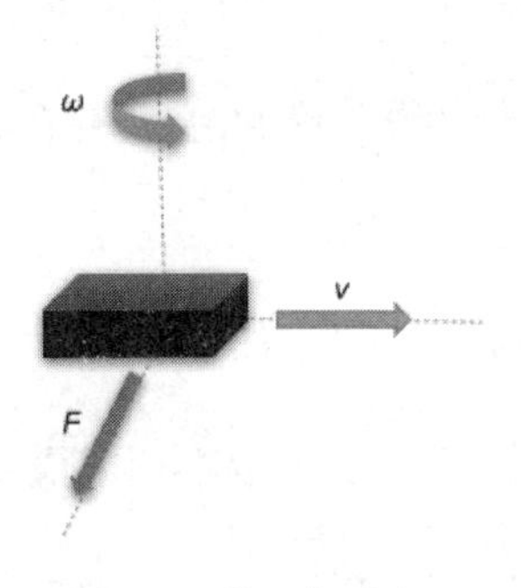

图3-11 科里奥利力

MEMS陀螺仪结构示意图如图3-12所示，外侧的蓝色与黄色部分均为驱动电极，它们在驱动方向施加交变电压，使内部的红色质量块及红色的测量电极沿着驱动方向做往返运动。红色质量块两头通过有弹簧性质的绿色长条结构与基底相连，红色的短栅与内侧蓝色的短栅为电容的极板。当基底沿着绿色箭头旋转时，质量块在科里奥利力的作用下将沿着黑色箭头的垂直方向运动。质量块周期运动的幅值与施加的角速度成正比，通过测量质量块上的红色电极和固定在基底上蓝色电极之间的电容，便可以得到角速度的大小。

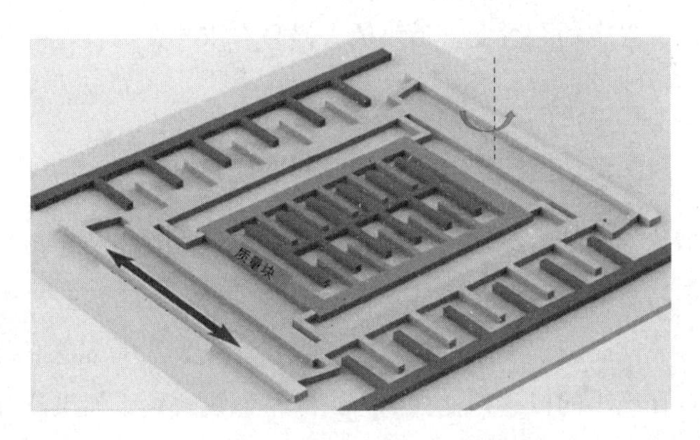

图3-12 MEMS陀螺仪结构示意图

3.2.4 应用价值

IMU 可以输出高频（100Hz/200Hz/2000Hz）定位和姿态数据，具有较高的短期定位精度。IMU 相对定位数据的推算没有任何外部依赖，类似于黑匣子。但是单一的 IMU 存在以下缺点。

（1）由于解算模块存在积分计算，因此 IMU 存在累积误差，而且随着时间的增长，误差会越来越大。

（2）高频振动会降低 IMU 的可靠性和精度。

（3）高精度的 IMU（如光纤陀螺）的成本依旧很高。

以上缺点决定了 IMU 在自动驾驶定位团队中将扮演的角色——“关键先生”。

关键场景一：与 GNSS 进行深耦合，提升 GNSS 在部分遮挡环境（高楼林立的城市、高大金属林立的港口等）下的定位精度和稳定性。

在部分遮挡环境下，卫星信号时有时无、时好时坏（接收卫星信号的数量多时有 40 多颗，少时有几颗）。此时极易出现频繁失锁、观测量跳变等容易引发定位异常的现象。

将 IMU 的部分数据直接送到 GNSS 基带芯片中，辅助信号跟踪，可以极大提高部分遮挡环境下多普勒的估计准确度，从而提高遮挡环境下载波相位、伪距等观测量的精度和连续性，减少观测量中断和跳变，最终极大提高 GNSS 在部分遮挡环境下的定位精度和稳定性。

关键场景二：将定位系统的失效变得缓慢和可预警。

一辆在城市道路行驶的自动驾驶车辆，在空旷区域依靠高精地图和高精定位实现稳定的定位功能。但当车辆行驶到高楼林立有遮挡的区域时，GNSS 大概率无法提供可靠的定位数据。当然，此时依旧可以依赖车道线识别，降级到单车道巡航模式，实现安全行驶。但是还是存在极小的概率，比如前方道路车道线缺失，如果没有“关键先生”，车辆只能进行紧急停车。

如果在此种极小概率事件中有“关键先生”IMU，汽车就可以根据IMU提供的相对定位信息，配合之前感知到的车道线信息和加载的高精地图数据，实现安全的靠边停车或本车道减速停车，给本地或远程安全员争取宝贵的接管时间。笔者曾在一篇文章中看到一个非常中肯的观点：功能单元缓慢失效比突然失效更安全，有预警的失效比无意识的失效更安全。IMU与其他相对或绝对定位系统结合使用后，定位系统即便失效，也是一个缓慢的、可预警的过程。

❑ **休息一下**

IMU 有点像自动驾驶团队中的产品经理，前期无法承担定义自动驾驶产品的核心功能。

但当自动驾驶产品真正开始量产时，在100万辆车规模下，即使是0.1%的定位失效率也不可容忍。IMU的使命便是将失效率小数点往后多挪几位，正如自动驾驶产品经理的使命，将99.9%完美的自动驾驶产品的小数点再往后多挪几位。

这也许就是“小而美”的魅力吧！

3.3 松、紧、深耦合，高精度组合导航中的姻缘

高精定位是自动驾驶车辆实现丰满理想的前提。它用于判断自动驾驶功能是否处于可激活的设计运行条件，用于支撑自动驾驶车辆的全局路径规划，用于辅助自动驾驶车辆的变道、避障策略。

不同的精度要求、不同的场景特点、不同的驾驶自动化级别、不同的传感器配置催生了非常丰富的高精定位方法，包括但不限于：① 通过GNSS获取定位卫星信号，辅以地面参考基准站差分信号，实现高精定位；② 通过惯性导航系统（Inertial Navigation System，INS）测量载体自身的三轴加速度和三轴角速度，进行航迹推算，实现高精定位；③ 将激光雷达实时扫描的点云与预存的高精地图进行点云配准，实现高精定位；④ 比较相机拍摄到的同一物体在前后多帧图像的差异，运用视觉里程计方法，实现高精定位。

在多传感器融合的大方针指引下，融合定位因更加精确、可靠和稳定而成为高精定

位的主流发展方向。对于自动驾驶系统来说，GNSS、RTK 和 INS 的融合也成为最常用的技术方案之一。

3.3.1 GNSS、RTK 和 INS 介绍

3.1 节和 3.2 节已对 GNSS、RTK 和 INS（代表产品是 IMU）的工作原理进行了详细介绍，本小节选取与后续章节关系紧密的内容进行简要介绍。

1. GNSS+RTK

GNSS 存在内部和外部误差，包括卫星高频载波穿透电离层和对流层产生的误差、卫星高速移动产生的多普勒效应而引起的误差、轨道误差、卫星钟差和星历误差等。单纯 GNSS 的定位精度只能达到米级，无法满足自动驾驶对厘米级的定位需求。

为了更好地消除误差，提高定位精度，GNSS 通常会引入一些天基或地基的辅助手段。现在比较常用的是通过地基的无线通信网络传送修正数据，提供辅助信息，加强卫星导航信号的搜索跟踪性能，加快速度，缩短定位时间，提高定位精度。

RTK 技术是地基增强系统的关键技术，也是一种可以实时处理两个测量站载波相位观测量的差分方法。通过在地面建设参考基准站，并进行测绘，我们能够获知这个参考基准站的准确位置数据，并将这个位置数据写入参考基准站控制器内部。参考基准站内部接收机同时接收卫星载波信号，获取观测数据（伪距观测值、相位观测值），并将测绘数据和观测数据打包作为差分数据，通过无线通信网络广播给覆盖范围内的接收机。

接收机收到参考基准站的差分数据后，结合自身观测数据，调用 RTK 解算算法，修正观测数据误差，从而实现得厘米级的定位。一个参考基准站与其半径几十千米覆盖范围内的接收机产生的误差是相同的，因此 RTK 的网络建设是一个超级基建工程。

融合了 RTK 技术的 GNSS 还存在以下缺点。

（1）在完全遮蔽或严重遮蔽的场景（如隧道、高层密集建筑、浓密树荫等）下，由于无法接收到卫星信号或可接收卫星信号的数量较少，无法输出准确的定位数据。

（2）在无线通信网络无法覆盖或通信链路中断时，因为无法获得参考基准站的差分数据，导致无法输出准确的定位数据。

（3）在不增加额外硬件条件时，无法输出载体的姿态（航向角、俯仰角和横滚角）数据。

（4）在多金属的工作场景下，严重的多径影响会导致定位数据的假固定。

（5）定位数据输出频率较低（通常为 10Hz 左右），短期精度较低。

从以上缺点可以看出，GNSS+RTK 在大部分场景下表现优异，是全局定位当之无愧的主心骨。但其在部分恶劣场景下存在短期的定位不准的情况，因此我们自然而然地想增加一位成员来弥补这方面的不足，INS 便是在这样的背景下被引入的。

2. INS

INS 是一种完全自主的导航系统，它不需要从外部接收信号，只靠内部的硬件，并在牛顿三大定律的“加持”下，输出定位和姿态数据。

IMU 是 INS 中的主流硬件形态，一般集成一个三轴加速度计和一个三轴陀螺仪。加速度计可以测量物体在其坐标系下的三轴加速度，陀螺仪可以测量物体在其坐标系下的三轴角速度，通过对加速度和角速度数据进行积分运算，可以解算出载体的相对定位和姿态数据。

IMU 可以输出高频（200Hz 左右）定位和姿态数据，具有较高的短期定位精度，但是单独使用 INS 存在以下缺点。

（1）由于解算模块存在积分计算，因此 IMU 存在累积误差，随着时间的延长，误差会越来越大。

（2）高频振动会降低 INS 中 IMU 硬件的可靠性和精度。

（3）高精度的 IMU 的成本依旧很高。

但是这些缺点是 GNSS+RTK 可以完美解决的，既然 GNSS+RTK 和 INS 各有所长，又都是定位界的狠角色，那么就将两者组合在一起，共同实现全局高精定位，这就是高精度组合导航名称的由来。

3.3.2 高精度组合导航的组成

从硬件层面划分，高精度组合导航包括射频芯片、基带芯片、IMU 模组、数据处理单元等硬件部分，如图 3-13 所示。

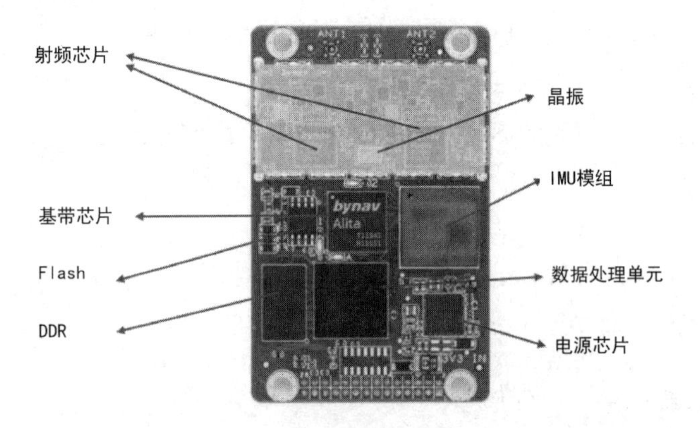

图 3-13 高精度组合导航硬件组成

从系统架构层面划分，高精度组合导航主要由 GNSS 模块、INS 模块和数据处理模块组成。

GNSS 模块又可细分为射频前端、信号捕获、信号跟踪和 RTK 定位四大模块。

（1）射频前端模块是最重要的硬件部分，主要用于频率搬移、信号放大和噪声抑制。

（2）信号捕获模块通过伪码对齐和载波对齐，实现对信号的捕获。

（3）信号跟踪模块通过动态调整策略，实现对捕获到的伪码和载波信号的稳定跟踪。

（4）RTK 定位模块结合伪距值和差分数据，输出 RTK 定位结果。

INS 模块主要包括 IMU 和解算单元，IMU 负责测量三轴加速度和三轴角速度数据，解算单元负责处理 IMU 输入数据及数据处理模块反馈的误差数据。

数据处理模块是高精度组合导航的核心。卡尔曼滤波算法是数据处理模块最常用的算法之一，通过建立运动方程和测量方程，不仅利用当前所测得的数据，而且充分利用过去测得的数据，以后者为基础推测当前应有的输出值，以前者为校正量修正当前数据，从而获得当前参量值的最佳估算。

3.3.3 三种耦合方式介绍

在融合 GNSS 模块和 INS 模块时，问题又出现了：是在卫星信号跟踪阶段融合 INS 惯性测量数据，还是在观测量生成阶段融合 INS 惯性测量数据，或者是等到 RTK 解算完成进入滤波器后再融合 INS 惯性测量数据？

不同的融合方式将高精度组合导航分成了松耦合、紧耦合和深耦合三种形态。目前业界普遍认为从定位精度、定位稳定性和定位可靠性等方面比较，深耦合最好，紧耦合次之，松耦合最差。下面逐一介绍三种耦合方式的系统原理。

1. 松耦合

松耦合是最简单的一种组合方式。在松耦合结构中，GNSS 模块和 INS 模块独立工作，GNSS 模块低频输出 RTK 定位结果，INS 模块高频输出惯性测量结果，两者都将数据送入数据处理模块中。

在没有接收到 RTK 定位结果时，卡尔曼滤波器以 INS 模块的惯性测量结果为基础推测当前的定位数据。如图 3-14 所示，在接收到 RTK 定位结果时，卡尔曼滤波器通过比较 RTK 定位结果和 INS 模块计算结果的差值，建立误差模型，估计 INS 模块的累积误差，并将误差补偿反馈给 INS 模块，同时输出定位数据的最佳估计值。INS 模块收到误差补偿后，修正累积误差，该过程循环往复。

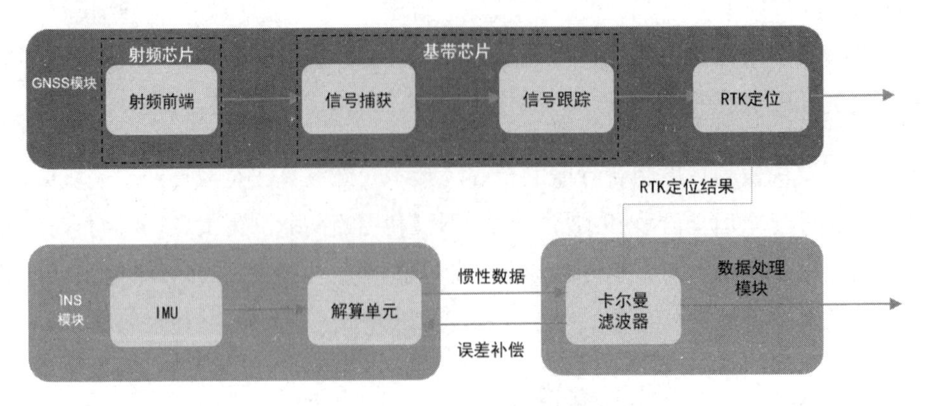

图 3-14 松耦合系统原理

松耦合的优点是易于实现，性能比较稳定；缺点是当卫星个数少于一定数量时，GNSS模块的输出就会失效。在信号存在遮挡的场景中，松耦合的定位稳定性、可靠性都不如紧耦合和深耦合方式。

2. 紧耦合

如图 3-15 所示，在紧耦合结构中，将 GNSS 模块输出的观测量（伪距、伪距率）与 INS 模块输出的惯性测量结果相减，差值输出给卡尔曼滤波器，用于估计 INS 模块的累积误差。之后卡尔曼滤波器将计算出的误差补偿反馈给 INS 模块，经过校正的 INS 模块惯性测量结果同步输入数据处理模块的卡尔曼滤波器中，结合 RTK 定位结果，最终得到组合导航解。

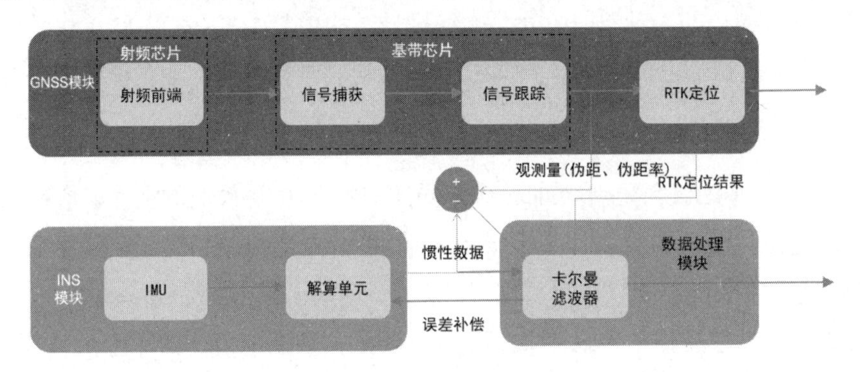

图 3-15 紧耦合系统原理

紧耦合在原始 GNSS 观测量端进行融合，因此当卫星少于一定数量，RTK 定位模块无法求得固定解时，紧耦合的模式依然可以支持 GNSS 信号的更新。但紧耦合在结构上比较复杂，复杂带来的好处就是在相同硬件配置下，紧耦合的鲁棒性更高。

紧耦合的难点在于需要高精度组合导航厂家的自研 RTK 算法。若非 RTK 专业厂家，很难把算法打磨到行业一流水平。毕竟卫星离我们 3 万千米，速度为 4km/s，利用载波相位双差，要使行驶在各种场景下的载体保持实时厘米级精度且无论何时、何地都稳定运行，还是有很大难度的。

3. 深耦合

如图 3-16 所示，深耦合在紧耦合的基础上，将 INS 模块的部分数据直接送到基带芯片中，将 INS 模块的惯性数据作为 GNSS 解算的一部分。通过 INS 模块提供的准确的相对多普勒变化信息，辅助信号跟踪，提高恶劣环境下多普勒的估计准确度，从而提高载波相位、伪距等观测量的精度和连续性，减少观测量中断和跳变的问题，最终有效提高组合导航的精度和可靠性。

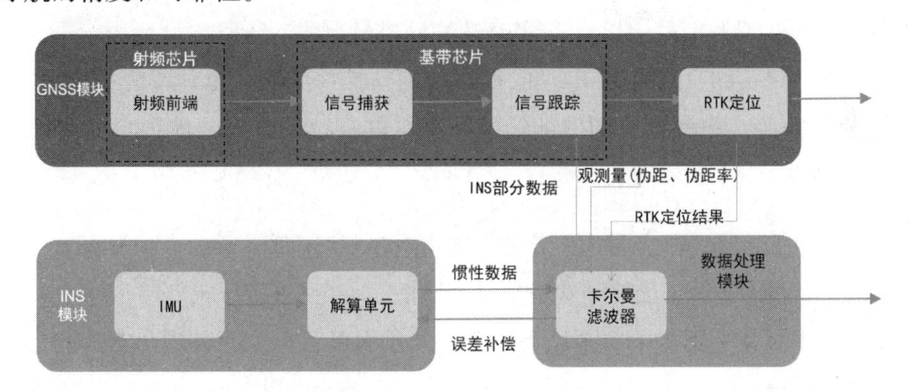

图 3-16 深耦合系统原理

从图 3-16 中可以看到，深耦合直接在基带模拟端进行融合。因此，深耦合系统不仅具备紧耦合算法能力，还具备 GNSS 基带芯片模拟端接收能力。只有自研基带芯片能力的公司才有做深耦合的能力，这导致目前仅有少数公司掌握深耦合技术。

3.3.4 三种耦合方式比较

在空旷、无遮挡环境下，三种耦合方式都能稳定地接收到三四十颗卫星的信号，轻松实现厘米级的定位精度，因此在这种环境下，三者没有多大差别。

在完全遮挡环境（地库、隧道等）下，三种耦合方式也几乎没有差别，都是一颗卫星的信号也搜不到。这时即使深耦合可以辅助信号跟踪，但射频前端没有输入信号，后端再强也无济于事。因此在完全遮挡环境下，只能靠 INS 的输出结果，累积误差的大小完全取决于 INS 中 IMU 的精度，以及对接入车辆里程计数据的处理逻辑。

三种耦合方式的区别主要体现在有部分遮挡的环境（如高楼林立的城市、高大金属林立的港口等），卫星信号时有时无、时好时坏（可接收到卫星信号数量多时可达 40 多颗，少时不超过 10 颗）的情况下。此时极易出现频繁失锁、观测量跳变等引发定位异常的问题。基于更前端融合的深耦合可以通过辅助信号跟踪来解决这个问题，紧耦合次之。基于某厂家的某款产品实测来看，在部分遮挡环境下，深耦合定位精度是紧耦合定位精度的 3 倍，是松耦合定位精度的 5 倍。

深耦合固然好，但是系统复杂、成本高，而且并不是所有场景都需要深耦合。在高速行驶的情况下，卫星信号追踪存在实时性和精准性问题，所以深耦合很合适；在低速行驶的情况下，不存在卫星信号追踪的实时性和精准性问题，也就不需要 INS 的惯性测量数据进行辅助，松耦合反而更加经济实惠。这一细节也充分体现自动驾驶对场景理解能力的高要求。

归根结底，无论哪种耦合方式，对于高精度组合导航厂商来讲，都是性能、品质、价格和售后的一个折中；对于最终消费者来讲，都是实实在在的用户体验。一套高精度组合导航产品上得了高速公路，下得了城市道路，才是终极目标。三种耦合方式的主要性能对比如表 3-2 所示。

表 3-2　三种耦合方式的主要性能对比（仅针对部分遮挡环境）

比较内容	松耦合	紧耦合	深耦合
信息融合深度	浅（GNSS 导航结果）	中（GNSS 观测量）	深（GNSS 信号）
定位精度	低	中	高
定位稳定性	低	中	高
技术难度	容易	较难	复杂
系统成本	高（一般需要战术级以上 IMU）	高（一般需要战术级以上 IMU）	中（一般 MEMS IMU 即可）

3.3.5 主流厂商现状

目前做组合导航产品的厂商少说也有四五十家，但总结起来，这些厂商主要分为三类。

（1）非 GNSS 和 IMU 自研厂商，全外购做系统层面集成，以松耦合算法产品为主。

（2）GNSS 自研厂家，外购 IMU，以紧耦合或深耦合算法产品为主。

（3）IMU 自研厂家，外购 GNSS，以松耦合或紧耦合算法产品为主。

市面上量产的高精度组合导航产品，九成都是松耦合算法产品，紧耦合算法产品可谓凤毛麟角，深耦合算法产品算是可遇而不可求了。

笔者曾在 2021 年对 5 款当时主流的高精度组合导航产品进行一次评测，下面分享在高架桥底测试的一段结果，让读者欣赏一下当时主流高精度组合导航产品的水平。5 款产品中包含 1 款深耦合算法产品、1 款紧耦合算法产品、3 款松耦合算法产品。在高架桥底，大部分天线上方卫星信号被遮挡，因此主要测试高精度组合导航产品的抗遮挡性能。

测试部分结果汇总如表 3-3 所示（测试时间为 2021 年 7 月，各家产品软/硬件均为当时最新状态），表中加粗数据为这一列中性能表现最好的。

表 3-3 组合导航测试结果汇总表

设　备	完 整 性	可 用 性	水平 RMS/m	垂直 RMS/m	水平峰值/m	垂直峰值/m	CEP95/m
A 厂商（深耦合）	100%	**95%**	**0.15**	**0.14**	**1.08**	0.9	**0.26**
B 厂商（松耦合）	100%	69%	0.41	0.32	2.77	2.17	0.72
C 厂商（紧耦合）	100%	82%	0.4	**0.14**	1.91	**0.76**	0.68
D 厂商（松耦合）	100%	62%	1.42	0.82	8.85	2.3	2.44
E 厂商（松耦合）	100%	76%	0.48	0.18	4.15	0.98	0.83

3.3.6 发展趋势

当前，高精度组合导航多以一个单独控制器的形态存在，单纯地分享高精度定位数据给车上的其他模块使用。从架构优化的角度，部分主机厂开始尝试将高精地图模块或4G/5G 通信模组或 C-V2X 模组集成到高精度组合导航中，以提供更加丰富的功能。

但在域架构/中央集中式架构的演进浪潮中，高精度组合导航势必将被集成到域控制器或中央计算单元中。这一步实现的关键在于高精度组合导航是否具有芯片化的解决方案，这也将决定未来高精度组合厂商何去何从。

上文介绍过，高精度组合导航硬件部分主要包括射频芯片、基带芯片、IMU 模组和数据处理单元。想要实现芯片化，必须同时具备这四大模块的自主研发能力。

目前多数厂商的主流产品是将一块卫导板卡（包括射频芯片、基带芯片和数据处理单元）和惯导模块（包括 IMU 和数据处理单元）集成在一块大的 PCB 上，加上自己的RTK 及松/紧/深耦合算法，来提供零件级解决方案。

已有部分厂商（诺瓦泰、天宝、北斗星通、北云等）推出板卡级别产品，在一块小的 PCB 上集成卫导模块、惯导模块和数据处理单元。上游自动驾驶厂商可灵活地对其进行集成、开发，从而实现集成度更高的板卡级的解决方案。

少部分厂商在积极布局集成卫导板卡和 IMU 模块的 SoC 解决方案，这意味着它们将具备所有模块的自研能力，为最终的芯片化铺平道路。

❑ 休息一下

从高精度组合导航的三种耦合方式中，我们可以看到，在自动驾驶领域，成本高的不一定就是最好的，技术难度高的也不一定就是最合适的。基于不同的场景特点匹配不同的技术方案，是自动驾驶对场景理解重要性的深刻体现。

3.4 UWB，短距定位届的“制胜法宝”

在 GNSS 的带领下，室外的定位已经有了一套成熟的解决方案。但是将目光转向室内，如何在地下停车场等无 GNSS 信号和网络信号的场景实现准确定位，仍是业界热议不断的话题，毕竟这关系到自主代客泊车（Automated Valet Parking，AVP）功能的技术实现路线。

UWB 凭借精准的测距与定位优势，不仅会在车身域智能化升级上率先落地，还将逐渐成为自动驾驶在特定场景、特定功能下的关键定位技术支撑。

3.4.1 技术特点

UWB 技术是一种利用纳秒级的脉冲进行数据传输的无线通信技术，因其发射的脉冲信号占用一个很宽的频谱范围（>1GHz）而得名超宽带。窄带、宽带和 UWB 的频率与功率谱密度的函数关系如图 3-17（a）所示，窄带、脉冲的时间与幅度关系如图 3-17（b）所示。

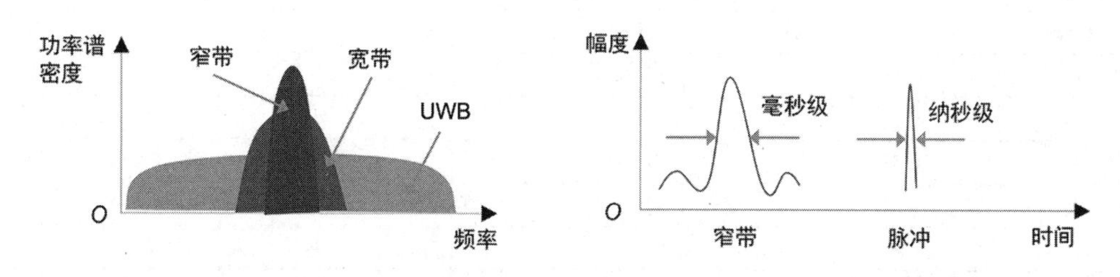

（a）窄带、宽带和 UWB 的频率与功率谱密度的函数关系　　（b）窄带、脉冲的时间与幅度关系

图 3-17　窄带、宽带和 UWB 的频率与功率谱密度的函数关系、窄带、脉冲的时间与幅度关系

UWB 的测距方法和当前绝大多数激光雷达的测距方法一样，均为 ToF 方法，如图 3-18 所示。发送端发射一个脉冲信号，打到被测物体后返回，接收端接收到发射信号后计算两者之间的接收时间差，并乘以光速，实现物体之间距离的测量。

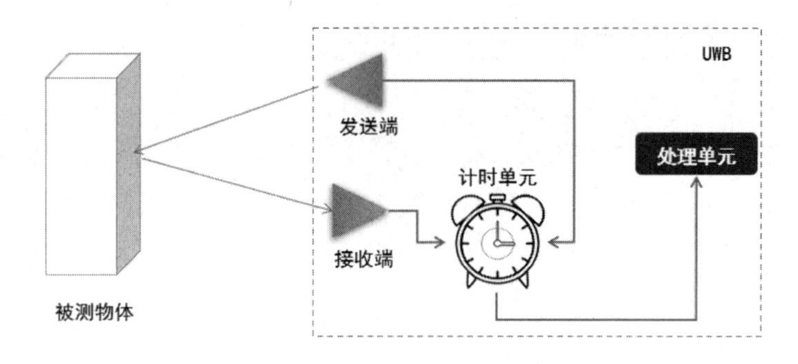

图 3-18 UWB 的 ToF 方法测距原理

与 UWB 类似且常常被一起提起的还有射频识别（Radio Frequency Identification，RFID）、低功耗蓝牙（Bluetooth Low Energy，BLE）和无线保真（Wireless Fidelity，Wi-Fi）技术，表 3-4 汇总了 UWB 与它们之间的不同点。

表 3-4 UWB 与 RFID、BLE、Wi-Fi 技术的主要不同点

比较内容	RFID	BLE	UWB	Wi-Fi
频率范围	125kHz/433kHz	2.4GHz	3.1GHz～10.6GHz	2.4GHz/5GHz
定位精度	局域级	米级	厘米级	米级
传输速率	kbps 级	可达 2Mbps	可达 27Mbps	可达 1Gbps
传输距离	最佳 0～10m	最佳 0～25m	最佳 0～50m	最佳 0～50m
传输延迟	3～5s	3～5s	<1ms	3～5s
安全性	低	中	高	中
穿透性	弱	中	强	强
抗干扰	弱	弱	强	强
功耗	极低	低	中	高
成本	低	中	高	高

RFID、BLE 和 Wi-Fi 技术都是在一个标准窄带上用载波（调制正弦波）传输信息，并依据信号强度判断设备之间距离。与它们相比，UWB 具有如下几个典型优势。

（1）安全性高。基于 ToF 原理的测距，测量的是真实物体的反射信号，这样黑客就无法使用一个不在场设备伪造信号与 UWB 设备通信（BLE 基于信号强度值测量的原理，很容易被黑客伪造的一个强度信号欺骗）。IEEE 802.15.4z 标准更是在信号的 PHY 包中添加了加密和随机数等保护机制，进一步提高了 UWB 通信的安全性。

（2）定位精度高。和标准窄带信号相比，UWB 脉冲信号的上升和下降时间更短，测量脉冲反射回来的到达时间更加精确，目前可实现厘米级定位精度，比 BLE 的精度高约 100 倍。

（3）带宽高。理论传输速率可以做到很高，但受功率密度限制，传输速率通常在几十兆比特每秒到几百兆比特每秒之间，目前可达 27Mbps。随着标准的完善，传输速率有望进一步提高。同时由于秒脉冲信号功率密度小，因此传输距离通常被限制在 10m 范围内。

（4）抗干扰能力强。UWB 在时域上的脉冲很窄，所以在时间和空间上有较高分辨率，基本不受噪声影响；且 UWB 的多径分辨能力强，能够分辨并剔除大部分多径干扰信号的影响。

3.4.2 发展历程

20 世纪 60 年代，UWB 技术首次出现在军事雷达领域对时域电磁学的研究中，此后一直在军事领域发光发热。

2002 年，美国联邦通信委员会（Federal Communications Commission，FCC）宣布在严格限制下，将公众通信频段 3.1GHz～10.6GHz，共 7.5GHz 的频带开放给 UWB。同时限定了远低于 BLE 和 Wi-Fi 的辐射功率-43.1dBm。至此，UWB 正式向民用领域开放，迎来第一次发展高峰。

基于高带宽、低功耗的特点，大家最初设想的是利用 UWB 打造一个 10m 内的短距高速无线局域网，但由于技术路线始终没有达成一致，而作为竞争者的 Wi-Fi 技术发展迅猛，UWB 最终退出了高速无线局域网传输这个舞台。

在卧薪尝胆多年之后，UWB 终于在定位领域迎来了翻身。UWB 高带宽的特点决定了其定位精度较高。2019 年，苹果公司发布的 iPhone11 的 iOS13 系统上已预置搭载了 UWB 技术的芯片 Apple U1，UWB 借此进入了主流消费电子领域。

2020 年 8 月 25 日，IEEE 802.15.4z 定稿，该标准对定位安全性做了改进，理论上进一步降低了被黑客入侵和篡改的概率，为 UWB 在汽车上的应用铺平了道路。

2021 年 7 月，车联网联盟（Car Connectivity Consortium，CCC）发布了 3.0 规范，定义了第三代数字钥匙的互联方案。UWB、BLE、近场通信（Near Field Communication，NFC）将在不同场景下分工合作，实现更加智能、安全的身份识别、进出控制和点火控制功能。其中，BLE 用于远距车辆唤醒和传输授权，UWB 用于在唤醒后精确定位用户位置，NFC 是手机没电情况下的备用方案，自此拉开了 UWB 上车的序幕。

3.4.3 测距方法

根据应用场景对测距精度要求的不同，UWB 支持两种测距的实现方式：单边双向测距（Single Sided - Two-Way Ranging，SS-TWR）和双边双向测距（Double Sided - Two-Way Ranging，DS-TWR）。

如图 3-19 所示，在 SS-TWR 方法中，设备 A 在 t_1 时刻发送请求性质的脉冲信号，同时记录发送时间戳。经过传输延时后，设备 B 在 t_2 时刻接收到该脉冲信号，经内部处理后在 t_3 时刻发送一个响应性质的脉冲信号，响应脉冲中包含收到请求脉冲和发送响应脉冲时刻记录的时间戳 t_2 和 t_3。设备 A 收到设备 B 带有响应性质的脉冲信号后，记录此时的时间戳 t_4。

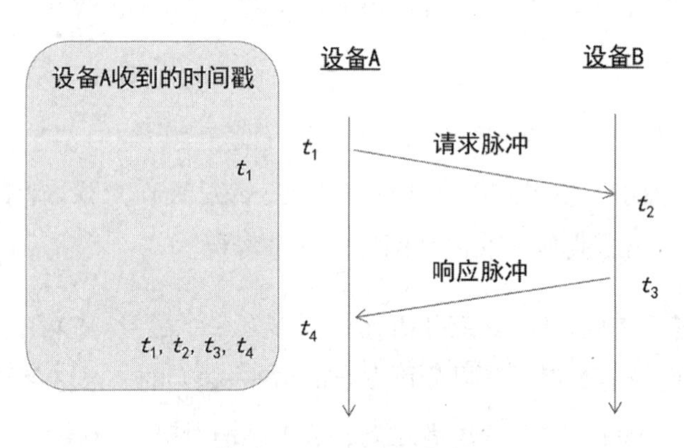

图 3-19　SS-TWR 方法

在设备 A 和设备 B 本地时钟完成精确时间同步后，设备 A 和设备 B 之间的距离 D 可由如下公式获得：

$$D=\frac{(t_2-t_1)+(t_4-t_3)}{2}\times c=\frac{(t_4-t_1)-(t_3-t_2)}{2}\times c$$

从 SS-TWR 的实现原理中可以看出，两个设备之间时间同步的精度直接影响测距的精度。据测算，1ns 的同步精度误差将带来 0.3m 左右的测距误差，而当前很多 UWB 设备之间根本无法达到纳秒级的时间同步精度。为了降低对时间同步精度的依赖，DS-TWR 方法应运而生。

如图 3-20 所示，在 DS-TWR 方法中，请求脉冲和 SS-TWR 方法一样，不同的是，设备 B 返回的是响应+请求脉冲信号。设备 A 在收到这个信号之后并没有停止，而是经内部处理之后马上再次发送一个请求脉冲信号。设备 B 在收到这个请求脉冲信号之后记录接收时间戳，并通过响应脉冲告诉设备 A 这个时间戳。

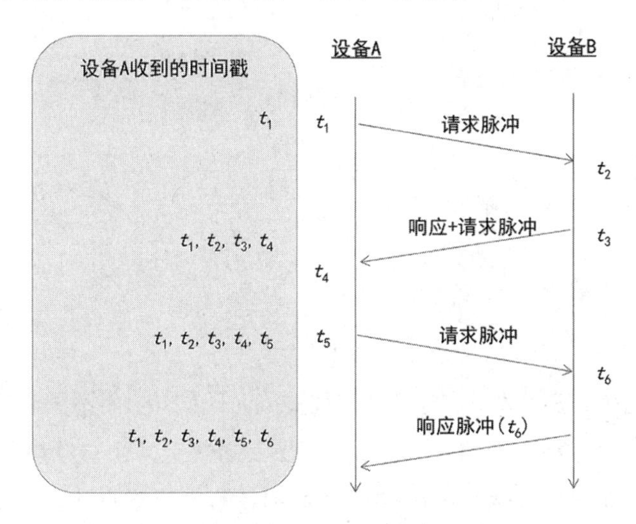

图 3-20 DS-TWR 方法

设备 A 和设备 B 之间的距离 D 可由如下公式获得：

$$D=(t_4-t_1)+(t_6-t_3)+(t_5-t_4)+(t_3-t_2)$$

3.4.4 定位方法

UWB 目前有三种比较成熟的定位算法：到达时间（Time Of Arrival，TOA）、到达时间差（Time Difference Of Arrival，TDOA）和到达角度（Angel Of Arrival，AOA）。在具体实现过程中，一般会采用融合三种定位方法的混合定位方案，实现最优定位性能。

如图 3-21 所示，TOA 采用圆周定位法，通过测量移动终端与三个或更多 UWB 基站之间的距离来实现定位。根据三圆相交于一点，可确定移动终端的位置。然而由于多径、噪声等现象存在，会造成多圆无法相交，或者相交不是一个点而是一个区域，因此实际上很少单独使用 TOA 进行定位。

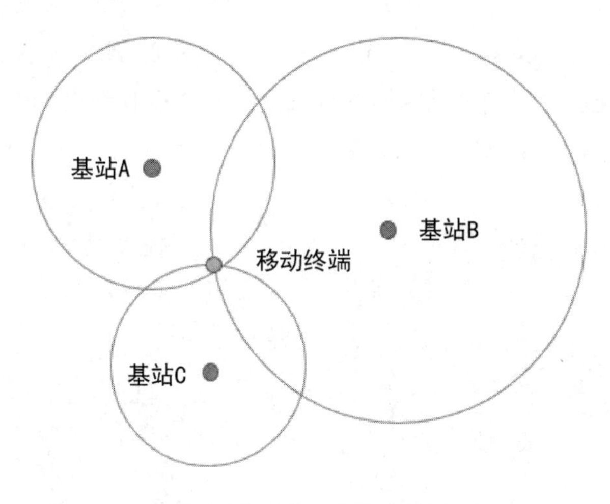

图 3-21 TOA 定位法原理

TDOA 基于 TOA 进行改进，与基站实现精确时间同步，而不关心移动终端与基站之间的时间同步，这是容易实现的。如图 3-22 所示，首先计算出移动终端与基站 A 和基站 B 之间的距离差，而移动终端必定在以基站 A 和基站 B 为焦点，且与焦点距离差恒定的双曲线上。再借助移动终端与基站 A 和基站 C 之间的距离差，可得另一组双曲线，双曲线的交点就是移动终端的位置。在车辆空间范围内，利用距离差的方式还可以减小多径、噪声等的影响。

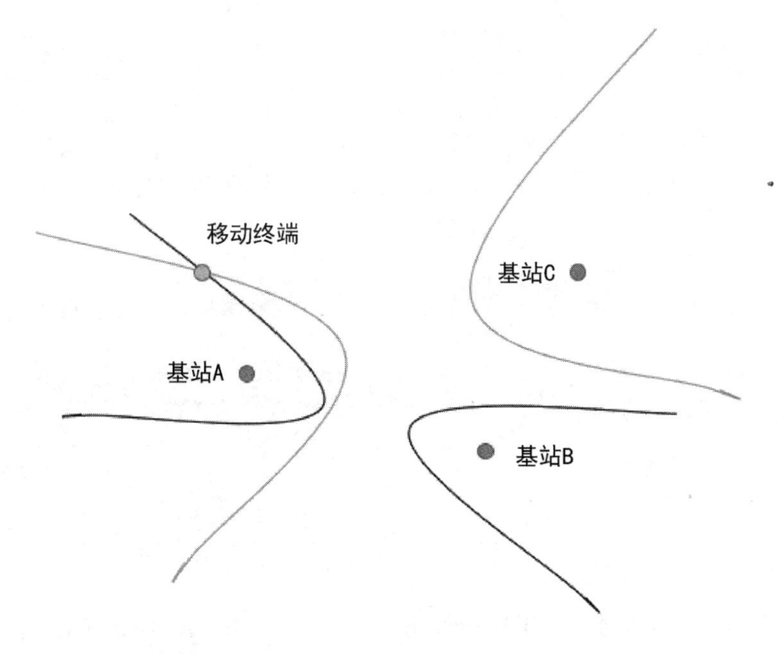

图 3-22 TDOA 定位法原理

AOA 定位基于相位差的原理计算到达角度，只需要两个基站即可实现定位。由于涉及角度分辨率问题，因此 AOA 定位精度随基站距离的增加而降低，多用于中短距离的定位。

3.4.5 系统方案

在自动驾驶泊车领域，UWB 的精准定位优势受到越来越多的关注，目前主流方案是与无钥匙进入和启动（Passive Entry Passive Start，PEPS）系统共用 UWB 节点，从而实现 PEPS+AVP 功能。

一种可行的实现 PEPS+AVP 功能的车端 UWB 节点布局方案如图 3-23 所示。在前大灯和尾灯处共放置 4 个 UWB PEPS 节点 A ~ D，在车顶放置 1 个 UWB PEPS+AVP 节点 E。节点 E 既可以接收车内的 UWB 信号，也能接收车外的 UWB 信号，这是实现 AVP 功能的关键节点。

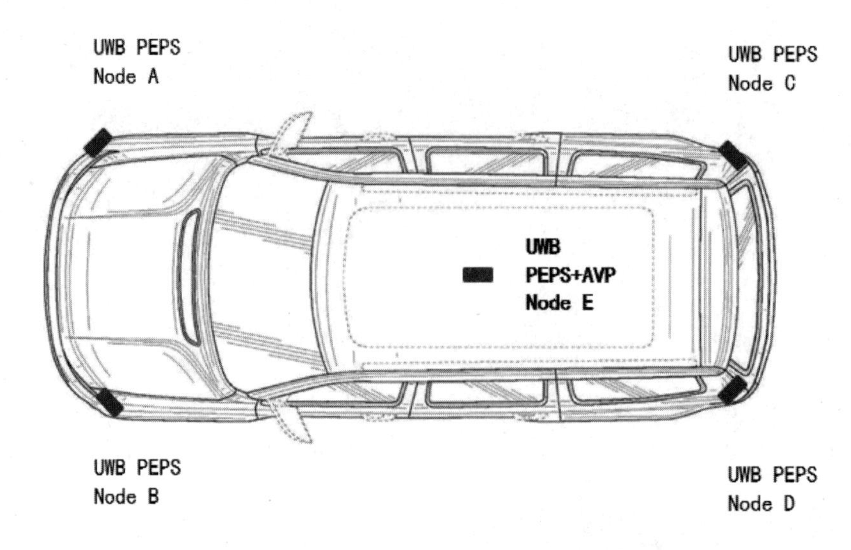

图 3-23 一种可行的实现 PEPS+AVP 功能的车端 UWB 节点布局方案

工作在 PEPS 模式时，节点 E 和其他 4 个节点一起协同合作，测量智能钥匙的位置，并将测距信息发送给车身域控制器，完成智能钥匙位置的计算，从而决定后续的解锁和启动操作。

工作在 AVP 模式时，节点 E 不断地接收停车场中铺设的 UWB 节点播发的 UWB 定位报文，报文中包含停车场和停车位的信息，类似 GNSS 定位信号中的经纬度信息。车端 UWB 节点将收到的定位报文送入智驾域控制器中，从而计算车辆在车库内的坐标，并进一步输入规划控制模块，用于实现 AVP 功能。

在设计节点 E 时，考虑到 AVP 功能要面对的复杂场景，故其射频性能要比其他 4 个节点更好一点。

❑ 休息一下

我们正处在汽车行业的大变局中，汽车在大踏步地向智能化迈进。然而所有的技术并不是一蹴而就的，事物的发展需要天时地利人和，是一个循序渐进的过程。正如在很多年前就已经出现的 BLE 和 UWB 技术，已成功应用到了工业、军事等各个细分领域，但是并没有应用到汽车的 PEPS 和 AVP 上。

不知道是哪位前辈，第一个想到把BLE和UWB技术应用到汽车的PEPS和AVP上。作为一名工程师，拥有这样的能力是可遇而不可求的。这不仅需要深厚的基础技术功底，还需要有奇思妙想的头脑。这也许只有深耕细作，精益求精才能获得的顿悟。

3.5 本章小结

定位一直在为自动驾驶系统回答着“我在哪”的问题，究竟哪种定位方式可以解决室内及室外全场景的定位需求问题、究竟哪种定位技术路线才是自动驾驶定位的终局，我们现在还无法下结论。但可以肯定的是，随着自动驾驶由测试浅水区进入落地深水区，自动驾驶定位的重要性将愈发凸显。

04
芯片

如果将一辆自动驾驶车辆与人做对比，那么传感器类似于人的眼睛和耳朵，线控底盘类似于人的手和脚，而芯片则类似于人的大脑。作为支撑自动驾驶落地的最关键硬件之一，芯片正成为各家公司堆料的“重灾区”。

自动驾驶常用哪些类型芯片？工作的原理是什么？各自的特点又是什么？本章将一探究竟。

4.1 AI 芯片，自动驾驶中的“水浒卡”

自动驾驶公司对 AI 算力的追逐，像极了我们小时候收集干脆面中的水浒卡，花光所有零花钱，不是中意干脆面令人吮指的滋味，而是享受集齐卡片后可以在同学面前炫耀的虚荣。支撑自动驾驶公司炫耀资本的便是浑身长满算力的自动驾驶 AI 芯片。业内一直有种看法：最终实现诺曼底登陆的自动驾驶初创公司可能不多，但被“养肥养胖”的自动驾驶 AI 芯片企业肯定不在少数。

笔者对芯片的认知，长时间停留在本科参加大学生科技竞赛时用来控制伺服电机的单片机，对于自动驾驶领域急速蹿红的各类 AI 芯片知之甚少。经历了惶恐、不安和焦虑后，笔者决定拿出当年集水浒卡的精神，利用一切可以利用的时间和资源来收集、整理这些 AI 芯片的知识。本文就将笔者所学自动驾驶 AI 芯片相关基础知识分享给大家。

4.1.1 蹿红背景

在自动驾驶硬件领域中，高线束、高点频的激光雷达和高像素、高帧率的相机逐渐成为感知家族的常客，为其匹配一个更高性能的自动驾驶 AI 芯片，似乎是“门当户对”之事。随着自动驾驶级别的提高，传感器数量进一步增加，感知数据量呈指数级增长，感知融合深度会不断加深。这些变化决定了未来自动驾驶主控 AI 芯片需要管理更多的“人”、打理更多的“事”，多配几个不同类型的内核似乎也在情理之中。

在自动驾驶算法领域中，以深度学习为代表的算法通过模拟人脑神经系统，建立数学网络模型，可以让车从海量数据中学习出行驶本领。目前，这种方式在感知、定位、规划和控制等模块均有不俗的表现。深度学习主要分为训练和推理两个过程，训练过程需要面对海量数据进行重复训练，推理过程需要基于训练好的模型，并结合实时感知的环境数据，准确、快速地输出感知、预测结果。

随着自动驾驶由前期算法验证、样机演示转移到落地的阶段，行业要求自动驾驶 AI 芯片既能实现加速算法，又能实时控制，还需具备更高的功能安全等级。CPU、GPU、FPGA、ASIC 等单一芯片作为各个细分赛道的单项冠军，各有优劣，很难担负起“一统天下”的重任，取长补短便是顺理成章的。基于这个思路，异构计算架构产生，它使用不同类型指令集和体系架构的计算芯片组成 SoC 的异构方式，成为自动驾驶 AI 芯片的主流架构。

4.1.2 比拼指标

目前，衡量芯片运算能力主要有两个指标：一个是每秒万亿次运算（Tera Operation Per Second，TOPS），另一个是每秒处理的百万级的机器语言指令数（Dhrystone Million Instructions Per Second，DMIPS）。但从以往经验来看，AI 芯片规格书中的理论值和真实表现往往相差很大，真正的运算能力还会受到内存、带宽等的影响。

TOPS 描述的是 AI 芯片在运算方面的能力，这也是自动驾驶公司最喜欢比拼的参数。准确点讲，TOPS 描述的是芯片乘积累加（Multiply Accumulate，MAC）运算的能力。MAC 运算包括整数相乘和相加两个过程，实现这种运算的专门硬件电路单元被称为“乘数累加器”。硬件上有了这种特殊电路，就可以用一条 MAC 指令实现原本需要两条指令才能完成的操作。自动驾驶深度学习等算法中的核心运算就是矩阵运算，矩阵运算又可以分解为数条 MAC 指令。因此，在硬件上拥有乘数累加器的自动驾驶 AI 芯片可以大幅提升自动驾驶深度学习的效率。

TFLOPS 从 TOPS 延伸出来，是 MAC 运算对象为浮点数时的一种运算衡量指标，它比运算对象为整数时更耗时间。芯片上实现这种运算的专门硬件电路叫作浮点运算器（Floating Point Unit，FPU），TFLOPS 代表的就是 FPU 的执行速度。

DMIPS 描述的是 CPU 的运算能力。在自动驾驶唯 TOPS 论的背景下，DMIPS 的关注度自然不高，人们草草地浏览下规格书中 CPU 有多少个核、多少主频，DMIPS 让人感觉就是买 TOPS 能力时附赠的技能。殊不知，自动驾驶多传感器融合的滤波算法、激光点云的配准算法、多数的路径规划和决策算法都考验着 CPU 的运算能力。未来在自动驾驶落地深入的阶段，卡脖子的可能不是 TOPS 不足，而是 DMIPS 不够。

CPU 的指令集系统、架构方案等都会影响 CPU 的整体性能，核心数量、主频大小又无法全面评估 CPU 的运算能力，因此，诞生了用于测量处理器运算能力的 Dhrystone，也就是我们常说的“跑分程序”。利用 Dhrystone 计算出来的 DMIPS 值，在评价 CPU 运算能力方面具有更广泛的意义。

4.1.3 明星个人

AI 芯片领域的“明星个人”包括 CPU、GPU、FPGA 和 ASIC，它们作为单一类型芯片，已在各自的领域中大放异彩。

1. CPU

提到 CPU，非嵌入式领域从业者的第一印象可能是：决定打开文档快慢的桌面 x86

CPU。而嵌入式从业者的第一印象可能是：控制电机扭矩输出的微控制器中的嵌入式ARM CPU。两者都是CPU，只是指令集架构不同，应用领域不同。长久以来，CPU被认为是科技含量最高、工作最复杂、结构最精细的人类智慧结晶。

CPU是主要由算术逻辑单元（Arithmetic and Logic Unit，ALU）、控制单元（Control Unit，CU）、寄存器（Register）、高速缓存器（Cache）等组成的一种高性能通用控制器。算术逻辑单元主要用于算术运算（加、减、乘、除等）和逻辑运算（移位、比较等），控制单元主要用于指令译码、控制信号发送，寄存器和高速缓存器主要用于高速存储指令、数据和地址。

CPU中一条指令的执行过程可以简述为：控制单元从寄存器中读取指令并进行译码，而后将操作指令发送给算术逻辑单元，算术逻辑单元按照操作指令对数据进行计算，并将运算结果通过总线存入高速缓存器。工作遵循多指令单数据流的体系结构，其核心特点就是程序存储、顺序执行，擅长复杂的逻辑控制、串行计算、通用类型数据处理，以及任务之间的同步协调。

指令是计算机硬件可以直接识别的命令，而指令集是这样一套指令的集合，存储在CPU内部，对CPU运算进行指导和优化。按照采用指令集的不同，CPU主要分为采用复杂指令集（Complex Instruction Set Computing，CISC）的CPU和采用简单指令集（Reduced Instruction Set Computing，RISC）的CPU。

CISC包含一套丰富且功能复杂的指令集。它将原来由软件实现的常用功能改用硬件的指令实现，因此单条指令执行时间更短。但这样会提高CPU结构的复杂性和工艺的难度，在设计新一代CPU时，向上兼容比较容易，但整体设计难度会不断提高。面对不等长的指令集，CISC在执行过程中需要处理更多的工作，在执行长指令周期的命令时，将影响整台机器的执行效率。CISC发展成熟早，生态环境完善，以Intel、AMD的x86 CPU为代表，其具有强大的性能，被广泛应用在计算密集场景中。

RISC包含一套精简且功能简单的指令集。RISC保留了一些单个CPU周期内可以执行的、使用频率较高的指令，因此降低了CPU的复杂性和设计难度。在同等工艺下，RISC可以生产出功能更强大的CPU，但对编译器的设计要求较高。在执行等长的指令集时，RISC 具有更好的效能（在同等条件下是 CISC 的 2～4 倍）和稳定性，因此其在并行处理上具有明显的优势。RISC 后期发力，生态环境在慢慢建立，以 ARM 公司的 ARM CPU 为代表，其具有超高的效率，被广泛应用在嵌入式领域。

2. GPU

在图形处理、挖矿和游戏等领域，显卡可谓无人不知。对于游戏玩家来说，买到新发布的显卡时的兴奋不亚于小时候收集到一张稀缺水浒卡。显卡的身价随着挖矿需求倍增，已经成为部分游戏玩家承载不起的“水浒卡”。显卡的心脏是 GPU，GPU 曾在游戏领域叱咤多年，如今摇身一变，又成为自动驾驶 AI 战场的“神兵”。

GPU 是 NVDIA 在 1999 年发布“Geforce 256”产品时提出的概念。从名字可以看出，GPU 最初主要是用于图形处理的专用芯片。该款产品除了支持当时市面上同类显卡三角形内部点位置决策的工作，还创新性地支持三角形顶点位置决策的工作，而这部分工作之前是在 CPU 上完成的。

图 4-1 形象地展示了 GPU 全身都是“核”的特点，这个核就是流处理器（Streaming Processor，SP），它是 GPU 的最小硬件单元，也是具体指令和任务的执行者。在并行计算时，会有多个 SP 同时工作。

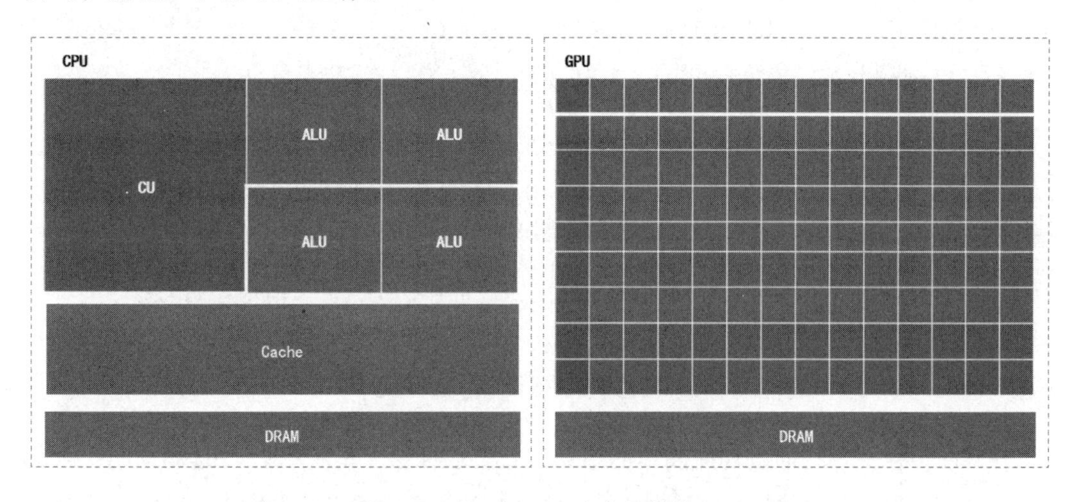

图 4-1 CPU 与 GPU 内部结构特点

多个 SP 加上共享内存、寄存器等组成流式多处理器（Streaming Multiprocessor，SM）。SM 称为 GPU 大核，是 GPU 的心脏。成千上万个更小、更高效、更专业的 SP 组成并行计算架构，特别适合并行处理大规模相似类型的计算任务。面对具有几百万个像素，每个像素都需要进行相似处理过程的图形计算工作，相比于 CPU 的单核、双核，GPU 的多核可以展示出无与伦比的优势。

2006 年，英伟达发布了采用统一渲染架构的 GeForce 8800 GTX GPU，一同发布的还有面向软件开发人员的计算统一设备体系结构（Compute Unified Device Architecture，CUDA）。CUDA 当时作为 GPU 的副业，提供了在英伟达 GPU 上执行通用并行计算的应用程序编程接口（Application Programming Interface，API）。

CUDA 提供了硬件的直接访问接口，并且提供对 C、C++等编程语言的本地支持，以及对 Python、Java 等编程语言的第三方包装支持。工程技术人员对用 CUDA 实践深度学习算法展示出极大的热情。

2014 年，英伟达发布了基于 CUDA 的专用于深度学习的库 cuDNN（CUDA Deep Neural Network library），旨在让开发人员专注于神经网络设计，而非低级复杂的 CUDA 使用。

随着 GPU 在深度学习中的广泛应用，英伟达在 2017 年 5 月推出了新型 GPU Voltas 架构，该架构加入了名为 Tensor Core 的专用内核，以支持神经网络的特定张量操作。英伟达声称，Volta Tensor Core 的吞吐率比使用常规 CUDA 的前代产品高 12 倍。

在高性能计算硬件领域中，英伟达无疑是领导者，不仅是芯片性能，还围绕 CUDA 的丰富软件生态。而 AMD 无论是在芯片性能方面，还是在生态建设方面都在努力追赶，“二分天下”也许指日可待。

3. FPGA

FPGA 是一种硬件可重新编程的半定制芯片。在硅片上预先设计具有可编程特性的集成电路，用户可根据具体需求将芯片编程成适合算法运行的硬件。

可编程是 FPGA 最鲜明的标签之一，可编程过程包括以下三个步骤。

（1）使用硬件描述语言生成描述硬件电路的配置文件。

（2）采用配套 FPGA 专用的电子设计自动化（Electronics Design Automation，EDA）软件，将配置文件编译生成二进制位流数据。

（3）将二进制位流数据烧录到芯片中，以实现所需的功能。

CPU、GPU 遵循的是冯·诺依曼体系结构，指令要经过存储、译码、执行，共享内存在使用时要经历仲裁和缓存。而 FPGA 的每个逻辑单元的功能在重编程时就已经确定，因此无须指令。FPGA 的内存专属于各个控制逻辑，因此无须不必要的仲裁和缓存。得益于体系结构的优势，FPGA 先天具有更高效的特点。

体系结构不同带来的另一个优势就是，FPGA 具有极低的延迟，它无须依赖通用操作系统（Operating System，OS），也无须通过总线即可完成通信。FPGA 支持流水线和数据并行（GPU 由于流水线深度受限，只能做到数据并行），延迟在微秒级，这令拥有毫秒级延迟的高质量 CPU 也“汗颜”。在自动驾驶多传感器微秒级的时间同步精度要求方面，FPGA 显然更胜一筹。

一般来说，FPGA 涉及三大核心技术。

（1）结构布局。内部结构布局的细腻程度影响着芯片的运行效率。全球主要分为两种流派：逻辑和路由都是固定的、逻辑和路由是可以互换的。

（2）接口支持。接口决定了与外围设备的兼容性，常用的外围设备包括 CPU、GPU、ADC 和内存等。

（3）EDA 能力。EDA 工具是 FPGA 可编程的关键，也是目前 FPGA 芯片设计的主要门槛，是 FPGA 厂商的竞争高地。

FPGA 的编程灵活性，使其特别适合算法更新频繁的领域。FPGA 不仅可以节省 3～12 个月的流片时间，还能避免一次性工程费用。但灵活性的代价就是，FPGA 牺牲了一定程度的处理效率，峰值性能及平均性能均远低于 GPU。此外，基于 FPGA 的编程在今天来说也是一件门槛极高的事情。

基于以上优缺点，FPGA 早期一直被用作专用芯片的小批量逻辑验证替代品，如今 FPGA 已在数据中心的核心计算单元位置上站稳脚跟。随着工艺水平不断突破，技术不断进步，FPGA 作为自动驾驶 AI 主控芯片的潜质也已经凸显。目前，FPGA 领域呈现双寡头的垄断格局，Xilinx 和 Intel 几乎垄断 90%的全球市场。在自动驾驶领域中，FPGA 目前主要应用在相机和激光雷达方面。

4. ASIC

ASIC 是针对某种特定功能需求而设计、开发的专用类型芯片。这种针对固定算法的专用芯片，可以实现最佳计算能力、最优计算效率。

作为一种定制的专用类型芯片，ASIC 的完整定制流程大致包括：系统设计、详细设计、寄存器传输级编码、逻辑综合、逻辑对等、前仿真、布局布线、后仿真和流片等。在前仿真没有问题后，即可在 FPGA 上进行烧录，然后进行系统级验证，因此可以节省一次后仿真和流片两个步骤。这两个步骤至少需要 6 周，而流片一次成功的概率又比较低，多次失败是常有之事。

与 GPU 和 FPGA 相比，基于某一算法定制的 ASIC 芯片的体积更小、功耗更低、算力消耗更小。在大批量供货阶段，ASIC 芯片还具有无可比拟的价格优势。但是高定制化芯片涉及晶圆生产、封装、测试等完整流程，开发周期较长，存在上市即落后的风险，因此特别考验公司的前瞻设计能力。ASIC 对算法的高依赖性，也使其并不适合算法频繁更新的领域。

ASIC 芯片最著名的应用领域是虚拟货币的生产过程，也叫作“挖矿”。为“挖矿”量身定制的 ASIC 芯片已经成功淘汰了该领域的 CPU、GPA、FPGA 芯片。自动驾驶领域由于 AI 算法还在不断进化，ASIC 芯片的应用案例不多。这两个领域都依赖底层芯片进行大规模的并行计算，因此 ASIC 芯片也将在自动驾驶领域发挥得天独厚的优势。

5. 其他

（1）数字信号处理器（Digital Signal Processor，DSP）是一种采用程序存储器和数据存储器分开的哈佛架构微处理器。DSP 从模数转换器获得数字信号，经内部算法处理后，输出给数模转换器生成模拟信号。通过使用硬件上专门的乘数累加器，基于单指令多数据流操作的特殊指令集，可以实现数字信号的快速并行处理。目前，DSP 广泛应用在音视频压缩和编解码、语音识别和处理、数字图像处理和雷达应用等领域。

（2）微处理器（Micro Processor Unit，MPU）是一种高度集成的通用结构处理器。相比于 MCU，MPU 去除了不必要的外设，且具有更高的运算性能和速度。但随着 MCU 运算能力的不断提升，MCU 和 MPU 的界限也在逐渐模糊。

6. 中场小结

介绍完多种单一类型的 AI 芯片，我们不禁要问，究竟哪种 AI 芯片才最适合自动驾驶领域的主流算法深度学习呢？回答这个问题前，我们需要先深入了解一下深度学习。

深度学习的目的是获得一个鲁棒性好、泛化能力强的深度学习模型。这是一个浑身充满参数的数学模型，这些参数决定了模型的“高矮胖瘦”。在没有学习时，这个模型犹如不识字的孩童，只知道嘤嘤啼哭。但当我们把一个巨大的数据集“喂”给模型时，模型的参数就开始基于这些数据集进行进化，直到找到最优的那组参数，这时的模型像极了从象牙塔毕业的骄子们。

从成千上万的变量中寻找基于给定数据集的一组最优参数的过程被称为训练。训练是一个艰苦的过程，需要通过不断尝试，获得最优的一组参数，从而使模型收敛。这个尝试的过程就是进行矩阵相乘、卷积运算等基本运算。特斯拉在 2021 年的 AI Day 上发布的 Dojo 超级计算机，据称是当时全球第五大计算机，正是用于为其训练视觉自动驾驶算法的。

基于训练好的模型，结合实时获得的传感器数据，准确快速地输出感知、识别、预测结果，这个过程被称为推理。随着决策过程也在 AI 化，以及博弈网络的引入，推理所需的算力自然也在提高。训练一般在云端或本地端，推理在车端。因此，谁的硬件资源可以更好地匹配以深度学习算法为代表的大模型算法在训练、推理过程所需的基本运算，谁就有潜力成为自动驾驶 AI 芯片领域的“霸主”。

GPU 将一些深度学习用到的基本运算进行硬件化（如 MAC），通过大量硬件逻辑电路完成计算，因此可以大幅提升计算速度。但是芯片一旦设计完成，固化的逻辑电路便不可修改。对于图形计算领域来说，经过多年演进，算法基本固定，且 GPU 本就是为图像计算领域而生的，因此可以实现硬件和算法的完美匹配。

对于自动驾驶领域来说，各种深度学习算法还在进化，每天都有可能产生新的更高效、更有效的深度学习模型。而不同模型在训练、推理过程中对基本运算的依赖程度不同，半整型、整型、单精度浮点数、双精度浮点数、乘、加等都是可以排列组合的。同时，在训练、推理过程中还存在随时切换深度学习模型的可能性。因此，在自动驾驶领域使用 GPU，可以起到加速的作用，但无法发挥其最大的潜力。

作为一类可以提供 AI 运算能力的通用芯片，GPU 并不是为 AI 而生的。目前自动驾驶 AI 算法路线尚未收敛，因此 GPU 将持续发光发热。但在算法定型后，如何使专用芯片发挥更加高效的性能，是产业界人士仍需思考的问题。这也是 FPGA 和 ASIC 芯片能在自动驾驶占有一席之地，并不断被赋予更伟大使命的原因。

4.1.4 明星团队

“抱团取暖”是现在自动驾驶 AI 芯片的潮流，将各种类型的芯片排列组合，可满足自动驾驶上下游绝大多数场景的需求。芯片“抱团取暖”更专业的术语便是 SoC，通过将关键部件集成在单一芯片上，构成一个多核异构的微小型系统。

SoC 的构成在数学上虽然有多种排列组合，但市面上比较主流的架构只有三种：以英伟达 Orin 为代表的 CPU+GPU+ASIC 架构、以 Mobileye EyeQ5 为代表的 CPU+ASIC 架构和以 Waymo 自研芯片为代表的 CPU+FPGA 架构。

表 4-1 汇总了部分已量产车型上搭载的 SoC 参数。

表 4-1 部分已量产车型上搭载的 SoC 参数

厂商	型号	算力	功率	量产时间	工艺	合作车型
英伟达	Xavier	30TOPS	30W	2020 年	12nm	小鹏 P7 等
	Orin	254TOPS	45W	2022 年	8nm	小鹏 G9、理想 L9、蔚来 ET7、智己 L7、飞凡 R7 等
特斯拉	FSD 一代	36TOPS	36W	2019 年	14nm	自用
Mobileye	EyeQ5	24TOPS	10W	2021 年	7nm	宝马 iX、极氪 001 等
地平线	J5	128TOPS	30W	2022 年	16nm	理想 L8 Pro 等
高通	Snapdragon Ride	10～700TOPS	5～130W	2022 年	5nm	魏牌摩卡等

下面从三种架构中各挑选一款典型产品做简要介绍。

英伟达的 Orin 是一款 2022 年上半年量产的自动驾驶 AI 芯片，已经获得的定点主机厂最多，采用 CPU+GPU+ASIC 架构，内部运算部分主要包括 CPU、GPU 和 ASCI 加速器三大模块。CPU 选用 12 个 Cortex-A78 核，可以提供 230K DMIPS 的 CPU 运算能力。GPU 提供 2048 个 CUDA 核及 64 个 Tensor 核。ASIC 加速器包括深度学习加速器（Deep Learning Accelerator，DLA）、可编程视觉加速器（Programmable Vision Accelerator，PVA）、ISP 和硬件编解码等模块。Orin 的 AI 算力主要来自 DLA 模块，加上 GPU 部分，整个芯片可提供高达 254TOPS 的整数运算能力，以及 4.1TFLOPS 的浮点数运算能力。

从 Mobileye 将宝马亲手送入竞争对手高通的怀抱中开始，业内唱衰 Mobileye 的声音就不绝于耳。在国内仅有极氪 001 为其站台的情况下，重新赢得主机厂的信任成为曾经辅助驾驶领域霸主在 2022 年的主题词。EyeQ5 作为一款 2021 年下半年量产的自动驾驶 AI 芯片，面对强敌环测，显然生不逢时，但未到刺刀拼杀的最后关头，一切规格书参数还都是未经实战的“纸老虎”。EyeQ5 采用 CPU+ASIC 架构，内部运算部分主要包括 CPU 和 ASIC 加速器。CPU 选用一个 8 核多线程的处理器，可提供 52000 DMIPS 的运算能力。ASIC 加速器包括计算机视觉处理器（Computer Vision Processors，CVP）、DLA 和多线程加速器（Multithreaded Accelerator，MA），其中，18 个 CVP 是 Mobileye 下一代针对传统计算机视觉算法设计的 ASIC 芯片。芯片整体的 AI 算力设计只有 24TOPS。

CPU+FPGA 的 SoC 架构方案适合算法频繁更新的场景，因此其适合 Waymo 这种自产自销且算法更新频率特别快的自动驾驶公司。关于 Waymo 自研芯片的信息不多，所能了解到的就是 CPU 选用了 Intel 的 Xeon 12 核以上配置，FPGA 选用了 Altera 的 Arria 系列。

❑ 休息一下

在 2022 年自动驾驶 AI 芯片满意度投票中，英伟达 Orin 获得了中国厂商最多的票数，这份喜爱在 2023 年更是有增无减。看到这个结果，笔者喜忧参半，喜的是国内厂商终于找到一个可以不受算力约束、施展拳脚的舞台，有机会打造具有中国特色的自动驾驶系统；忧的是“卡脖子”的 AI 芯片供应商仅是从美国的一个州换到另外一个州。

2022 年，笔者和国外芯片巨头的国内代理商有很多的交流。他们在用心介绍产品的间隙，不断重复着一个相似的观点：我是一个中国人，我一直期望国内厂商把国外技术消化吸收了之后，自己去研发，最终取而代之。但在目前自动驾驶厂商都期望技术尽快上车的背景下，英伟达提供的完善生态，更契合当前主机厂、自动驾驶公司快速打造闪亮卖点的需求。

如果说算力是自动驾驶 AI 芯片企业冰面上的比拼参数，那么软件生态就是冰面下的竞争壁垒。在华丽的参数下，如果没有全栈易用的工具链，很容易将焦躁的开发团队拒之门外。然而，生态建设需要产业链上下游沉下心、通力合作、不断打磨。

当然，自动驾驶公司对算力的追逐可能也是内功不足的表现。前期测试验证、样机演示时使用的消费级桌面 x86 CPU+消费级显卡，可以让研发团队将注意力集中在算法模型上，而不用考虑算力是否足够。而在真正落地到以 ARM CPU 为主的 SoC 时，研发团队不知道系统可以优化到什么程度，也不知道算法模型对芯片运算能力的需求，保守的做法可能就是选用市面上最强的 SoC，预埋最强的硬件。

4.2 安全核，“霸道总裁”身边的“灰姑娘”

在智驾域控制器内，AI 芯片是当之无愧的“霸道总裁”，它直接决定了智驾域控制器的武功高低，间接反映了主机厂的地位尊卑。而可以培养“霸道总裁”的英伟达、地平线、高通、Mobileye 等厂商也开足了马力，不断刷新“霸道总裁”的技能包，时刻准备为分久必合的 AI 芯片混战局面画上一个句号。

在已量产或即将量产的智驾域控制器 PCB 上，我们总能发现 AI 芯片身边还有一个其貌不扬但举止非凡的 MCU，像极了童话故事中的“灰姑娘”，而这位“灰姑娘”将直接决定智驾域控制器实时性、安全性的水平高低。

细究之下，MCU 承担的全是对功能安全等级要求高的重任，有的用它来承担自动驾驶功能激活期间的车辆控制功能，有的用它来承担自动驾驶系统出现故障时的风险减缓策略，有的用它来检测智驾域内系统的运行状态，有的用它来承担与车内通信的网关功能……

行业内喜欢将 MCU 称为安全核，它因具有一些安全特性而默默充当自动驾驶安全的守门员。下面我们就来了解一下 MCU 具有什么特性，才可以承担如此重要的安全使命。

4.2.1 安全机制

在国际标准《道路车辆—功能安全》（Road vehicles-Functional safety，ISO 26262）中，违背硬件安全初心的故障类型包括：单点故障、残余故障、两点故障、多点故障和潜伏故障等。

- 单点故障：无法被安全机制探测到的硬件故障，一旦发生，将直接违背硬件安全初心。
- 残余故障：硬件部分设计有安全机制，但安全机制无法做到 100%诊断覆盖，残余故障便是未被诊断覆盖的那部分漏网之鱼，一旦发生，也将直接违背硬件安全初心。
- 两点故障：某个故障单独出现时，不会违背硬件安全初心，但当它和另一个故障共同作用后，才会违背硬件安全初心。
- 多点故障：多于两个故障同时出现，将引起硬件的故障，具有违背硬件安全初心的风险。

- 潜伏故障：多点故障中未被安全机制诊断覆盖到的故障，具有违背硬件安全初心的风险。

要想减少故障，提高硬件的功能安全等级、增加安全机制是一种行之有效的方案。安全机制用于探测故障，控制/避免失效，从而维持预期功能，保持安全状态。但是为硬件某一部分增加了安全机制，并不代表一定安全，安全机制也有诊断覆盖率的问题。

诊断覆盖率是指在硬件要素失效率中，元器件失效率可以被安全机制诊断出来的概率，典型值有 60%、90%和 99%。诊断覆盖率可通过硬件可能发生的残余故障或者潜伏故障进行评估。

在《道路车辆—功能安全—第 5 部分：产品开发：硬件层面》（ISO 26262-5:2018）的附录 D 中，列举了处理器采用不同安全机制对应的诊断覆盖率。在硬件冗余可采用的安全机制中，双核锁步、非对称冗余、编码计算作为三种典型的高诊断覆盖率技术被推荐使用，它们也是安全核在硬件层面主要采用的技术。

1. 双核锁步

MCU 是一种将 CPU、寄存器、存储器、定时器、中断系统、输入/输出接口等整合在单一芯片上的芯片级计算机，是传统汽车分布式电子电气架构下各控制器的大脑。在 MCU 的组成部分中，核心非 CPU 莫属。

CPU 在工作过程中，由于受芯片老化、电磁干扰、时钟漂移、静电放电、电路短路等影响，有较大可能性发生行为不可控的故障。为了解决 MCU 中因单个 CPU 出现故障而导致整个系统失效的问题，诞生了 CPU 的硬件冗余技术——双核锁步。

在双核锁步技术中，采用两个完全一致的 CPU，一个作为主 CPU，另一个作为从 CPU，双核锁步架构如图 4-2 所示。主 CPU 通过总线访问随机存取存储器（RAM）和闪存（Flash），并将从 RAM 和 Flash 中获取的指令和数据通过总线送入内部执行。从 CPU 则比较聪明，直接在总线上获取主 CPU 取出来的指令和数据并执行。这样一来，流水线一致、指令集一致的两个完全一样的 CPU 就会在相同时钟周期内执行相同的指令。

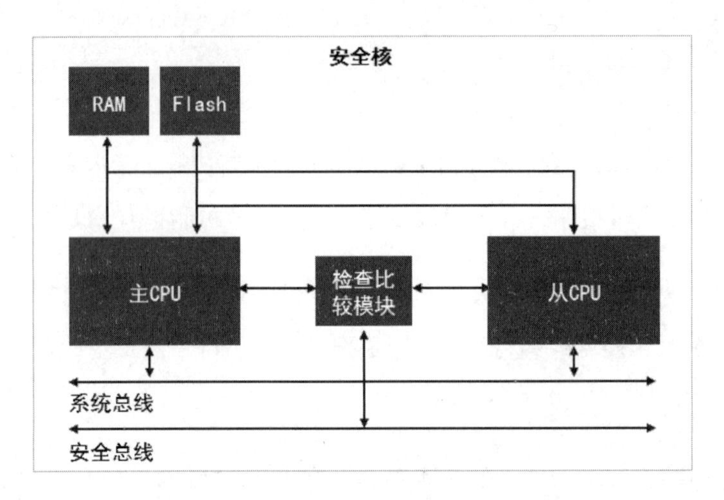

图 4-2 双核锁步架构

主 CPU 和从 CPU 指令执行的结果包括数据、地址和控制结果，通过总线发送到检查比较模块。检查比较模块负责检查两者之间输出的数据、地址和控制结果的一致性。当检测到任何信号不一致时，输出错误标志信息，系统基于错误标志信息采取不同的应对措施。需要注意的是，在双核锁步模式下，只能判定 CPU 出现故障，但无法确定故障出自主 CPU 还是从 CPU。

相比于使用两个独立 MCU 进行冗余设计，单个 MCU 的双核冗余设计具有以下优势。

（1）硬件元器件数量及连接大幅减少，进一步提高了硬件的可靠性。

（2）电路板复杂度降低、尺寸减小，提高了电磁抗干扰能力，降低了电磁辐射能力。

（3）真正从源头上进行故障检测，并且在第一次出现故障时即被检测到，大大提高了故障诊断能力。

（4）主 CPU 和从 CPU 不需要通信和数据同步，降低了软件验证的复杂度。

2. 延迟锁步

在双核锁步中，存在这样一种可能性，一个噪声脉冲以相同的方式在同一个时间点冲击主 CPU 和从 CPU，结果两个 CPU 发生了同样的故障，产生了相同的错误结果，并送入检查比较模块中。但检查比较模块在发现结果相同后，会认为没有错误，不会发出错误标志信息。

为了降低上述情况发生的概率，延迟锁步技术诞生了，延迟锁步架构如图 4-3 所示。主 CPU 执行指令的数据、地址和控制结果延迟 N 个周期送入检查比较模块，同时将相同的指令延迟 N 个周期送入从 CPU。这样就可以保证在每个周期送入检查比较模块的主 CPU 和从 CPU 结果，都是间隔 N 个周期但执行相同指令后的结果。

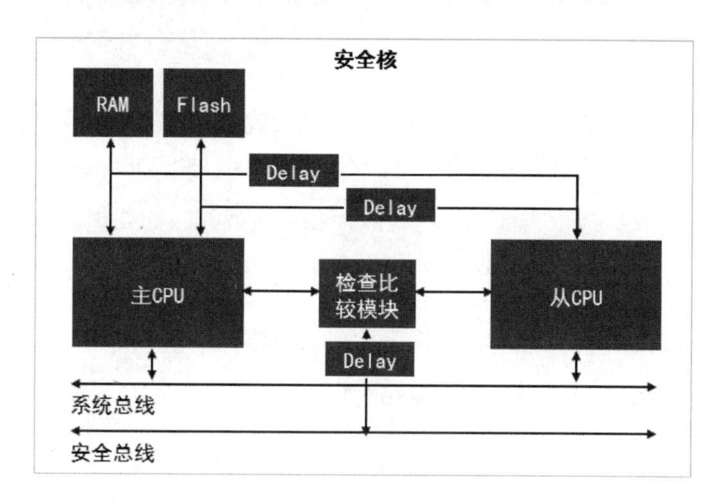

图 4-3　延迟锁步架构

延迟锁步可以预防主 CPU 和从 CPU 在同一个时间点发生同样的错误。但由于故障检测滞后 N 个周期，实时的自动驾驶控制是否可以接受，需要功能安全团队认真评估。

3. 非对称冗余

不管是双核冗余还是延迟冗余，主 CPU 和从 CPU 都是完全相同的两个 CPU。这意味着主 CPU 出厂时具有的天生缺陷，从 CPU 也会有；主 CPU 无能为力的场景，从 CPU 也无能为力。为了降低两个相同 CPU 发生共因故障和同类故障的概率，非对称冗余技术诞生了。

在非对称冗余中,从 CPU 是一个不同于主 CPU 的专用内核,且性能一般要比主 CPU 弱一点，两核之间通过一个专用接口紧密耦合。在主 CPU 执行关键任务的过程中，从 CPU 通过专用接口选择性地复制部分关键任务同步执行,并将内部执行结果与主 CPU 输入的外部执行结果进行比较。

在非对称冗余中，主 CPU 和从 CPU 通过专用接口相连，可以降低系统复杂性，缩短错误检测延迟。不同规格的 CPU 还可以避免相同硬件带来的共因故障和同类故障。但是从 CPU 性能一般比较弱，无法同步执行主 CPU 的所有任务。因此，如何在主 CPU 执行的关键任务中挑选出最高安全要求的任务，是安全团队需要着重思考的问题。

4. 总结

双核锁步/延迟锁步/非对称冗余架构使 CPU 自检独立于应用软件，不需要专门的指令集进行自检。实际运行的软件指令在每个时钟周期都会被进行比较，不会额外占用 CPU 的资源。但是双核锁步架构不会检测内存和总线故障，如果想进一步提高 MCU 的整体功能安全等级，降低共模失效的概率，还需要同步采取如下方法。

（1）对 RAM 和 Flash 存储的指令和数据引入纠错码（Error Correcting Code，ECC）保护，检测和纠正 RAM 和 Flash 中的数据错误。

（2）对总线进行安全保护。总线包括系统总线和安全总线，指令数据通过系统总线传输，功能安全数据通过安全总线传输。

（3）主 CPU 和从 CPU 在布局上要满足设定界限及互斥距离，以使它们在物理上尽量分开。

（4）主 CPU 和从 CPU 所用时钟树要彼此分开，避免共用时钟路径和时钟缓冲器。

（5）在绕线时，设置绕线保护带，防止一个核的互连线走到另一个核所在的区域，从而避免信号串扰带来的影响。

4.2.2 主流安全核

目前，主流的安全核技术依旧掌握在以英飞凌和恩智浦为首的传统 MCU 芯片大厂手中。

1. 英飞凌 AURIX 系列

英飞凌 AURIX 系列可谓智驾域控制器中最常见的安全芯片之一，成名之战便是应用在奥迪 A8 域控制器 zFAS 上，与 AI 芯片一同助力奥迪 A8 实现自动驾驶功能。

AURIX 与 TTTech Auto 合作开发第三代最高端产品 TC39X，在设计之初便瞄准了自动驾驶领域，支持高达 ASIL-D/SIL3 的功能安全要求。TC39X 具有 6 个频率高达 300MHz 的 TriCore，以及带 ECC 保护的 16MB Flash、可编程硬件安全模块、支持时钟延迟的多样化锁步核心。

2. 恩智浦 S32 系列

恩智浦在智驾域的安全核开发方面颇显被动，前几代产品不仅处处透着传统 MCU 的气息，还处处想着一“芯”多用，于 2020 年发布的 S32G 既定位于车载中央网关芯片，也定位于自动驾驶芯片。

恩智浦及时跟进后续产品，发布了具有高功能安全等级、高信息安全等级的 S32K3 系列 MCU。S32K3 系列 MCU 基于 ARM Cortex-M7 核心打造，共拥有 12 种芯片配置，支持 ASIL D 功能安全等级。

S32K3 系列带有锁步功能的芯片有单核、双核配置。其中，单核锁步配置拥有 1 个 Cortex-M7 锁步核心，频率为 160MHz；双核锁步配置拥有 2 个 Cortex-M7 锁步核心，频率为 240MHz。可编程硬件模块和 ECC 保护也成为可选配置。

❑ 休息一下

安全将一直伴随着自动驾驶的发展，且在自动驾驶系统设计中的分量会越来越重。作为一类具有高功能安全等级的 ECU（电子控制单元），安全核将迎来自己在自动驾驶领域的高光时刻。

4.3 PCIE，中央计算平台片内通信的“骨干”

随着整车传感器数量越来越多、数据量越来越大，如何快速在控制器内部传输、存储这些数据，成为电子电气下一代中央计算架构必须解决的难题，而目前行业提出的一种解决方案就是 PCIE（Peripheral Component Interconnect Express）。

4.3.1 PCIE 简介

2001 年年初，Intel 提出要采用新一代的总线技术连接内部多种芯片，并取代当时使用的 PCI（Peripheral Component Interconnect）总线，该新一代的总线技术称为第三代输入/输出（Third Generation Input/Output，3GIO）技术。

2001 年年底，Intel 联合 AMD、Dell、IBM 等 20 多家业内知名公司开始起草新技术的规范，并于 2002 年完成，这种新的总线标准对外被正式命名为 PCIE。

PCIE 是一种全双工、端到端、串行、高速的可扩展通信总线标准。

1. 全双工

全双工是指允许设备在同一时刻发送数据和接收数据。这就好比一条双向车道，南来北往的车互不干扰。实现总线上数据发送或接收的物理介质是一对差分线，接收端通过比较两根线上信号的差值，判断发送端发送的是“逻辑 0”还是“逻辑 1”。采用差分信号传输，可以极大提高抗干扰能力，从而大幅提升传输频率。两对发送和接收组成的一个差分回路（总共 4 根线），被称为 Lane×1，如图 4-4 所示。

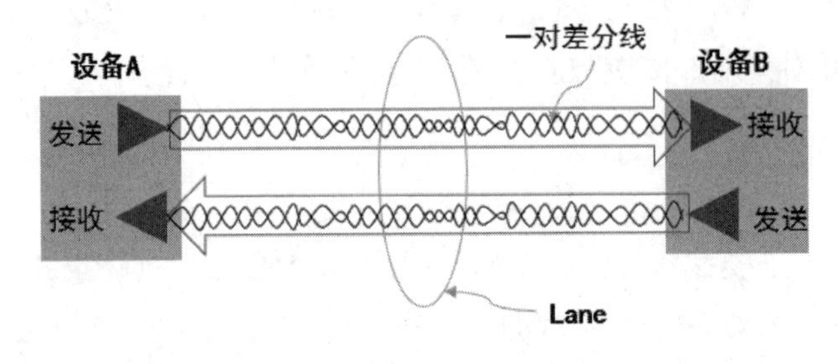

图 4-4　Lane×1 结构示意图

2. 端到端

端到端是指一个 PCIE 链路（Link）两端只能各连接一个设备，这两个设备互为数据的发送端和接收端，如图 4-5 的设备 A 和设备 B 所示。一个 Link 可以由多个 Lane 组成，这就好比双向道路的每一向道路中又可以包含多条车道。常见的 Lane 有×1、×2、×4、×8、×16、×32 等。

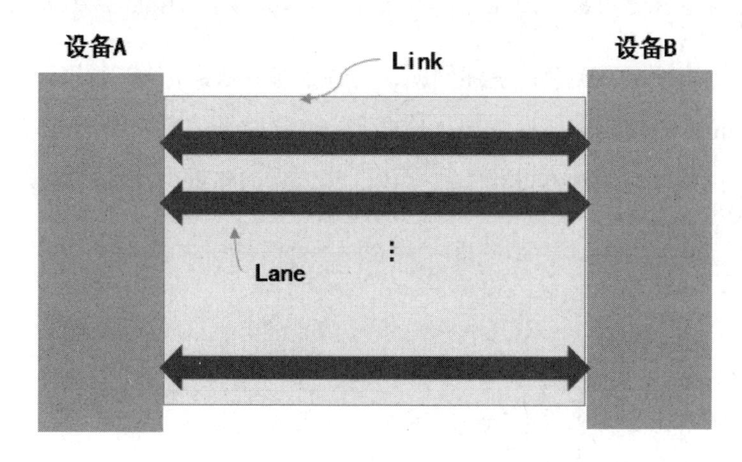

图 4-5 PCIE 链路构成

3. 串行

数据一位一位地依次传输，每一位占据一个固定的时间长度。看到这里，很多读者不禁会发出疑问：为什么不采用并行方式呢？对于一个固定时间长度，并行方式能同时传输 8/16/32 位，传输速率不是更高吗？巧了，PCIE 的众多总线“前辈们”的确采用了并行方式。

采用并行方式，通常在公共时钟周期的第一个上升沿将数据发送出去，数据通过传输介质到达接收端，接收端在公共时钟周期的第二个上升沿对数据进行采样，发送和接收数据正好经历一个公共时钟周期。也就是说，在一个公共时钟周期内，发送端的发送数据必须保持不变，以保证接收端可以正确地采样。

在并行方式下，公共时钟周期必须大于数据在传输介质中的传输时间（数据从发送端到接收端的时间），否则无法正确地采样。而并行方式中有几十根数据线，要遵循木桶原理，即保证数据传输最慢的那根数据线满足公共时钟周期，这也就解释了为什么高速并行总线需要做等长处理。

并行方式下要想提高传输速率，必须不断提高时钟频率。但是受限于传输时间，时钟频率不可能无限高。同时，随着时钟频率越来越高，并行的连线相互干扰异常严重。再加上时钟相位偏移等因素，因此并行方式并不能满足越来越高的数据传输速率要求。

采用串行方式便可完美解决上述问题，时钟信号和数据信号一同编码在同一数据流中，数据流一位一位地传输，接收端从数据流中恢复时钟信息。由于没有时钟线，也就不存在时钟相位偏移。此外，得益于数据包分解、标记和重组技术的进步，串行传输数据的速度也越来越快。

4．高速

PCIE 目前已经正式发布了 6 个标准版本，最新版本为 PCIE 6.0，其传输速率基本上遵循了下一代版本比上一代版本翻倍的定律。首先以 PCIE 1.0 为例，介绍传输速率与我们常用的带宽单位之间的关系。

在 PCIE 标准中，用一秒内电位变化的次数（GigaTransfers per second，GT/s）表示传输速率，从数据角度来说，一次电位变化就相当于传输了 1 位。但是 PCIE 的电位变化并不全都用来传输有效数据，里面还包含了时钟信号。PCIE 1.0 采用的 8b/10b 编码中就包含了 2 位时钟信号，这意味着传输 8 位有效数据要经历 10 次电位变化。①

PCIE 1.0 标准中 Lane×1 的传输速率为 2.5GT/s，换算成 Gbps 为 2Gbps，换算成 MB/s 为 256MB/s。Lane×2，×4，×8，×16，以此类推。表 4-2 给出了 PCIE 1.0 到 6.0 不同数量的 Lane 下的带宽数据。PCIE 6.0 在 Lane×16 时可以提供高达 126GB/s 的带宽，这不就是下一代架构中央计算单元苦苦寻找的解决方案吗？

---

① PCIE 3.0 以前使用 8b/10b 编码，PCIE 3.0 及以后版本使用 120b/130b 编码。

表 4-2 PCIE 1.0 到 6.0 不同数量的 Lane 下的带宽数据

PCIE 版本	推出时间	编码方式	原始传输速率	带宽				
				×1	×2	×4	×8	×16
1.0	2003 年	8b/10b	2.5GT/s	256MB/s	512GB/s	1.0GB/s	2.0GB/s	4.0GB/s
2.0	2007 年	8b/10b	5.0GT/s	512MB/s	1.0GB/s	2.0GB/s	4.0GB/s	8.0GB/s
3.0	2010 年	128b/130b	8.0GT/s	约 1008.2MB/s	约 1.97GB/s	约 3.94GB/s	约 7.88GB/s	约 15.75GB/s
4.0	2017 年	128b/130b	16.0GT/s	约 1.97GB/s	约 3.94GB/s	约 7.88GB/s	约 15.75GB/s	约 31.51GB/s
5.0	2019 年	NRZ 128b/130b	32.0GT/s	约 3.94GB/s	约 7.88GB/s	约 15.75GB/s	约 31.51GB/s	约 63.02GB/s
6.0	2021 年	PAM4 & FEC 128b/130b	64.0GT/s	约 7.88GB/s	约 15.75GB/s	约 31.51GB/s	约 63.02GB/s	约 126.03GB/s

在 2022 年的 PCI-SIG 开发者大会上，PCIE 接口标准委员会 PCI-SIG 公布了 PCIE 7.0 的规范目标，称其数据速率高达 128GT/s，并在 2025 年向其成员发布。这相当于在编码开销之前，通过 16 通道（×16）连接能实现 512GB/s 的双向吞吐量。

4.3.2 PCIE 拓扑结构

下面介绍 PCIE 在 x86 计算机系统及汽车上的典型架构。

1. 基于 x86 计算机系统

PCIE 总线在 x86 计算机系统中作为局部总线，主要用来连接处理器系统中的外部设备。在 x86 计算机系统中，PCIE 设备主要包括根复合体（Root Complex，RC）、交换机（Switch）、终端设备（Endpoint）和 PCIE 到 PCI/PCI-X 的桥（Bridge）等。典型的基于 x86 计算机系统的 PCIE 拓扑结构如图 4-6 所示。

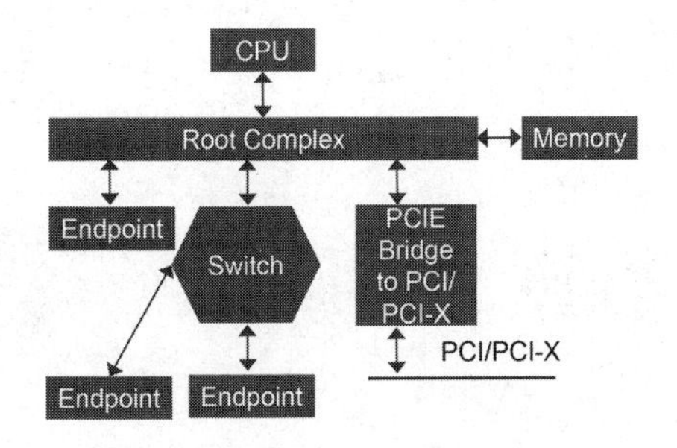

图 4-6 典型的基于 x86 计算机系统的 PCIE 拓扑结构

RC 将 PCIE 总线端口、存储器等一系列与外部设备有关的接口都集成在一起。CPU 平时比较忙，便会把很多事情交给 RC 去做，如访问内存，通过内部 PCIE 总线及外部 Bridge 拓展出若干其他的 PCIE 端口。

Endpoint 作为终端设备，可以是 PCIE 固态硬盘、PCIE 网卡等，既可以挂载到 RC 上，也可以挂载到 Switch 上。

Switch 扩展了 PCIE 端口，可以将数据从一个端口路由到另一个端口，从而实现多设备的互连，具体的路由方法包括 ID 路由、地址路由和隐含路由等。靠近 RC 的端口称为上游端口，扩展出来的端口称为下游端口。下游端口可以挂载其他 Switch 或者 Endpoint，并且对它们进行管理。

从上游过来的数据需要由 Switch 鉴定：① 是不是传给自己的数据，如果是，则接收；② 是不是自己下游端口的数据，如果是，则转发；③ 如果都不是，则拒绝。

从下游端口挂载的 Endpoint 传给 RC 的数据，Switch 会进行相应的仲裁，确定数据的优先级，并将优先级高的数据传送给上游端口。

Bridge 用来实现 PCIE 设备与 PCI/PCI-X 设备之间的连接，以及两种不同协议之间的相互转换。

2. 基于汽车

汽车电子电气架构的多样性，导致很难有像 x86 计算机系统一样的统一架构。基于中央计算架构，图 4-7 展示了一种可行的架构方案。

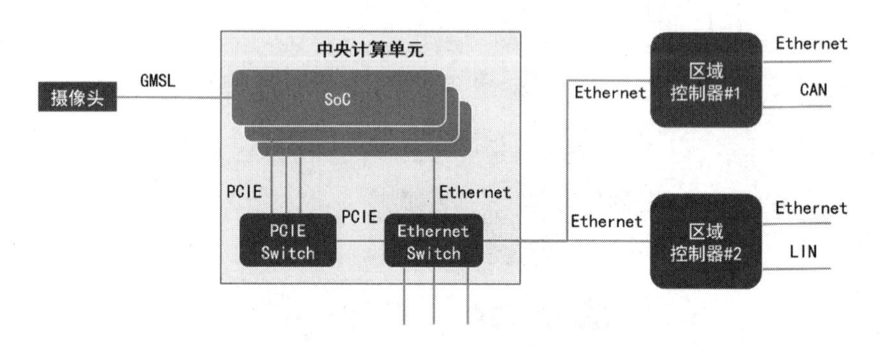

图 4-7 汽车上的一种 PCIE 架构

在此架构中，PCIE Switch 串联起整个片内通信。中央计算单元中的不同 SoC、Ethernet Switch 等均挂载其上面。外部传感器通过区域控制器的 Ethernet、CAN、LIN 网络串联在一起。

4.3.3 PCIE 分层体系

在 PCIE 总线中，数据报文的接收和发送过程需要经过事务层（Transaction Layer）、数据链路层（Data Link Layer）和物理层（Physical Layer）。各层都包含发送和接收两种功能。这种分层的体系结构与 OSI 七层网络模型有异曲同工之妙，不同的是，PCIE 总线中每一层都是使用硬件逻辑实现的。

PCIE 工作流程如图 4-8 所示，数据报文首先在设备 A 的核心层中产生，然后经过该设备的事务层、数据链路层和物理层，最终被发送出去。接收端的数据也需要通过物理层、数据链路层和事务层，并最终到达设备 B 的核心层。

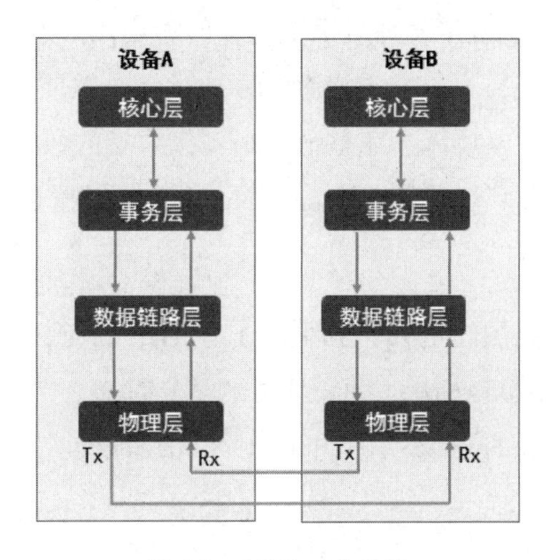

图 4-8 PCIE 工作流程

1. 事务层

事务层位于 PCIE 分层体系的最高层，一方面，接收设备核心层的数据请求，封装为 TLP（Transaction Layer Packet），并在 TLP 头中定义好总线事务后，将其发送给数据链路层；另一方面，从数据链路层中接收数据报文，掐头去尾保留有效数据后，转发至 PCIE 设备核心层。

PCIE 中定义的总线事务有存储器读写、I/O 读写、配置读写、Message 总线事务和原子操作等。这些总线事务可以通过 Switch 等设备传送给其他 PCIE 设备或者 RC。RC 也可以使用这些总线事务访问 PCIE 设备。

以存储器读为例，网络中某个有需求的 Endpoint 初始化该请求后发送出去，请求经过 Switch 之后到达 RC，RC 收到存储器读请求后，在系统缓存中抓取数据并回传，完成报告。完成报告同样经过 Switch 后到达 Endpoint，Endpoint 收到完成报告后结束此次事务请求。

事务层还使用流量控制机制来保证 PCIE 链路的使用效率。

2. 数据链路层

数据链路层在 PCIE 总线中发挥着承上启下的作用。来自事务层的报文在通过数据链路层时，被添加 Sequence Number 前缀和 CRC 后缀，并使用 ACK/NAK 协议保证来自发送端事务层的报文可以可靠、完整地发送到接收端的数据链路层。来自物理层的报文在经过数据链路层时，被剥离 Sequence Number 前缀和 CRC 后缀，再被发送到事务层。

PCIE 总线的数据链路层还定义了多种 DLLP（Data Link Layer Packet），DLLP 产生于数据链路层，终止于数据链路层。值得注意的是，TLP 与 DLLP 并不相同，DLLP 并不是由 TLP 加上 Sequence Number 前缀和 CRC 后缀组成的。

3. 物理层

物理层是 PCIE 总线的底层，负责将 PCIE 设备连接在一起。PCIE 总线的物理电气特性决定了 PCIE 链路只能使用端到端的连接方式。PCIE 总线的物理层为 PCIE 设备间的数据通信提供传送介质，为数据传送提供可靠的物理环境。

物理层是 PCIE 体系结构中最重要，也是最难以实现的组成部分。PCIE 总线的物理层定义了 LTSSM（Link Training and Status State Machine）状态机，PCIE 链路使用该状态机管理链路状态，并进行链路训练、链路恢复和电源管理。

PCIE 总线的物理层还定义了一些专门的“序列”，有的书中将物理层的这些“序列”称为 PLP（Physical Layer Packer），这些序列用于同步 PCIE 链路，并进行链路管理。值得注意的是，PCIE 设备发送 PLP 与发送 TLP 的过程有所不同。对于系统软件而言，物理层几乎不可见，但是系统程序员仍有必要深入理解物理层的工作原理。

4.3.4 汽车领域应用案例

从网络上的公开资料获悉，某主机厂在 2023 年要上市的新车除了采用 800V 纯电平台，还会采用其最新的第三代架构，如图 4-9 所示。

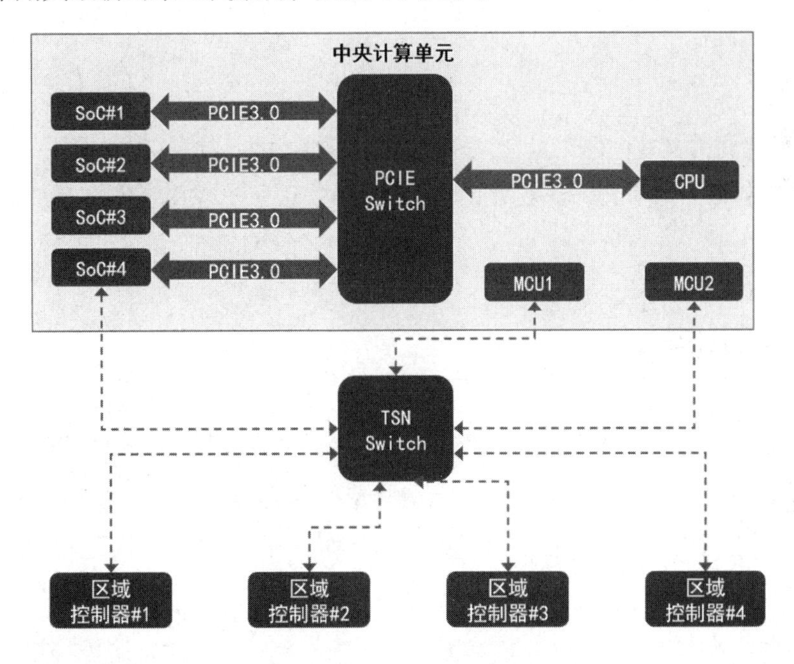

图 4-9 某主机厂的第三代架构示意图

该最新架构为中央计算平台+区域控制架构，中央计算平台很有可能采用类似工控机的模块化方案，将实现智能车控、自动驾驶和智能座舱功能的三块板子通过高性能交换机连接在一起，并设计到一套壳体中，有点类似特斯拉 HW3.0 的松耦合方案。

高性能交换机的方案有两种，一种是 PCIE Switch，另一种是 TSN Switch。

PCIE Switch 主要充当算力芯片之间的“桥梁”，提供 20GB/s 以上的端到端的数据传输带宽，可以满足高带宽、低延迟的需求。同时采用物理隔离，使单点失效将不会影响系统失效。TSN Switch 主要负责算力芯片、安全芯片和区域控制器之间的通信，提供时间确定性的数据流转发和数据交换功能。

正是看到汽车对 PCIE 的潜在巨大需求，2022 年 2 月，Mircochip 宣布推出市场上首款通过汽车级认证的第四代 PCIE 交换机，它提供一种面向分布式异构计算系统的高速、低延迟连接解决方案，主要用于提供连接 ADAS 内 CPU 和加速器所需的最低延迟和高带宽性能。

❑ 休息一下

支撑中央计算架构演进的路上还需要很多像 PCIE 这样的关键技术，而这些又是我们随时可能被“卡脖子”的关键半导体技术。在这些硬科技领域实现突破，是吾辈的使命所在。

4.4 本章小结

在芯片选型上一味追求“最高、最强”，不仅无法锻炼研发团队的软硬一体化能力，也无法打造具有竞争力的产品。根据自己的脚选择合适的鞋，是自动驾驶公司在选择芯片时该有的“价值观”。如何优化自己的算法从而发挥芯片的最大潜力，是自动驾驶公司需要不断探索的方向。

05
线控底盘

骑过自行车的朋友都知道，加速、刹车、转向全靠手脚发力。以刹车过程为例，通过五指紧握车闸、车闸拉紧钢丝、带动橡胶摩擦片夹紧车轮，最终在摩擦力的作用下刹停自行车，这个过程是典型的“大力出奇迹”。

汽车在诞生之初，其制动、转向等方面的原理和自行车差不多，都是单纯地利用机械方式传递能量。但是汽车的质量远大于自行车，虽然有一些类似杠杆一样的省力结构，但汽车一次紧急制动和转向还是需要消耗驾驶员相当大的力气。

随着汽车速度越来越快，这种全靠驾驶员手部和腿部力量的操作方式对驾驶员的要求太高，制动、转向的效果及安全性都很难得到保证。鉴于此，汽车转向、制动等系统开始出现了一些助力方式，包括真空助力、液压助力、电动助力等，并最终发展成为如今常见的机械液压制动、电动助力转向等。

但是天有不测风云，随着电动汽车兴起并开始圈地赛马，不仅革了发动机的命，顺带也革了机械液压制动的命。机械液压制动中的真空助力器原本是利用发动机进气歧管的负压来提供助力的，但是电动汽车没有发动机，真空助力器没有负压来源，也就无法正常工作。

这边电动汽车的狂欢还没有结束，另一边的自动驾驶已经开始搭台唱戏，且演员规模和知名度明显要略胜一筹。自动驾驶域控制器期望通过线控指令取代物理制动踏板、方向盘，直接控制制动和转向系统。

在电动化和智能化的双重影响下，线控底盘的概念开始大火。所谓线控，是指通过传感器采集驾驶员的制动或转向等意图，并由控制单元综合决策后，将控制指令以电信号的形式输入最终的执行机构。线控，用不太准确的语言描述就是，用电线替代了传统的机械液压连接。

线控底盘主要包括五大核心系统：线控油门、线控换挡、线控悬架、线控转向和线控制动。

线控油门和线控换挡因发展较早，已经在主机厂得到广泛应用。其中，线控油门的渗透率接近 100%，市场已经饱和。线控换挡在 2022 年的渗透率约为 25%，但随着智能化相关功能配置率的提升，其渗透率也会同步快速提升。

线控悬架因成本较高，在 2022 年的渗透率不足 3%。线控悬架最早主要搭载在海外豪华品牌车型上，后逐步在合资品牌车辆中有所应用，近几年，国内自主高端品牌如蔚来、理想、极氪、岚图等也逐步开始搭载线控悬架，其渗透率处于缓慢提升的阶段。

相比之下，线控制动和线控转向因起步较晚，且技术门槛高，在 2022 年的渗透率仍处于低位。不过这两类子系统是汽车电动化、智能化发展的关键，也是必须攻克的核心技术。

本章就对与自动驾驶关联紧密的线控制动、线控转向和线控悬架展开介绍。

5.1 线控制动，一位忠于自动驾驶且身手敏捷的“保镖”

安全已成为自动驾驶领域最高频的词汇之一，线控制动作为可确保自动驾驶安全的最重要执行机构之一，也时常被送上热门。在线控底盘的所有子系统中，线控制动被誉为线控底盘的璀璨明珠。

下面我们就从技术含量最高的线控制动讲起。

5.1.1 什么是线控制动

线控修饰的是制动，欲知线控，须先讲制动。汽车制动系统的作用无须赘言。

（1）可以让行驶中的汽车以适当的减速度减速行驶，直至停车。

（2）可以让下坡行驶的汽车保持适当的稳定车速。

（3）可以让静止的汽车可靠地停在原地或坡道上。

按照上述作用来划分，汽车制动系统主要分为驻车制动系统（实现上述第三条作用）和行车制动系统（实现上述前两条作用）。驻车制动系统的江湖已被电子手刹（Electrical Park Brake，EPB）统一，短时间内估计无人能撼动其地位。

行车制动系统就比较热闹了，在电动化和智能化口号开始呐喊之前，机械液压制动系统处于绝对的统治地位，占据大概99%的乘用车市场份额。而在电动化和智能化口号开始呐喊之后，线控制动系统登上舞台，如今已经被确立为行车制动江湖中的下一任盟主。

按照结构的不同，线控制动系统又可分为电子液压制动（Electro-Hydraulic Brake，EHB）系统和电子机械制动（Electro-Mechanical Brake，EMB）系统两类。下面展开介绍上述几种制动系统的工作原理及优缺点。

1. 机械液压制动系统

一个典型的纯机械液压制动系统主要由制动踏板、真空助力器、制动主缸和车轮制动器等组成，如图5-1所示。

机械液压制动系统中的“定海神针”非真空助力器莫属，真空助力器位于制动踏板的后方，通过膜片隔出前后两个腔，前腔连接标准大气压（0.101MPa），后腔连接发动机进气歧管的负压（0.05MPa～0.07MPa）。真空助力器的作用是通过前后腔的气压差，将制动踏板的输入力放大，从而实现以小博大、用杠杆撬起地球的效果。写到这里，笔者不禁发出了一声感叹：推动汽车百年文明发展的不就是这些看似平平无奇，但又巧夺天工的发明吗？！

在制动过程中，驾驶员踩下制动踏板，在真空助力器的作用下，推动制动主缸中的活塞移动，液压压力通过制动管路传递给各制动轮缸，进而驱动摩擦片压向制动盘。在液压压强一定的情况下，由于制动轮缸受力面积大，由压力=压强×受力面积可知，其表面将产生足够大的制动压力。机械液压制动系统的制动原理示意图如图 5-2 所示。

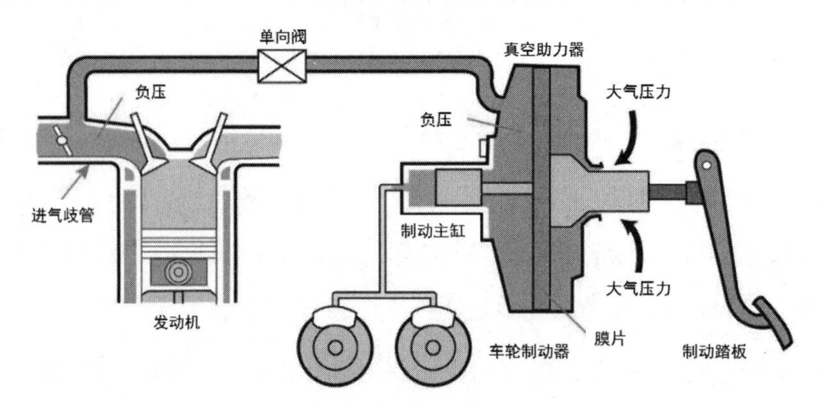

图 5-1 机械液压制动系统

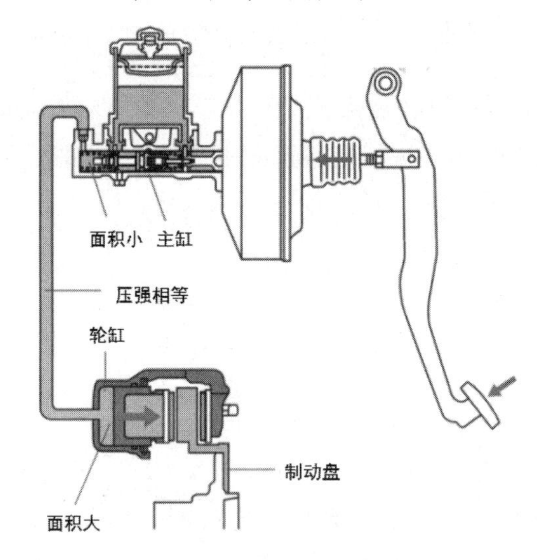

图 5-2 机械液压制动系统的制动原理示意图[①]

① 图 5-1 和图 5-2 均参考自：东莞市凌泰教学设备有限公司，杜慧起. 新能源汽车维修从入门到精通（彩色图解+视频）[M]. 北京：机械工业出版社，2019.

当然，现在机械液压制动系统一般还会通过集成传感器、控制器、制动压力调节器等部件，实现防抱死制动系统（Antilock Brake System，ABS）和车身电子稳定（Electronic Stability Program，ESP）系统等常用功能。

2. 电子液压制动系统

汽车的电动化打破了机械液压制动系统维持的平衡，由于电动汽车没有发动机，机械液压制动系统中的真空助力器便没有了负压的源头。如果继续采用真空助力器，那么就必须额外增加一套电子真空泵（Electronic Vacuum Pump，EVP），负责提供真空助力器的负压。这对成本、体积和质量三重敏感的主机厂来说，简直是个噩耗。

同时，为了提高电动汽车的续航里程，汽车工程师们穷尽了所有可行的方案。在燃油车时代，工程师只能眼见制动能量通过摩擦发热浪费掉，但是到了电动汽车时代，制动减速时可以通过反拖电机进行能量回收，做到发电、减速两不误。

辅助驾驶和自动驾驶抱着解放人类双手、双脚和双眼的伟大理想而奋发前进，而其理想得以实现的前提条件之一就是需要一套制动系统，它不仅可以听制动踏板的差遣，还可以随时听候智驾域控制器的指挥。也就是说，制动系统需要具有主动制动的能力。

在主动制动时，自动驾驶汽车的“大脑”时刻在根据感知到的外界环境的变化，做出精准的决策规划。如果这时执行机构不能及时精准地做出响应，则会表现出一种“手脚不听使唤”的症状。为了达到和自动驾驶“大脑”的高度协同的效果，还要求制动系统这只“脚”具有更快速的响应和更精准的走位。

在这样的背景下，传统巨头供应商都开始布局和研发下一代制动系统，以便可以在未来几十年继续在自己的强势领域主导这个行业，让自己处在制造业利润金字塔的顶端。传统巨头供应商也不负众望，自 2010 年起，经过十余年的努力，均开发了线控电子液压制动 EHB 系统的量产产品，如博世的 IPB、采埃孚的 IBC、大陆集团的 MK C1、日立的 E-ACT 等。

EHB 系统是电控+液压制动的混合体，目前各家供应商的方案略有不同，包括制动踏板是部分解耦还是完全解耦，助力方式是高压蓄能器间接型还是纯电机直接型。但是制动原理基本一致，都是在驾驶员踩下制动踏板后，由踏板传感器将力和位移信号转化为电信号送入电控单元。电控单元结合整车其他信息，计算出需要的助力大小，并利用助力机构施加助力，产生和真空助力器相同的功能。

同时，EHB 系统会计算模拟一个反馈力给刹车踏板，用于模拟驾驶员真实的制动效果。部分供应商的 EHB 产品还保留了传统的机械液压制动系统，以实现安全冗余。在 EHB 系统失效时，驾驶员可通过大力踩刹车进入传统机械液压制动模式。

根据华经产研数据，2020 年博世占全球线控制动产品份额 65%以上，大陆集团、采埃孚分别为 23%和 8%。在博世的线控产品矩阵中，iBooster+ESP 的 Two-box 方案应用最广。博世于 2016 年发布的二代产品可以实现在 150ms（机械液压制动系统一般为 300～500ms）内传导制动压力、100%制动能量回收，同时 iBooster 与 ESP 还互为制动冗余。

2020 年，博世量产了集 ESP+iBooster 于一体的 One-box 产品 IPB，其体积更小、成本更低。配合其刹车冗余（Redundant Brake Unit，RBU），可以满足自动驾驶的要求。如此一来，博世便完成了 iBooster 在辅助驾驶、IPB 在自动驾驶的完整线控制动布局，然而国内供应商的突围之路依旧任重而道远。

3. 电子机械制动系统

EHB 系统其实不算严格意义上的线控制动系统，它只是将制动踏板与助力器之间的机械连接替换为电信号连接，但是从助力器到轮边制动执行机构之间的制动力传递依旧是传统的液压方案。严格意义上的线控制动系统，是指从制动踏板到轮边制动执行机构之间全部由电信号连接，这就是制动系统领域的璀璨明珠——电子机械制动 EMB 系统。

EMB 系统在自动驾驶车辆上的一种典型冗余装车方案如图 5-3 所示，其主要由模拟电子踏板、4 套（两两互为冗余）EMB 机械执行机构、4 个轮速传感器、2 个互为冗余的 ECU 及 2 套供电系统等组成，部件之间通过 CAN 总线或其他时间敏感型网络通信。

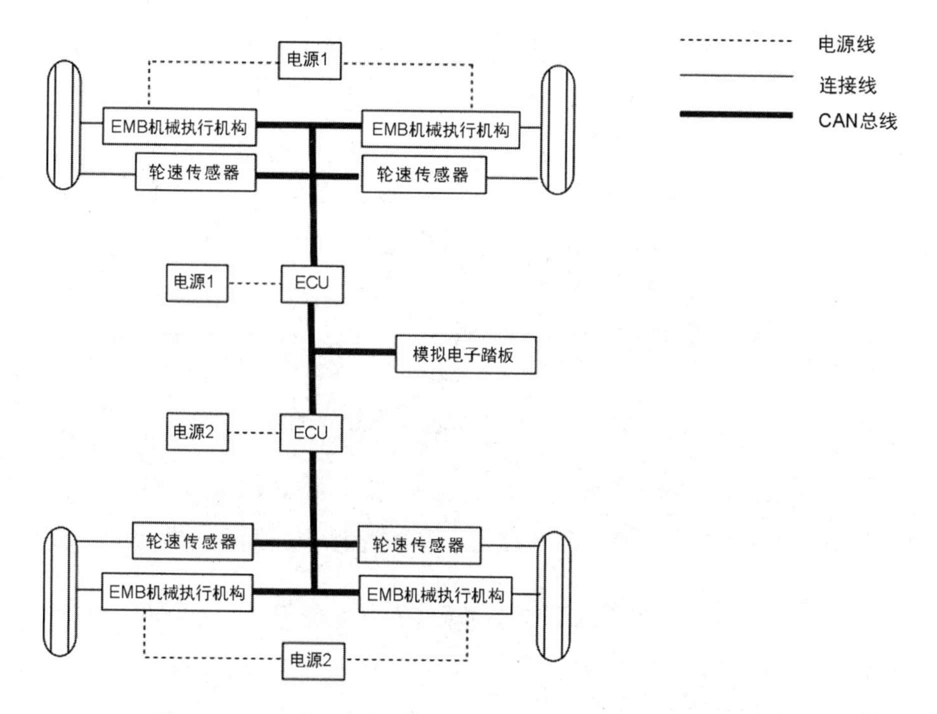

图 5-3　EMB 系统在自动驾驶车辆上的一种典型冗余装车方案

模拟电子踏板一方面采集制动踏板被踩下的力信号和位移信号，发送给 ECU；另一方面提供一定的反馈力给驾驶员，以模拟真实的路感。

EMB 机械执行机构是整个 EMB 系统的机械核心部分，每套机械执行机构都由自己的动力驱动机构（电机）、减速增力机构（力放大）、运动转换机构（旋转运动转直线运动）、制动钳体和制动垫块等组成。

ECU 是整个 EMB 系统的控制核心部分，EMB 系统整体性能的好坏直接取决于控制单元中算法性能的好坏。

在制动过程中，驾驶员踩下模拟电子踏板，ECU 通过分析各路传感器信号，根据车辆的当前行驶状态及路面状态，计算出每个车轮制动时不抱死所需的最佳制动力，并发出相应的控制信号给电机控制器。电机产生的力矩经过减速增力机构及运动转换机构后，将最终的制动力矩施加在制动盘上。

在这套方案中，每个车轮处都安装了一套可独立控制的 EMB 机械执行机构。通常，前轮的两个 EMB 机械执行机构和后轮的两个 EMB 机械执行机构各有一套独立的供电系统和控制单元。这样可以保证在一套供电系统或控制单元失效时，另一套供电系统或控制单元仍可完成基本的制动功能，以防危险事故的发生。同时，两个控制单元之间可以通过 CAN 总线网络实现即时通信，并提供故障诊断功能。

5.1.2 EMB 系统优势及应用前景

与传统机械液压制动系统相比，EMB 系统具有以下优势。

（1）EMB 系统去掉了冗杂的液压管路及液压元件，减小了车辆整备质量；机械连接少，结构简单，布置方便；采用模块化结构，易于装配与维修。

（2）EMB 系统可以与汽车其他电控系统共享轮速传感器、ECU 等硬件。因此，通过修改 ECU 中的软件程序，即可实现 ABS、ESP 等复杂电控功能。这样还易于匹配装有制动能量回收系统的电动汽车。

（3）EMB 系统采用电信号传递控制信号及能量，因此其响应迅速，加上机械执行机构反应灵敏，EMB 系统能极大地提高车辆的制动效能。

（4）传统机械液压制动系统在激活 ABS 后，制动踏板会出现一定幅度的抖动，从而带给驾驶员一种“打脚”的感觉。EMB 系统采用模拟电子踏板，能有效避免 ABS 介入时的“打脚”现象。

（5）EMB 系统中没有制动液，避免了因制动液泄漏而带来的环境污染问题。

然而，EMB 系统在应用道路上也存在着一些亟须克服的难题。

（1）由于车载电子设备的增加，汽车电力系统已趋于饱和，而 EMB 系统的原理决定了其制动力的产生需要消耗大量的电能，目前车载 12V 电源已无法满足 EMB 系统的需要。因此，车载 48V 电源的技术成为 EMB 系统应用的关键。

（2）在制动过程中，EMB 机械执行机构的驱动电机需要工作在大电流堵转状态下，并且需要在各种恶劣工况下安全可靠地提供制动力矩，这对电机的设计、制造和控制来说是一个巨大的挑战。

（3）从现有专利中公布的 EMB 机械执行机构来看，它们大都机械零件繁多，结构复杂。设计一款结构简单紧凑、体积小巧，并能有效可靠地传递足够大的制动力矩的 EMB 机械执行机构，是 EMB 系统应用的关键。

（4）随着高性能电机、ECU 和传感器等各种硬件设备的增多，整车成本势必提高。如何降低 EMB 系统成本，成为 EMB 系统应用道路上不能忽视的问题。

综上我们可以看出，汽车 EMB 系统虽然有着广阔的应用前景，以及传统机械液压制动系统无法企及的优势，但是其自身也面临一些亟须解决的问题。只有解决了这些制约 EMB 系统发展的关键性问题，EMB 系统的应用道路才能越走越远、越走越宽。

□ 休息一下

国内可以提供自动驾驶解决方案的公司不能说多如牛毛，也称得上遍地开花；但是国内可以提供自动驾驶线控制动解决方案的公司不能说九牛一毛，也称得上屈指可数。既然线控制动是未来自动驾驶的刚需，为何国内少有初创公司立志攻破此机电产品壁垒，而大都选择了轻装上阵的软件解决方案？

无论以后汽车上有几亿行代码，无论汽车被赋予什么功能属性，这一切的基础都是组成汽车的那一万多个零件。历史证明，供应商无论在哪一个零件上掌握点核心技术，即使不会大富大贵，但足以保证小康水平。百年汽车，要想玩得明白，还需要一点沉淀、一点耐心。

5.2 线控转向，自动驾驶称霸路上的“左膀右臂”

在线控底盘领域，与线控制动齐名的就是线控转向，本节就来科普一下线控转向系统的硬核知识。

5.2.1 传统转向系统

在《汽车构造（第 3 版）》[①]中，汽车转向系统的定义大致如下：用来改变或者恢复汽车行驶方向的专设机构，保证汽车能按驾驶员的意愿进行直线或转向行驶。但在辅助驾驶和自动驾驶出现后，后半句可能要改成“保证汽车能按驾驶员的意愿或控制器的意愿进行直线或转向行驶”。

经过上百年的缓慢演进，汽车转向系统由无助力的机械转向（Mechanical Steering，MS）系统，逐渐发展为有助力的机械液压助力转向（Hydraulic Power Steering，HPS）系统、电液助力转向（Electric Hydraulic Power Steering，EHPS）系统和电动助力转向（Electric Power Steering，EPS）系统三类动力转向系统。

MS 已经功成身退，但它的原理却时常出现在车辆工程专业学生的课堂上，它的“优秀代表”也顺利进入汽车博物馆供后人参观。作为动力转向系统的三杰，HPS、EHPS 和 EPS 各有千秋，截止到目前，谁都没能消灭谁，还一同活跃在各自合适的舞台。HPS 和 EHPS 由于动力十足、价格低廉，一同统治着商用车的江山；EPS 由于体积小、耗电少、轻便灵活，是乘用车市场的“土皇帝”。

下面我们对上述 4 种汽车转向系统逐一做简单介绍。

1. MS

MS 可以称得上是汽车转向帝国的开国将军，在 20 世纪 50 年代动力转向系统成熟之前，它一直承担着汽车帝国的开疆拓土责任。在 MS 中，转向轮所需要的力必须全部由驾驶员通过转动方向盘来提供，中间所有传递力的构件都是机械的。

图 5-4 所示为古董级的红旗 CA7220 轿车上的机械转向系统，是大学车辆工程专业课本中的“常驻嘉宾”。虽说它仅代表一种机械转向系统结构，但对理解机械转向系统的工作原理足矣。MS 主要由转向操纵机构、转向器和转向传动机构三大部分组成。

---

① 陈家瑞. 汽车构造[M]. 3 版. 北京：机械工业出版社，2009.

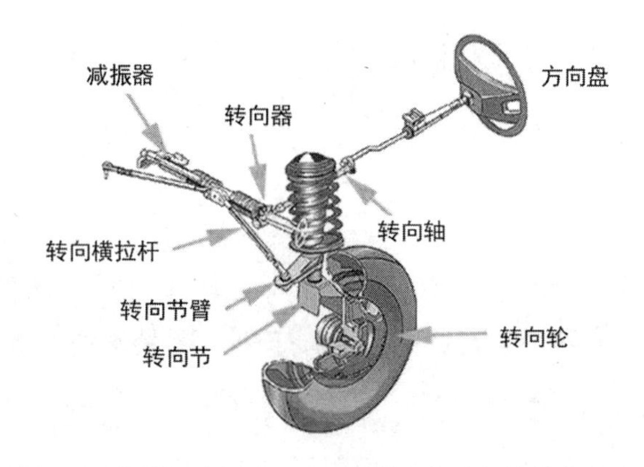

图 5-4 古董级的红旗 CA7220 轿车上的机械转向系统

（1）转向操纵机构。转向操纵机构是与驾驶员接触最密切的部分，主要由方向盘、转向轴等组成，主要作用是将驾驶员转动方向盘的力传递给转向器。

（2）转向器。转向器将转向操纵机构传递过来的旋转运动转换为直线运动，同时承担着减速增扭的作用。转向器的结构五花八门，经典结构有齿轮齿条式、循环球式和蜗杆滚轮式，三者占据转向器市场 90%以上的份额。

下面以最简单的齿轮齿条式转向器为例，简单说明转向器的原理。如图 5-5 所示，转向操纵机构带动上面的齿轮旋转，齿轮带动下面的齿条左右移动。虽然原理看着简单，但针对某一款车进行齿轮齿条式转向器参数设计，是车辆工程专业本科毕业设计绕不过去的难题。

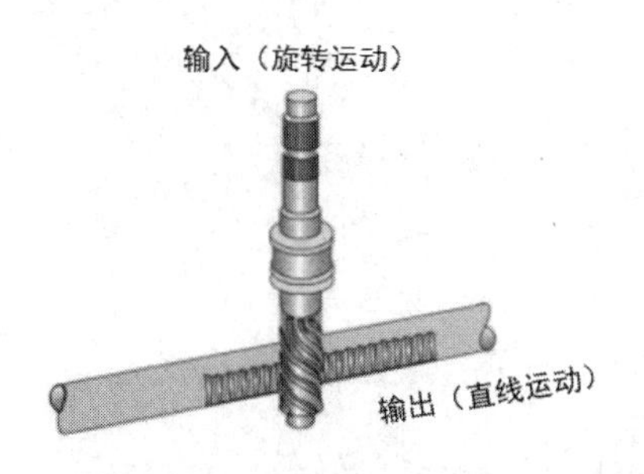

图 5-5 齿轮齿条式转向器

（3）转向传动机构。转向传动机构主要由转向横拉杆、转向节臂等组成，作用是将转向器输出的力和运动传到转向桥两侧的转向节，驱动两侧转向轮偏转，且使两个转向轮偏转角按一定的关系变化，以保证汽车转向时车轮与地面的相对滑动尽可能小。

MS 的最大缺点就是费力，而且路况越复杂，转向越费力。

2. HPS

HPS 是应用最早的动力转向系统，诞生于 1902 年，比第一辆汽车发明的时间 1886 年仅晚了十几年，由此可见，省力的诉求自汽车诞生之初便被提了出来。但直到 1951 年，克莱斯勒才将验证充分、成熟可靠的 HPS 作为选配装置装配在其 Imperial 车系上。

HPS 在 MS 的基础上主要增加了液压助力泵、油壶等助力装置，如图 5-6 所示，其中液压助力泵直接与发动机输出相连。在转向过程中，发动机会输出部分动力，驱动液压助力泵给液压油加压，再由液压油将动力传递给转向助力装置，为驾驶员提供助力。这与机械液压制动利用发动机进气歧管的负压有异曲同工之妙，难怪发动机被称为汽车的“心脏”，转向、制动全与其息息相关。

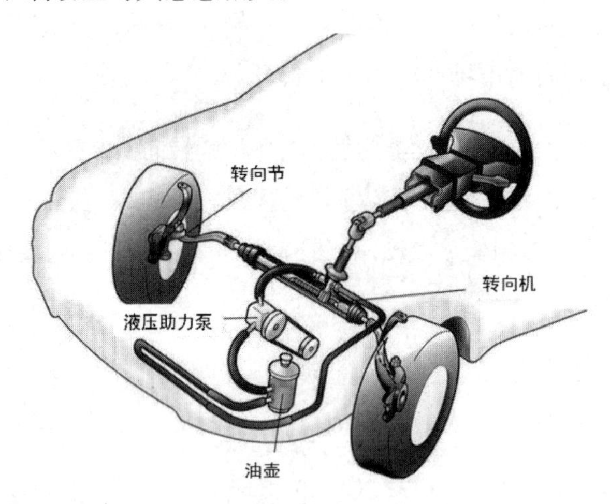

图 5-6　机械液压助力转向系统

与 MS 相比，HPS 具有以下优点。

（1）在助力装置的作用下，转向更加省力。

（2）转向助力的动力源头为发动机，因此可以利用的转向动力充足且源源不断。

（3）技术成熟，可靠性高，即使助力系统失效，转向系统也可以依靠机械连接进行无助力转向。

即使时间来到2023年，HPS也依然是商用车转向领域的“宠儿”。但这个“宠儿”并不是完美无缺的，也存在以下缺点。

（1）只要发动机启动，无论车是否转向，发动机都带着液压助力泵转，做了很多无用功，整体能耗较高。

（2）复杂的液压管路结构、繁多的油液控制阀门，导致整体结构比较复杂，对装配空间要求较大。

（3）整套油路经常保持高压状态，寿命会受到影响，且存在液压油泄漏而污染环境的风险。

3. EHPS

EHPS是基于HPS升级而来的，其基本转向原理类似于HPS，主要解决的是HPS源源不断消耗发动机动力的问题。在EHPS中，液压助力泵不再由发动机驱动，而是由新增的电机驱动。电控单元收集轮速传感器等数据，经过综合处理后，通过控制液压阀的开启程度改变油液压力，从而调节转向助力力度的大小。

EHPS除了继承HPS的优点，与HPS相比，它还具有以下优势。

（1）大幅降低了能耗。

（2）转向助力可以根据转角、车速等参数自行调节，反应更加灵敏。

但与HPS一样，EHPS同样存在液压油泄漏的问题，且因增加了较多的电子单元，导致整体结构复杂度增加，成本略有上升，可靠性不如HPS。

4. EPS

EPS是目前乘用车上应用最广泛的动力转向系统。EPS完全抛弃了液压系统，改由电机提供转向助力。

EPS 主要由力矩传感器、控制单元、电动机、减速器和转向器等组成，图 5-7 展示了一种典型的 EPS 结构。

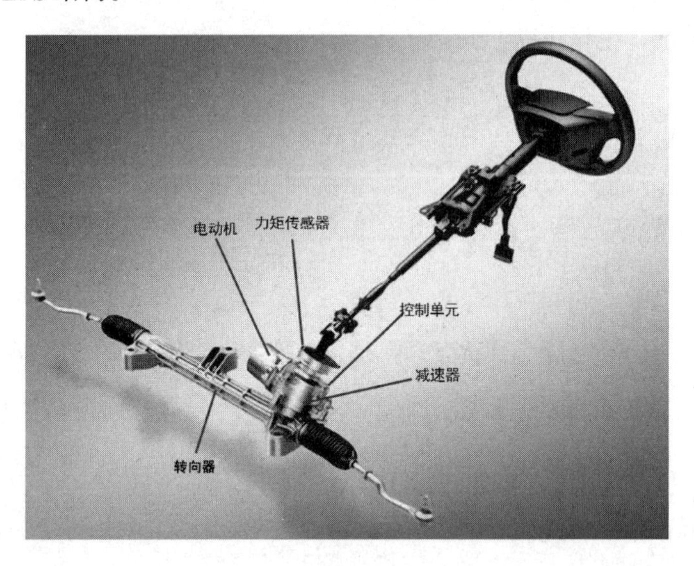

图 5-7 一种典型的 EPS 结构

在转向过程中，驾驶员转动方向盘的力矩大小，以及转向柱、转向齿轮和转向轮的准确位置，都被传感器采集并传输至控制单元，控制单元经过运算得出需要施加多大的助力，并启动和控制电动机，帮助转向柱或转向齿轮随着方向盘的转速而更快地转动，以此实现转向助力。

EPS 还会结合轮速传感器信号，以便在低速行驶时提供较大的转向助力，在高速行驶时提供较小的转向助力。

EPS 有两种实现方式，一种是对转向柱施加助力，将转向助力电动机经减速增扭后直接连接在转向柱上，将电动机输出的辅助扭矩直接施加在转向柱上，相当于电动机直接帮助驾驶员转动方向盘。另一种是对转向拉杆施加助力，将转向助力电动机安装在转向拉杆上，直接用转向助力电动机推动转向拉杆使车轮转向。后者结构更为紧凑、便于布置，目前使用比较广泛。

与 EHPS 和 HPS 相比，EPS 具有以下优点。

（1）EPS 只在转向过程消耗电力，整体能耗较低。

（2）可以轻松实现助力效果与车速相匹配，能够兼顾低速时的转向轻便性和高速时的操纵稳定性，回正性能好。

（3）结构简单，质量小，易于布置、装配和维修。

（4）彻底解决了液压油泄漏的问题。

但是 EPS 依靠控制单元模拟转向手感和力度，会损失部分路感，且电子部件更多，系统稳定性、可靠性总体不如机械部件。

5.2.2 线控转向系统

辅助驾驶和自动驾驶的出现，打破了动力转向系统建立的围墙。转向系统中的执行机构不能只听方向盘的指挥，还需要随时听从智驾域控制器中算法的安排。驾驶员操作和转向执行器解耦成为传统转向系统下一步升级不得不克服的难题。

另外，算法基于环境感知给出对转向更细腻的控制策略，如果执行结构响应不够及时，控制精度不够准确，那么整车转向过程会有一种心有余而力不足的挫败感。而这种感觉在紧急转向情况下会被无限放大，成为影响驾乘人员生命安全的问题。

上文介绍的不同类型的转向系统，虽然优化了转向系统的力传递特性，为转向控制提供了助力，提升了汽车的操纵稳定性和平顺性，但是受限于机械结构，它们无法改变转向系统的角传递特性，即汽车的转向特性，因此难以实现自动驾驶所要求的主动控制。

基于以上背景，一种可以听从算法安排、响应时间更短、转向更加准确的线控转向系统（Steering-By-Wire System，SBW）快速走红。在 SBW 中，转向力矩完全依靠转向执行器来输出，而控制指令既可以是来自方向盘传感器输出的电信号，也可以是来自智驾域控制器算法输出的电信号。

在 SBW 走红之前，其实它已经默默成长了半个多世纪。20 世纪 50 年代，美国天河汽车公司提出了 SBW 的概念，但受限于当时的电子控制技术，直到 20 世纪 90 年代，SBW 技术才有了较大突破，各种汽车展会上才开始出现一些安装 SBW 的概念车。

2014 年，英菲尼迪的 Q50 装配了与 Koyaba 合作研发的线控主动转向（Direct Adaptive Steering，DAS）系统，成为第一款应用线控转向技术的量产车型。但是 Q50 的线控转向并没有获得市场欢迎，甚至在初期还发生过多次缺陷召回事件。

英菲尼迪的 Q50 装配的 DAS 主要由路感反馈总成、转向执行机构和 3 套电控单元组成。其中，双转向电机的电控单元互相实现备份，可保证系统的冗余性能；转向柱与转向机间的离合器能够在 SBW 出现故障时自动接合，保证在紧急工况下依然可实现对车辆转向的机械操纵。

SBW 最显著的特征就是取消了方向盘和转向执行器之间笨重的机械连接，取而代之的是用电信号来实现转向信息的传递和控制。整套系统主要由路感反馈总成、转向执行总成、线控转向控制器及相关传感器等组成。

（1）路感反馈总成主要包括转向盘、路感电机、减速器和扭矩转角传感器。该部分的工作原理是，通过驱动路感电机执行控制器给出的反馈力矩指令，对驾驶员施加合适的路感。

（2）转向执行总成主要包括转向电机、转向器和转向拉杆。该部分的工作原理是，通过驱动转向电机快速、准确地执行控制器给出的转向角指令，实现车辆的转向功能。

（3）线控转向控制器主要包括路感反馈控制策略和线控转向执行控制策略。路感反馈控制策略根据驾驶意图、车辆状况与路况，过滤不必要的振动，实时输出路感反馈力矩指令。线控转向执行控制策略依据车辆运动控制准则，提供良好的操纵稳定性，实时输出车轮转向角指令。考虑到可靠性，保证车辆在任何工况下均不失去转向能力，线控转向执行控制策略的冗余防错功能至关重要。

由以上工作原理可知，SBW 具有以下优点。

（1）采用电机直接控制车辆转向，使其更容易与车辆的其他主动安全控制子系统进行通信和集成控制，可以为自动驾驶汽车实现自主转向提供良好的硬件基础。

（2）不受机械结构的限制，可以实现理论上的任意转向意图，增大转向力传递特性和角传递特性的设计自由度，更方便与自动驾驶其他子系统实现集成，在改善汽车主动安全性能、驾驶特性、操纵性及驾驶员路感方面具有显著优势。

同时，SBW 具有以下缺点。

（1）经济性可能会不好，因为线控需要部署冗余装置。

（2）安全性有所降低，毕竟机械连接要比电信号连接更加可靠。

❑ 休息一下

线控转向作为自动驾驶实现的基石之一，其技术进展将直接影响自动驾驶落地的速度。要想设计出一款具有高技术壁垒的机电一体化产品，需要行业内厂商潜心修炼、静待花开。

5.3 线控悬架，“可甜可盐”也遭嫌

线控制动和线控转向是与自动驾驶直接相关的执行机构，随着自动驾驶的兴盛而繁荣。而本节的主角——线控悬架，虽然和自动驾驶没有直接的血缘关系，但它间接影响着自动驾驶车辆的舒适性和运动性。本节就来科普下自动驾驶的这位“远亲”，也为线控底盘系列科普画上圆满的句号。

5.3.1 定义及组成

汽车悬架系统是连接车轮（或车桥）和车架（或车身）的一套传力连接机构的总称，是汽车底盘的四大系统（传动、转向、制动和悬架）之一。一套经典的汽车悬架系统主要由弹性元件、减振器、导向机构（纵拉杆、横拉杆等）和横向稳定器等组成，如图 5-8

所示。

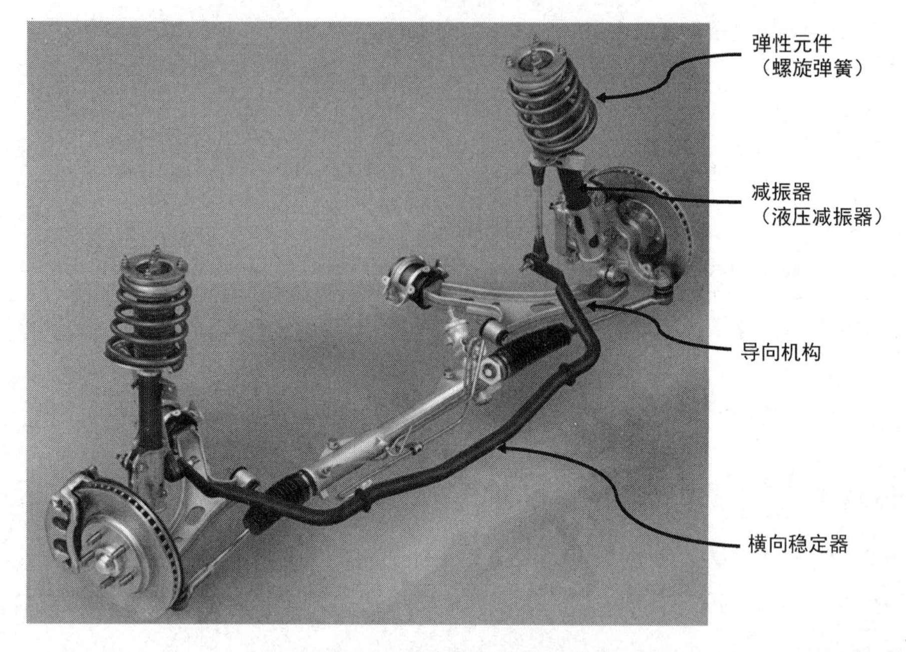

图 5-8　汽车悬架系统组成

（1）弹性元件是一种储能元件，主要用于直接支撑车架，以及缓冲来自路面的冲击。刚度是衡量悬架抵抗变形能力的一种量度，等于悬架承受的载荷与该载荷引起的悬架的变形的比值。弹性元件在形式上可分为刚度不可变的被动式弹性元件（扭杆弹簧、螺旋弹簧等）和刚度可实时改变的主动式弹性元件（空气弹簧等）。普通轿车最常用的是螺旋弹簧，部分高级轿车开始使用空气弹簧。

（2）减振器是一种耗能元件，通过抑制弹性元件的来回摆动，迅速衰减车架或车身的振动，防止车架或车身因弹性元件的伸缩造成反复颠簸，从而提高乘坐舒适性。阻尼则是悬架能量消耗的一种量度，减振器在形式上可分为阻尼不可调的被动式减振器（液压减振器、气压减振器等）和阻尼可调的主动式减振器（CDC 减振器、MRD 减振器等）。普通轿车最常用的是被动式减振器，部分高级轿车开始使用主动式减振器。

（3）导向机构（纵拉杆、横拉杆等）用于传递纵向载荷和横向载荷，保证车轮相对于车架或车身的运动。

（4）横向稳定器也叫作防倾杆或平衡拉杆，用于防止车身在转向等情况下发生过大的横向摆动，简单来讲就是防侧倾。

5.3.2 悬架分类

悬架按导向机构的不同，可以分为独立悬架（每一侧车轮都单独地通过弹性元件挂在车身或车架下面）与非独立悬架（两侧的车轮都与一根整体式的车桥连接）；按控制形式的不同，可以分为被动式悬架、半主动式悬架和主动式悬架。本节对后一种分类方式进行介绍。半主动式悬架和主动式悬架均属于线控悬架（或电控悬架）的范畴。

1. 被动式悬架

在乘用车领域，市面上最常见的被动式悬架多采用螺旋弹簧+液压减振器的结构形式，如图 5-9 所示。被动式悬架在汽车行驶中无法依据路面状况随时调节悬架的刚度和阻尼，不具有可塑性和可造性。如果前期调教偏操控性，那么舒适性就会欠佳；如果前期调教偏舒适性，那么操控性就会欠佳，因此操控性和舒适性是鱼和熊掌不可兼得的关系。

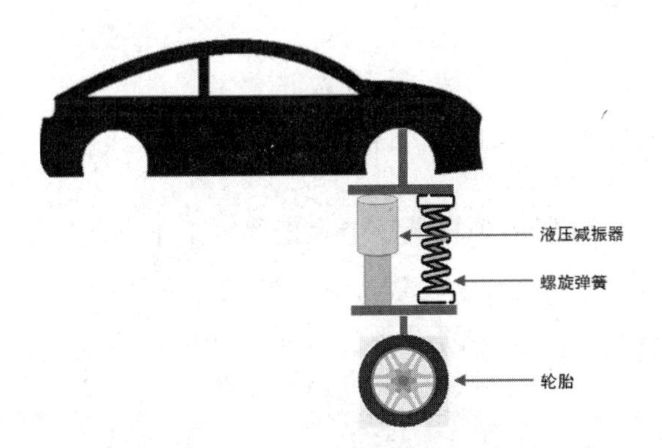

图 5-9 被动式悬架结构

但是被动式悬架的成本低、技术稳定、可靠性高，因此是绝大多数“平民”车型的量产选择。

2. 半主动式悬架

半主动式悬架，顾名思义，就是部分性能可调。采用连续阻尼控制减振器或磁流体变阻尼控制减振器替代传统减振器，可以使悬架阻尼大小变得可调；采用空气弹簧替代传统螺旋弹簧，可以使刚度变得可调。半主动式悬架的一种结构形式如图 5-10 所示。

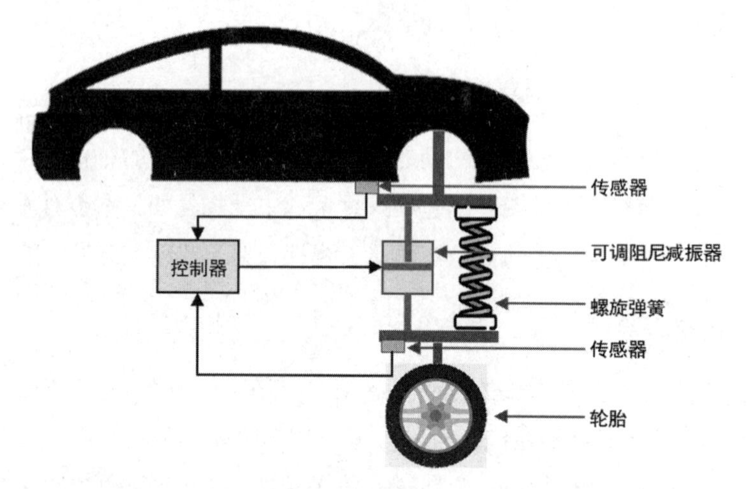

图 5-10 半主动式悬架的一种结构形式

1）连续阻尼控制减振器

连续阻尼控制减振器（Continuous Damping Control，CDC）是萨克斯品牌的一种可调阻尼减振器产品。

CDC 分为内外两个腔室，里面充满液压油。内外腔室的油液可以通过二者之间的空隙流动。当车轮颠簸时，减振器内的活塞会在套筒内上下移动，腔内的油液便在活塞的作用力下在内外腔室间流动。在这个过程中，内外腔室间小孔的大小决定了减振器的阻尼特性。用过针筒的人会深有体会，带针头和不带针头时，推动针筒所需的力是不一样的。

以 CDC 为核心，辅以 ECU、电磁控制比例阀、车身加速度传感器、车轮加速度传感器等部件，便构成了一套完整的半主动式 CDC 悬架。通过控制 CDC 两个腔室间小孔的大小，实现 CDC 悬架阻尼大小的改变。

ECU 首先基于外部输入数据和内部算法算出控制信号，并向 CDC 悬架中的电磁控制比例阀发送控制信号，驱动电磁控制比例阀中的阀芯做上下移动。在上下移动过程中，阀体的节流面积会发生改变，从而实现阻尼力的改变。CDC 悬架的工作原理如图 5-11 所示。

图 5-11 CDC 悬架的工作原理

2）磁流体变阻尼控制减振器

磁流体变阻尼控制减振器（Magneto-Rheoloical Damper，MRD）是通用汽车和德尔福联合研发的产品，曾在 1999 年获得“全球百大科技研发奖”。MRD 的关键是磁流变液（Magneto-Rheological Fluid，MRF）。

磁流变液主要由磁性微粒悬浮体（直径为 3～10μm，具有磁导率高、矫顽力小等特点）、母液（磁性微粒悬浮的载体，具有黏度低、沸点高、凝固点低和密度较高等特点）和表面活性剂三部分组成。磁流变液有一种显著的特性，在外加磁场下，可在短时间内（10ms）由低黏度的牛顿流体变为较高黏度的 Bingham 半固体，外界称其为磁流变效应。

一种 MRD 的结构示意图如图 5-12 所示，图中的 MRD 使用精密设计的电磁线圈作为活塞，没有传统的卸载阀和单向阀。当活塞向下运动时，腔内磁流变液受到挤压后通过活塞的环形阻尼通道、常通孔和环形间隙，由压缩腔流动到拉伸腔，活塞向上运动同理。当磁流变液在活塞的阻尼通道中流动时，通过改变活塞电磁线圈磁场的大小，可以控制磁流变液的流动特性（流速越快，减振器越软，悬架越舒适，反之类似），从而实现对阻尼力大小的控制。

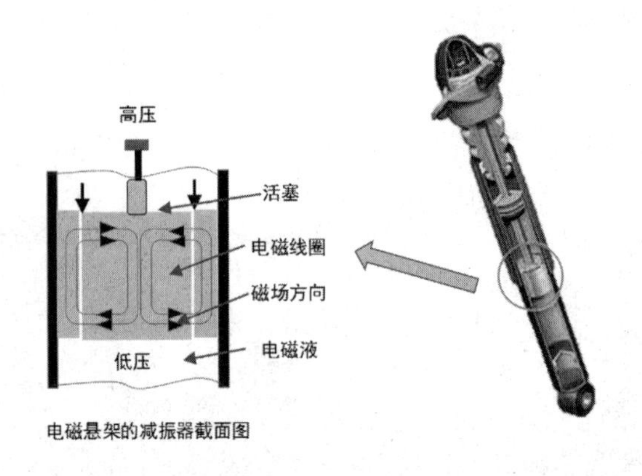

图 5-12　一种 MRD 的结构示意图

在 MRD 周围搭配上加速度传感器、控制器和配件等零部件，便构成了一套完整的半主动式电磁悬架系统。通用汽车率先应用该系统，并起名为 MRC（Magnetic Ride Control）系统，还申请了名称商标专利，以至于后面法拉利和奥迪在使用该系统时只能叫作 SCM 和 AMR。

MRC 可以根据不同的驾驶需求和当前路况进行快速响应，响应时间高达 1ms，响应速度大概是以 CDC 为核心的半主动式悬架（响应时间为 10ms）的 10 倍。这样的特点既可以在赛道上刷圈时拿到好成绩（迅速调整悬架阻尼值，提高过弯支撑的效率，减小车身侧倾并增大轮胎侧向的抓地力），也能兼顾日常驾驶时的操控性和舒适性。

MRC 过万元的价格，不仅远高于传统减振器不到千元的价格，也高于以 CDC 为核心的减振系统大几千元的价格。但是，MRC 还存在以下问题：系统复杂导致 MRC 故障率居高不下；发热量大导致油封失效及漏液；磁流变液的颗粒物杂质堵塞活塞空隙导致性能下降；磁流变液本身的环境问题等。

3）空气弹簧

空气弹簧是在柔性密闭容器内充入惰性气体或者油气混合物，利用橡胶气囊内部压缩空气的反力作为弹性恢复力的一种弹性元件，是空气悬架的核心部件。空气弹簧主要由气囊和活塞组成，其结构如图 5-13 所示。气囊内充满压缩空气，活塞连接车桥或集成在悬架支柱上。

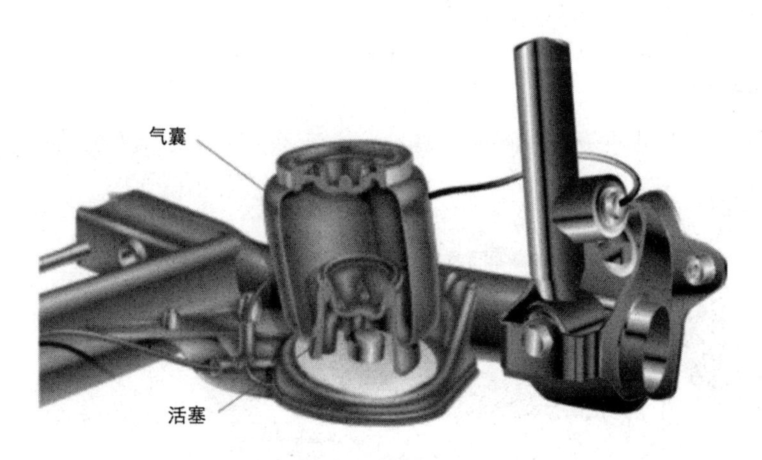

图 5-13 空气弹簧结构示意图①

空气弹簧工作时，气囊内充入压缩空气，形成一个压缩空气柱。当载荷量增加时，弹簧高度降低，气囊容积减小，有效承载面积增大，从而导致空气弹簧的刚度升高，承载能力增大；当载荷量减少时，弹簧高度升高，气囊容积增大，有效承载面积减小，从而导致空气弹簧的刚度降低，承载能力减小。

空气弹簧在其工作行程内具有优秀的非线性刚度特性，并且可以根据整车需求调整活塞截形，将其刚度特性曲线设计成理想的刚度特性曲线。空气弹簧可以保证在标准高度附近具有较低的刚度，提升车辆平稳行驶时驾乘舒适性。在车轮上跳、空气弹簧压缩过程中，空气弹簧的刚度升高，可以有效抑制路面通过车轮传递给车身的冲击，防止缓冲块被击穿，从而进一步提升乘坐舒适性和操纵稳定性。

概括下来就是，空气弹簧在压缩行程中所需的压力呈指数级增长。这意味着需要更高的压力来压缩接近行程末端的空气弹簧，从而获得整体舒适的驾驶体验。如果再加上

① 东莞市凌泰教学设备有限公司，杜慧起. 新能源汽车维修从入门到精通（彩色图解+视频）[M]. 北京：机械工业出版社，2019.

可改变其内部充气量的气泵和泄气阀，就可以使车身高度不随载荷增减而变化，从而实现高度的自我调节。

但是空气弹簧昂贵的成本和较高的故障率，让很多人望而却步。

3. 主动式悬架

主动式悬架支持刚度和阻尼同时可调。主动式悬架的优秀代表就是目前褒贬不一、处于舆论漩涡的空气悬架。一种主动式悬架结构形式如图 5-14 所示。

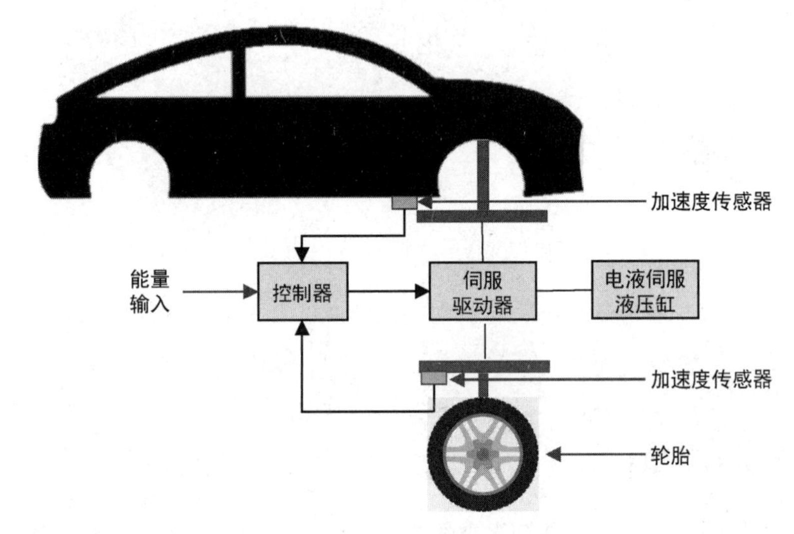

图 5-14 一种主动式悬架结构形式

空气悬架系统主要由空气泵、电磁阀、空气弹簧、减振器和 ECU 构成。ECU 分析传感器的数据（车身高度和车身速度等数据），输出对悬架的刚度和阻尼大小的控制需求，并通过空气泵和电磁阀来调整空气弹簧气缸中的空气量和压力，改变空气弹簧的硬度和弹性系数，实现对车身底盘高度的调节。

装配了主动式悬架的汽车，可以在以下典型行驶工况下改善汽车行驶平顺性和操纵稳定性。

（1）在坑洼路面的颠簸路况下，通过主动减小阻尼力，提升车辆的乘坐舒适性。

（2）在铺装路面的平顺路况下，通过主动增大阻尼力，提升行驶稳定性。

（3）在低摩擦路面，处于不稳定状态时，减小减振器的阻尼力输出，车辆横向加速度和横摆角速度减小，从而使车辆处于稳定。

（4）在紧急变线时，增大阻尼力，使车辆转向更灵活、驾驶更安全。

（5）在急加/减速时，通过调整节流阀位置产生大阻尼力来控制车辆俯仰角度，给予最佳车辆驾驶感受。

空气悬架响应更快、舒适性更高，广泛应用于豪华品牌车型上。然而，其结构复杂的弊端就是寿命不长（通常只有5年）。此外，空气悬架的故障率也较高（传感器故障、气动减振器损坏和连接部件泄漏等）。

❑ 休息一下

当前，线控空气悬架技术已经比较成熟。受限于成本，目前绝大多数线控空气悬架技术应用于高端车辆；行业格局稳定，且主要是零部件供应商巨头在此领域布局，线控空气悬架对自动驾驶的意义不明显，属于非关键部件。

国外供应商对线控悬架布局早，研发底蕴深，且已有量产经验和配套用户。德国威巴克、AMK和大陆集团是线控悬架领域全球前三。目前，大陆集团已经研发到第二代，其集成度比第一代产品有极大的提高，空间更小，该系统的技术壁垒比较高。

自主供应商目前大多集中于供应线控悬架的零部件。但是由于自主供应商技术快速追赶、响应速度比国外供应商更快，且更加满足自主品牌主机厂降低成本的需要，因此线控悬架的供应商中将出现越来越多的自主供应商。

5.4 本章小结

在传感器、芯片的巨大声浪下，线控底盘在自动驾驶前半程测试验证阶段的存在感一直不强。但我们稍微冷静一下，不难发现，线控底盘将在自动驾驶落地的后半程发挥举足轻重的作用，其能否借势崛起，决定着自动驾驶能否最终量产。

第2篇

软件那些事儿

06
算法

“奢侈”的传感器配置、源源不断的算力资源，却搭配了一套基于规则的算法，笔者认为这属于硬件堆料；反之，“平庸”的传感器配置、“捉襟见肘”的算力资源，却用了一套大模型深度学习算法，笔者认为这是“小马拉大车”。自动驾驶的关键既在硬件，也在算法，但更关键的是在硬件和算法之间找到一种默契，从而实现“好马配好鞍，好船配好帆”。

6.1 SLAM，喜欢开拓陌生环境的“勇士”

自动驾驶技术的深奥和飞速革新，导致多数自动驾驶产品经理难以胜任定义自动驾驶核心功能的重任（这部分工作目前多数由自动驾驶团队的高学历人士担任），转而去负责自动驾驶仿真平台、车队管理平台、人机交互策略等一些弱自动驾驶、强互联网产品。

团队高学历人士适合领导自动驾驶团队开展算法能力建设，快速带领团队建立行业竞争壁垒，但并不特别适合自动驾驶未来大规模的商业化落地。自动驾驶产品经理应当知耻而后勇、不断进取，早日担负起承担大规模商业化落地的职责。

基于此背景，下面从产品经理的角度科普自动驾驶行业一些晦涩难懂的俗语。本节不介绍大家熟知的自动驾驶感知、定位、规划、控制等几大经典模块，而是介绍理论最难、实现最复杂的 SLAM。

6.1.1 用户故事

产品经理的需求源于故事，笔者的故事场景是：你一觉醒来，发现身边的钢筋水泥消失了，映入眼帘的是一座古色古香的古镇，你既慌张，又有一丝窃喜。慌张的是“我在哪，我该往哪里去”，窃喜的是“往哪里去应该都不会太差”。为了尽快熟悉你所在的陌生环境，你开始沿着古镇里的道路前进，并努力去熟悉、记住这个陌生的环境。

走完一圈，你回到起点，慌张没有了，只剩下窃喜。这简直是人间天堂，全是卖好吃的、好玩的东西的店铺。不巧，这个时候你的肚子咕咕叫了两声，你突然意识到走了这么多路，有点饿了，得找个地方饱餐一顿。你回忆起刚才路过的一家客栈，貌似环境不错。你凭着刚才的记忆，以及一些指示牌，最终找到了那家客栈。

6.1.2 解决方案

解决陌生环境定位和地图构建问题用的就是同步定位与地图构建（Simultaneous Localization And Mapping，SLAM）技术，人通过双眼和耳朵去熟悉陌生的环境，在逛完一圈回到起点后，在大脑中形成一幅大致的环境地图。同样，在未知环境中，机器通过自身传感器在第一次运动过程中采集陌生环境中的场景信息并生成一幅地图。下次机器再走到相似的位置时，传感器采集到的数据和记忆中的地图一对比，相似度达到一定概率，机器就知道自己现在在哪里了。

SLAM 比较专业的解释为：机器从未知环境的未知地点出发，在运动过程中通过传感器重复观测到的环境特征定位自身位置和姿态，再根据自身位置构建周围环境的增量式地图，从而达到同时定位和地图构建的目的。SLAM 按实现传感器来分，主要包括激光 SLAM 和视觉 SLAM 两大类，本节侧重介绍激光 SLAM。

6.1.3 产品功能

在室内机器人和开放道路自动驾驶车辆两个典型应用场景，SLAM 所需要实现的功能并不相同，最典型的区别是室内机器人几乎可以去工作空间中任意没有障碍物的地方，没有什么限制；而自动驾驶车辆要遵循复杂的道路交通规则，虚线可变道，实线不可变道，这导致两者在建图方式和最终生成的地图格式上都有所不同。我们以商超清洁机器人为例介绍室内机器人，以城区主干道行驶的 Robotaxi 为例介绍开放道路自动驾驶车辆，并介绍 SLAM 技术在这二者上实现的一些不同。

1. 扫描地图

在商超场景下，机器人只需要在室内有限区域内实现导航，而无须知道自己在物理世界的经纬信息，因此商超清洁机器人只需要一个 8/16 线的低线束激光雷达，结合 IMU 即可实现扫图工作。激光雷达提供场景深度信息，IMU 结合码盘提供基本的移动信息。由于 IMU 的工作原理，连续扫图下来会有累积误差，因此后续需要进行闭环检测。对于空间特征不明显的场景，还可以加配相机，提高扫图的质量。

在开放道路场景下，Robotaxi 需要从地图中知道自己在哪条车道、所在车道的类型（包括左转、右转、直线、应急和公交等）、旁边车道的类型、两条车道线之间是虚线还是实线、交通标识（包括限速标识和急转弯标识等）、人行横道等信息。单纯依靠激光雷达无法定位物理世界经纬度，至少需要加上高精度 GNSS。高精度 GNSS 在立交桥下、涵洞内、密集高楼旁等遮挡比较严重的地方会出现定位漂移，因此融合 IMU 的高精度组合导航、高线束扫图激光雷达成为开放道路激光 SLAM 建图的硬件标配，激光 SLAM 原理框图如图 6-1 所示。

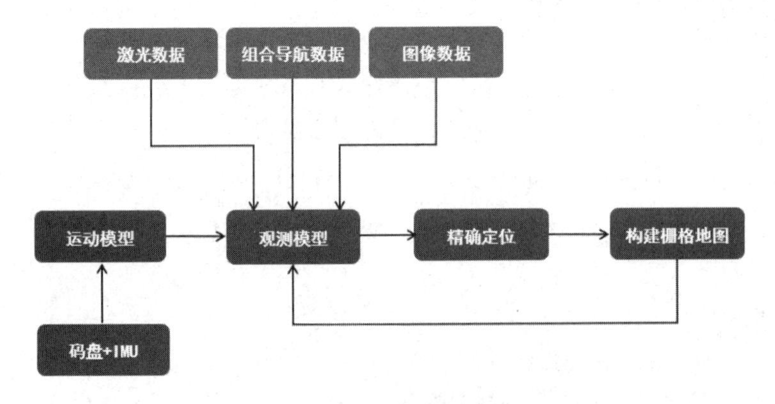

图 6-1 激光 SLAM 原理框图

2. 地图类型

机器人所用的地图大多为栅格地图，如图 6-2 所示。所谓栅格地图，是指将地图离散化为一个个小栅格，每个小栅格可代表 3 种状态：占用、空闲和未知。这样所有的栅格组成的一张图就可以代表可通行区域（白）、障碍物区域（黑）和未知区域（灰）。

图 6-2 栅格地图

Robotaxi 行驶场景十分复杂，注定无法简单地使用只有 3 种状态的栅格地图，还必须在栅格地图上体现更多的交通规则信息，就是高精地图。高精地图的定位精度能达到厘米级，其中包含驾驶辅助信息（车道类型、交叉路口布局及路标位置等）和语义信息（限速信息、斑马线位置和车辆转弯开始位置等），如图 6-3 所示。

图 6-3 高精地图示意图

3. 地图处理

除了使用目的不同，栅格地图和高精地图在处理方式上也存在一些差异。

1）栅格地图

机器人扫描地图完成后，由于传感器本身和环境存在噪声，地图通常需要经过处理后才能正式生成机器人可用的栅格地图。

（1）噪点处理：扫图过程中会不可避免地存在移动障碍物（行人、手推车等），扫图完成会在栅格地图上呈现不可通行的黑色噪点区域，这部分区域需要人工恢复至可通行区域，以便导航功能正常；多数激光雷达无法识别玻璃，玻璃后面会被识别为可通行区域，这部分也需要人工处理为未知区域，以免撞上玻璃。

（2）重影处理：典型的重影表现为实际环境中的一面墙在地图中变成了两面平行相近的墙，可能的原因有激光雷达运动畸变、闭环不成功、激光雷达精度低等。重影会影响导航与定位，理想情况下可以通过后期的算法处理掉重影，不理想情况下只能从头开始扫图了。

（3）闭环检测：是指机器人在扫图过程中，判断当前区域已经来过，将当前区域的扫描地图与之前扫描地图进行匹配，从而达到闭环的目的。但是，由于传感器本身和周围环境存在噪声，下一次机器人再路过相同的区域时，极有可能发生“不相识”的尴尬。

没有闭环检测或者闭环错误，都会导致地图信息错误，实际使用时会在闭环不正常的区域附近发生较大的定位偏移，甚至定位丢失。要想提高闭环检测的成功率，一方面可以选择特征明显的起点和终点进行闭环匹配，另一方面可以通过优化算法，提高噪点过滤能力和特征匹配能力。

2）高精地图

从定义上就可以看出，高精地图后期需要处理的内容很多，主要包括数据标注、动态障碍物去除和地图拼接等。

（1）数据标注：通过激光 SLAM 方式生成的栅格地图，不具有驾驶辅助信息和语义信息，因此需要对激光点云数据进行标注，增加车道类型、交叉路口布局和路标位置等驾驶辅助信息，以及限速、斑马线位置和车辆转弯开始位置等语义信息。目前标注仍以人工为主，因为场景数据无法完全体现人为规则，比如上海的高架路，外地牌照和沪牌照（沪 C 除外）的车辆在一天中可通行的时间段不同，这些信息场景无法体现在数据中，只能通过人工标注添加。

（2）动态障碍物去除：高精地图只需保留静态的物体，需要去除在扫图过程中生成的动态障碍物。去除动态障碍物可以先用概率模型，然后利用点云数据进行离线处理。当然，高级的方案是利用机器学习，对识别到的点云进行分类，删除掉属于动态障碍物的类别。

（3）地图拼接：对于开放道路场景，地图的采集不可能一次完成，因此，存在将不同时间段栅格地图数据校准到一起的问题。简单来讲，通过为不同时间段栅格地图建立点和边的约束，从而拼接得到所有时间段的栅格地图相对正确位置，这时只要知道一个点的准确位置，就能得到整幅栅格地图的准确位置。

4．定位功能

建立了场景地图，接下来就是根据地图实现自身的定位。

机器人在商超场景中的定位功能包括定位初始化和定位更新。

（1）定位初始化：在机器人初始位姿不确定的条件下，利用局部的、不完全的观测信息估计机器人的当前位姿。初始化时尽量选择特征明显、稳定可靠的起始点。

（2）定位更新：在已知机器人初始位姿的条件下，结合本体运动模型，将观测到的特征与地图中的特征进行匹配，求取它们之间的差别，进而更新机器人位姿。

Robotaxi 在城市开放道路中的定位分为空旷区域的定位和有遮挡区域的定位。对于空旷区域，使用高精度 GNSS 即可；对于短暂遮挡区域，可以利用 IMU 结合里程计信息进行定位补偿；对于长期遮挡区域，可以利用激光雷达或相机进行辅助定位。总而言之，就是使用多传感器融合定位。

❑ 休息一下

在高精地图资质收紧、更新频率尚无法满足鲜度要求、更新成本尚不在量产可接受价格区间的背景下，SLAM 作为一种即时定位与建图的方案，受到越来越多自动驾驶公司的关注，它将是摆脱高精地图依赖的撒手锏，值得期待。

6.2 卡尔曼滤波算法，自动驾驶公司的“护城河”

卡尔曼滤波算法是自动驾驶公司中一条著名的“护城河”，将公司的员工分成了河一边的脑力劳动者（算法、开发）和河另一边的体力劳动者（产品、项目、运营）。

脑力劳动者为了巩固自己的地位，在“护城河”卡尔曼滤波算法之后，又不断修筑起粒子滤波、图优化、深度学习等里三层外三层的“皇宫大院”。我们需要了解卡尔曼滤波算法这条“护城河”，才能想出绕过它的方法。

6.2.1 诞生背景

卡尔曼滤波算法，看名字就知道又是一种以人名命名的算法，这个人的全名就是鲁道夫·卡尔曼（Rudolf E.Kalman）。1930 年，卡尔曼出生在一个犹太人家庭。1957 年，卡尔曼从哥伦比亚大学博士毕业后，先在 IBM 干了一年技术员，随即加入一位著名数学家创办的工作室做数学研究，这一干就是 6 年。在这 6 年间，卡尔曼勤勤恳恳，在前人的工作基础上和团队成员的协作下，发明了在专业工程师圈子中被人熟知的卡尔曼滤波算法。

但是刚出道的卡尔曼滤波算法并没有迎来学术界的聚光灯，反而遭遇非议和质疑，这像极了历史上其他著名理论的出道遭遇。所幸，卡尔曼在三十而立之年，遇到了伯乐——美国航空航天局的斯坦利·施密特（Stanley Schmidt）—— 一位深度参与人类历史上第一个登月计划中导航项目的男人。

施密特当时遇到的难题是：飞船从陀螺仪、加速度计和雷达等传感器上获取的测量数据充满了不确定性误差和随机噪声。当飞船飞向月球表面时，如果不能很好地处理这些误差和噪声，将产生致命的危害。施密特尝试了当时的各种滤波算法后，效果均不理想，直到一次偶然的机会听闻卡尔曼有一个很厉害的新滤波算法。

施密特随即邀请卡尔曼访问美国航空航天局，一番推心置腹的交流后便，使用卡尔曼滤波算法可以对飞船所处的位置和速度做出精确估计，还可以确定这些估计在统计意义上的好坏程度。随后，两人工作的成果成功助力“阿波罗号”飞船登月。卡尔曼滤波算法自此一战成名，直到今天，还一直引领着控制理论和系统科学的主流。卡尔曼自此成为各种荣誉和奖项的“收割机”，如图 6-4 所示。

图 6-4　卡尔曼

《麻省理工科技评论》在一篇纪念卡尔曼的文章中提到：“卡尔曼最重要的发明是卡尔曼滤波算法，该算法成就了过去 50 年间的许多基本技术，如把‘阿波罗号’宇航员送上月球的航天计算机系统、把人类送去探索深海和星球的机器人载体，以及几乎所有需要从噪声数据中估算实际状态的项目。有人甚至把包括环绕地球的卫星系统、卫星地面站及各类计算机系统在内的整个 GPS 系统统称为一个巨大无比的卡尔曼滤波器。”

6.2.2 原理的直观理解

目前可以看到的介绍卡尔曼滤波算法的文章，以理论介绍居多，不是正态分布，就是协方差矩阵，突然感觉回到了大学本科概率论与数理统计的课堂。但这些内容只适合算法开发人员，并不适合自动驾驶行业的所有从业者。本节通过一个朴素而不普通的实例来直观地介绍卡尔曼滤波算法在融合定位领域的作用。

如图 6-5 所示，假设一辆在公路上行驶的汽车，起点位置为 *A* 点，随后汽车驶入林荫道中的 *B* 点，接下来汽车驶出林荫道来到 *C* 点。这辆汽车上装有 IMU 和 GNSS 两种定位传感器。假设起点 *A* 的位置和速度是已知的，距离惯性坐标系 *x* 轴原点 *O* 的距离为 2m，速度为 v_{t-1}。当车辆驶入 *B* 点时，我们可以根据 IMU 测量得到汽车本体的三轴加速度和三轴角速度，结合初始速度 v_{t-1}，便可以计算得到 *B* 点相对于 *A* 点在 *x* 轴方向行驶距离的估计值，这里我们假设估计值为 10m。

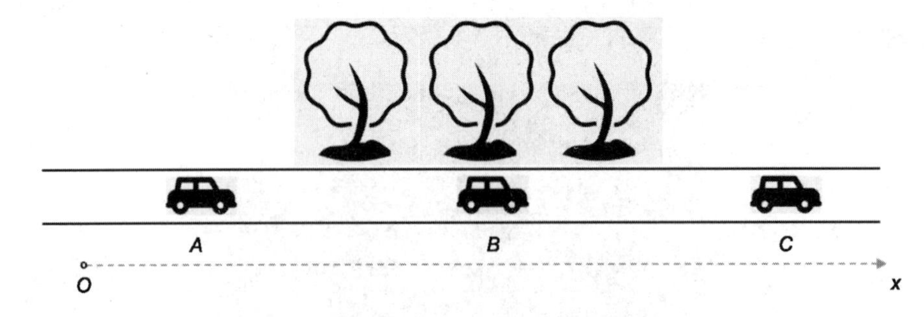

图 6-5　卡尔曼滤波汽车行驶实例

通过 GNSS，我们还可以直接测量出 *B* 点的经纬度，经坐标转换之后直接获得 *B* 点在 *x* 轴方向行驶的观测值，这里我们假设观测值为 13m。问题来了，与惯性坐标系 *O* 点的距离现在有估计值（12m=10m+2m）和观测值（13m），且两个值不一致，我们该如何确定 *B* 点的准确估计值呢?

众所周知，IMU 在测量汽车本体的加速度和角速度过程中存在误差和噪声，GNSS 在通过卫星信号定位车辆经纬度的过程中也存在误差和噪声。两种传感器给出的值都是一个概率最大值，意思是在这个位置的概率最大，在其他位置不是不可能，只是概率较小。而在卡尔曼滤波算法的理论中，无论是汽车上一秒的位置、IMU 的测量数据，还是 GNSS 的直接观测值均被认为服从正态分布。

正态分布是一种概率分布，一般表示为 *N*(均值,方差)。服从正态分布的随机变量取距均值越近的值，概率越大；取距均值越远的值，概率越小。同时，方差越小，分布越集中在均值附近；方差越大，分布越分散。

我们假设 A 点位置 x_{t-1} 服从 $N(2,0.2^2)$，如图 6-6 所示，从图中可以看出 2 处的纵坐标最大，概率最大，其他取值概率均小于此处。方差 0.2^2 则代表 A 点位置的误差水平。

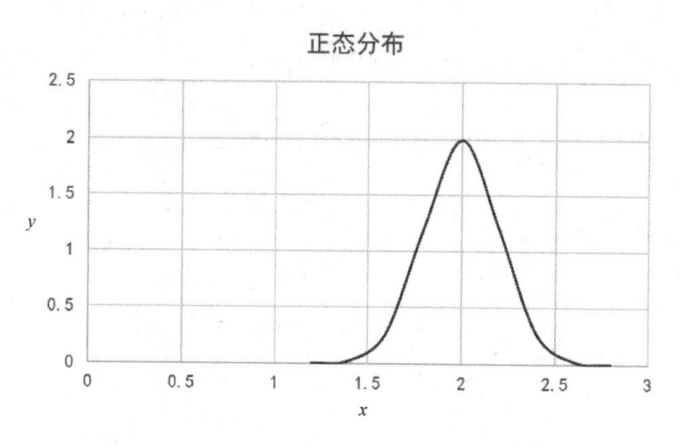

图 6-6 正态分布

IMU 和 GNSS 这两种传感器的噪声方差是可以测量的，在使用时是已知的。这里我们省略移动模型建模过程，直接假设基于 IMU 获得 B 点相对于 A 点的距离估计值 x_I 服从 $N(10,0.1^2)$，方差 0.1^2 代表 IMU 噪声的误差水平，此误差水平与 IMU 的精度、测量的累积时长有关。

GNSS 通过卫星信号获得 B 点相对于原点的测量值 x_G 服从 $N(13,0.4^2)$，方差 0.4^2 代表 GNSS 噪声的误差水平。此误差水平一方面与 GNSS 中卫星板卡的精度水平有关，另一方面主要与 B 点所处的环境有关，是不是有遮挡、是不是多金属环境等。由于 B 点处于林荫道下，卫星信号时有时无，因此此时 0.4^2 的误差水平还是比较高的。

现在我们有了两组数据，一组是 B 点相对于原点 O 的估计值 $x_{BOI}=x_I+x_A=N(10,0.1^2)+N(2,0.2^2)=N(12,0.1^2+0.2^2)$，另一组是 B 点相对于原点 O 的观测值 $x_G=N(13,0.4^2)$。该如何从两个概率分布中找到最准确的那个估计值呢？卡尔曼给出的答案是，直接将两个概率分布相乘，即 $N(12,0.1^2+0.2^2)\times N(13,0.4^2)$。

正态分布的乘法公式如下：

$$N\left(\mu_1,\sigma_1^2\right)\times N\left(\mu_2,\sigma_2^2\right)=N\left(\frac{\sigma_1^2\mu_2+\sigma_2^2\mu_1}{\sigma_1^2+\sigma_2^2},\frac{\sigma_1^2\sigma_2^2}{\sigma_1^2+\sigma_2^2}\right)$$

将 $N(12,0.1^2+0.2^2)\times N(13,0.4^2)$中的值代入上面公式中，可以得到如下正态分布。

$$\begin{aligned}
&N\left(12,0.1^2+0.2^2\right)\times N\left(13,0.4^2\right)\\
&\approx N\left(12,0.22^2\right)\times N\left(13,0.4^2\right)\\
&\approx N\left(\frac{0.22^2\times 13+0.4^2\times 12}{0.22^2+0.4^2},\frac{0.22^2\times 0.4^2}{0.22^2+0.4^2}\right)\\
&\approx N\left(\left(1-\frac{0.22^2}{0.22^2+0.4^2}\right)\times 12+\frac{0.22^2}{0.22^2+0.4^2}\times 13,\frac{0.22^2\times 0.4^2}{0.22^2+0.4^2}\right)\\
&\approx N\left(12.23,0.19^2\right)
\end{aligned}$$

B 点的准确估计值就是此正态分布的均值 12.23，此准确估计值的误差水平为 0.19^2。参数 $0.22^2/(0.22^2+0.4^2)$在卡尔曼滤波算法理论中被称为卡尔曼增益。

B 点的$(12.23,0.19^2)$又将作为计算 C 点位置的初始值，重复上述过程。

6.2.3 算法的理论分析

卡尔曼滤波算法是一种理解起来很难，但用起来非常简单的算法。整个算法只有 5 个公式，本节直接给出推导后的预测方程和更新方程，并简单解释变量和方程的含义。

1. 预测方程

$\boldsymbol{x}_{k-1}$ 为系统上一时刻状态向量，其中可以包含任何需要跟踪的信号，且状态向量中的每个变量都服从正态分布。在车辆运动的例子中，这个状态向量包含速度和位置。

我们采用预测矩阵 $\boldsymbol{F}$ 来刻画上一时刻状态和当前时刻状态的关系。同时，考虑到外部因素会带来一些与系统自身状态没有相关性的改变，我们引入外部控制量 $u_{t\text{-}1}$ 及系统参数矩阵 $\boldsymbol{B}$。至此，一个考虑了自身和外部因素的状态预测方程便诞生了，如下式所示。

$$\boldsymbol{x}_k = \boldsymbol{F}\boldsymbol{x}_{k-1} + \boldsymbol{B}\boldsymbol{u}_{t-1}$$

在车辆运动的例子中，上一时刻的状态向量中的速度和位置变量存在一定的关系，速度快，运行到当前时刻时，车辆就会行驶得更远。但在其他的系统中，我们可能无法仅凭肉眼直观地看到变量间的依赖关系，而这也是卡尔曼滤波算法的核心目的：从不确定的系统中，尽可能地挖掘确定的信息。

在这里，卡尔曼滤波算法使用协方差矩阵 $\boldsymbol{P}_{k\text{-}1}$ 来衡量上一时刻状态向量中每个变量的相关程度。同时，用协方差矩阵 $\boldsymbol{Q}$ 来表示没有跟踪到的噪声干扰，由此我们可以获得当前时刻考虑外部因素的协方差矩阵，如下式所示。

$$\boldsymbol{P}_k = \boldsymbol{F}\boldsymbol{P}_{k-1}\boldsymbol{F}^{\mathrm{T}} + \boldsymbol{Q}$$

2. 更新方程

通过预测过程，我们对系统当前时刻的状态有了一个模糊的估计。同时，使用传感器测量到当前时刻系统状态的观测值 z_k 及测量的不确定性矩阵 $\boldsymbol{R}$，我们可以求出更新状态向量 $\boldsymbol{x}'_k$。对于测量量，还需要一个变换矩阵 $\boldsymbol{H}$ 将系统真实状态空间映射成观测空间，将 $\boldsymbol{P}_k$ 更新为 $\boldsymbol{P}'_k$，为下一次更新做准备，完整的更新方程组如下所示。

$$\boldsymbol{K}_k = \boldsymbol{P}_k\boldsymbol{H}^{\mathrm{T}}\left(\boldsymbol{H}\boldsymbol{P}_k\boldsymbol{H}^{\mathrm{T}} + \boldsymbol{R}\right)^{-1}$$

$$\boldsymbol{x}'_k = \boldsymbol{x}_k + \boldsymbol{K}_k z_k - \boldsymbol{H}\boldsymbol{x}_k$$

$$\boldsymbol{P}'_k = \boldsymbol{I} - \boldsymbol{K}_k\boldsymbol{H}\boldsymbol{P}_k$$

6.2.4 卡尔曼滤波算法在自动驾驶中的应用

卡尔曼滤波算法在自动驾驶中的经典应用之一就是融合定位。GNSS 和 IMU 是自动驾驶系统的基本标配。GNSS 定位数据更新频率低（典型为 10Hz），有遮挡或多径影响下，输出的定位数据不可靠。IMU 定位数据更新频率高（典型为 150Hz），但是内部积分运算会随着时间的推移产生较大的累积误差。

为了获得全局准确的定位数据，各厂商利用 GNSS 可靠的定位数据对 IMU 进行校准，消除 IMU 的累积误差。在 GNSS 定位不可靠时，利用 IMU 自身推算结果优化 GNSS 定位不可靠的数据。从 GNSS/IMU 的不确定信息中获得更多确定性信息的方法就是利用卡尔曼滤波算法。

在障碍物追踪和预测方面，卡尔曼滤波算法被广泛用于处理融合激光雷达和毫米波雷达的数据，估计障碍物的位置和速度。在车道线追踪和预测方面，卡尔曼滤波算法可以通过对当前图像的预测来估计下一时刻车道线的位置，并且能判断车道线的走向（左转或右转），提取有效的道路信息，对车道线进行跟踪。

❑ 休息一下

在深度学习广受关注和应用的今天，笔者不得不戳穿的一个真相便是：卡尔曼滤波算法可能仍是多数自动驾驶公司的“当家花旦”。这个朴素而不普通的算法，仅凭 5 个公式便可解决极其复杂的问题，没有理由不受到工程技术人员的拥戴。

6.3 点云配准，自动驾驶中的“寻亲记”

随着激光雷达、4D 毫米波雷达逐渐成为汽车领域的“顶流”，其输出的点云（Point Cloud）成为继像素之后，描述车辆所处三维世界的一种主要数据格式。点云其实就是一个数据集，不同类型的传感器输出的点云包含的数据略有差异。对于激光雷达来说，点云效果如图 6-7 所示，其输出的点云一般包括三维空间坐标(x, y, z)、反射强度信息和时间戳等数据。

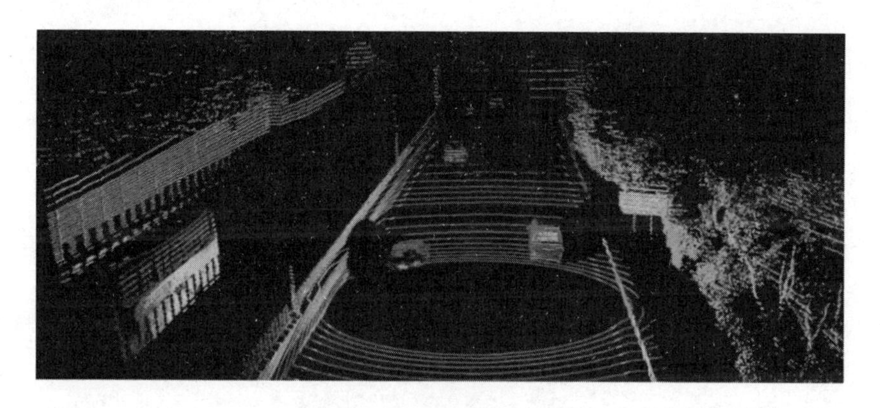

图 6-7 激光雷达点云效果

但是，受传感器的视场角限制，单个传感器往往只能获得有限视野范围内的点云，如何生成完整场景的三维点云，以便支持后续的物体识别、分类及路径规划呢？

自动驾驶车辆预先存储了某一区域的高精度点云地图，如何通过车辆传感器实时获取的点云确定车辆当前的位置信息？

在初始姿态信息已知时，如何通过车辆传感器采集的前后两帧点云估计相对姿态变化信息？

作为点云处理整个环节中的重要一环，点云配准便是解决上述问题的良方妙药。本节就来科普一下点云配准的定义及作用、常用的点云配准方法，以及初值获取。

6.3.1 定义

点云配准（Pont Cloud Registration），又称为点云拼接、点云注册。对于两帧有重叠信息的点云，通过求解变换矩阵（旋转矩阵 $\boldsymbol{R}$ 和平移矩阵 $\boldsymbol{T}$），可使重叠部分点云变换到同一个坐标系下。

点云配准史上经历了人工配准、半自动配准和自动配准阶段。

- 人工配准，是指工程师通过手眼调整两帧点云，直至达到人眼意义上的配准。

- 半自动配准，是指依赖仪器进行配准。
- 自动配准，是指利用一定的算法自动完成两帧点云的配准，这是本节要重点介绍的内容。

点云配准包含粗配准（Coarse Registration）和精配准（Fine Registration）两步。

粗配准是指在两帧点云位置相差较大、相对位姿完全未知的情况下进行较为粗糙的配准，目的是为后续精配准提供较好的变换初值。精配准是指在给定初始变换矩阵条件下，进一步优化得到更精确的变换。

6.3.2 作用

点云配准的作用主要体现在以下 3 个方面。

（1）地图构建。在高精地图制作环节中，制作点云地图是第一步。通过对不同位置采集的连续帧点云进行配准，可以将不同位置的多帧点云统一到同一个坐标系下，构建场景的完整点云地图。

（2）高精定位。对于自动驾驶来说，获取准确的定位是实现一切理想的前提。除了特斯拉，其他绝大多数自动驾驶公司都将高精地图作为实现自动驾驶的必备武器。通过点云配准技术，可以将车辆传感器实时扫描到的点云与已经预存的高精点云地图进行匹配，并将得到的定位结果与 GNSS 输出、IMU 输出、里程计输出等融合，输出车辆最终的高精定位结果。

（3）姿态估计。通过对车辆传感器实时获得的前后两帧点云进行配准，可以估计出车辆的相对姿态信息。

6.3.3 方法

在点云配准的方法中，既有经典的迭代最近点（Iterative Closest Point，ICP）、正态分布变换（Normal Distribution Transform，NDT），也有炙手可热的深度学习。

1. ICP

ICP 应该是最经典的配准方法之一，从 1992 年由 P.J.Besl 提出到 2023 年，已经 31 年了，但 ICP 的光芒却丝毫未减。从最早的点到点 ICP，发展出了点到线 ICP、点到面 ICP 和面到面 ICP 等方法，共同奠定了 ICP 方法在点云配准领域的划时代意义。

最早的点到点 ICP 方法的核心思想很简单：空间位置中的同一个点在两帧点云中距离最近，经平移旋转变换后，让这两帧点云在相同位置的坐标尽可能拉近甚至相等，以达到配准的效果。

点到点 ICP 方法包含对应点搜索和变换估计两个阶段。对应点搜索是指在两帧点云中找到每个点的匹配点，变换估计是指利用对应关系来估计变换矩阵。这两个阶段不断进行迭代，使对应关系越来越准确，从而找到最佳的变换矩阵。

点到点 ICP 方法的实现过程用数学语言描述如下。

（1）给定待配准点云 $\boldsymbol{P}_{\mathrm{s}}$，也就是当前传感器扫描到的点云，它由 n 个三维点 $\boldsymbol{p}_i$ 组成。我们的目标点云 $\boldsymbol{P}_{\mathrm{t}}$ 既可以是预先建好的高精度点云地图，也可以是其他位置传感器采集的但有重叠区域的点云，它同样包含一系列三维点 $\boldsymbol{q}_j$。

$$\boldsymbol{P}_{\mathrm{s}} = \left\{ \boldsymbol{p}_i = \left(x_i, y_i, z_i \right) \right\}$$

$$\boldsymbol{P}_{\mathrm{t}} = \left\{ \boldsymbol{q}_j = \left(x_j, y_j, z_j \right) \right\}$$

（2）寻找一个 3×3 旋转矩阵 $\boldsymbol{R}$ 和 3×1 平移矩阵 $\boldsymbol{T}$，使下式取值最小。

$$\operatorname{argmin} \frac{1}{\left| \boldsymbol{P}_{\mathrm{s}} \right|} \sum\nolimits_{i=1}^{n} \left| \boldsymbol{q}_i - \left(\boldsymbol{R} \boldsymbol{p}_i + \boldsymbol{T} \right) \right|^2$$

（3）采用四元数法或 SVD 方法求解 $\boldsymbol{R}$ 和 $\boldsymbol{T}$ 的值。

若要一步到位找到两帧点云的最近点，需要计算待配准点云中的每个点依次和目标点云中的每个点的距离，不仅计算复杂度高，而且耗时久。设置距离阈值可以加速这一过程，当待配准点云中的一个点与目标点云中的一个点的距离小于某一阈值时，就认为找到了对应点，不再遍历待配准点云和目标点云中的每个点。

经过一次迭代，调整一些对应点对的权重，并剔除一些不合理的对应点对，可以得到一个临时变换点云。通过计算代价函数，便可以得到临时变换点云和目标点云对应的最优变换。然后将临时点云和目标点云进行比较，再得到一个变换点云和最优变换。不断迭代这一过程，直到找到待配准点云中每个点在目标点云中的最近点和全局最优变换。

形象化的配准过程如图 6-8 所示。在给定良好初值的两帧点云中，通过不断迭代，待配准点云沿箭头指向方向不断向目标点云靠近，并最终实现目标点云和待配准点云的配准。

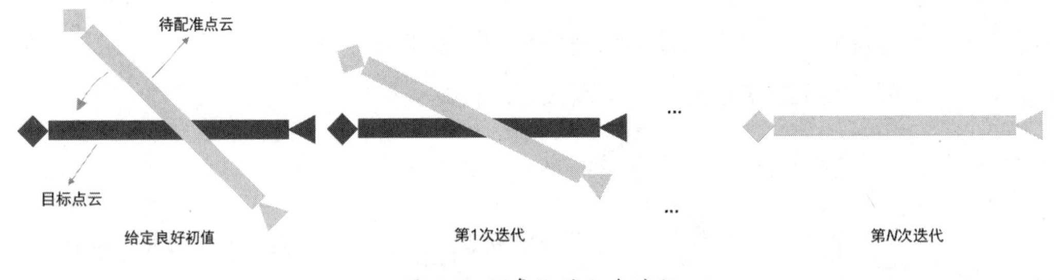

图 6-8 形象化的配准过程

点到点 ICP 方法以简单著称，既不需要对点云进行分割和特征提取，也不需要训练数据，可以被较好地推广到未知场景。在初值较好的情况下，严密的数学理论可以保证点到点 ICP 方法具有较高的精度和收敛性。

但是点到点 ICP 方法需要遍历所有点云，在点云数量较大时，计算量是惊人的。同时，点到点 ICP 方法只考虑点与点的距离，无法有效利用点云特征信息，在所处环境不断变化和测量误差影响下，会产生较大的配准误差。最致命的问题是，点对点 ICP 方法对初始值异常敏感，容易陷入局部最优，导致配准失败。

在初值不好的情况下，根据对应点距离最小原则，待配准点云将按箭头指示沿顺时针方向旋转，如图 6-9 所示。这种情况虽然会导致两边对应点距离变远，但是除去两边的点，剩余大部分点距离在减小。这就是点到点 ICP 方法因初值不好带来的局部最优问题。

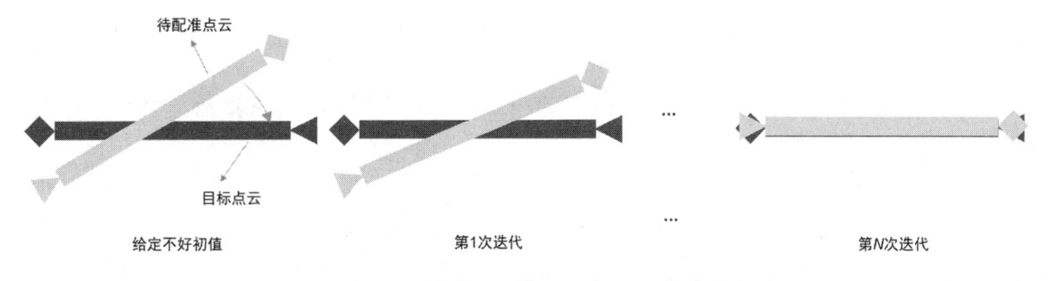

图 6-9　初值不好情况下点云配准过程

为了解决遍历点云中所有点引入的高计算量问题，点到点 ICP 方法引入了特征点的概念。特征点是指点云中具有代表性的点，能够尽可能代表点云的有效空间信息，如拐角点、凸凹分界处的点等。首先对点云做特征点提取，然后使用点到点 ICP 方法，可以显著减少运算量，保持较高的精度。

为了解决局部最优问题，出现了一些 ICP 改进算法，包括点到面 ICP、面到面 ICP 等。

点到面 ICP 考虑了待配准点云顶点到目标点云顶点所在面的距离，比起直接计算点到点距离，点到面 ICP 考虑了目标点云的局部结构，精度更高，不容易陷入局部最优。但是点到面 ICP 是一个非线性问题，求解速度比较慢，求解效率较低。

面到面 ICP 考虑了待配准点云顶点所在面和目标点云顶点所在面的距离，同时考虑了待配准点云和目标点云的局部结构，精度更高，更不易陷入局部最优。但是面到面 ICP 也是一个非线性优化问题，求解速度更慢，求解效率更低。

因此，点到点 ICP 方法常用于粗配准完成，且已有较好初值的精配准阶段。

2. NDT

NDT 是指将目标点云（可以是高精度点云地图）转换为多维变量的正态分布，并采用最优化技术寻找最优变换，使待配准点云经过变换之后在目标点云中的概率密度之和最大。

NDT 方法的实现过程用数学语言描述如下。

（1）将目标点云划分为多个一定规格的网格（对于 2D 点云来说，是 2D 平面；对于

3D 点云来说，是 3D 立方体），同时保证每个网格中最少包含 6 个点。

（2）假设每个网格中的点均服从正态分布，计算每个网格中点的均值向量 $\boldsymbol{q}$ 和协方差矩阵 $\boldsymbol{C}$。

（3）基于以上信息，对网格中每个点 $\boldsymbol{X}$ 进行正态分布建模 $N(\boldsymbol{q},\boldsymbol{C})$，便可以得到这个网格单元中每个点的高斯概率密度函数 $P(\boldsymbol{X})$。

$$\boldsymbol{q}=\frac{1}{n}\sum_{i=1}^{n}\boldsymbol{X}_i$$

$$\boldsymbol{C}=\frac{1}{n-1}\sum_{i=1}^{n}(\boldsymbol{X}_i-\boldsymbol{q})(\boldsymbol{X}_i-\boldsymbol{q})^{\mathrm{T}}$$

$$P(\boldsymbol{X})=\frac{1}{c}\exp\left[-\frac{(\boldsymbol{X}-\boldsymbol{q})^{\mathrm{T}}\boldsymbol{C}^{-1}(\boldsymbol{X}-\boldsymbol{q})}{2}\right]$$

式中，c 为归一化常数。对协方差矩阵 $\boldsymbol{C}$ 求逆，如果单元格中的点数太少，则会导致协方差矩阵条件数过大，从而导致误差过大，故要求单元格至少包含 6 个点。同时，每个 $P(\boldsymbol{X})$ 可以看作单元格表面的近似表达，描述了单元格表面的位置，以及它的方向和平滑度。

随后，我们给定一个初始变换矩阵，将待配准点云变换并贴近目标点云，这样待配准点云上的点就会落在目标点云划分的网格单元中。以一个网格单元举例，将待配准点云中落入这个网格单元中的点 $\boldsymbol{Y}$ 代入 $P(\boldsymbol{X})$中，可得到这个点在这个网格单元中的概率值，这个值是一个似然值。

为了减小格子离散化、不连续的影响，我们对这个网格单元分别向下平移、向左平移、向下平移后再向左平移，这样可得到另外 3 个网格单元。而这个点在另外 3 个网格单元中分别有 1 个概率值，将这 3 个值加起来，作为待配准点云这个点的总得分（Score）。

$$\text{Score}=\frac{1}{c}\sum_{i}^{n}\exp\left[-\frac{(\boldsymbol{Y}-\boldsymbol{q})^{\mathrm{T}}\boldsymbol{C}^{-1}(\boldsymbol{Y}-\boldsymbol{q})}{2}\right]$$

落在目标点云网格单元中的每个点都有一个 Score 值，将所有 Score 值相乘就是目标函数，我们的最终目的就是找到最优的参数使得目标函数得分最大（最大似然），便认为配准了。可以理解为，在目标点云中点出现概率大的地方，待配准点云应尽量占据这些位置。

NDT 通过网格划分技术，可以支持更大、更稠密的点云地图配准；在配准过程中不利用对应点的特征计算和匹配，所以 NDT 比 ICP 效率更高，计算资源消耗更少；当需要配准的两帧点云重叠率低，且结构化不明显（平面较少）时，NDT 比 ICP 更加准确。

3. 深度学习

深度学习在自动驾驶领域可谓无往不利，在点云配准领域也不例外。基于深度学习的点云配准算法不断被提出，包括 PointNetLK、DCP、IDAM、RPM-Net 和 3DRegNet 等，且在实验室中已经证明，这些深度学习模型的性能与速度均远超 ICP 和 NDT 方法，它们在复杂的实际场景效果如何，值得我们持续关注。

6.3.4 初值获取

对于 ICP 来说，初值的好坏在很大程度上决定了两帧点云配准的结果。对于 NDT 来说，虽然对初值不敏感（两帧点云位置 3m 以内，角度±45° 范围），但是良好的初值有利于提高配置的效率和质量。不同的车辆配置决定了不同的初值获取方法。对于只有激光雷达配置的车辆，可以采用上一帧的变换结果作为初值。

对于配置 IMU 和里程计的车型，IMU 的加速度测量比较准，积分得到的速度和位移会有累积误差。里程计的速度测量比较准，但根据运动模型计算出来的加速度会有一定的误差。因此针对此种配置，使用 IMU 的加速度测量结果和里程计的速度测量结果融合一个初值，会得到一个非常可靠的结果。

对于配置 GNSS 的车型，如果 GNSS 还能输出航向角，那么可以直接用 GNSS 的输出结果作为初值。对于无法输出航向角的 GNSS，使用连续的位置坐标，也可以计算一个平面运动的航向角。

❑ 休息一下

单一传感器的点云配准已有成熟的算法，但可以看到，每种算法都存在局限性，无法满足自动驾驶全场景的点云配准需求。取长补短，成为单一传感器点云配准发展的重要道路。

随着多传感器融合成为主旋律，对不同类别传感器获取的点云进行配准就显得重要且必需。但由于这方面的研究刚刚起步，仅有一些实验室阶段的优化策略和深层次的神经网络模型，如何训练出可以上路的神经网络模型，值得万众期待。

6.4 决策规划，自动驾驶“安全、舒适、效率”的拥护者

在自动驾驶的眼睛（传感器及相应算法）及四肢（线控底盘）悉数登场之后，自动驾驶的大脑——决策规划，也到了正式介绍自己的时候了。

6.4.1 自动驾驶系统分类

自动驾驶系统没有严谨的分类，但行业内普遍喜欢将自动驾驶系统分为模块化自动驾驶系统和端到端自动驾驶系统，这两个系统的原理框图对比如图 6-10 所示。

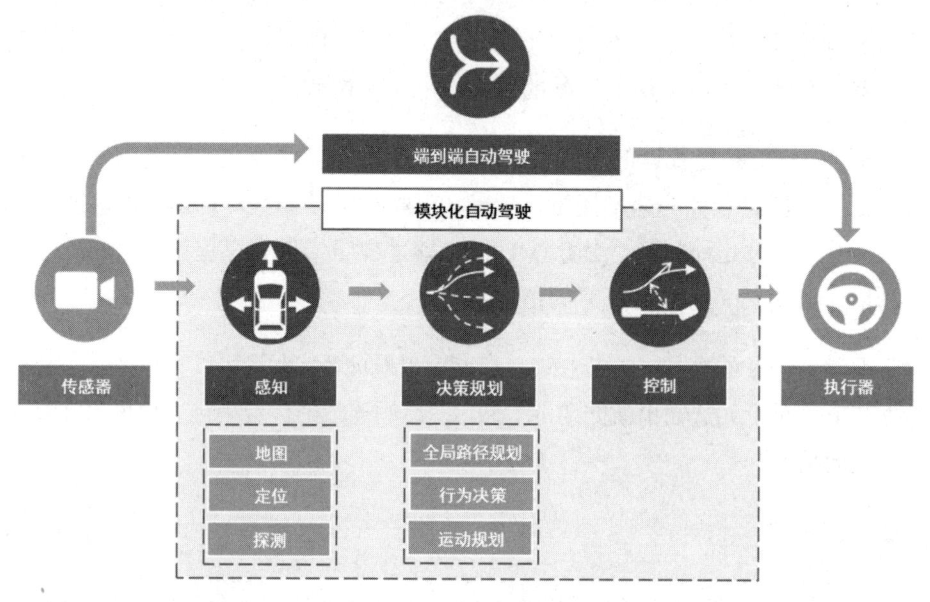

图 6-10 模块化自动驾驶系统和端到端自动驾驶系统的原理框图对比

1. 模块化自动驾驶系统

模块化自动驾驶系统是最经典的、也是业界采用最多的一种自动驾驶系统，它还是最简明的一种结构，其作用是实时地求解连续的控制输出，使自动驾驶车辆可以安全地由初始位置行驶到目标位置。基于模块化的思想，自动驾驶系统被划分为三层：环境感知层、决策规划层和控制执行层。每层还可以划分为不同的模块，每个模块还可以划分为不同的子模块。

- 环境感知层就像人的眼睛和耳朵，负责对外部环境进行感知，并将感知结果送入决策规划层。
- 决策规划层就像人的大脑，在接收到感知信息后进行分析、决策，并生成加/减速、变道、直行等控制命令。
- 控制执行层就像人的双手和双脚，在接收到控制命令后，控制执行器完成加/减速、转向等操作。

模块化自动驾驶系统中的每层都是关键和核心。但从实现自动驾驶功能的角度来看，环境感知层是基础，决策规划层是核心，控制执行层是保障。作为核心的决策规划层带领自动驾驶向更“安全、舒适、高效”的目标狂奔，毕竟小小的失误轻则影响乘坐舒适性、通行效率，重则威胁人身财产安全。

在模块化自动驾驶系统中，不同团队负责不同的模块，可以实现更好的分工合作，从而提高开发效率。团队内部可以对负责的模块进行充分的评估，了解各模块的性能瓶颈，从而让我们对最后的 0.1%的不足有更清晰的认知，技术的迭代、更新也更加敏捷。

模块化自动驾驶系统的缺点是：① 整个系统非常复杂、庞大，需要人工设计成百上千个模块；② 对车载硬件的计算能力要求高，如果越来越多的子模块采用深度学习网络，那么将带来灾难性的计算需求爆炸。对于模块化自动驾驶系统，我们可能花 10%的时间就实现了 99.9%的自动驾驶功能，但我们还需要花 90%的时间去解决最后 0.1%的问题。

这个系统的难度之大，已经远超一家公司的能力范围，需要一个协作的生态。

2. 端到端自动驾驶系统

术语端到端（End to End）源于深度学习，指的是用算法直接由输入求解出所需的输出，即算法直接将系统的输入端连接到输出端。2016 年，英伟达将端到端的深度学习技术应用在自动驾驶汽车之后，端到端自动驾驶迅速在行业内走红，各种样机更是层出不穷。

所谓端到端自动驾驶，是指车辆将传感器采集到的信息（原始图像数据、原始点云数据等），直接送入一个统一的深度学习神经网络，经过神经网络处理之后，直接输出自动驾驶汽车的驾驶命令（方向盘转角、驱动力矩和制动加速度等）。

2016 年，英伟达发表了论文“End to End Learning for Self-Driving Cars”，拉开了端到端自动驾驶竞争的序幕。

该论文首先展示了训练数据的采集系统，如图 6-11 所示。该论文中只涉及了车道保持功能，因此训练数据只采集了摄像机的视频数据和人类驾驶员操作方向盘的角度数据。

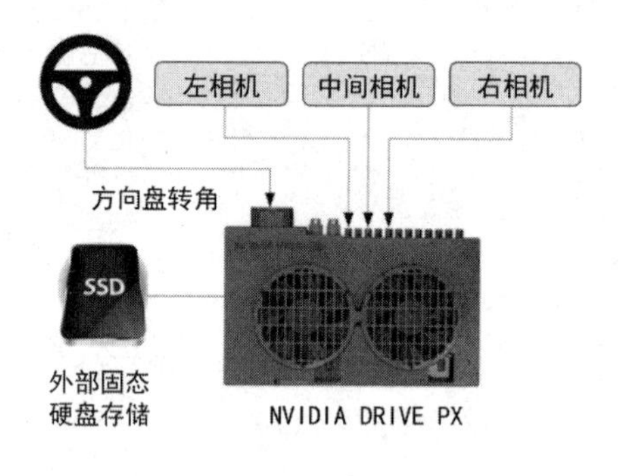

图 6-11　数据采集系统框图

将 3 台相机安装在采集车的挡风玻璃后面，并按照左、中、右依次布置，这样是为了捕获完整的前向路面信息。一台 NVIDIA DRIVE PX 被用作采集车的计算单元。相机生成的每帧视频数据（摄像机帧率为 30fps）都与人类驾驶员的转向角度进行时间同步。

采集车最终在各种各样的道路、照明和天气条件组合下采集了 72h 的驾驶数据。训练数据包含视频采样得到的单一图像，以及相应的转向命令。

但是只有来自人类驾驶员的正确数据不足以完成训练，神经网络还必须学习如何从任何错误中恢复正确数据，否则自动驾驶汽车就将慢慢偏移道路。因此，训练数据还扩充了额外的图像，这些图像显示了远离车道中心的偏离程度，以及不同道路方向上的转动。两个特定偏离中心的变化图像可由左右两个相机捕获。

训练数据准备完毕之后，将被送入一个卷积神经网络（Convolutional Neural Networks，CNN），训练系统框图如图 6-12 所示。

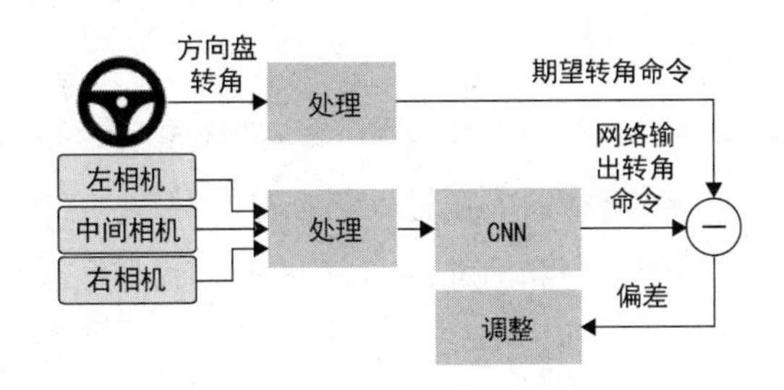

图 6-12 训练系统框图

CNN 计算一个被推荐的转角命令，将这个被推荐的转角命令与该图像的期望转角命令进行比较，CNN 权重会被调整，以使其实际输出更接近期望输出。在这个框架中，只要提供足够多的训练数据，即人类驾驶员驾驶带有相机的车辆累计驾驶大量的里程，再加上人为创造的各种“极限”道路状态——偏离道路线的各种工况，CNN 就会得到充分的训练，变得足够强大。

一旦训练完成，网络就能够从单中间相机的图像中生成转角命令，图 6-13 展示了训练完成后的神经网络车端配置。

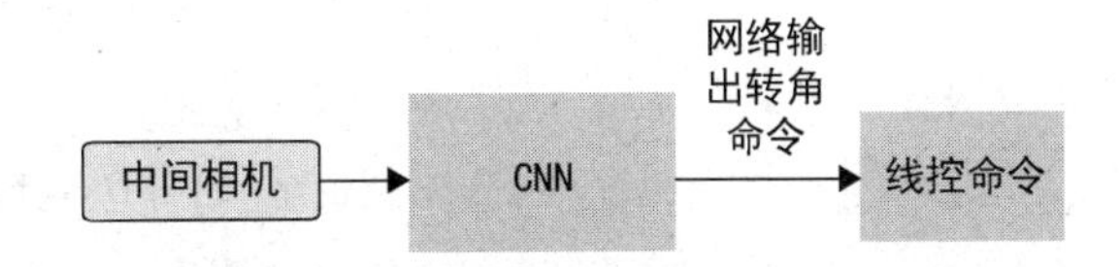

图 6-13 训练完成后的神经网络车端配置

在端到端自动驾驶中，没有人工设计的繁复规则，只需要极少的来自人类的训练数据，深度学习神经网络就会学会驾驶，且不用关心有没有高精地图覆盖、是行驶在高速公路主干路还是城区道路、道路上车道线有没有缺失等。

相比于模块化自动驾驶系统，端到端自动驾驶系统设计难度低、硬件成本低，还能借助数据的多样性获得不同场景下的泛用性。端到端自动驾驶系统各方面的条件得天独厚，从理论层面看，它堪称自动驾驶的终极梦想。

然而端到端深度学习神经网络是一个完完全全的黑盒子，可靠性、灵活性差，工程师无法对它进行系统化的解释分析，只能依靠推测和实验进行调整。最终结果是安全难以得到保障，而自动驾驶最关注的正是安全。

例如，在端到端自动驾驶系统下，汽车做出一个减速左转的举动，工程师无法确定这是因为汽车看到了行人，还是看到了较远处的红灯。但是，在模块化自动驾驶系统下，由于多个识别系统嵌套，更容易理解汽车所做的每一个举动背后的逻辑。

这意味着，当端到端自动驾驶系统出现问题时，工程师并不能对其对症下药，做出合理的应对。更多情况下，甚至只能简单地向模型灌注更多的数据，期望它能在进一步的训练中“自行”解决问题，而这也会大大削弱端到端自动驾驶系统原本开发简单的优势。

6.4.2 决策规划分层架构

决策规划，就是在对感知到的周边物体的预测轨迹基础上，结合自动驾驶车辆的当前位置，对车辆做出最合理的决策和控制。

正如人的大脑分为左脑和右脑，并负责不同的任务一样，模块化自动驾驶系统中的决策规划层也可以细分为执行不同任务的子层。这一分层设计最早其实源自 2007 年举办的美国国防部高级研究计划局（Defense Advanced Research Projects Agency，DARPA）城市挑战赛，比赛中多数参赛队伍自动驾驶系统的决策规划都包括 3 层：全局路径规划（Route Planning）层、行为决策（Behavioral）层和运动规划（Motion Planning）层，如图 6-14 所示。

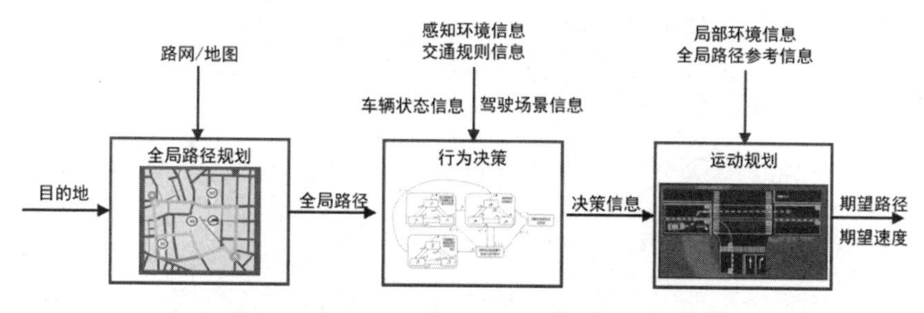

图 6-14 决策规划分层架构

全局路径规划层聚焦于相对顶层的路径规划，以及分钟到小时级别的规划。该层在接收到输入的目的地信息后，基于存储的地图信息搜索出一条自起始点至目标点的可通过的路径。如图 6-15 所示，在起点和终点之间，黑色线条就是搜索出来的一条可通行的路径，当然路径不止一条，如何搜索出最优路径是下面要介绍的内容。

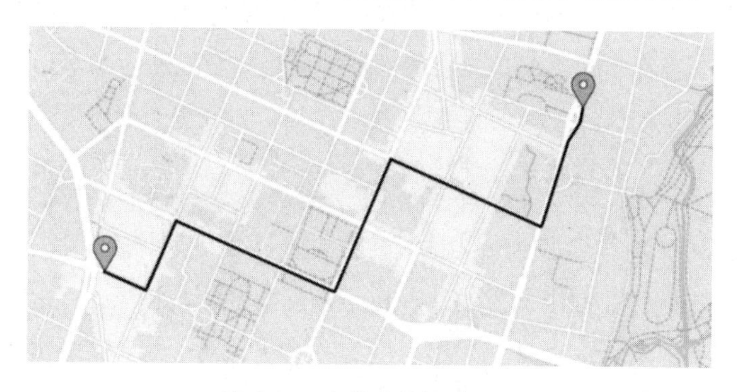

图 6-15 全局路径规划示例

在全局路径规划时，也可以基于地图精度和丰富度，提前考虑道路曲率半径、坡度等信息，避免搜索出部分参数超出设计运行范围要求的全局路径。对于高度随机的交通参与者、高度动态的交通流及高度复杂的道路结构，全局路径规划是无法考虑周到的，因此还需要基于具体的行为决策进行运动规划，也就是局部路径规划。

行为决策层在收到全局路径后，结合感知环境信息、交通规则信息、车辆状态信息、驾驶场景信息等，推导判断下一分钟或下一秒的情况，做出车道保持、跟车巡航、自动变道和停车避让等适合当前交通环境的驾驶行为决策。如图 6-16 所示，车辆在检测到前方存在低速行驶车辆，且右侧车道满足变道条件后，做出向右变道的驾驶行为决策。

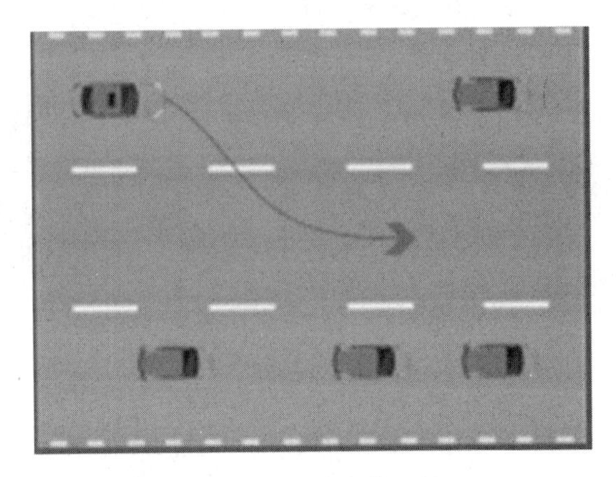

图 6-16　行为决策示例

运动规划层也被称为局部路径规划层，与全局路径规划聚焦于分钟到小时级别的规划不同，运动规划聚焦于实时的秒级或者毫米级的规划。在运动规划时，根据输入的行为决策信息、结合车辆实时位姿信息、局部环境信息、全局路径参考信息等，在“安全、舒适、效率”的精神引领下，规划生成一条满足特定约束条件的平滑轨迹（包括行驶轨迹、速度、方向等），并输入至控制执行层。

如图 6-17 所示，在车辆收到行为决策层的左变道命令后，主车基于各种信息规划出几条可行的路径，如何规划出最优的路径也是下面要介绍的内容。

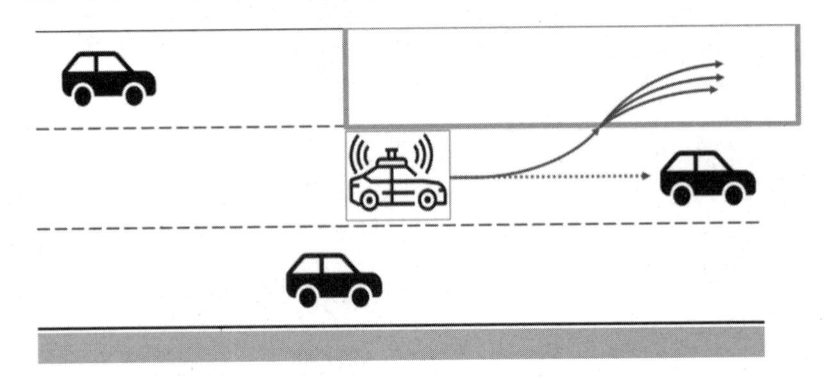

图 6-17　运动规划示意图

全局路径规划与运动规划作为两个层级的不同规划，它们的特点对比如表 6-1 所示。

表 6-1 全局路径规划与运动规划的特点对比

全局路径规划	运动规划
基于地图信息	基于传感器信息
相对较慢的响应	快速响应
已知空间	猜测的不完整空间
移动之前生成路径/路线	规划与移动同时进行
对规划时间没有严格的要求	对规划时间有严格的要求

6.4.3 决策规划常用算法

下面我们介绍决策规划各层常用的算法。

1. 全局路径规划算法

我们先来了解一下图（包括有向图和无向图）的概念。图是图论中的基本概念，用于表示物体与物体之间存在某种关系的结构。在图中，物体被称为节点或顶点，用一组点或小圆圈表示。节点间的关系称为边，用直线或曲线来表示。

如果给图的每条边规定一个方向，那么得到的图称为有向图，其边称为有向边，如图 6-18 所示。在有向图中，与一个节点相关联的边有出边和入边之分，而与一个有向边关联的两个点也有起点和终点之分。相反，边没有方向的图称为无向图。

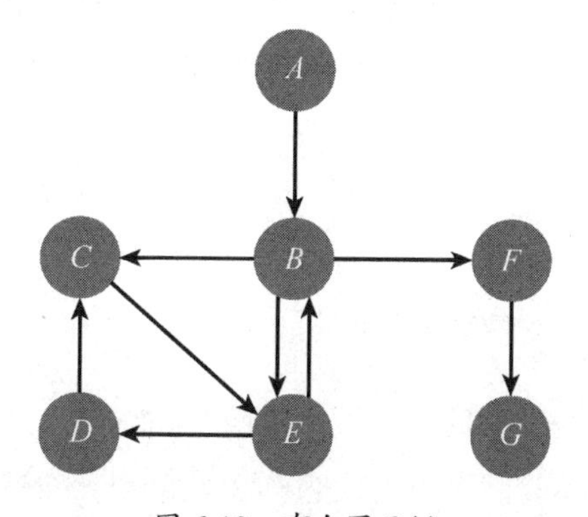

图 6-18 有向图示例

数学中常用二元组 $G=(V,E)$来表示图的数据结构，其中集合 V 称为点集，E 称为边集。对于如图 6-18 所示的有向图，点集 V 可以表示为{A,B,C,D,E,F,G}，边集 E 可以表示为{<A,B>，<B,C>，<B,F>，<B,E>，<C,E>，<E,B>，<F,G>}。<A,B>表示从顶点 A 到顶点 B 的边，A 为起点，B 为终点。

在图的边中给出相关的数值，称为权。权可以代表一个顶点到另一个顶点的距离、耗费等，带权图一般称为网。

在全局路径规划时，通常将如图 6-19 所示的道路和道路之间的连接情况、通行规则和道路的路宽等各种信息处理成有向图，其中每个有向边都有权，被称为路网。

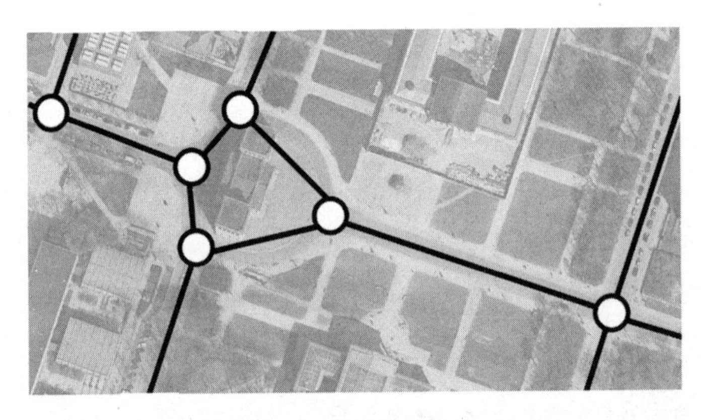

图 6-19　道路连接情况

因此，全局路径的规划问题就变成了在路网中搜索到一条最优的路径，为此诞生了 Dijkstra 和 A*两种最为广泛使用的全局路径搜索算法。

1）Dijkstra 算法

Dijkstra 算法是由荷兰计算机科学家 Edsger W. Dijkstra 在 1956 年提出的，用于解决有向图中从起点到其他顶点的最短路径问题。

假设有 A、B、C、D、E、F 共 6 个城市，用有向图表示为图 6-20，边上的权重代表两个城市之间的距离，现在我们要求出从起点 A 城市到其他城市的最短距离。

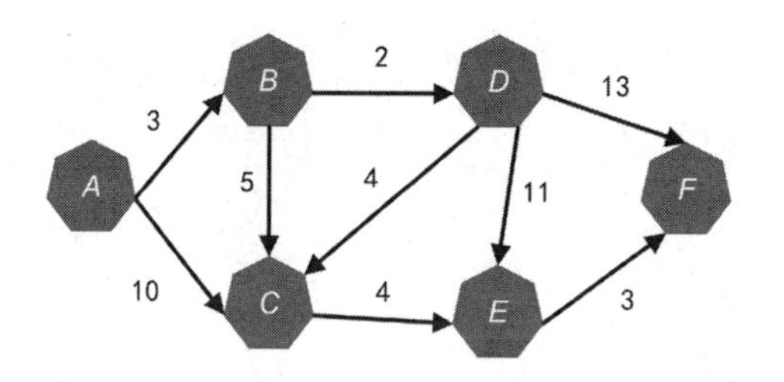

图 6-20 6 个城市构建的有向图

用 Dijkstra 算法的求解步骤如下。

（1）创建一个二维数组 *E* 来描述顶点之间的距离关系，如图 6-21 所示。用 *W*[*B*][*C*]表示从顶点 *B* 到顶点 *C* 的距离。顶点自身之间的距离设为 0，无法到达的顶点之间设为无穷大（∞）。

	A	*B*	*C*	*D*	*E*	*F*
A	0	3	10	∞	∞	∞
B	∞	0	5	2	∞	∞
C	∞	∞	0	∞	4	∞
D	∞	∞	4	0	11	13
E	∞	∞	∞	∞	0	3
F	∞	∞	∞	∞	∞	0

图 6-21 顶点之间的距离关系

（2）创建一个一维数组 Dis 来存储从起点 *A* 到其他顶点的最短距离。一开始我们并不知道起点 *A* 到其他顶点的最短距离，一维数组 Dis 中所有值均赋值为无穷大。接着遍历起点 *A* 的相邻顶点，并将与相邻顶点 *B* 和 *C* 的距离 3（*W*[*A*][*B*]）和 10（*W*[*A*][*C*]）分别更新到 Dis[*B*]和 Dis[*C*]中，如图 6-22 所示。这样就可以得出从起点 *A* 到其他顶点的最短距离的估计值。

	A	*B*	*C*	*D*	*E*	*F*
Dis	0	3	10	∞	∞	∞

图 6-22 数组 Dis 经过第 1 次遍历后得到的值

（3）寻找一个与起点 A 距离最短的顶点，由数组 Dis 可知为顶点 B。顶点 B 有两条出边，分别连接顶点 C 和 D。起点 A 经过顶点 B 到达顶点 C 的距离 8（$W[A][B]+W[B][C]=3+5$）小于起点 A 直接到达顶点 C 的距离 10，因此 Dis[C]的值由 10 更新为 8。同理，起点 A 经过顶点 B 到达顶点 D 的距离 5（$E[A][B]+W[B][D]=3+2$）小于初始值无穷大，因此 Dis[D]更新为 5，如图 6-23 所示。

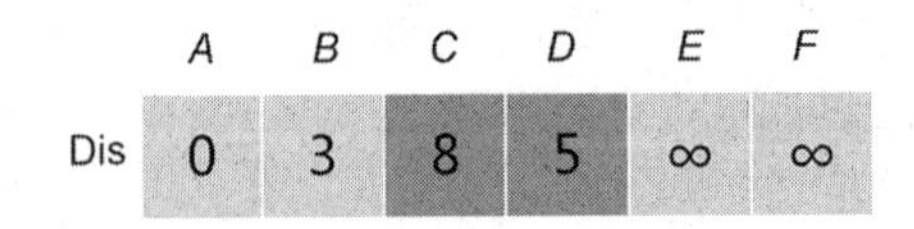

图 6-23 组数 Dis 经过第 2 次遍历后得到的值

（4）在剩余的顶点 C、D、E、F 中，选出离起点 A 最近的顶点 D，继续按照上面的方式对顶点 D 的所有出边进行计算，得到 Dis[E]和 Dis[F]的更新值，如图 6-24 所示。

	A	B	C	D	E	F
Dis	0	3	8	5	16	18

图 6-24 数组 Dis 经过第 3 次遍历后得到的值

（5）在剩余的顶点 C、E、F 中，选出离起点 A 最近的顶点 C，继续按照上面的方式对顶点 C 的所有出边进行计算，得到 Dis[E]的更新值，如图 6-25 所示。

	A	B	C	D	E	F
Dis	0	3	8	5	14	18

图 6-25 数组 Dis 经过第 4 次遍历后得到的值

（6）在剩余的顶点 E、F 中，选出离起点 A 最近的顶点 E，继续按照上面的方式对顶点 E 的所有出边进行计算，得到 Dis[F]的更新值，如图 6-26 所示。

	A	B	C	D	E	F
Dis	0	3	8	5	14	17

图 6-26 数组 Dis 经过第 5 次遍历后得到的值

（7）对顶点 F 的所有出边进行计算，此例中顶点 F 没有出边，因此不用处理。至此，数组 Dis 中其他顶点距离起点 A 的值都已经从“估计值”变为了“确定值”。

基于上述形象的过程，Dijkstra 算法的实现过程可以归纳为以下步骤。

（1）将有向图中所有的顶点分成两个集合 P 和 Q，集合 P 用来存放已知距离起点最短距离的顶点，集合 Q 用来存放剩余的未知顶点。可以想象，一开始，集合 P 中只有起点 A。同时，我们创建一个数组 Flag[N]来记录顶点是在集合 P 中还是在集合 Q 中。对于某个顶点 N，如果 Flag[N]为 1，则表示这个顶点在集合 P 中；如果 Flag[N]为 0，则表示这个顶点在集合 Q 中。

（2）起点 A 到自己的最短距离为 0，从起点 A 能直接到达顶点 N，将 Dis[N]设为 W[A][N]，将起点不能直接到达顶点的最短路径设为无穷大。

（3）在集合 Q 中选择一个离起点最近的顶点 U（Dis[U]最小）加入集合 P，并计算所有以顶点 U 为起点的边到其他顶点的距离。假如存在一条从顶点 U 到顶点 V 的边，那么可以通过将边 U->V 添加到尾部来拓展一条从 A 到 V 的路径，这条路径的长度是 Dis[U]+W[U][V]。如果这个值比目前已知的 Dis[V]的值要小，那么可以用新值来替代当前 Dis[V]的值。

（4）重复第 3 步，如果最终集合 Q 为空，则算法结束。最终 Dis 数组中的值就是从起点到所有顶点的最短路径。

2）A*算法

1968 年，斯坦福国际研究院的 Peter E. Hart、Nils Nilsson 及 Bertram Raphael 共同发明了 A*算法。A*算法通过借助一个启发函数来引导搜索的过程，可以明显地提高路径搜索效率。

下面仍以一个实例来简单介绍 A*算法的实现过程。如图 6-27 所示，假设小马要从 A 点前往 B 点的大榕树下去约会，但是 A 点和 B 点之间隔着一个池塘。为了尽快到达约会地点，我们需要给小马搜索出一条距离最短的可行路径。

图 6-27 约会场景示意图

A*算法的第一步就是简化搜索区域，将搜索区域划分为若干个栅格，并有选择地标识出障碍物不可通行区域与空白可通行区域。一般情况下，栅格划分得越细密，搜索点数越多，搜索过程越慢，计算量越大，相应的搜索精确性越高；栅格划分得越稀疏，搜索点数越少，搜索过程越快，计算量越小，相应的搜索精确性越低。

如图 6-28 所示，将要搜索的区域划分成正方形（当然也可以划分为矩形、六边形等）的格子，图中蓝色格子代表 *A* 点（小马当前的位置），紫色格子代表 *B* 点（大榕树的位置），灰色格子代表池塘。我们可以用一个二维数组 *S* 来表示搜索区域，数组中的每项代表一个格子，状态分别是可通行和不可通行。

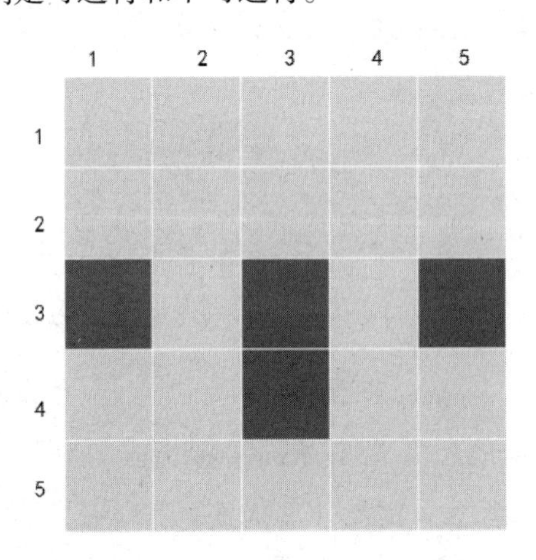

图 6-28 经过简化后的搜索区域

接着我们引入两个集合 OpenList 和 CloseList，以及一个估价函数 $F=G+H$。OpenList 用来存储可到达的格子，CloseList 用来存储已到达的格子。G 表示从起点到当前格子的距离。H 表示在不考虑障碍物的情况下，从当前格子到目标格子的距离。F 是从起点经由当前格子到达目标格子的总代价，其值越小，说明综合优先级越高。

G 和 H 也是 A*算法的精髓所在，通过考虑当前格子与起点的距离，以及当前格子与目标格子的距离，实现启发式搜索。对 H 的计算又有两种方式，一种是欧氏距离，另一种是曼哈顿距离。

欧氏距离用公式表示如下，物理上表示从当前格子出发，支持以 8 个方向向四周格子移动（横纵向移动+对角移动）。

$$H=\sqrt{(x_1-x_2)^2+(y_1-y_2)^2}$$

曼哈顿距离用公式表示如下，物理上表示从当前格子出发，支持以 4 个方向向四周格子移动（横纵向移动）。这是 A*算法最常用的计算 H 值的方法，本节也采用这种方法。

$$H=|x_1-x_2|+|y_1-y_2|$$

接下来我们开始搜索，查找最短路径。首先将起点 A 放入 OpenList 中，计算此时 OpenList 中 F 值最小的格子，并作为当前格子移入 CloseList 中。由于当前 OpenList 中只有起点 A 这个格子，所以将起点 A 移入 CloseList，代表这个格子已经检查过了。

找出当前格子 A 上下左右所有可通行的格子，看它们是否在 OpenList 中。如果不在，则加入 OpenList 中并计算相应的 G、H、F 值，把当前格子 A 作为它们的父节点。在例中，我们假设横纵向移动代价为 10，对角移动代价为 14。

在每个格子上标出计算出来的 G、H、F 值，如图 6-29 所示，左上角是 F，左下角是 G，右下角是 H。通过计算可知 S[3][2]格子的 F 值最小，我们把它从 OpenList 中取出，放到 CloseList 中。

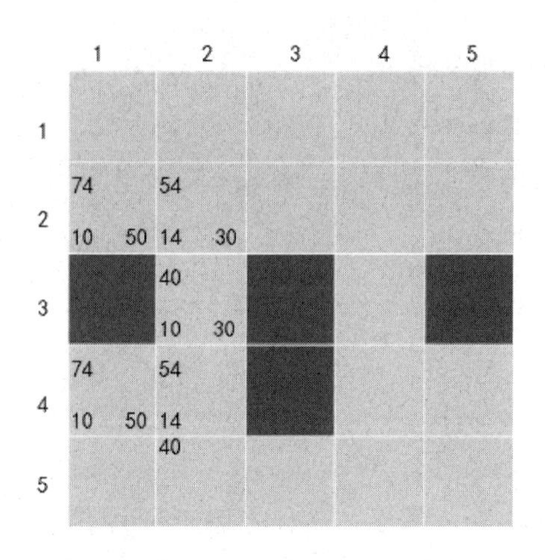

图 6-29 第 1 轮计算后的结果

将 S[3][2]作为当前格子，检查所有与它相邻的格子，忽略已经在 CloseList 中或不可通行的格子。如果相邻的格子不在 OpenList 中，则加入 OpenList，并将当前方格子 S[3][2]作为父节点。

对于已经在 OpenList 中的格子，检查这条路径是否最优，如果非最优，则不做任何操作。如果 G 值更小，则意味着经由当前格子到达 OpenList 中这个格子的距离更短，将 OpenList 中这个格子的父节点更新为当前节点。

对于当前格子 S[3][2]来说，它的相邻 5 个格子中已经有 4 个在 OpenList 中，1 个未在。对于已经在 OpenList 中的 4 个格子，我们以它上面的格子 S[2][2]为例，从起点 A 经由格子 S[3][2]到达格子 S[2][2]的 G 值为 20（10+10），大于从起点 A 直接沿对角线到达格子 S[2][2]的 G 值 14。显然，起点 A 经由格子 S[3][2]到达格子 S[2][2]不是最优的路径。在把 4 个已经在 OpenList 中的相邻格子都检查完后，没有发现经由当前格子的更好路径，因此我们不做任何改变。

对于未在 OpenList 的格子 S[2][3]（假设格子对角线也是一条路），将其加入 OpenList 中，计算它的 F、G、H 值，并将当前格子 S[3][2]设置为父节点。经历这一轮操作后，OpenList 中有 5 个格子，我们需要从中选择 F 值最小的那个格子 S[2][3]，将其放入 CloseList 中，并设置为当前格子，如图 6-30 所示。

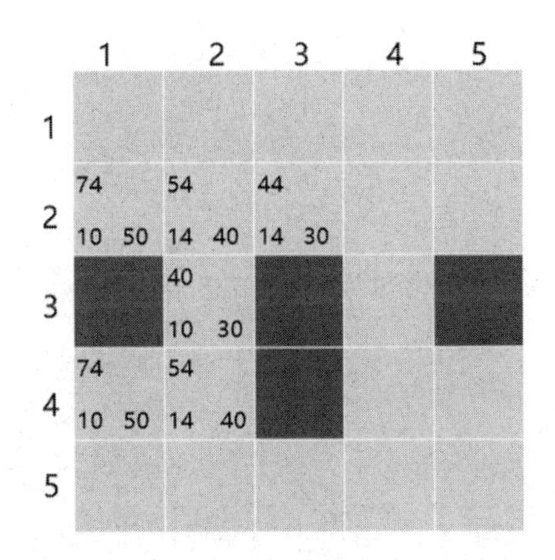

图 6-30 第 2 轮计算后的结果

重复上面的过程，直到终点也加入 OpenList 中。此时以当前格子倒推，找到其父节点，父节点的父节点……如此便可搜索出一条最优的路径，如图 6-31 中圆圈标识所示。

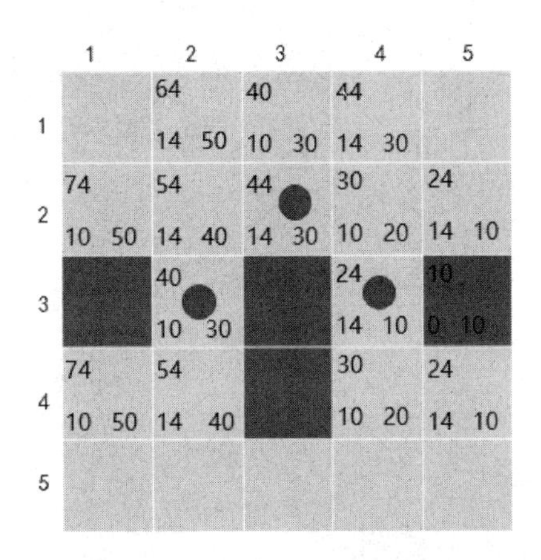

图 6-31 最后计算得到的结果

基于上述形象的过程，A*算法的实现过程可以归纳为以下步骤。

（1）将搜索区域按一定规则划分，将起点加入 OpenList 中。

（2）在 OpenList 中查找 F 值最小的格子，将其移入 CloseList 中，并设置为当前格子。

（3）查找与当前格子相邻的可通行的格子，如果它已经在 OpenList 中，则用 G 值衡量这条路径是否更好。如果更好，则将该格子的父节点设置为当前格子，重新计算 F、G 值；如果非更好，则不做任何处理；如果它不在 OpenList 中，则将它加入 OpenList 中，并以当前格子作为父节点计算 F、G、H 值。

（4）重复第 2 步和第 3 步，直到终点加入 OpenList 中。

3）两种算法比较

Dijkstra 算法的基本思想是“贪心”，主要特点是以起点为中心向周围层层扩展，直至扩展到终点为止。通过 Dijkstra 算法得出的最短路径是最优的，但是由于遍历没有明确的方向，计算的复杂度比较高，因此路径搜索的效率比较低，且无法处理有向图中权值为负的路径最优问题。

A*算法将 Dijkstra 算法与广度优先搜索（Breadth-First-Search，BFS）算法相结合，并引入了启发函数（估价函数），大大减少了搜索节点的数量，提高了搜索效率。但是 A*算法将最早遍历路径当成最短路径，不适用于动态环境且不太适合高维空间，在终点不可达时会造成大量性能消耗。

图 6-32 是 Dijkstra 算法和 A*算法的路径搜索效率示意图，左图为 Dijkstra 算法路径搜索效率示意图，右图为 A*算法路径搜索效率示意图，带颜色的格子表示算法搜索过的格子。由图 6-32 可以看出，A*算法更高效，搜索过的格子更少。

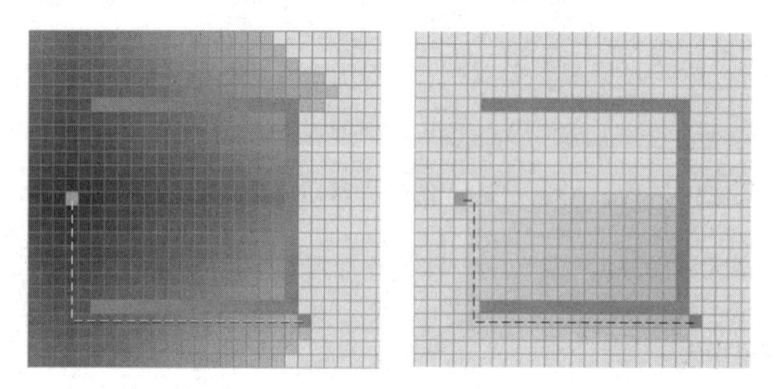

图 6-32　Dijkstra 算法和 A*算法的路径搜索效率示意图

2. 行为决策方法

Robotaxi 作为自动驾驶的优秀代表，部分人可能已经在自己的城市欣赏过它们的外观，好奇心强烈的人可能都已经体验过它们提供的送客服务了。

笔者刚开始几次乘坐 Robotaxi 时，注意力全都放在安全员的双手上，观察其是否在接管。过了一段时间，笔者的注意力转移到了中控大屏，观察其梦幻般的交互方式。而现在，笔者的注意力转移到了智能本质上，观察其在道路上的行为决策是否足够聪明。

而这一观察，笔者竟然总结出不少共性问题。比如在十字路口左转时，各家 Robotaxi 总是表现得十分小心谨慎，对于人类驾驶员一脚油门过去的场景，Robotaxi 总是再等等、再看看，完全没有人类驾驶员面对不同十字路口、不同交通流、不同天气环境时的“随机应变”。

面对复杂多变场景时，自动驾驶行为决策表现出来的小心谨慎，像极了人类刚进入一个新环境时采取的低调成长策略。但在自动驾驶终局到来的那天，自动驾驶的决策规划能否像自然界的物种一样，做到适者生存呢?

在让自动驾驶车辆的行为决策变得越来越像经验丰富的司机的过程中，主要诞生了基于规则和基于学习的两大类行为决策方法。

1）基于规则的行为决策方法

在基于规则的行为决策方法中，通过对自动驾驶车辆的驾驶行为进行划分，并基于感知环境、交通规则等信息建立驾驶行为规则库。自动驾驶车辆在行驶过程中，实时获取交通环境、交通规则等信息，并与驾驶行为规则库中的经验知识进行匹配，进而推理决策出下一时刻的合理自动驾驶行为。

正如全局路径规划的前提是地图一样，自动驾驶行为分析也成为基于规则的行为决策的前提。不同应用场景下的自动驾驶行为不完全相同，以高速公路主干路上的自动驾驶卡车为例，其自动驾驶行为可简单分解为单车道巡航、自主变道、自主避障 3 种典型行为。

- 单车道巡航是卡车自动驾驶系统激活后的默认状态，在车道保持的同时进行自适应巡航。此驾驶行为还可以细分为定速巡航、跟车巡航等子行为，跟车巡航子行为还可以细分为加速、减速和匀速等子行为。

- 自主变道是指在变道场景（避障变道场景、主干路变窄变道场景等）发生及变道空间（与前车和后车的距离、时间）满足后进行左/右变道。
- 自主避障是指在前方出现紧急危险情况且不具备自主变道条件时，采取紧急制动行为，避免与前方障碍物或车辆发生碰撞。

上面列举的驾驶行为之间不是独立的，而是相互关联的，在满足一定条件后可以进行实时切换，从而支撑自动驾驶卡车在高速公路主干路上自由自在行驶。现将例子中的3种驾驶行为之间的切换条件进行简单汇总，如表6-2所示，真实情况比这严谨、复杂得多，此表仅为后文解释基于规则的算法所用。

表6-2 状态间的切换条件

序号	信息	切换条件
A1	当前车道	无跟车目标或跟车目标距离不在范围内
A2		有跟车目标且跟车目标距离在范围内
A3		前车处于紧急制动触发范围
A4	相邻车道	有车辆行驶
A5		无车辆行驶
A6	速度信息	前车速度高于自车速度
A7		前车速度低于自车速度
A8	变道条件	变道时间和距离阈值满足
A9		变道时间或距离阈值不满足

在基于规则的行为决策方法中，有限状态机（Finite State Machine，FSM）成为最具有代表性的方法。2007年，斯坦福大学参加DARPA城市挑战赛时的无人车“Junior”，其行为决策采用的就是有限状态机方法。

有限状态机是一种离散的数学模型，正好符合自动驾驶行为决策的非连续特点，主要用来描述对象生命周期内的各种状态，以及如何响应来自外界的各种事件。有限状态机包含四大要素：状态、事件、动作和转移。事件发生后，对象产生相应的动作，从而引起状态的转移，比如转移到新状态或维持当前状态。

我们将上述驾驶行为定义为有限状态机的状态，每个状态之间在满足一定的事件（或条件），且自动驾驶车辆在执行一定的动作后，就可以转移到新的状态。例如，在单车道巡航状态下，前方车辆低速行驶，自车在判断旁边车道满足变道条件后，切换到自主变道状态。自主变道完成后，系统再次回到单车道巡航状态。

结合表 6-2 中的切换条件，各个状态在满足一定事件（或条件）后的状态跳转示意图如图 6-33 所示。

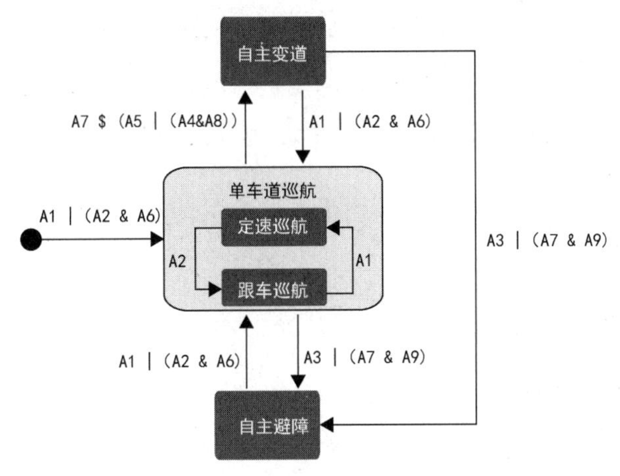

图 6-33 各个状态在满足一定事件（或条件）后的状态跳转示意图

基于有限状态机理论构建的智能车辆自动驾驶行为决策系统，可将复杂的自动驾驶过程分解为若干个自动驾驶行为，具有逻辑推理清晰、应用简单、实用性好等特点，是自动驾驶领域目前使用最广泛的行为决策方法。

但该方法没有考虑环境的动态性、不确定性，以及车辆运动学和动力学特性对驾驶行为决策的影响，因此多适用于简单场景，很难胜任具有丰富结构化特征的城区道路环境下的行为决策任务。

2）基于学习的行为决策方法

行为决策水平直接决定了车辆的智能化水平，随着自动驾驶水平的提高，人们不仅要求车辆在复杂场景下做出正确的决策，还要在无法预测的突发情况下做出正确的决策，甚至在无法完全感知周围交通环境的情况下给出合理的决策。

上文介绍的基于规则的行为决策方法依靠由专家经验搭建的驾驶行为规则库，但是由于人类经验的有限性，智能性不足成为制约基于规则的行为决策方法的最大因素，复杂交通工况下的事故率约为人类驾驶员的百倍。鉴于此，科研人员开始探索基于学习的行为决策方法，并在此基础上诞生了数据驱动型学习方法和强化学习方法。

数据驱动型学习方法是一种依靠自然驾驶数据直接拟合神经网络模型的方法，首先用提前采集到的经验丰富的司机开车时的自然驾驶数据训练神经网络模型，训练的目标是让自动驾驶行为决策水平接近经验丰富的司机。而后将训练好的算法模型部署到车上，此时车辆的行为决策就像经验丰富的司机一样，穿行在大街小巷。

强化学习可能不是每个人都听过，但 DeepMind 开发的围棋智能 AlphaGo（阿尔法狗）在 2016 年 3 月战胜围棋世界冠军李世石，又在 2017 年 5 月战胜当时围棋世界排名第一的柯洁的事，大家应该都有所耳闻。2017 年 12 月，DeepMind 发布的新一代围棋智能 AlphaZero（阿尔法零），通过 21 天的闭关修炼，就战胜了 AlphaGo 等“前辈”。

赋予 AlphaGo 及 AlphaZero 战胜人类棋手的力量正是强化学习——机器学习的一种。

机器学习目前有三大派别：监督学习、无监督学习和强化学习。

- 监督学习基于归纳推理，通过使用有标记的数据进行训练，以执行分类或回归。
- 无监督学习一般用在未标记数据的密度估计或聚类中。
- 强化学习自成一派，通过让智能体在交互环境中以试错方式运行，并基于每一步行动后环境给予的反馈（奖励或惩罚），不断调整智能体的行为，从而实现特定目的或使整体行动收益最大。通过这种试错式学习，智能体能够在动态环境中自行做出一系列决策，既不需要人为干预，也不需要借助显式编程来执行任务。

这像极了马戏团训练各种动物的过程，驯兽师给出一个抬手动作（环境），动物（智能体）若完成相应动作，则会获得美味的食物（正反馈）；若没有完成相应动作，则食物可能换成了皮鞭（负反馈）。时间一久，动物就学会基于驯兽师不同的手势完成不同的动作，从而使自己获得更多数量的美食。

大道至简，强化学习亦如此。一个战胜人类围棋世界冠军的“智能”仅由 5 部分组成：智能体（Agent）、环境（Environment）、状态（State）、行动（Action）和奖励（Reward）。强化学习系统架构如图 6-34 所示，下面结合自动驾驶代客泊车中的泊入功能，介绍一下各组成的定义及作用。

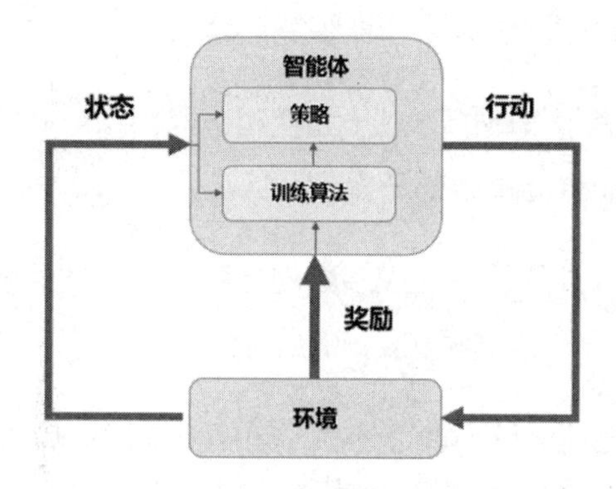

图 6-34 强化学习系统架构

代客泊车的泊入功能非常清晰，就是在不发生碰撞的前提下，实现在空闲停车位的快速泊入。在这个过程中，承载强化学习算法的控制器（域控制器/中央计算单元）就是智能体，也是强化学习训练的主体。智能体之外的整个泊车场景都是环境，包括停车场中的立柱、车辆、行人和光照等。

训练开始后，智能体实时从车载传感器（激光雷达、相机、IMU 和超声波雷达等）读取环境状态，并基于当前的环境状态采取相应的转向、制动和加速行动。如果基于当前环境状态采取的行动是有利于车辆快速泊入的，则智能体会得到一个奖励，反之则会得到一个惩罚。

在奖励和惩罚的不断刺激下，智能体学会了适应环境，下次看到空闲车位时可以一把泊入，并在面对不同车位类型时采取不同的泊入路径。

从上述例子中我们也可以总结出，训练一个优秀的“智能”大概有以下几个步骤。

（1）创建环境。定义智能体可以学习的环境，包括智能体和环境之间的接口。环境既可以是仿真模型，也可以是真实的物理系统。仿真模型通常是不错的起点，一是安全，二是可以试验。

（2）定义奖励。指定智能体用于根据任务目标衡量其性能的奖励信号，以及如何根据环境计算该信号。可能需要经过数次迭代才能塑造出正确的奖励。

（3）创建智能体。智能体由策略和训练算法组成，因此需要以下两步。

第 1 步：选择一种表示策略的方式（如使用神经网络或查找表）。思考如何构造参数和逻辑，由此构成智能体的决策部分。

第 2 步：选择合适的训练算法。大多数现代强化学习方法依赖于神经网络，因为后者非常适合处理大型状态/动作空间和复杂的问题。

（4）训练和验证智能体。设置训练选项（如停止条件）并训练智能体，以调整策略。要验证经过训练的策略，最简单的方法就是仿真。

（5）部署策略。使用生成的 C/C++ 或 CUDA 等代码部署经过训练的策略。此时无须担心智能体和训练算法，策略是独立的决策系统。

强化学习方法除了具有提高行为决策智能水平的能力，还具备将决策和控制两个任务合并到一个整体，并进行统一求解的能力。将决策与控制进行合并，既发挥了强化学习的求解优势，又能进一步提高自动驾驶系统的智能性。实际上，人类驾驶员也具有很强的整体性，我们很难区分人类的行为中哪一部分是自主决策，哪一部分是运动控制。

目前，强化学习方法的应用还处在摸索阶段，应用在自动驾驶的潜力还没有被完全发掘出来。

3. 运动规划

有了全局路径参考信息、局部环境信息及由行为决策模块输入的决策信息后，下一步自然而然地就要进行运动规划，从而生成一条局部的、更加具体的行驶轨迹，并且这条轨迹要满足安全性和舒适性要求。

考虑到车辆是一个具有巨大惯性的物体且没有瞬间移动的功能，如果仅考虑瞬时状态的行驶轨迹，不规划出未来一段时间有前瞻性的行驶轨迹，那么很容易造成无解。因此，运动规划生成的轨迹是一种由二维空间和一维时间组成的三维空间中的曲线，是一种偏实时的路径规划。

运动规划的第 1 步往往采用随机采样算法，即走一步看一步，不断更新行驶轨迹，代表算法是基于采样的算法：PRM 算法、RRT 算法、Lattice 算法。这类算法通过随机采样的方式在地图上生成子节点，并与父节点相连，若连线与障碍物无碰撞风险，则扩展该子节点。重复上述步骤，不断扩展样本点，直到生成一条连接起点到终点的路径。

1）PRM 算法

概率路线图（Probabilistic Road Maps，PRM）算法是一种经典的采样算法，由 Lydia E. 等人在 1996 年提出。PRM 算法主要包含 3 个阶段，一是采样阶段，二是碰撞检测阶段，三是搜索阶段。

图 6-35 所示为已知起点 *A* 和终点 *B* 的地图空间，黑色空间代表障碍物，白色空间代表可通行区域。

在采样阶段，PRM 算法在地图空间进行均匀的随机采样，也就是对地图进行稀疏采样，目的是将大地图简化为较少的采样点。

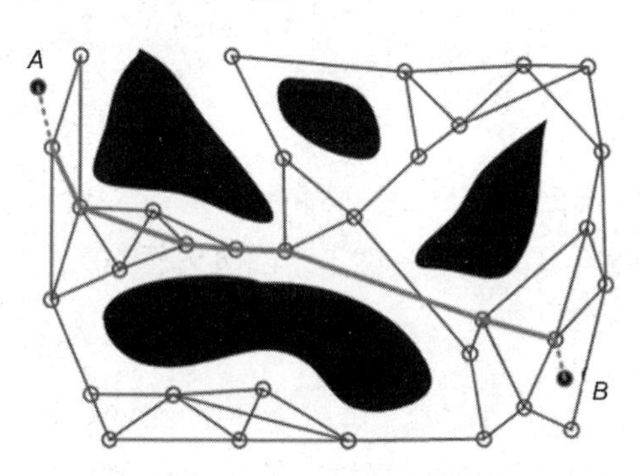

图 6-35 PRM 算法工作原理示意图

在碰撞检测阶段，剔除落在障碍物上的采样点，并将剩下的点与其一定距离范围内的点相连，同时删除穿越障碍物的连线，从而构成一张无向图。

在搜索阶段，利用全局路径规划算法（Dijkstra、A*等算法）在无向图中进行搜索，从而找出一条从起点 A 到终点 B 的可行路径。

PRM 算法可以总结为以下几步。

（1）构造无向图 $G=(V,E)$，其中 V 代表随机采样的点集，E 代表两采样点之间所有可能的无碰撞路径，G 的初始状态为空。

（2）随机撒点，并选取一个无碰撞的点 $c(i)$加入 V 中。

（3）定义距离 r，如果 $c(i)$与 V 中某些点的距离小于 r，则将 V 中的这些点定义为 $c(i)$的邻域点。

（4）将 $c(i)$与其邻域点相连，生成连线 t，并检测连线 t 是否与障碍物发生碰撞，如果无碰撞，则将 t 加入 E 中。

（5）重复第 2 步至第 4 步，直到所有采样点（满足采样数量要求）均已完成上述步骤。

（6）采用图搜索算法对无向图 G 进行搜索，如果能找到从起点 A 到终点 B 的路线，则说明存在可行的行驶轨迹。

相比于基于搜索的算法，PRM 算法简化了环境、提高了效率。但是在有狭窄通道场景中，PRM 算法很难采样出可行路径，效率会大幅降低。

2）RRT 算法

快速探索随机树（Rapidly-exploring Random Tree，RRT）算法由 Steven M. LaValle 和 James J. Kuffner Jr.在 1998 年提出，是一种基于随机树思想实现对非凸高维空间快速搜索的算法。

与 PRM 算法相同的是，两者都基于随机采样原理，不同的是 PRM 算法最终生成的是一张无向图，而 RRT 算法生成的是一棵随机树。RRT 算法最显著的特征是具备空间探索的能力，即从一点向外探索拓展。

RRT 算法分为单树和双树两种类型，单树 RRT 算法将起点作为随机树的根节点，通过随机采样、碰撞检测的方式为随机树增加叶节点，最终生成一棵随机树。双树 RRT 算法则拥有两棵随机树，分别以起点和终点为根节点，以同样的方式向外进行探索，直到两棵随机树相遇，从而达到提高规划效率的目的。

下面以图 6-36 所示的地图空间为例，介绍单树 RRT 算法的实现过程。在此地图空间中，我们只知道起点 A、终点 B 和障碍物的位置（黑色的框）。

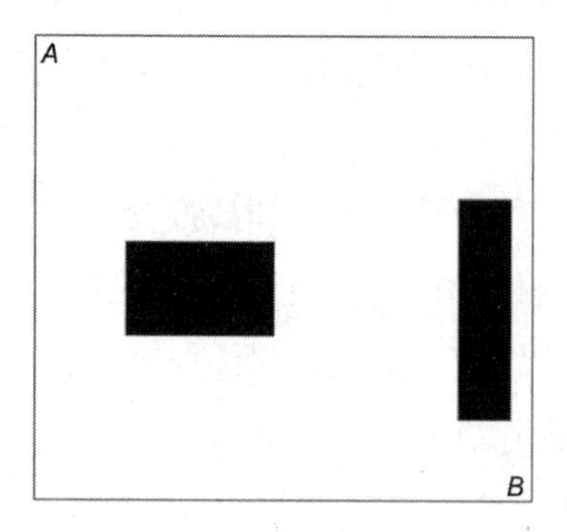

图 6-36 RRT 算法的地图空间举例

单树 RRT 算法将起点 A 设置为随机树的根节点，并生成一个随机采样点，如图 6-37 所示，随机采样点有以下几种情况。

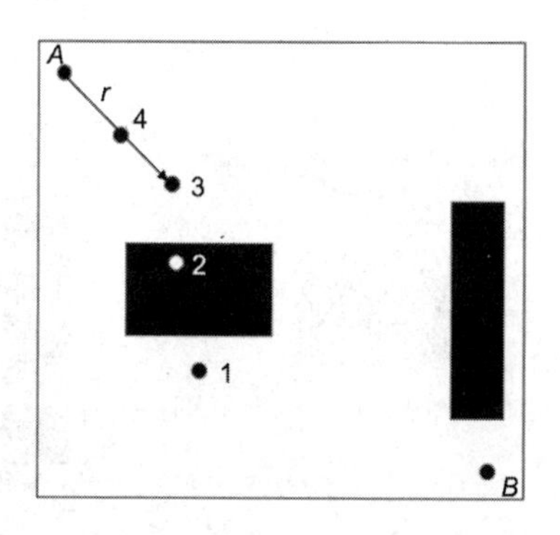

图 6-37 不同随机采样点举例

（1）随机采样点 1 落在自由区域中，但是根节点 A 和随机采样点 1 之间的连线存在障碍物，无法通过碰撞检测，因此随机采样点 1 会被舍弃，重新生成随机采样点。

（2）随机采样点 2 落在障碍物的位置，因此也会被舍弃，重新生成随机采样点。

（3）随机采样点 3 落在自由区域，且与根节点 *A* 之间的连线不存在障碍物，但是超过了根节点的步长限制。但此时不会简单地舍弃随机采样点 3，而是沿着根节点和随机采样点 3 的连线，找出符合步长限制的中间点，将这个中间点作为新的随机采样点，也就是图 6-37 中的点 4。

继续生成新的随机采样点，如果新的随机采样点位于自由区域，那么我们就可以遍历随机树中已有的全部节点，找出距离新的随机采样点最近的节点，同时求出两者之间的距离。如果满足步长限制，那么我们继续对这两个节点进行碰撞检测；如果不满足步长限制，那么我们需要沿着新的随机采样点和最近的节点的连线方向，找出一个符合步长限制的中间点来替代新的随机采样点。最后，如果新的随机采样点和最近的节点通过了碰撞检测，那么意味着二者之间存在边，我们便可以将新的随机采样点添加到随机树中，并将最近的点设置为新的随机采样点的父节点。

重复上述过程，直到新的随机采样点在终点的步长限制范围内，且满足碰撞检测，此时将新的随机采样点设为终点 *B* 的父节点，并将终点加入随机树中，从而完成迭代，生成如图 6-38 所示的完整随机树。

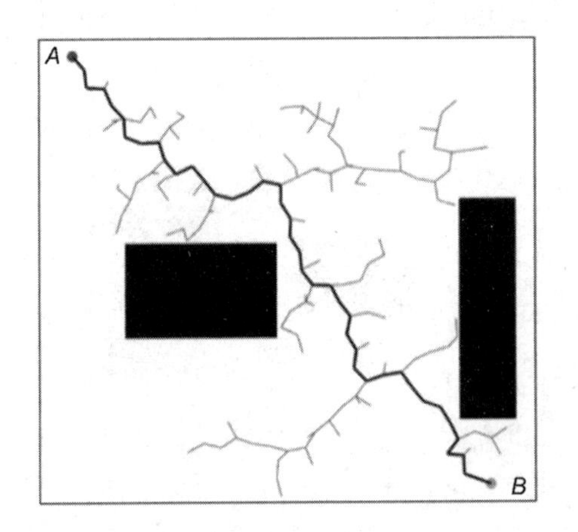

图 6-38 随机树结果示例

相比于 PRM 算法，RRT 算法无须搜索步骤、效率更高。RRT 算法通过增量式扩展的方式，找到路径后就立即结束，搜索终点的目的性更强。但是作为一种纯粹的随机搜索算法，RRT 算法对环境类型不敏感，当地图空间中存在狭窄通道时，被采样的概率低，导致算法的收敛速度慢，效率大幅下降，有时甚至难以在有狭窄通道的环境找到路径。

图 6-39 展示了 RRT 算法应对存在狭窄通道地图空间时的两种表现，一种是很快就找到了出路，另一种是一直被困在障碍物里面。

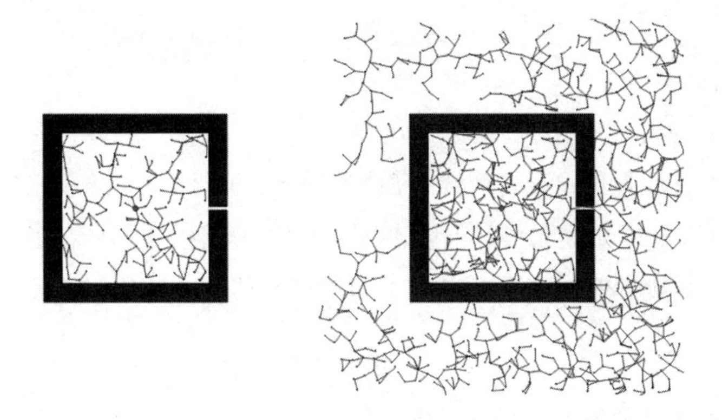

图 6-39 RRT 算法应对存在狭窄通道地图空间时的两种表现

围绕如何更好地“进行随机采样”、“定义最近的点”及“进行树的扩展”等方面，诞生了多种改进算法，包括双树 RRT-Connect 算法、lazy-RRT 算法和 RRT-Extend 算法等。

PRM 算法和 RRT 算法都是概率完备但非最优的路径规划算法，也就是说，如果起点和终点之间存在有效的路径，那么只要规划的时间足够长，采样点足够多，就必然可以找到有效的路径，但是无法保证这个解是最优的。

采用 PRM 和 RRT 等随机采样算法生成的行驶轨迹大多是一条条线段，线段之间的曲率也不连续，这样的行驶轨迹是不能保证舒适性的。因此，还需要进一步进行曲线平滑、角度平滑处理，代表算法是基于曲线插值的算法：RS 曲线、Dubins 曲线、多项式曲线、贝塞尔曲线和样条曲线等。

所有基于曲线插值的算法要解决的问题都类似于：在图 6-40 上的若干点中，求出一条尽可能逼近所有点的光滑曲线。下面以多项式曲线和贝塞尔曲线为例，介绍基于曲线插值的算法。

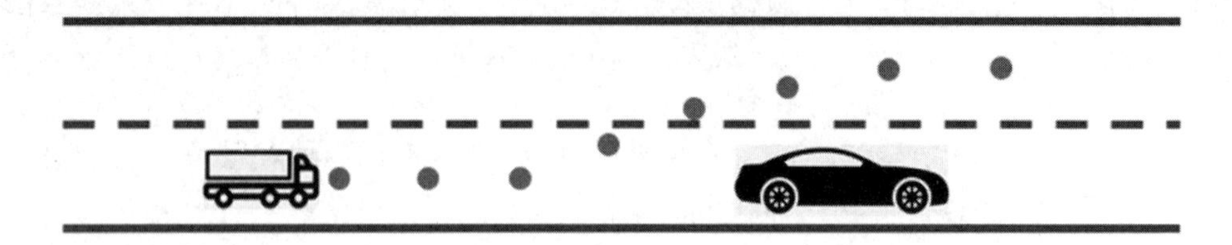

图 6-40 基于曲线插值的算法要解决的问题描述

3）多项式曲线

要找到一条拟合所有的点的曲线，最容易想到的方法就是多项式曲线。常用的有三阶多项式曲线、五阶多项式曲线和七阶多项式曲线。理论上，只要多项式的阶数足够高，就可以拟合各种曲线。但从满足需求和工程实现的角度，阶数越低越好。

车辆在运动规划中，舒适度是一个非常重要的指标，衡量舒适度的物理量为跃度（Jerk），它是加速度的导数。Jerk 的绝对值越小意味着加速度的变化越平缓，加速度的变化越平缓意味着越舒适。五阶多项式曲线被证明在运动规划中可以使 Jerk 的绝对值比较小。

以换道场景为例，已知 Frenet 坐标系下换道起点和终点的 6 个参数 s_0、v_0、a_0、s_t、v_t、a_t，采用横纵向解耦分别进行运动规划的方法，可得横向位置 $x(t)$和纵向位置 $y(t)$关于时间 t 的五阶多项式表达式。

$$\begin{cases} x(t) = a_0 + a_1 t + a_2 t^2 + a_3 t^3 + a_4 t^4 + a_5 t^5 \\ y(t) = b_0 + b_1 t + b_2 t^2 + b_3 t^3 + b_4 t^4 + b_5 t^5 \end{cases}$$

五阶多项式中存在 6 个未知量，将起点和终点的 6 个已知参数代入，即可求得这 6 个未知量。然后根据时间 t 进行合并，即可得到横纵向联合控制的曲线，即最终运动规划的曲线。

4）贝塞尔曲线

对于比较少的点的情况，采用多项式曲线非常合理。但是当点比较多时，为了逼近所有点，就不得不增加多项式的阶数，而由此带来的负面影响就是曲线振荡。即使振荡能够被消除，获得的曲线也会由于存在非常多的起伏而不够光滑。贝塞尔曲线的出现正好解决了上述问题。

1959 年，法国数学家保尔·德·卡斯特里求出一种曲线。1962 年，法国雷诺汽车公司工程师皮埃尔·贝塞尔将自己在汽车造型设计上的一些心得进行归纳总结，并广泛发表，使得这种曲线广为人知，故将其称为贝塞尔曲线。贝塞尔在造型设计上的心得可简单总结为：先用折线段勾画出汽车的外形大致轮廓，再用光滑的参数曲线逼近这个折线多边形。

绘制贝塞尔曲线之前，我们需要知道起点和终点的参数，然后提供任意数量控制点的参数。如果控制点的数量为 0，则为一阶贝塞尔曲线；如果控制点的数量为 1，则为二阶贝塞尔曲线；如果控制点的数量为 2，则为三阶贝塞尔曲线；以此类推。不论是起点、终点还是控制点，它们都代表坐标系下的一个向量。

下面以经典的二阶贝塞尔曲线为例，介绍其绘制方法。如图 6-41 所示，$\boldsymbol{P}_0$ 和 $\boldsymbol{P}_2$ 为已知的参数的起点和终点，$\boldsymbol{P}_1$ 为已知参数的控制点。首先，我们按照起点、控制点、终点的顺序依次连接，生成两条直线。

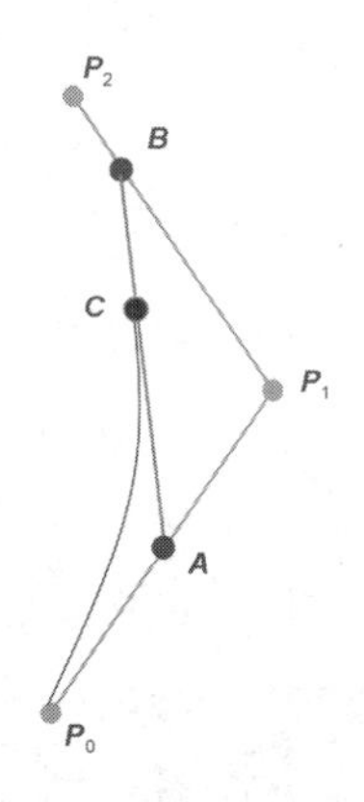

图 6-41 二阶贝塞尔曲线示例

接着，我们从每条直线的起点开始，向各自的终点按比例 t 取点，如图 6-41 中的 $\boldsymbol{A}$ 点和 $\boldsymbol{B}$ 点。随后，我们将 $\boldsymbol{A}$ 点和 $\boldsymbol{B}$ 点相连得到一条直线，也按相同的比例 t 取点，便可得到 $\boldsymbol{C}$ 点，这也是二阶贝塞尔曲线在比例为 t 时会经过的点。比例 t 满足如下公式：

$$t=\left(\boldsymbol{A}-\boldsymbol{P}_0\right)/\left(\boldsymbol{P}_1-\boldsymbol{P}_0\right)=\left(\boldsymbol{B}-\boldsymbol{P}_1\right)/\left(\boldsymbol{P}_2-\boldsymbol{P}_1\right)=\left(\boldsymbol{C}-\boldsymbol{A}\right)/\left(\boldsymbol{B}-\boldsymbol{A}\right)$$

当比例 t 一点点变大（从 0 到 1）时，就得到了从起点到终点的所有贝塞尔点，将所有点相连便可绘制出完整的二阶贝塞尔曲线 $C(t)$，用公式表达为

$$C\left(t\right)=\left(1-t\right)^{2\boldsymbol{P}_0}+2t\left(1-t\right)\boldsymbol{P}_1+t^2\boldsymbol{P}_2,\quad t\in\left[0,1\right]$$

由二阶贝塞尔曲线拓展到 N 阶贝塞尔曲线，可得如下数学表达式：

$$C\left(t\right)=\sum_{i=0}^{n}\boldsymbol{P}_i\boldsymbol{B}_{i,n}\left(t\right),\quad t\in\left[0,1\right]$$

6.5 本章小结

在硬件逐渐趋同的大背景下，算法的能力将决定不同主机厂的实力。如何基于趋同化的硬件打造独具特色的算法，从而形成别具一格的功能，是业界期望看到的竞赛方向。

07 系统

自动驾驶的实现，除了依靠稳定的硬件、优秀的算法，还离不开系统的支撑。有的系统承担不同零件间时间同步的职责，有的系统肩负串联传感器与计算单元的重任，有的系统负责硬件虚拟化的工作……本章将选取与自动驾驶典型系统相关的知识进行科普。

7.1 高精地图，自动驾驶的“天眼”

7.1.1 定义

高精地图是一种精度可达厘米级（传统电子导航地图精度为米级），提供元素更加详细、属性更加丰富、维度更高和更新频率更快的高精度、高丰富度、高维度、高新鲜度的电子地图。高精地图可以辅助实现更可靠、更高精度的融合定位功能，提供超视距环境感知能力，以及支持车道级别最优路径规划。

受限于传感器物理特性和恶劣天气的影响，单车上的融合感知系统只能做到所见即所得，无法获得超视距的感知，也就无法实时掌握道路特征和交通状况。因此，业界除特斯拉（马斯克曾说：“高精地图是一个很糟糕的想法。”）以外基本达成一个共识：高精地图是自动驾驶系统的必备武器，堪比“二郎神杨戬的天眼”。

有一个形象的比喻：装备高精地图的自动驾驶系统仿佛一个在当地开了 20 年出租车的经验丰富的司机，不仅车技好，脑子里还有一张活地图。而没有高精地图的自动驾驶系统，就像是一个初来乍到的外地的经验丰富的司机，虽车技了得，但对当地大街小巷的实际情况一无所知。

7.1.2 组成

高精地图需要存储和呈现车辆的环境数据和交通运行数据，这些数据有静态的，也有动态的。如果都放在一个图层上，既不利于制作，也不利于使用。因此，标准化的分层就显得尤为重要，每一层体现一种环境数据或交通运行数据，所有图层叠加后形成可用的高精地图。

各国标准化组织或协会也一直在致力于这方面的工作，欧洲提出了 4 层分层模型（包括静态、准静态、准动态和动态），中国提出了 7 层分层模型（包括道路层、交通信息层、道路-车道连接层、车道层、地图特征层、动态感知层和决策支持层）。本节不去深究不同模型的差异，仅从易于逻辑理解的角度介绍业界比较认可的分层逻辑。

目前，自动驾驶圈内比较公认的高精地图自下而上可以分成两个大图层——静态数据层和动态数据层。

1. 静态数据层

静态数据层自下而上又可细分为车道模型、道路部件和道路属性三个向量子层，以及一个道路环境特征子层。

- 车道模型用于精确描述车道间的拓扑关系，包括车道基准线、车道连接点、车道交通类型和车道功能类型。车道基准线可以体现不同车道间的关联关系，是局部车道级路径规划的基础；车道连接点可以体现不同路段车道间的关联关系，是全局车道级路径规划的基础；车道交通类型有普通车道、行车道、超车道和辅助车道等；车道功能类型有公交车道、共乘车道和潮汐车道等。

- 道路部件主要分为路面标线类和道路设施类。路面标线类包括路面横纵向标线、标线类型、标线颜色、标线材质和清晰程度等；道路设施类包括收费站位置、绿化带位置、防护栏位置、涵洞限高、桥梁限重和地标性建筑位置等。
- 道路属性包含车道类型属性和路侧呈现设备属性。车道类型属性包含车道数量、类型、坡度、曲率、航向、高程和侧倾等信息；路侧呈现设备属性包含交通信号灯的位置、交通标志的位置及含义、兴趣点（斑马线）的位置及含义等。
- 道路环境特征用于记录具备独特环境特征的目标图层，如交通信号灯、交通标志和地标性建筑等。通过对采集的激光点云和相机图像数据进行特征提取，并打上特定的标签，生成一个道路环境特征图层，用于支持自动驾驶车辆实时感知结果的特征匹配，从而完成车辆实时融合高精定位。

2. 动态数据层

动态数据层基于万物互联的 V2X（Vehicle to Everything）技术，实时获取交通运行数据、交通管理数据，以及人、车的实时运动数据。动态数据层自下而上可分为交通运行数据层、交通管理数据层及高动态数据层。

- 交通运行数据层包含路口信号灯的实时状态、道路拥堵情况、通行区域的天气情况、前方可用充电站和停车场的实时状态等。通过使用 V2I（Vehicle to Infrastructure）/V2N（Vehicle to Network）技术，车载终端可以从路侧基础设施单元或交管部门大数据云平台实时获取交通运行数据。
- 交通管理数据层包含由于道路施工、交通事故和交通拥堵而产生的临时交通标志和交通控制数据。车辆一方面可以通过使用 V2I/V2N 技术实时获得交通管理数据；另一方面通过自身感知设备将遇到的临时交通管理数据上传至图商大数据平台，图商基于此动态更新交通管理数据层。
- 高动态数据层包含移动物体数据、车辆行驶状态和车辆操作数据。移动物体数据包含行驶路线上物体（包括车辆、行人、三轮车和电瓶车等）的位置；车辆行驶状态包括速度和方向等；车辆操作数据包括启动、加速、减速、转弯、换挡等。基于 V2V（Vehicle to Vehicle）技术，车辆之间可以实时完成高动态数据的交互。

7.1.3 作用

高精地图的定义及基本组成均已呈现，下面介绍高精地图可以解决的痛点问题及其发挥的作用。

1. 感知

目前，自动驾驶传感器的家族越来越壮大，单一传感器的“战斗力”也越来越强大，但仍没有一种或几种传感器能解决全场景的感知需求问题。不是受限于传感器和计算单元等硬件物理特性的影响，就是受限于恶劣天气的影响。

（1）在大雪、暴雨和雾霾天气下，相机和激光雷达基本失效，毫米波雷达倒是可以继续完成移动障碍物的识别、追踪和聚类，但仅凭它还不足以支撑起自动驾驶系统的全部功能。

（2）在车道线和斑马线等交通标线磨损、交通指示牌损坏和信号灯繁杂的路口，单纯的视觉系统很难准确完成识别。

融合高精地图的感知系统，可以突破传感器的性能边界，提供全场景和全天候的超视距感知能力。高精地图对自动驾驶感知提升具体体现在以下 3 个方面。

（1）在交通信号灯识别方面，有了高精地图，感知系统只在当前车道前方有交通信号灯的时候才启用对应的传感器及深度学习算法，不仅可以节省计算资源，提高识别的准确率，而且可以延长感知硬件的整体寿命。

（2）在车道线识别方面，高精地图能够提供车道数和车道宽度等丰富的信息，对于车道线磨损和模糊不清等情况，通过重投影补齐车道线，可以提高识别车道线的能力。

（3）在复杂场景感知方面，高精地图通过先验信息提升相应的感知能力。例如，在即将行驶到高精地图标注的斑马线“兴趣区”时，感知系统将启用斑马线行人检测深度学习模型，提高各类姿态行人的识别率，同时对车辆的行驶状态进行合理控制。

2. 定位

无论从系统可靠性还是功能安全的角度考虑，单一定位源都无法满足自动驾驶大规模量产落地的要求。基于多传感器的融合定位是大势所趋，高精地图是融合定位实现的一块重要拼图。

GNSS+IMU+RTK 受遮挡等影响，无法实现全场景准确定位；基于激光雷达或相机的特征匹配定位，受限于道路上重复的特征及传感器本身的物理特性，也无法实现全场景准确定位。而引入高精地图的融合定位系统（GNSS+IMU+RTK+激光雷达+相机+高精地图），可以完美解决绝大部分的边缘场景问题。

融合定位系统的原理如图 7-1 所示，首先通过 GNSS+IMU+RTK 获取绝对定位，并从高精地图中导入此位置的环境特征图层，然后将激光雷达或相机扫描识别的特征与高精地图中记录的环境特征进行匹配融合，从而获取车辆在当前场景下更准确的定位。

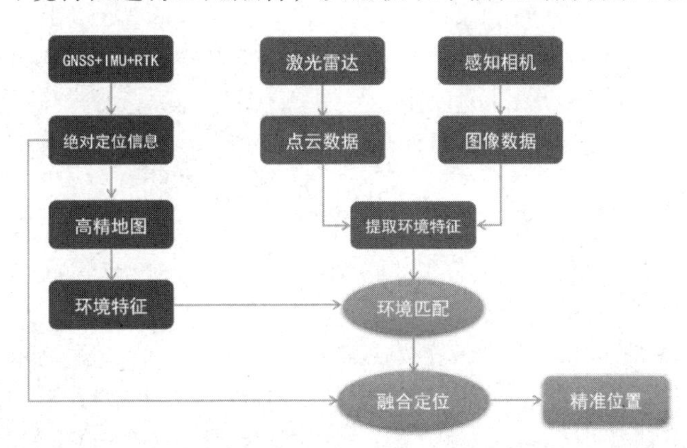

图 7-1 融合定位系统的原理

融合定位的优势主要体现在以下 3 个方面。

（1）获取更准确的定位。

（2）在 GNSS 所需的观测卫星被遮挡（隧道）、IMU 航迹推算误差不断累积的情况下，通过与高精地图的环境特征进行匹配，既可以获得更可靠的定位结果，又可以实现对其他传感器误差的纠偏。

（3）在环境特征重复度特别高的场景（高速公路）下，通过 GNSS+IMU+RTK 实时获取当前位置的高精地图，可以避免环境特征的误匹配。

3. 预测

高精地图可以辅助对道路上的其他车辆进行轨迹预测。例如，如果前方某辆车行驶在实线车道内，那么可以预测该车辆的变道可能性很小；如果前方某辆车行驶在最右侧车道，且前方有高速公路出口，那么可以预测该车辆有驶出高速公路的可能性。

4. 规划决策

在图 7-2 所示的环岛场景下，自动驾驶车辆仅靠自身感知系统，很难理解其交通规则并做出合理的规划和控制。而对于有特殊交通规则的道路（限时公交专用车道、潮汐车道等），仅靠识别交通标识牌，一是无法提前进行路径规划，二是增大错误识别交通规则的概率。

图 7-2 环岛场景

高精地图通过赋予自动驾驶车辆更丰富的驾驶经验，在合理的全局路径规划及智能化的局部路径规划下，大幅提升单车通行效率和交通运营效率。

5. 仿真训练

高精地图与虚拟仿真技术的结合可以极大提高场景构建的效率，进而推动自动驾驶仿真的快速落地与普及。基于高精地图丰富的道路元素信息，使用三维建模软件可以静态还原交通基础设施与周边环境。同时，利用路采数据，在交通参与要素符合逻辑的情况下可以自动化生成动态场景元素。

7.1.4 采集方式

我国国土疆域辽阔、城市数量多且道路状况极其复杂。只靠具有高精地图采集资质图商有限数量的专业采集车，制作地图的数量注定有限，地图更新的频率注定较低（2021年，某头部图商采用专业采集车，3 个月才能更新一次全国高速公路及城市快速路的高精地图）。鉴于此，越来越多的图商采用专业采集+众包采集相结合的方式。

- 专业采集，即采用图商造价百万元的测绘车辆，车上是全副武装的传感器套件，包括高精度组合导航、高线束激光雷达和高像素相机等。在标定完成、时间同步完成和运动补偿完成之后，就可以采集高精地图。
- 众包采集，即发动群众的力量，利用道路上的私家车、出租车和网约车，将带有定位信息的车辆行驶轨迹、相机图像数据、毫米波雷达目标数据通过车端联网设备上传至图商云端平台，图商通过 AI 技术处理数据，提取道路的结构化信息。

专业采集精度高、数量少，因此适合场景地图的初始绘制。众包采集精度低、数量多，因此适合后续地图的高频更新。

7.1.5 采集资质

国家地理信息关乎国防安全，涉及国家秘密，因此在我国从事高精地图测绘活动需要获取导航电子地图甲级资质。甲级资质在人员规模、仪器设备、保密管理和作业标准等考核指标方面都有比较高的门槛。以人员规模为例，需要满足具备 100 人及以上（含注册测绘师 5 人）测绘及相关专业技术人员的条件，其中高级资格 10 人、中级资格 20 人。

而大多数传统主机厂和初创地图企业难以满足上述要求，即使满足了，也只是具备了人和，还要静待天时和地利。从 2001 年四维图新获得第一个甲级资质到 2021 年，我国仅有 31 家企业获得高精地图甲级测绘资质，如表 7-1 所示。而在这 31 家中，除去事业单位和传统图商，所剩的科技型初创企业寥寥无几，这与国外高精地图采集产业的繁荣和高速发展形成鲜明对比。

表 7-1 国内具有高精地图甲级测绘资质的企业信息

序 号	企 业 名 称	获 得 时 间	类 型
1	四维图新	2001/01	传统图商
2	高德地图	2004/06	阿里巴巴子公司
3	灵图	2005/05	传统图商
4	长地万方	2005/05	百度子公司
5	凯立德	2005/07	传统图商
6	易图通	2006/01	传统图商
7	国家基础地理信息中心	2006/01	事业单位
8	立得空间	2007/06	传统图商
9	大地通途	2007/06	腾讯子公司
10	江苏省测绘工程院	2008/06	事业单位
11	浙江省第一测绘院	2008/06	事业单位
12	江苏省基础地理信息中心	2010/10	事业单位
13	宏图创展	2012/06	传统图商
14	光庭信息	2013/06	传统图商
15	滴图科技	2017/10	滴滴子公司
16	中海庭	2018/08	上汽子公司
17	Momenta	2018/08	科技公司
18	宽凳科技	2018/01	传统图商

续表

序　号	企业名称	获得时间	类　型
19	晶众科技	2019/05	传统图商
20	智途科技	2019/05	小鹏子公司
21	华为	2019/07	科技公司
22	丰图科技	2019/11	顺丰子公司
23	京东叁佰陆拾度	2020/01	京东子公司
24	中交宇科	2020/06	四维图新子公司
25	美行科技	2020/06	科技公司
26	速度时空	2020/06	传统图商
27	美大智达	2020/10	美团子公司
28	亿咖通	2020/10	吉利子公司
29	浙江省测绘科学技术研究院	2020/10	事业单位
30	全道科技	2021/02	科技公司
31	航天宏图	2021/02	科技公司

2022 年 8 月，自然资源部印发了《自然资源部关于促进智能网联汽车发展维护测绘地理信息安全的通知》（以下简称“《通知》”），该《通知》对高精地图测绘制作进行了明确的规定和要求。其中要求，高精地图的测绘和制图仅能由国家颁发导航电子地图制作甲级测绘资质（以下简称“甲导”）的企业合法操作。

《通知》中的相关条款虽并非最新规定，但也算是针对自动驾驶行业的一次严令重申。与之相呼应的监管动作是对地图甲级测绘资质审批的收紧，自 2021 年 7 月开始，国家有关主管部门对国内企业的高精地图甲级测绘资质进行了复核。2022 年以来，自然资源部已经发布了 3 批获得高精地图甲级测绘资质的企业名单，共有 19 家企业通过复核，如表 7-2 所示。2021 年获得这一资质的企业多达 31 家，对比之下，2022 年的企业数量锐减 1/3。

表 7-2　2022 年复核通过的高精地图甲级测绘资质企业

序　号	企业名称	获得时间	类　型
1	四维图新	2022/02	传统图商
2	高德地图	2022/02	阿里子公司
3	灵图	2022/02	传统图商
4	长地万方	2022/02	百度子公司

续表

序　　号	企业名称	获得时间	类　　型
5	凯立德	2022/02	传统图商
6	大地通途	2022/02	腾讯子公司
7	江苏省测绘工程院	2022/08	事业单位
8	江苏省基础地理信息中心	2022/08	事业单位
9	宽凳科技	2022/08	传统图商
10	华为	2022/02	科技公司
11	丰图科技	2022/02	顺丰子公司
12	美行科技	2022/02	科技公司
13	美大智达	2022/02	美团子公司
14	亿咖通	2022/08	吉利子公司
15	浙江省测绘科学技术研究院	2022/08	事业单位
16	全道科技	2022/08	科技公司
17	速度时空	2022/02	传统图商
18	宏图创展	2022/02	传统图商
19	航天宏图	2022/02	科技公司

通过分析未通过复核的12家单位名单，我们发现一些相似的标签，它们具备较大的用户服务数量，对于众包数据采集有一定的便利条件，这或许成为监管的重点。

（1）车企子公司或有主机厂参股，如小鹏汽车斥资2.5亿元收购的智途科技、上汽集团控股的中海庭和参投的Momenta、吉利汽车参与投资的易图通、东风汽车投资的立得空间等。

（2）有自动驾驶业务的互联网服务公司，如滴滴旗下的滴图科技、京东旗下的京东叁佰陆拾度等。

7.1.6 数据格式

高精地图目前最主流的通用数据格式规范有OpenDRIVE和NDS。

1. OpenDRIVE

OpenX 系列标准是自动化及测量系统标准协会（Association for Standardization of Automation and Measuring Systems，ASAM）为完整描述一个仿真测试场景而制定的，包括 OpenDRIVE、OpenCRG 和 OpenSCENARIO 共 3 个标准。

其中，OpenDRIVE 主要用于描述仿真测试场景的静态部分（道路几何形状、道路拓扑结构和交通标识等）；OpenCRG 主要用于描述仿真测试场景的表面细节（道路坑洼等）；OpenSCENARIO 主要用于描述仿真测试场景的动态部分（人、车等移动障碍物的行为等）。

OpenDRIVE 是德国制定的国际通用的高精地图数据格式规范，使用 XML 格式文件描述道路结构，自动驾驶系统可通过读取 XML 文件构造路网，座舱域可通过进一步渲染后利用显示屏展示给用户。OpenDRIVE 目前的最新版本为 2021 年 8 月发布的 V1.7，该版本不仅完善了仿真场景的需求，还丰富了自动驾驶对高精地图的额外需求。

OpenDRIVE 通过道路参考线（Reference Line）、车道（Lane）、车道段（Section）、物体（Object）、道路标志（Road Sign）、标高（Elevation）、交叉口（Junction）和坐标系等元素来描述道路结构，如图 7-3 所示。

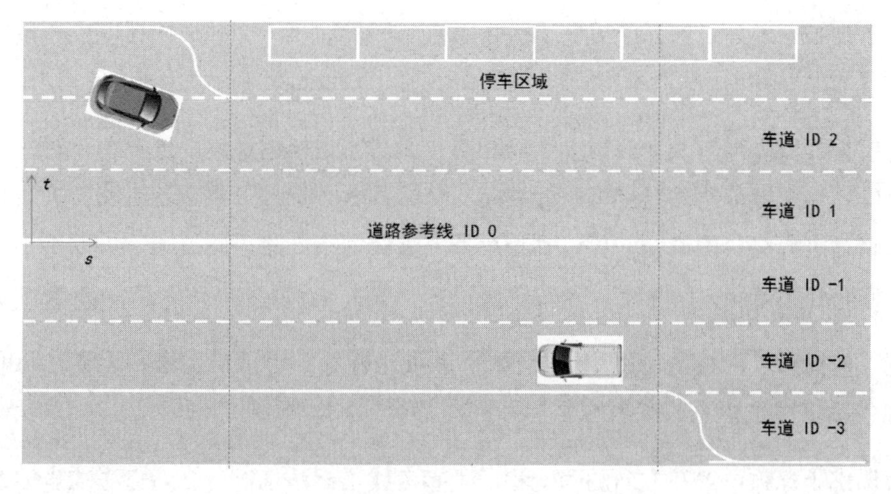

图 7-3 OpenDRIVE 格式下的道路结构示意图

（1）道路参考线。每条道路必须有且只有一条道路参考线，道路参考线可以定义到道路中心，也可以有侧向偏移。道路参考线只反映道路在水平投影面的走向，不包括坡度和起伏等特征。为保证在蜿蜒曲折的道路中的参考线没有断口，道路参考线可由直线、螺旋线和三阶多项式曲线等几何形状组合。道路参考线 ID 通常定义为 0。

（2）车道。每条道路可设置多条车道。车道的属性包括宽度、类型（行车道、超车道、停车道、自行车道等）、材质（通过摩擦系数表征）、限速级别和路权（不同时间段可通行车辆类别信息）等。车道通过 ID 区分，在道路参考线坐标系 s 轴正方向左侧，车道 ID 依次递增；在 s 轴正方向右侧，车道 ID 依次递减。当道路参考线 ID 定义为 0 时，左侧车道 ID 依次为 1、2、3、…，右侧车道 ID 依次为-1、-2、-3、…

（3）车道段。根据车道数变化（增多或减少）、车道线虚实变化和栅栏有无等原则，将道路切分成段，且按照升序来定义。

（4）物体。物体通过拓展、定界及补充道路走向，从而对道路产生影响，最常见的物体包括停车位、人行横道、交通护栏和隧道等。

（5）道路标志。道路标志是用来控制和规范道路交通而设的路标，包括交通信号灯、各类交通标牌等。

（6）标高。标高包括纵向坡度（沿行驶方向的高低起伏）和横向坡度（转弯处内外侧坡度有明显差异）。

（7）交叉口。当有 3 条及以上道路相交、无法清楚描述道路的连接关系时，通过在交叉口中增加虚拟道路，连接可通行方向。交叉口由 3 个部分组成：来路、去路和连接路。来路为进入路口的道路，可以不止一条；去路为离开路口的道路，可以不止一条；来路可同时作为去路。

（8）坐标系。在 OpenDRIVE 中定义了 3 种坐标系，用于描述道路元素之间的相对关系，包括惯性坐标系、参考线坐标系和局部坐标系，如图 7-4 所示。

对局部坐标系位置和方向的确定相对于参考线坐标系来进行，对参考线坐标系位置和方向的确定则相对于惯性坐标系来进行，图 7-5 展示了各坐标系的相对关系。

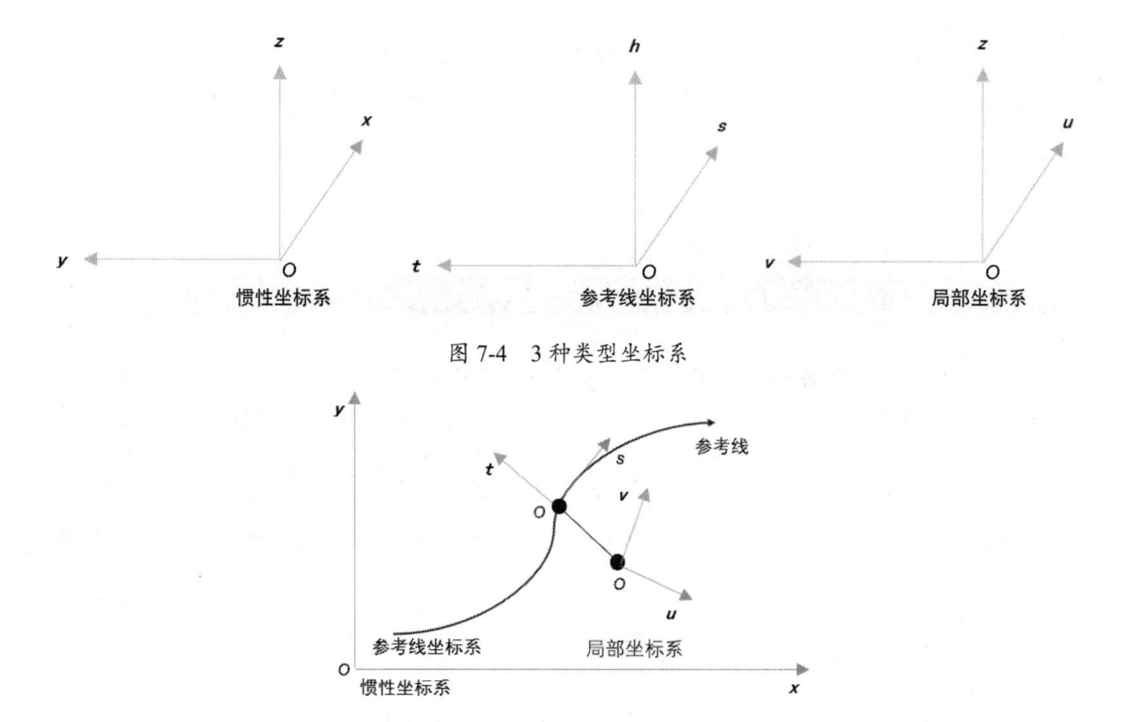

图 7-4 3 种类型坐标系

图 7-5 各坐标系的相对关系

惯性坐标系遵循右手法则，在绘图平面内，x 轴指向右方，y 轴指向上方，z 轴垂直指向平面外。

参考线坐标系同样遵循右手法则，s 轴方向沿着参考线的切线方向，t 轴方向与 s 轴方向正交，h 轴方向由右手法则确定。参考线总是位于由惯性坐标系定义的 xy 平面中。

局部坐标系同样遵循右手法则，u 轴向前与 s 轴保持匹配，v 轴向左与 t 轴保持匹配，z 轴方向由右手法则确定。

2. NDS

导航数据标准（Navigation Data Standard，NDS）是由汽车制造商（宝马、大众等）、系统集成商、地图提供商和服务提供商等联合开发的一套地图数据全球标准。NDS 采用数据库技术存储地图数据，在兼顾性能和功能的基础上，可以比较好地解决地图增量更新、数据安全和数据可靠性的问题。

早先基于嵌入式操作系统开发的车辆不具备数据库环境，因此几乎所有的电子地图存储都采用了文件存储方式。文件存储方式使用大量的地址偏移和计数，以至于地图的增量更新会引起一系列增删操作，文件的结构难以维护。基于数据库技术的地图可以完美解决增量更新的问题。

一份地图数据可以称为一个 NDS 数据库（NDS Database），这个数据库是按照 NDS 标准设计的，只要是按照这个标准制作的地图数据，都可以相互兼容。一个数据库包含不同的产品数据库（Product Database），这些产品数据库不仅可以是不同图商制作的地图，而且可以独立进行版本控制和版本更新，每个产品数据库还可以被进一步划分成多个更新区域（Update Region）。

如图 7-6 所示，如果将江苏省高精地图看作一个数据库，那么苏州市就是一个产品数据库，工业园区和独墅湖区等就是一个更新区域。

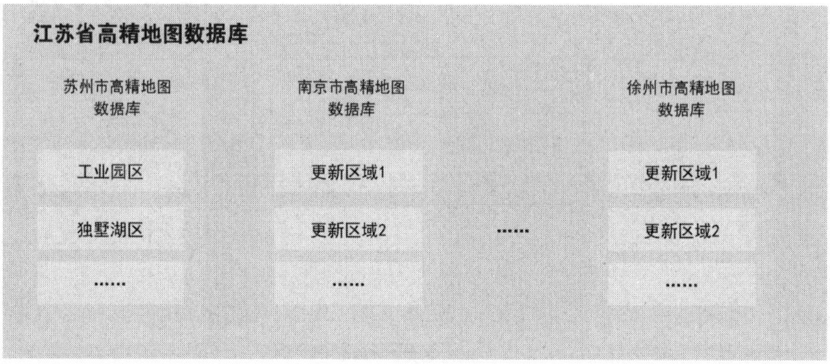

江苏省高精地图数据库

苏州市高精地图数据库
工业园区
独墅湖区
……

南京市高精地图数据库
更新区域1
更新区域2
……

……

徐州市高精地图数据库
更新区域1
更新区域2
……

图 7-6　江苏省高精地图数据库

NDS.Live 是 NDS 协会推出的新一代地图数据标准，NDS.Live 在 2019 年开发之初就将关注点放在了自动驾驶、功能安全性和地图数据无缝分发上。它在 NDS 的基础上，优化了地图数据的划分结构，组合为单元模块（Modules）、可配置服务（Service Registries）和智能图层（Smart Layers）的形式。

这种高度模块化的体系实现了在汽车、边缘网络和云之间进行跨场景使用及扩展地图数据，以便数据被高效快速地共享、更新和合成，保证了数据流的速度，同时减小了数据对网络的压力。

NDS.Live 还将关注点放在了服务接口（Service Interface）的标准上，不限制数据的存储形式和地点，数据可以来自不同的供应商。NDS.Live 扩大了 NDS 地图数据格式的范围，从而更好地支持在线 eHorizon 服务和动态地图管理，为 NDS 开发人员和汽车厂商提供了真正的分布式地图体验。基于以上特点，NDS.Live 在首次提出时便受到了汽车行业的广泛关注。

另外，NDS.Live 不再由一个个数据库组成，而是作为地图分发系统而存在，可以运行于车机端、移动设备端、云端，甚至 ECU 实时数据端等。NDS.Live 的发布和部署可以更好地满足车载导航从离线到在线的转变，使得更丰富、有效的动态信息可以实时从云端发布至车机，有效解决了地图数据量增长的问题，并为辅助驾驶、嵌入式导航和自动驾驶等应用场景的多种需求提供了强有力的支持。

7.1.7 制作流程

目前，各家图商高精地图的制作流程基本类似，主要包含采集、处理、保存验证和发布 4 个过程。

1. 采集

采集是指通过装有专业设备的专业采集车（专业采集）及普通设备的私家车（众包采集）在道路上一厘米一厘米地采集数据。目前的采集设备主要有两种流派，一种是以激光雷达点云为主的点云派，另一种是以相机视觉为主的图像派。

点云派使用的激光雷达以测距精度高而闻名，正好契合高精度地图的高精度要求，再辅以组合导航、相机等传感器，完成时间同步、运动补偿后就可以采集地图。点云派虽然也用到了相机，但相机主要用来在处理过程中弥补激光雷达点云稀疏的缺点，并非采集过程中的主力传感器。

图像派使用的相机以信息丰富、物美价廉而闻名，但其本身不输出深度信息，需要辅以各种 2D 转 3D 的算法来实现 20cm 内的高精度要求，对后期处理能力要求很高。

2. 处理

点云派得到的是激光雷达输出的点云数据。首先需要将每帧点云数据拼接起来，从而建立整个场景的点云地图，整个过程也称为点云注册。目前，实现点云注册的方法主要有 Autoware 提供的 NDT mapping 及各种离线 SLAM 方案。然后在拼接好的点云地图基础上，标注车道线信息、交通标志信息和信号灯信息等，得到道路的结构化信息。这一过程可辅以相机的图像数据，以提高标注准确率。

图像派通过使用深度学习、图像识别和三维视觉等技术，提取、归类感兴趣的数据，并完成 2D 转 3D 的模型，最终标注识别线、提取特征点、构建车道的网络拓扑及制作各种地物（人行横道、标线和交通标志）等。

处理数据是高精地图制作中最耗费时间和精力的过程，面对海量的点云和图像数据，如果仅靠人工，则需要人员数量巨大的标注团队。目前各家图商均聚焦于提高自动化标注的水平和准确率。

3. 保存验证

将处理完的高精地图数据按照客户要求的数据规范保存为固定的格式，并交由专业的技术团队进行质量检查。

4. 发布

验证无误的地图还不能对外发布，需要按照规定程序送至自然资源部审核并取得审图号后，方可进行公开出版、展示、登载和销售。

□ 休息一下

笔者借着项目锻炼的机会，把高精地图的基础知识捋了一遍，越发觉得高精地图作为一种超视距的传感器，必将随着自动驾驶落地的深入而发挥更大的作用。同时，在高精地图标准方面，世界各国都在发力，基于中国的交通条件，中国高精地图上下游企业完全有优势、有能力尽早制定中国标准的高精地图。

7.2 时间同步，自动驾驶中的“花好月圆”

时间同步的重要性在生活中已经充分体现。试想：你和大洋彼岸的客户约定了一个线上洽谈时间，可在你按时进入会议的时候，发现对方迟迟未出现。就在你百思不得其解的时候，旁边同事惊呼：“我们忘记考虑时差了，按照对方的时间来算，还有 6 个小时会议才开始。”

自动驾驶系统更是如此，身边的智驾域控制器、激光雷达、相机和毫米波雷达哪个不是“桀骜不驯”且“性格迥异”的？想要管理好它们，时间同步是基础。本节就来详细介绍自动驾驶系统时间同步的相关内容。

7.2.1 时间同步背景

小时候，我们大多买过那种便宜的电子手表，这种手表有一个缺点：每过一段时间就会和标准时间存在偏差，需要定期进行手工校准。

自动驾驶中的域控制器和传感器如果都采用内置的硬件时钟，那么同样会出现不同硬件时间存在偏差的现象。试想：在感知融合阶段，左侧车道有一辆速度为 80km/h 的车辆正准备变道到自车车道前方，由于没有时间同步，激光雷达 300ms 前的点云数据与相机当前的图像数据融合时，激光雷达点云数据置信度高于图像数据，因此决策单元会误判为后车没有超车行为，继续保持当前的行车状态或加速行驶，那么下一秒则极有可能发生追尾事故。

除了硬件时钟偏差的原因，各种传感器的采样频率也不一致，当前激光雷达典型采样频率为 10Hz，相机为 30fps，高精度组合导航为 100Hz。没有准确的时钟同步，便无法判断各传感器在哪一帧进行融合、在哪里进行插值。两个传感器即使采样频率一致，其每帧数据的采样点一般也不一致。

除了智驾域需要精确的时钟信息，其他域相关功能同样需要。座舱大屏上高精地图的实时显示、驾驶员实时疲劳检测、实时的流媒体后视镜显示、车辆与路侧单元之间的实时信息交互，无一不需要全域架构内的精确时间同步。

7.2.2 时间同步技术

要实现时间同步，首先需要一位德高望重、威名远播的族长（时钟源）。族长负责内部管理和主持各项事务（进行时间同步）。有的家族过于庞大，族长年事已高，一般会再选一名柱首（主时钟节点）及几名房长（边界时钟节点），代替族长处理族里的日常杂事和族员之间的恩怨情仇（主时钟设备对其他设备进行授时）。

1. 时钟源

目前，绝大多数自动驾驶系统都标准化配置了高精度 GNSS 接收机，而 GNSS 中导航卫星内置高精度原子钟，GNSS 接收机通过解算导航卫星信号，可以获得超高精度的时钟信号。所以，除了广为人知的定位功能，GNSS 还有一个鲜为人知但重要的授时功能。

原子钟是人类目前最精确的时间测量仪器，原子在不同能级之间的移动称为“跃迁”，且由高能级跃迁到低能级时会释放电磁波。而对同一种原子来说，这种频率是固定的，且不受温度和压力的影响，只与自身能量有关，物理学上称为“共振频率”。物理学家通过一些物理手段获得共振频率的准确物理值，并以此值作为产生时间信号的基本节拍，即丈量时间的基本单位。据相关报道，“北斗三号”卫星上的原子钟 300 年才会有 1s 的累积误差。

GNSS 车载接收机在接收到大于或等于 4 颗卫星的信号的地方，通过解算即可获得接收机系统时间与卫星原子钟之间的钟差，并通过钟差来校准自己的系统时间，这就是 GNSS 的授时功能。

2. “两条族规”——PPS+GPRMC

GNSS 接收机加冕完成后，会颁布两条族规：一是时间周期为 1s 的秒脉冲（Pulse Per Second，PPS），脉冲宽度为 5～100ms；二是通过标准串口输出 GPRMC 标准的时间同步报文。PPS 前沿与 GPRMC 报文的发送在同一时刻，误差为纳秒级别，可以忽略。GPRMC 是一条包含协调世界时（Coordinated Universal Time，UTC）和经纬度定位数据的标准格式报文。

PPS 为物理电平输出，接收及处理 PPS 信号的时间在纳秒级别，依旧可以忽略。但 GPRMC 数据一般通过波特率为 9600bps 的串口发送，发送、接收、处理时间 t_x 在毫秒级别，无法忽略，这是时间同步的关键。使用 PPS+GPRMC 进行时间同步的原理如图 7-7 所示。

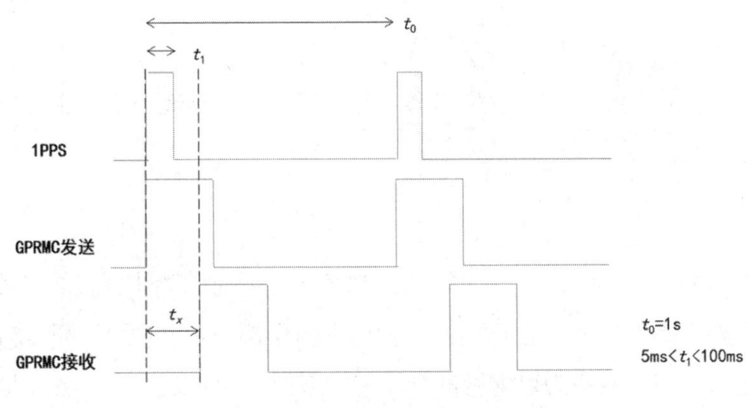

图 7-7 使用 PPS+GPRMC 进行时间同步的原理

（1）设备收到 PPS 信号后，将内部以晶振为时钟源的系统时间中的毫秒及以下时间清零，并由此开始计算毫秒时间。

（2）当收到 GPRMC 数据后，提取报文中的时、分、秒、年、月、日 UTC 时间。

（3）将从收到 PPS 到解析出 GPRMC 中 UTC 时间所用的时间 t_x，与 UTC 整秒时间相加，并同步给系统时间，至此已完成一次时间同步。下一秒再执行相同的过程，每秒准确校准一次。

聪明的人可能已经恍然大悟，后面族里哪位成员需要进行时间同步，谁就做两根线接到这两个物理接口上就可以了。但是，PPS+GPRMC 存在的一些局限不允许我们随意这么做。

（1）PPS 是一个低功率的脉冲电平信号，驱动电流小的只有 0.5mA，大的也就 20mA，带几个族里的成员还行，带十几个人就很困难了。

（2）PPS 是无屏蔽的单线脉冲信号，十几根 PPS 线穿梭在车内，极易受到车内电磁环境的干扰，届时根本无法区分出是干扰脉冲还是同步的 PPS。

（3）GPRMC 通过 RS232 串口发送同步报文，RS232 采用一种一对一的全双工通信形式，也可以通过主从形式实现一对几的数据传输，但一对十几实属罕见，只能通过试验来验证到底可不可行。

（4）当时钟源丢失时，所有需要时间同步的设备都一下子没有了主心骨，每个族内成员都可以自立门户，没有人及时站出来主持大局。这对功能安全要求极高的自动驾驶系统来说，根本无法接受。

3. PTP

基于单纯的 PPS+GPRMC 实现整个自动驾驶系统的时间同步，只具有理论可行性，但并不具有实际可操作性。而基于网络的精确时间同步协议（PTP），同步精度可以达到亚微秒级。这对于主干网络为以太网的全域架构来说，简直是万事俱备，只欠各域控制器的硬件 PHY 芯片支持了。

PTP 是一种主从式的时间同步系统，采用硬件时间戳，因此可以大幅减少软件处理时间。同时，PTP 可运行在 L2 层（MAC 层）和 L4 层（UDP 层），当运行在 L2 层网络时，可直接在 MAC 层进行报文解析，不用经过 4 层 UDP 协议栈，从而大幅减少协议栈的驻留时间，进一步提高时间同步精度，这对于自动驾驶系统来说非常友善。

设备中运行 PTP 的网络端口称为 PTP 端口，PTP 主端口用来发布时间，PTP 从端口用来接收时间。PTP 定义了 3 种时钟节点：边界时钟（Boundary Clock，BC）节点、普通时钟（Ordinary Clock，OC）节点和透明时钟（Transparent Clock，TC）节点。

（1）边界时钟节点拥有多个 PTP 端口，其中一个用来同步上游设备的时间，其余端口用来向下游设备发送时间。当边界时钟节点的上游时间同步设备是 GNSS 接收机时，边界时钟节点就是一个主时钟节点（最优时钟）。

（2）普通时钟节点只有一个 PTP 端口，用来同步上游时钟节点的时间。

（3）透明时钟具有多个 PTP 端口，收到什么时间就转发什么时间，不进行协议解析，内部不参与时间同步。

PTP 通过在主从设备之间交互同步报文，并记录报文发送时间，从而计算网络传输延迟和主从设备间时钟的偏差。PTP 定义了 4 条同步报文：Sync、Follow_Up、Delay_Req、Delay_Resp。PTP 时间同步过程如图 7-8 所示。

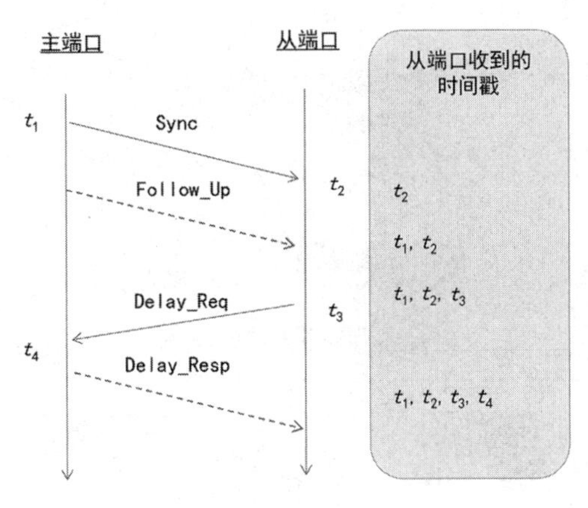

图 7-8 PTP 时间同步过程

（1）PTP 主端口向从端口发送 Sync 报文，同步记录 Sync 发送的时间 t_1。从端口收到 Sync 报文后，记录接收时间 t_2。

（2）紧接着，主端口将 t_1 时间放到 Follow_Up 报文中并发送给从端口，从端口收到此报文后就可以解析出 t_1，并由此得到第一个方程式：t_1+传输延迟+时钟偏差=t_2。

（3）从端口向主端口发送 Delay_Req 报文，同步记录 Delay_Req 的发送时间 t_3。主端口收到报文后，记录接收时间 t_4。

（4）紧接着，主端口将 t_4 时间放到 Delay_Resp 报文中并发送给从端口，从端口收到此报文后就可以解析出 t_4，并由此得到第二个方程式：t_3+传输延迟−时钟偏差=t_4。

两个未知数，两个方程式，应用初中数学知识可以解出：传输延迟=$[(t_2-t_1)+(t_4-t_3)]/2$，时钟偏差=$[(t_2-t_1)-(t_4-t_3)]/2$。

7.2.3 全域架构下的时间同步系统方案

全域架构下的时间同步方案如图 7-9 所示。

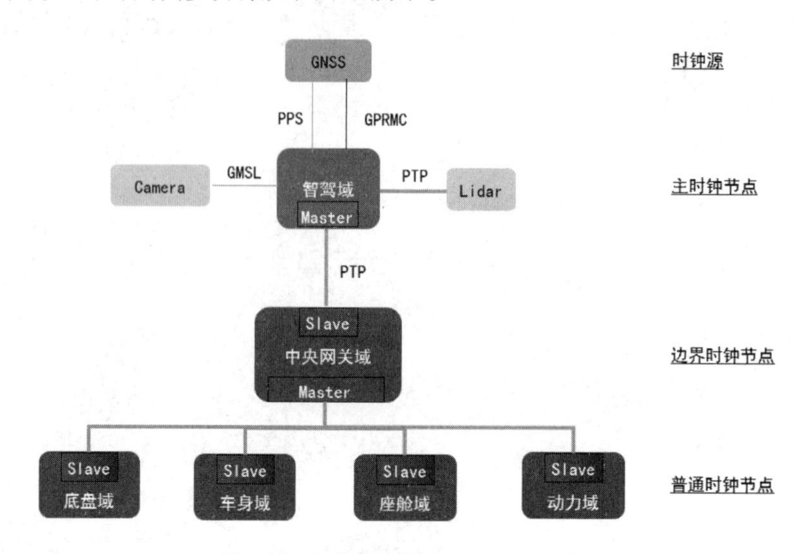

图 7-9 全域架构下的时间同步方案

智驾域控制器直接连接 GNSS 接收机（或内置），GNSS 又是绝佳的时钟源，因此智驾域控制器自然而然成为主时钟节点。中央网关域控制器通过车载以太网的主干网串联起其他域控制器，因此中央网关域控制器自然而然成为边界时钟节点的最佳选择。这样在时钟源丢失时，边界时钟节点同步主时钟节点的系统时间，仍然可以保持整个全域架构内的相对时间一致。

若没有其他域内传感器、执行器的时间同步需求，则将此域控制器设计成普通时钟节点即可。若有其他域内传感器、执行器的时间同步需求，则将此域控制器设计成边界时钟节点，以保证无时钟源时的相对时间一致。

基于以太网设备的时间同步方案已经完善，而对于非车载以太网设备且有非常强烈时间同步需求的相机，我们还需要特殊处理一下。将相机设置为外触发模式，通过域控制器为相机外触发脉冲信号。相机拍照时，曝光时刻会产生脉冲信号发送给域控制器，域控制器记录此时的系统时间，并将时间戳数据放到相机的图像数据中。

❑ 休息一下

有一次，笔者打车途中经过一个堵车的十字路口，出租车司机说：“昨晚打雷，信号灯被雷打坏了，因此造成了拥堵。”过了一会儿，司机又说：“要是有自动驾驶就好了！”

信号灯被雷打坏的发生概率极小，但它是客观存在的事件。人凭借自己的经验尚不能很好地应对此场景，更别提极度依靠交通环境信息交互的自动驾驶系统了。如何面对这样的边缘场景，将真正考验自动驾驶公司的技术实力。

7.3 gPTP，自动驾驶时间同步中的“有趣灵魂”

一辆宣称具备自动驾驶功能的车辆，如果多个激光雷达之间的时间同步不够精确，如果传感器感知数据通过以太网传输到智驾域控制器的延迟不可控，如果智驾域控制器规划决策的结果通过以太网传输到底盘域控制器的延迟不可控，如果座舱域内屏幕显示的变道决策与扬声器播报的声音不同步……那么车辆只是一台适合演示或测试的无情机器，一副没有“有趣灵魂”的躯体。

自动驾驶功能对数据在传输过程的可靠性和实时性要求远超汽车以往的任何功能，而作为域架构/中央计算架构下承载数据传输的车载以太网，必须具备类似当前 CAN/LIN 网络下数据传输的确定性、实时性能力。时间敏感型网络（Time-Sensitive Networking，TSN）作为一种可以基于车载以太网提供确定性和实时性数据传输的全新网络技术，开始进入自动驾驶产业上下游的视野。

TSN 的确定性和实时性优势建立在精确的时间同步基础之上，而 TSN 中用于实现精确时间同步的协议是 IEEE 802.1AS，也就是业界常说的广义精确时间同步协议（gPTP）。在 7.2.3 节中，已经介绍了 PPS+PTP 全域架构下的时间同步系统方案，我们可以认为它是 TSN 产业尚未成熟背景下的一种最佳选择。随着 TSN 上下游产业的成熟，以及自动驾驶量产落地的推进，PPS+gPTP 必将满足全域架构/中央计算架构下自动驾驶功能的需求。

本节就以 gPTP 为切入点，介绍 TSN 中一种更精确的时间同步方法，以及自动驾驶量产落地过程中一种更优的时间同步架构方案。

7.3.1 TSN 的前情回顾

TSN 技术的前身是音视频桥接（Audio/Video Bridging，AVB）技术。在以太网音视频传输领域，如果音频和视频信息没有严格的时序规则，或者不具有可预测的延迟，则会出现声音和画面不一致的现象。高清的音频和视频数据传输对带宽需求极大，对实时性要求又非常高。如何保证高带宽下的实时、同步传输，成为以太网音视频传输领域的难题。

2006 年，IEEE 802.1 工作组成立 AVB 任务组，主攻以上难题。经过几年攻关后，AVB 任务组成功找到了高带宽音视频数据在以太网中实时、同步传输的方法，并制定了一系列标准。AVB 由此开始受到工业、汽车领域相关人士的关注。

2012 年，AVB 任务组改名为 TSN 任务组，并在其章程中提升了时间确定性、扩大了以太网的应用需求和适用范围。TSN 任务组通过制定一系列的传输和转发机制，保证数据在车载以太网传输过程中的低延时、低抖动和低丢包率，从而保证在高可靠性的前提下快速传输数据，为在工业、汽车领域的应用打下了理论基础。

TSN 协议栈是一系列 IEEE 802.1 标准的集合，包括技术类和配置类。技术类也称为组件，主要由 5 类组件构成，包括时间同步组件、可靠性组件、延时控制组件、资源管理组件和安全组件。配置类主要分为工业领域、汽车领域和移动领域等。汽车领域主要涉及两个配置标准 IEEE 802.1BA 和 IEEE P802.1DG，后者将 gPTP 定义为车载以太网 TSN 网络下的时间同步标准。

7.3.2 gPTP 的精彩呈现

下面从基础概念和同步过程两个方面对 gPTP 进行介绍。

1. 基础概念

gPTP 基于 PTP（IEEE 1588 v2）协议进行了一系列优化，形成了更具有针对性的时间同步机制，可以实现微秒级的同步精度。

gPTP 定义了两种设备类型：Time-aware-end Station 和 Time-aware Bridge。每种设备都具有本地时钟，本地时钟都是通过晶振的振荡周期进行度量的，设备内部硬件计数器负责对振荡周期进行计数。设备中用来发送时间同步报文的网络端口称为主端口，用来接收时间同步报文的端口称为从端口。

（1）Time-aware-end Station，既可以作为主时钟，也可以作为从时钟。

（2）Time-aware Bridge，既可以作为主时钟，也可以作为桥接设备，类似于交换机。桥接设备在收到 gPTP 报文后，经过简单处理后再将其发送出去。报文在桥接设备内处理的时间，称为驻留时间。gPTP 要求桥接设备必须具有测量驻留时间的能力。

图 7-10 展示了一个简单的 gPTP 系统，包含 1 个时钟源、1 个主时钟、2 个桥接设备和 4 个从时钟。主时钟是系统内的时间基准，一般是具有更高精度的本地时钟，同时需要能够被高精度时钟源（如卫星系统、原子钟等）授时。主时钟在系统内可以动态分配，也可以预先分配。对于车载固定拓扑应用场景，多采用预先分配的原则。

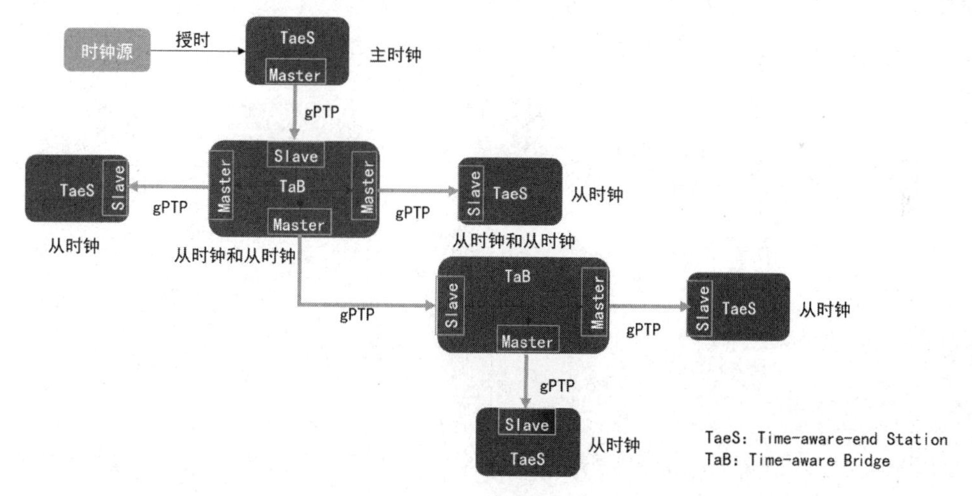

图 7-10 一个简单的 gPTP 系统

gPTP 中规定的主时钟动态分配机制为最佳主时钟算法（Best Master Clock Algorithm，BMCA）。系统上电唤醒之后，系统的所有设备都可以通过发送一条报文来参与主时钟竞选，报文中含有各自设备的时钟信息。每个参选设备都会比较自己的时钟信息和其他设备的时钟信息，并判断自己是否具有优势，如果不具有，则退出竞选，直到综合能力最强的“武林盟主”诞生。

2. 同步过程

gPTP 定义两类报文：事件类型报文（包括 Sync、Pdelay_Req 和 Pdelay_Resp）和一般类型报文（包括 Follow_Up 和 Pdelay_Resp_Follow_Up）。gPTP 定义设备工作在网络七层模型中的第 2 层数据链路层的媒体访问控制（Media Access Control，MAC）层。

当设备 MAC 层接收或发送事件类型报文时，会触发硬件计数器进行采样操作，从而获得时钟振荡周期计数值，结合时钟振荡频率及基准时间，可获得此时的时间戳。一般类型报文仅用来携带信息，不会触发内部硬件计数器的采样操作。

1）时钟偏差测量

gPTP 定义的 5 条报文中，Sync 和 Follow_Up 为一组报文，按周期发送，主要用来测量时钟偏差。如图 7-11 所示，Sync 由主端口发送，在报文离开主端口的 MAC 层时，触发主端口记录此时的时间戳 t_1。从端口的 MAC 层收到 Sync 报文后，会记录此时的时间戳 t_2。随后，主端口将 t_1 附到 Follow_Up 报文中发送给从端口。

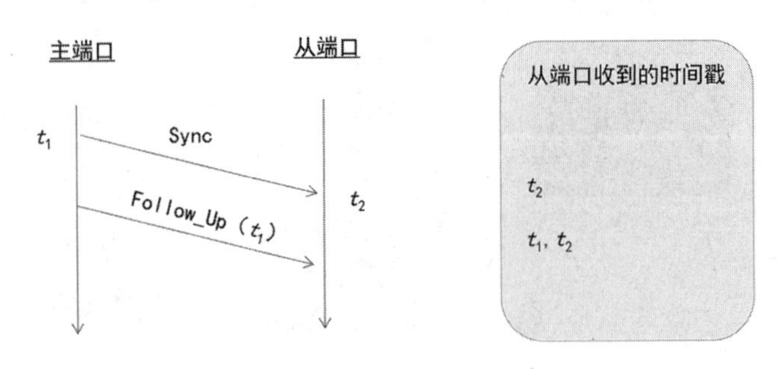

图 7-11 时钟偏差测量过程

如果没有网络传输延迟或延迟可以忽略，则从端口将本地时钟值加上时钟偏差（t_1-t_2），完成时间同步。但是对于微秒级时间同步精度的 gPTP 来说，传输延迟显然无法视若不见。

2）传输延迟测量

gPTP 采用 P2P（Peer to Peer）的方法来测量传输延迟。P2P 方法测量的是相邻设备间的传输延迟，报文不允许跨设备传输，这也就要求 gPTP 网络内的所有设备都需要支持 gPTP 功能。同时定义一组独立的报文专门负责传输延迟测量，分别为按周期发送的 Pdelay_Req、Pdelay_Resp 和 Pdelay_Resp_Follow_Up。

如图 7-12 所示，从端口首先发送 Pdelay_Req 报文，标志传输延迟测量的开始，在报文离开从端口的 MAC 层时，触发从端口记录此时的时间戳 t_3。主端口的 MAC 层收到 Pdelay_Req 报文后记录此时的时间戳 t_4。随后，主端口通过 Pdelay_Resp 报文将 t_4 发送给从端口，同时在 Pdelay_Resp 报文离开主端口的 MAC 层时，触发主端口记录此时的时间戳 t_5，从端口的 MAC 层收到 Pdelay_Resp 报文后记录此时的时间戳 t_6。接下来，用相同的方法，主端口通过 Pdelay_Resp_Follow_Up 报文将 t_5 发送给从端口。至此，一次传输延迟测量过程结束。

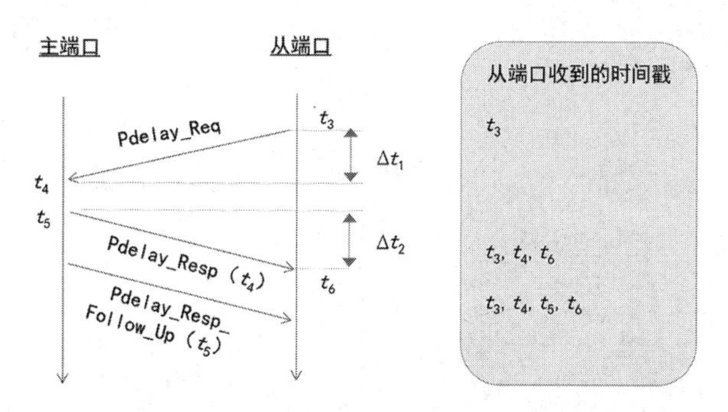

图 7-12 传输延迟测量过程

在假设路径传输延迟对称的前提下，可用以下公式计算相邻设备间的传输延迟。

$$\text{传输延迟}=\frac{\Delta t_1+\Delta t_2}{2}=\frac{(t_4-t_3)+(t_6-t_5)}{2}=\frac{(t_6-t_3)-(t_5-t_4)}{2}$$

3）频率同步

上文的传输延迟测量是在从端口与主端口的时钟振荡频率一致的前提下得到的。下面考虑一下如果主从端口时钟振荡频率不一致，会发生什么情况。如果从端口的时钟振荡频率是 25MHz，那么从端口的一个时钟振荡周期是 40ns；主端口的时钟振荡频率是 100MHz，那么主端口的一个时钟振荡周期是 10ns。

假设在一次传输延迟测量过程中，从端口在 t_6 和 t_3 时刻记录的时钟振荡周期差值为 200 个时钟振荡周期。由于主端口的时钟振荡频率是从端口的 4 倍，因此主端口收到 t_5 和 t_4 时刻的时钟振荡周期差值大概为 800。以从端口的每 40ns 是一个时钟振荡周期为基准进行计算，传输延迟则为-12μs。

除了主从端口时钟振荡频率的先天不一致，温度、老化等原因也会导致晶振振荡频率的不稳定。为了解决频率不同步的问题，gPTP 通过频率同步来实现从端口与主端口的时钟振荡频率同步。

频率同步将复用传输延迟测量过程的 Pdelay_Resp 和 Pdelay_Resp_Follow_Up 报文。通过采用两组答复，如图 7-13 所示，最终可以获得 t_5、t_6、t_9、t_{10} 的值，并由以下公式得到主从端口的频率比。

$$频率比 = \frac{(t_9 - t_5)}{(t_{10} - t_6)}$$

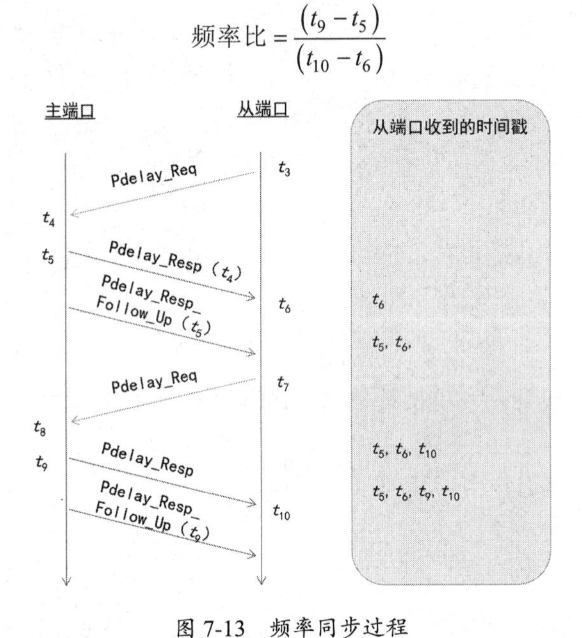

图 7-13 频率同步过程

在主从端口频率同步的情况下，频率比等于1。如果大于1，则说明主端口的时钟振荡频率高；如果小于1，则说明主端口的时钟振荡频率低。从端口根据频率比的值，调整自己的时基，从而获得正确的时间戳。

7.3.3 gPTP与PTP之间的差异

gPTP与PTP之间的差异主要体现在传输延迟测量方式、时间戳采样方式和时钟类型3个方面。

1. 传输延迟测量方式

gPTP仅支持P2P的传输延迟测量方式，PTP不仅支持P2P方法，还支持E2E（End-to-End）方法。E2E方法中测量的是网络中任意两个支持PTP的设备之间的传输延迟，而在这两个设备之间允许存在普通交换机等可以透传PTP报文的设备。这导致P2P和E2E方法在以下方面存在差异。

（1）测量精度。在P2P方法中，报文在桥接设备的驻留时间可以被测量，且会和传输延迟时间一同发给后面链路上的设备，故测量精度可控且足够高。在E2E方法中，报文在普通交换机的驻留时间具有随机性且不可测量，导致测量精度不可控且波动范围大。

（2）架构灵活性。在P2P方法中，测量报文不跨设备传输，当主时钟变化或新增从时钟时，仅对物理上相邻的设备有影响，有利于网络拓展；在E2E方法中，无论主时钟变化还是从时钟变化，都需要重新测量整个网络的传输延迟，且在网络比较复杂时，网络开销会比较大，因此网络拓展性较差。

2. 时间戳采样方式

gPTP只能工作在MAC层，PTP不仅可以工作在MAC层，还可以工作在传输层。报文工作在传输层时，要经历协议栈缓存、操作系统调度等过程，这两个过程都会带来传输延迟的增加且大小不可控。报文工作在MAC层时，离物理层只有一步之遥，既能减小协议栈缓存带来延迟的不确定性，又能缩短报文传输延迟。

报文工作在 MAC 层时，要么报文被直接发给物理层，要么从物理层收到报文，因此可以选择由物理层硬件或软件打时间戳。通过硬件的方式打时间戳，可以消除操作系统调度带来的延迟不确定性。PTP 工作在 MAC 层时，既支持硬件打时间戳，也支持软件打时间戳。而从延迟可控、延迟减少的角度考虑，gPTP 只允许硬件打时间戳。

3. 时钟类型

PTP 支持两种时钟类型：One-Step Clock 和 Two-Step Clock。在 One-Step Clock 中，当发送事件报文时，同时将本身记录的时间戳发送给从端口，如图 7-14 左半部分所示。在 Two-Step Clock 中，事件报文不携带时间戳信息，需要一条专门的一般类型报文向从端口发送时间戳，如图 7-14 右半部分所示。

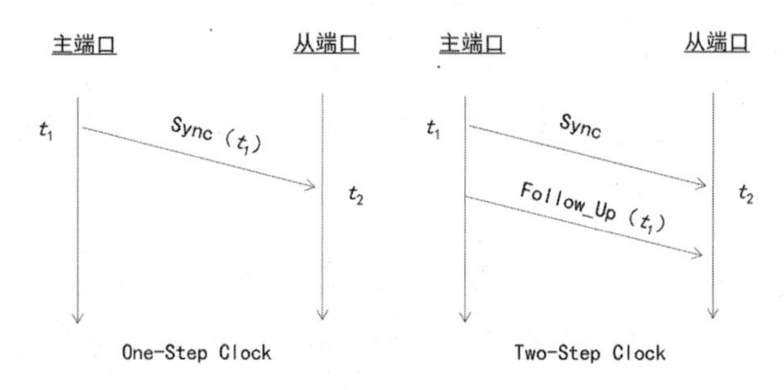

图 7-14　One-Step Clock 和 Two-Step Clock 测量方式

One-Step Clock 虽然可以比 Two-Step Clock 节省一条报文，但对硬件要求高，且硬件成本高，不利于网络扩展和应用普及。在两者精度没有区别的前提下，Two-Step Clock 类型显然是 gPTP 的更优选择，它也是 gPTP 中规定的类型。

7.3.4　gPTP 在自动驾驶领域中的应用

随着自动驾驶量产落地的脚步越来越近，人们对四大模块算法的优化也逐渐转移到对架构级系统功能的优化。作为架构级系统功能的灵魂，时间同步必将首先得到重视，而随着 TSN 产业链上下游的成熟，PPS+gPTP 的精确时间同步方案必将在自动驾驶的架构级系统功能中占有一席之地。

图 7-15 列举了未来潜在的一种时间同步落地架构方案。GNSS 作为时钟源，智驾域控制器作为主时钟，整车域控制器作为桥接设备，其他域控制器作为从时钟。

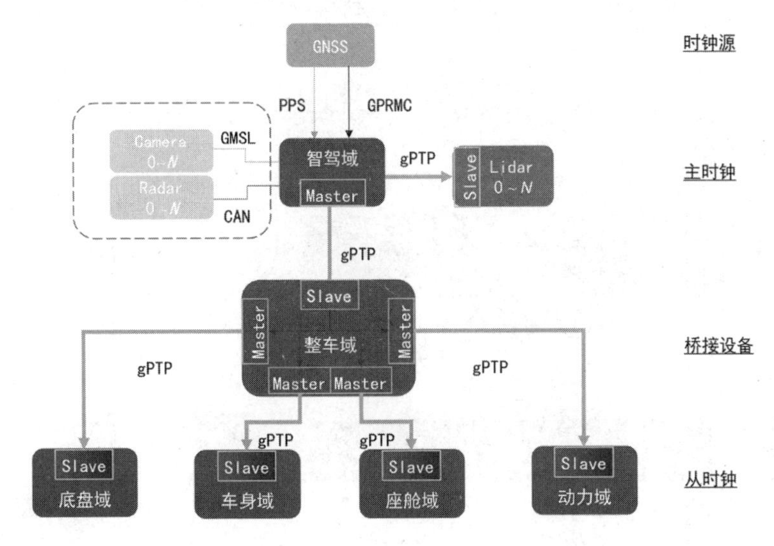

图 7-15 一种时间同步落地架构方案

❑ 休息一下

除聚光灯下的算法和传感器外，自动驾驶还有聚光灯外的时间同步等关键技术。在自动驾驶演示测试阶段，这类关键技术不会显得那么重要，但在自动驾驶量产落地的阶段，必将越发重要。

7.4 交换机，智驾域的“红娘”

交换机串联起智驾域内的传感器、域控制器和黑匣子等零件，提供网络数据转发、虚拟网络划分、链路聚合等功能。交换机在各家自动驾驶公司中存在的形态不尽相同，有用一个单独的零件实现这些功能的，也有将其集成在域管理器或域控制器之中的。本节统一用交换机指代具有这类功能的零件，并介绍智驾域冗余架构下交换机所需支持的典型功能。

7.4.1 冗余架构为什么需要交换机

图 7-16 展示了智驾域一种典型的冗余架构逻辑框图，冗余架构要支持感知冗余、计算冗余和数据备份。通过激光雷达、相机、毫米波雷达和 GNSS 等多传感器深度融合实现多层冗余感知；通过备份的智驾域控制器实现冗余计算；通过黑匣子同步完成关键感知数据和故障数据的存储。

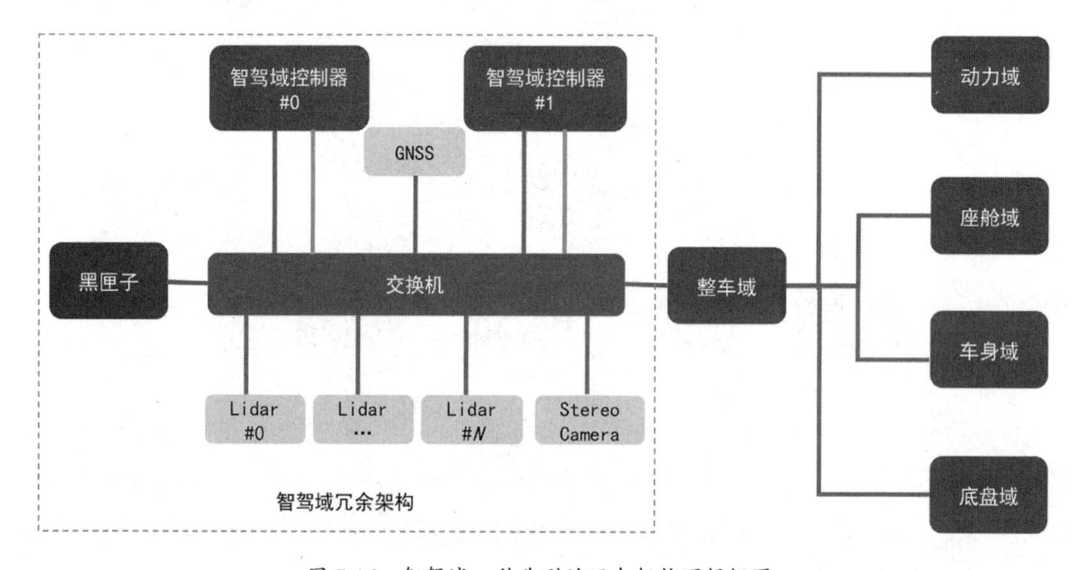

图 7-16　智驾域一种典型的冗余架构逻辑框图

传感器的感知数据如何同步、同等地传输给两个智驾域控制器和一个黑匣子？多个传感器与两个智驾域控制器之间如何实现精确时间同步？整个智驾域如何保证带宽资源的合理利用和整个网络的数据安全？交换机便在这些需求背景下应运而生，成为替智驾域控制器牵线的“红娘”。

7.4.2 网络分层模型

交换机虽是本节的主角，但作为一种网络通信设备，如果不介绍网络分层模型，那么很难将交换机的原理说清楚。开放系统互连（Open System Interconnection，OSI）参考模型是国际标准化组织（International Organization for Standardization，ISO）在 1978 年提出的一种概念模型，用于指导复杂通信系统设计、解决网络之间的兼容性问题。

OSI 参考模型将通信系统分为七层，每层边界清晰，实现特定的功能，同时提供标准化接口与上下层进行通信。OSI 七层模型从下往上分别为物理层、数据链路层、网络层、传输层、会话层、表示层和应用层。下面四层完成数据传输服务，上面三层面向用户。

- 物理层：确保原始的比特流数据可转换为适合在物理媒介上传输的电子信号。
- 数据链路层：将数据转换为比特流。
- 网络层：好比一个十字路口，网络层主要负责决定数据包要走哪条路。
- 传输层：负责决定报文是通过复杂的流程可靠地传输给对方，还是通过简单的流程不保证可靠地传输给对方。
- 会话层：负责决定网络设备间何时建立连接、保持多久、何时断开连接等通信建立、管理和终止工作。
- 表示层：负责数据格式的转换、如编/解码和加/解密等。
- 应用层：负责应用程序间通信的细节。

OSI 参考模型全而大，如果严格按照 OSI 参考模型来开发网络，需要消耗巨大的人力和物力。此时，另一种比 OSI 参考模型更简洁、高效和开放的分层模型开始得到业界的关注，这便是传输控制协议/互联网协议（Transfer Control Protocol/Internet Protocol，TCP/IP）参考模型。

TCP/IP 参考模型将网络划分为四个层次或五个层次，它和 OSI 参考模型各层的对照关系如图 7-17 所示，每层实现的功能和 OSI 参考模型中对应一层或几层的功能相似。在 TCP/IP 参考模型中，每层分别定义不同的协议，用于实现特定的功能，而这一组协议的集合被称为 TCP/IP 协议栈。名字中的 TCP 取自传输层举足轻重的协议——TCP 协议，IP 取自网络层位高权重的协议——IP 协议。TCP/IP 协议栈已经成为网络通信的核心协议。

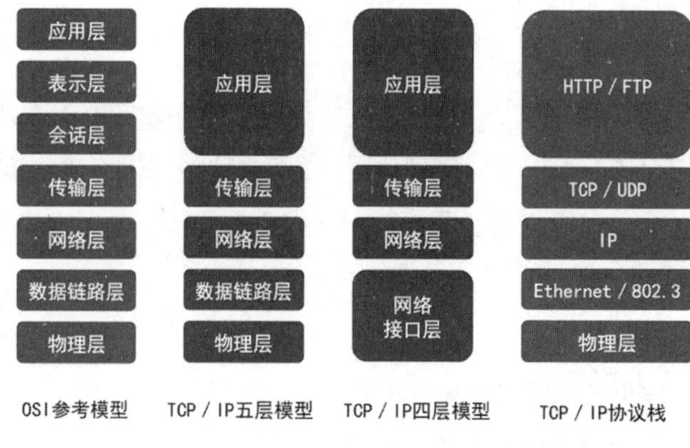

图 7-17 TCP/IP 参考模型与 OSI 参考模型各层的对照关系

本节介绍的交换机工作在数据链路层，也就是常说的二层交换机。目前也出现了三层交换机，通过在二层交换机之上引入三层转发技术，解决了局域网中虚拟网络划分之后，网段中的子网必须依赖路由器进行管理的问题。但本节重点介绍二层交换机的典型功能，涉及的三层转发技术仅一笔带过。

7.4.3 交换机的工作原理

交换机是一种用于转发电（光）信号的二层网络设备，可为接入交换机的任意两个网络节点提供独享的电（光）信号通路。交换机基于 MAC 地址识别，实现对以太网数据帧的转发。MAC 地址是写入网络硬件内部的地址，具有唯一性和不可重复性。

交换机首先学习每个端口相连设备的 MAC 地址，并将端口和 MAC 地址的映射关系存放到交换机缓存的 MAC 地址表中。交换机下次收到要转发的数据帧时，首先检查该数据帧发往的目的 MAC 地址是否在 MAC 地址表中。若在，则将数据帧发往相应的端口；若不在，则向所有端口转发。

交换机的数据转发主要分为两种方式：存储转发和直通式。

在存储转发中，交换机首先接收整个数据帧，并进行错误检验，如果没有错误，则将数据帧发往目的 MAC 地址对应的端口。在这种方式中，数据帧转发的时延随长度的不同而变化。

在直通式中，交换机不进行错误校验，只要识别出目的 MAC 地址对应的端口，就开始转发该帧。在这种方式中，数据帧转发时的延是确定的。

7.4.4 交换机典型功能简介

交换机典型功能包括组播、互联网组管理协议窥探协议、虚拟局域网、链路聚合、风暴抑制和时间同步等。

1. 组播

网络中的信息传输主要包含三种方式：单播、广播和组播。单播是一个网络节点对另一个网络节点的数据传输方式（一对一）；广播是一个网络节点对其他所有网络节点（不管其他网络节点是否需要这个数据）的数据传输方式（一对所有）；组播是一个网络节点对多个网络节点（有网络数据需求的节点）的数据传输方式（一对部分）。

在自动驾驶冗余架构下，两个智驾域控制器需要同时获得同一传感器的感知数据来计算冗余，一个黑匣子也需要同时获得关键场景感知数据和故障数据来做数据备份。如果采用单播的方式，同一传感器数据无法同时发送给两个智驾域控制器和一个黑匣子，那么计算冗余就无从谈起，关键场景数据提取也无从谈起。

如果采用广播的方式，交换机会将同一传感器数据复制到交换机所有的网络端口，这不仅对交换机 CPU 的处理能力提出了极大挑战，还会浪费不需要这些数据网络链路的带宽资源，严重情况下还可能发生数据泄露，导致自动驾驶网络安全问题。将同一传感器数据有选择性地发送给一组接收方，便是组播的用武之地。

组播网络中包含组播源、路由器、组播组和组播组成员。组播源为网络信息的发送者；路由器负责三层组播功能；组播组为由组播地址标识的一组网络信息接收设备；组播组成员为组播组内最终的网络信息接收设备。

2. 互联网组管理协议窥探协议

在智驾域冗余架构内，智驾域控制器、传感器和黑匣子通过二层交换机相连。二层交换机无法处理三层网络信息，在没有特定协议的加持下，无法知道收到的数据帧的目的 MAC 地址是不是一个组播地址。在查询内部映射表却没有找到目的 MAC 地址对应的端口时，二层交换机会将这条数据帧通过广播方式发送出去，如此一来，不仅浪费网络带宽，还会影响网络信息的安全性。互联网组管理协议窥探（Internet Group Management Protocol Snooping，IGMP Snooping）协议的诞生，解决的就是如何在二层交换机中管理和控制组播组的问题。

互联网组管理协议窥探协议是一种运行在二层网络的组播协议。当二层交换机收到上游三层设备传递的 IGMP 报文后，IGMP Snooping 分析 IGMP 报文所带的信息（报文类型、组播组地址和接收报文的接口等），并根据这些信息在二层网络建立和维护组播表。同时，根据这个组播表转发组播报文，不仅可以降低带宽消耗，避免二层网络组播泛滥，还能提高网络信息安全性，因此互联网组管理协议窥探协议是搭建安全网络的理想解决方案。

3. 虚拟局域网

在理想情况下，智驾域交换机只通过整车域交换机与其他域进行通信。但在现实架构设计中，从延迟、安全等角度考虑，智驾域交换机可能还需要直连座舱域交换机和底盘域交换机等。此时，任何一域的广播帧都会被所有域交换机收到。

基于 TCP/IP 协议栈通信时，本身就存在管理类广播帧，包括建立 IP 地址与 MAC 地址映射关系的地址解析协议（Address Resolution Protocol，ARP）、用于自动设定 IP 地址的动态主机配置协议（Dynamic Host Configuration Protocol，DHCP）和路由信息协议（Routing Information Protocol，RIP）等。

如果某一域的广播帧被全域收到，那么广播帧不仅消耗了网络整体的带宽，还消耗了交换机中 CPU 的计算资源。更为危险的是，关键数据被广播到了全域，增加了数据被非法获取的可能性，降低了网络的安全性。因此，合理地划分广播域便显得尤为重要。

虚拟局域网（Virtual Local Area Network，VLAN）是一种将物理 LAN 在逻辑上划分为多个广播域的通信技术。每个 VLAN 内的主机间可以直接通信，不同 VLAN 间主机不能直接通信，这样广播报文就被限制在一个 VLAN 内。

目前，常用的二层交换机 VLAN 划分方法有三种：基于端口的划分方法、基于 MAC 地址的划分方法和基于组播 VLAN 的划分方法。

在基于端口的划分方法中，明确指定交换机每个端口属于哪个 VLAN，操作比较简单。但是当主机较多时，指定工作会变得烦琐。在主机变更所连交换机端口时，需要同时改变交换机端口所属的 VLAN，这显然不适合需要频繁改变拓扑结构的网络。

在基于 MAC 地址的划分方法中，通过检查并记录交换机端口所连接的主机 MAC 地址来决定端口所属的 VALN。这样无论主机接在交换机的哪个端口，交换机都可以正确将其识别为指定的 VLAN，不需要重新配置。在交换机初始化时，此方法需要对所有主机进行配置，当主机数量庞大时，会影响交换机的执行效率。

在传统的组播点播方式下，当属于不同 VLAN 的主机同时点播同一组播组时，三层设备需要把组播数据在每个主机 VLAN 内都复制一份发送给交换机。这样既造成了带宽的浪费，也给三层设备增加了额外的负担。在二层设备上配置了组播 VLAN 后，三层设备只需把组播数据在组播 VLAN 内复制一份发送给二层设备，而不必在每个用户 VLAN 内都复制一份，从而节省了网络带宽，也减轻了三层设备的负担。

4. 链路聚合

在交换机和智驾域控制器相连的主干以太网中，所有感知数据都将汇聚于此。如何提供足够的带宽，同时提供备份机制，除了以太网百兆升千兆、千兆升万兆的方法，还有更常用的链路聚合技术。

链路聚合是指将多条以太网物理链路捆绑在一起，定义为一条逻辑链路。在发送数据帧时，交换机会根据内部的端口负荷分担策略，决定从哪条物理链路发送数据帧，实现增加链路带宽的目的。在交换机检测到其中一条物理链路发生故障时，就会停止在此物理链路发送数据帧，并在剩下的物理链路中重新发送数据帧，实现动态备份的目的。

链路聚合主要分为静态聚合和动态聚合两种。在静态聚合中，链路聚合的建立、新物理链路的加入等均为手动配置，没有链路聚合控制协议的参与。静态模式中所有捆绑的链路一般都是活动链路，参与数据转发。如果某条活动链路发生故障，链路聚合组自动在剩余的活动链路中分担流量。

动态聚合主要使用链路聚合控制协议（Link Aggregation Control Protocol，LACP）来实现。LACP 负责确定双方承担业务流量的链路。当聚合条件发生变化时，如某条链路发生故障，LACP 模式会自动调整聚合组中的链路，组内其他可用成员链路会接替故障链路，维持负载平衡。

对应到智驾域，交换机和智驾域控制器通过两条千兆以太网物理链路相连。交换机将这两条物理链路配置为链路聚合，可以合理分配感知数据的发送链路，实现一千兆变两千兆的效果。在某条物理链路发生故障时，由另一条物理链路承担全部数据传输工作，从而有效提高链路的可靠性。

5. 风暴抑制

当某条网络物理链路上充斥着大量数据帧，并占用大量网络带宽时，造成网络拥塞，降低网络性能直至网络瘫痪的现象称为网络风暴。网络硬件设备无序增加、网络硬件出现问题、网络病毒攻击、网络环路发生等，均会导致网络风暴。广播、组播、单播过程也会出现网络风暴现象。

风暴抑制技术便是解决当网络中存在大量的广播、组播、单播（包含未知名单播）数据帧时导致的网络变慢、数据传输超时和数据传输拥塞大量丢包等问题。

风暴抑制多采用基于端口速率百分比的方式，当端口收到的数据帧累计到预定门限值时，端口将自动丢弃收到的数据帧。当未启用该功能或数据帧未累计到预定门限值时，数据帧将被正常广播到交换机的其他端口。

6. 时间同步

作为智驾域重要的边界时钟节点，交换机不仅担负着智驾域精确的时间同步功能，还要承担在主时钟丢失后，仍可以维持智驾域内一定时间同步精度重任。根据整个智驾域对时间同步精度的要求，可选用 PTP 或 gPTP，这两种同步方式的原理均已介绍过，本节不做赘述。

❑ **休息一下**

好的“红娘”可以成就一段美好的姻缘，在自动驾驶从算法优化逐步过渡到系统优化的阶段，交换机好比“红娘”，其辅助技能将变得越来越重要。

7.5 Hypervisor，舱驾融合路上的“务虚公子”

喊出一句架构升级的口号，给新架构取个响亮的名字，是 2017 年以后主机厂乐此不疲的事情。是否具备自动驾驶能力，外界可以通过对产品进行 360° 路测，给出一个直观的评价。但架构升级成果如何，外界很难找到一种客观的评价方式。

笔者从一位从事架构工作的朋友口中了解到一件真人真事：热衷于架构升级的某主机厂，花了几十亿元，历经四五年，从分布式架构升级到域架构。等到首台车量产，总结架构升级的阶段性成果时，大家惊讶地发现：不仅 ECU 数量一个没少，还多出来几个域控制器零件；新增的域控制器仅承担了替代原先 ECU 的职责，并承接了整车新增的部分需求。这与分布式架构下新增需求升级/新增 ECU 似乎并无二致。

架构升级的先行者开始逐渐清醒，博世最先给出了架构演进路线上的域架构作为一种过渡状态，然而它似乎并不那么完美，有点类似自动驾驶领域的 L3 驾驶自动化系统，看起来容易，做起来难。于是，部分先行者又急着喊出了“一步到位升级到中央集中式架构”的口号，像极了前两年自动驾驶公司集体放弃 L3 驾驶自动化系统，进攻 L4 驾驶自动化系统的景象。

从几家厂商公开的中央集中式架构方案中可知，智能座舱和自动驾驶的相关功能将集中到一个高性能计算单元上，并运行在一个 SoC 上，主动安全及功能降级策略放在另一个安全 MCU 上执行。零束规划的“银河全栈 3.0”中央集中式方案便是由两个高性能计算单元（HPC1 和 HPC2）和四个区域控制器（Zone 1 ～4）构成的。其中，HPC1 便负责智能座舱、自动驾驶的功能，HPC2 承担自动驾驶备份控制任务。

在中央集中式架构下，一个 SoC 上将同时运行智能座舱和自动驾驶等功能。而智能座舱和自动驾驶功能不论是在功能安全、信息安全、实时性，还是算力需求层面，都有不小的差异，且目前都是用不同的操作系统（Linux、QNX、Android 和 RTOS 等）实现的。如果汽车行业统一的操作系统不能尽快诞生，那么如何在一个 SoC 上部署多个不同的操作系统，成为中央集中式架构必须直面的问题。

还好互联网领域曾经遇到过这个问题，并且已经有成熟的解决方案，汽车领域仅在智能座舱域成功解决过该问题。本节就讨论在汽车行业崭露头角，并有希望解决舱驾融合过程痛点的虚拟化关键技术——Hypervisor。

7.5.1 什么是 Hypervisor

要回答“什么是 Hypervisor”，我们不得不简单介绍其在互联网领域成名的历史。

早些年，如果某家公司想搭建邮件系统和文档管理两个应用，那么需要购买两台服务器，每台服务器运行一个应用。每台服务器性能刚好够每个应用使用，应用在物理上又完全隔离，互不干扰，一派祥和。

但在摩尔定律的见证下，服务器性能基本上每两年翻一番，单位计算能力的成本却在不断下降。在某个时间点，便出现了这样一个烦恼：在市面上能买到的最低配置服务器性能也支持两个应用同时使用。

如果将两个应用装在一台服务器上，不但资源调用可能发生冲突，而且维护起来很麻烦。但是如果买两台服务器，既浪费性能，又浪费金钱。如何解决在一台服务器上运行多个相互隔离的不同操作系统应用的问题，成为摆在互联网发展道路上的巨大障碍。

在互联网领域前辈前赴后继的努力下，终于找到了解决方案——虚拟化技术，即在一台物理服务器上模拟出多个具有完整硬件配置，并运行在完全隔离环境中的计算机系统。这个模拟的计算机系统就是我们平时说的虚拟机（Virtual Machine，VM）。

汽车领域开发工程师对虚拟化技术多少都有过接触。如果你是一名车联网 Java 开发工程师，那么你肯定用过 Java VM，这是一种应用程序虚拟化技术；如果你是一名自动驾驶集成开发工程师，那么你应该和 Docker“相爱相杀”过，这是一种操作系统虚拟化技术；如果你是一名大数据平台开发工程师，那么 KVM 似乎是你绕不过去的坎，这是一种硬件虚拟化技术。

谁去负责虚拟机的虚拟资源和物理硬件之间的转换工作？谁去负责虚拟机的创建、删除和配置呢？这便是本节主角 Hypervisor 的职责，中文直译就是“超级监督者”，是一类具有此类职责软件的总称。

Hypervisor 全面接管物理服务器的 CPU、内存、硬盘和网卡等硬件资源，把它们抽象成逻辑资源池，并按需分配给每个虚拟机。通过 Hypervisor 的神奇操作，每个虚拟机都能独立使用自己的虚拟 CPU、内存、硬盘和网卡等硬件资源。

互联网领域常用的 Hypervisor 主要有两种类型：Type 1（裸机类型）和 Type 2（寄居类型），如图 7-18 所示。

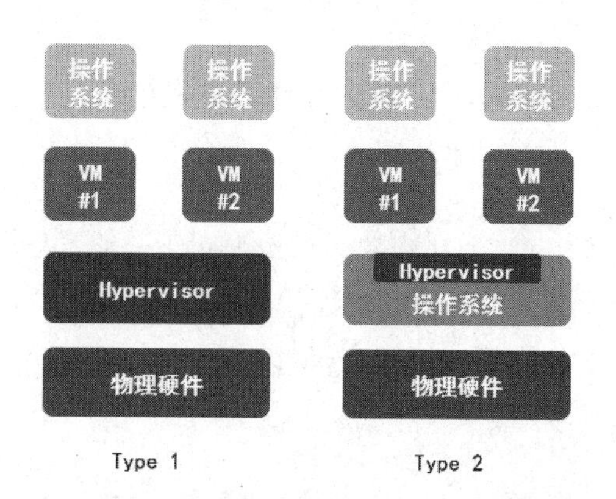

图 7-18 Hypervisor 的 Type 1 和 Type 2 类型对比

在 Type 1 中，Hypervisor 直接运行在物理硬件之上，向下直接管理所有硬件资源，向上通过 Hypervisor 创建多个虚拟机，在虚拟机上安装操作系统及部署应用。

在 Type 2 中，先在物理硬件上安装一层操作系统，利用操作系统管理所有硬件资源，再在操作系统上安装 Hypervisor，后面操作同 Type 1。

Type 1 类型的 Hypervisor 直接运行在物理硬件之上，直接访问物理硬件并管理所有硬件资源，在延时、安全性和效率上更胜一筹。但是此类型的 Hypervisor 需要硬件支持，移植难度大，开发成本也较高，在互联网领域常用于数据计算中心。

Type 2 类型的 Hypervisor 运行在某个操作系统之上，利用操作系统访问物理硬件，在延时方面劣势明显，且底层操作系统的任何故障都将危及其上的虚拟机，因此该类型的 Hypervisor 在安全性方面相对较弱。但是此类型的 Hypervisor 移植难度小，开发成本低，在互联网领域常用于客户端系统。

在汽车领域，由于更加严格的实时性及安全性要求，目前主流选择 Type 1 方案。Hypervisor 除了具有硬件资源分配功能，还具有以下功能。

（1）设备模拟。Hypervisor 可以创建客户操作系统并访问一些虚拟硬件组件，是否需要虚拟硬件组件取决于客户操作系统上运行的应用程序。

（2）内存管理。Hypervisor 负责为自身和客户操作系统管理和分配硬件内存资源。

（3）设备分配和访问。Hypervisor 通常可以将硬件组件分配给客户操作系统，并控制客户操作系统实际可以访问哪些硬件组件。

（4）上下文切换。当 Hypervisor 需要在内核上安排新的客户操作系统时，Hypervisor 必须将在该处理器内核上运行的现有客户操作系统的“上下文”（操作条件）保存到内存中，从而实现“上下文”切换。之后在加载新的客户操作系统时，可以从内存中访问新的客户操作系统，而不会中断执行环境。

（5）捕获指令。客户操作系统可能会根据其访问权限级别而执行技术上不应执行的指令。Hypervisor 可以分析客户操作系统尝试发送到硬件的指令，并模拟硬件对客户操作系统指令的响应。

（6）异常处理。在发生异常（异常行为）时，可以将某些异常路由到 Hypervisor 进行处理。

（7）虚拟机管理。Hypervisor 负责启动和停止客户操作系统在其上运行的虚拟机。

7.5.2 汽车领域为什么会拥抱 Hypervisor

在汽车电子电气架构处于分布式的时代，每个 ECU 负责一种功能，可以说是各司其职，泾渭分明。但是自从博世公开了其电子电气架构演进的“内功心法”后，江湖便掀起了架构升级潮，各家闭门修炼，以期早日取博世而代之。

这个心法口诀的核心就是：分久必合。在这个时间点，正是域融合称王、分布式退位的阶段。暂不表文章开头隐喻的域架构升级过程的辛酸苦楚，只提在融合过程中涌现出来的一位优秀代表——座舱域，这也是 Hypervisor 目前为止在汽车领域攻下的第一座城和唯一一座城。

在汽车由简单的代步工具变成具有移动属性的空间后，座舱内便热闹了起来。中控大屏、液晶仪表、抬头显示、行车记录仪、流媒体后视镜、后排娱乐系统等悉数登场，整个座舱内俨然成为屏幕家族狂欢的舞台。如果按照分布式电子电气架构的思路，每新增一个大的功能就新增一个零件，别说主机厂在成本上不能接受，在狭隘的空间内如何布置得下这些控制器都是一个难题。

在域融合心法的指引下，既然大家都是初来乍到，又没有把柄被巨头供应商抓住，那么座舱内各种大屏走向联合也是合乎发展规律的事情。因此，在联盟中挑选出一位德才兼备的盟主——智能座舱域控制器，负责联盟内外事务。

盟主刚上位，就面对一个棘手的问题。液晶仪表、抬头显示负责的部分功能与动力系统和辅助驾驶系统强关联，具有较高的实时性和安全性要求，因此多以安全实时的操作系统 QNX 为主。中控大屏、行车记录仪、后排娱乐系统主要提供娱乐、导航和车辆控制等多样化功能，对丰富的生态资源和信息安全有较高的要求，因此多以生态丰富的 Android 和 Linux 操作系统为主。

盟主想到了两种方案。一种方案是自己修炼“影分身之术”，也就是在一个座舱域控制器中放置两块芯片。一块芯片装 QNX 操作系统，运行仪表相关功能；另一块芯片装 Android 或 Linux 操作系统，运行大屏相关功能。两块芯片通过外围串行接口相连并进行通信。这是一种形态上的融合，各单元依然独立地完成各自的任务，因此功能边界非常清晰。但是每块芯片都需要一个最小系统，不仅浪费硬件资源，还无法实现硬件资源拓展。此外，信号在多块芯片之间进出带来的延迟而导致的性能局限，也是此种方案挥之不去的噩梦。

此种融合方案的代表便是特斯拉，其区域架构方案也一直是各厂商模仿的对象。整个架构包括一个中央计算单元和三个区域控制器，中央计算单元负责 ADAS/ADS 功能、信息娱乐功能和网络通信功能。特斯拉将实现 ADAS/ADS 功能的 FSD 芯片、实现信息娱乐功能的 MCU 芯片和实现网络通信功能的模组集成在一块电路板上，并采用一套液冷系统。每块芯片独立运行各自的操作系统并独立完成各自的任务，外界一般称其为“准中央集中式架构”。

另一种方案是盟主雇佣专业的经理人，帮自己打点底下的小兄弟，也就是业界比较认可的终极融合方案——“一芯多屏”，即一块芯片运行多个操作系统，从而支持仪表、抬头显示和各种大屏的功能，同时满足各个应用对实时性、可靠性和安全性的不同要求。这时，互联网领域成熟应用的虚拟化和 Hypervisor 技术便自然而然地吸引了汽车行业的目光。

虚拟化和 Hypervisor 在座舱域的成功应用，给了电子电气架构不断融合下去的勇气和信心。尤其是到了中央集中式架构阶段，整车可能就剩下一个高性能中央计算单元。这个高性能中央计算单元既要实现智能座舱功能，又要实现自动驾驶功能。而这些功能的差异十分明显，所需支持的操作系统类型也更加丰富。

Hypervisor 的到来，在物理硬件层面，可以根据功能需求自由分配每个操作系统所需的资源，充分且灵活地利用高性能 SoC 的高超运算能力；在功能实现层面，还可以按照不同主机厂的需求灵活搭载各种不同的操作系统组合，并运行具有不同算力要求、不同功能安全等级、不同信息安全等级和不同实时性要求的软件。一种基于 Hypervisor

的舱驾融合软件架构如图 7-19 所示。

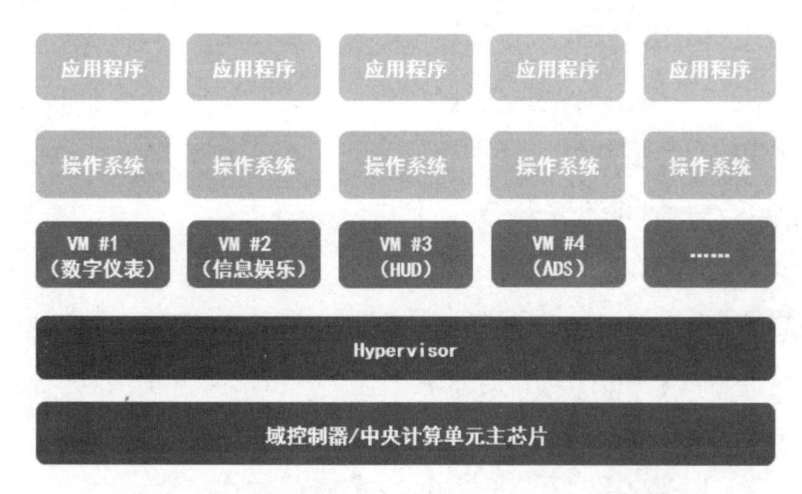

图 7-19 一种基于 Hypervisor 的舱驾融合软件架构

7.5.3 车载 Hypervisor 的技术要求

Hypervisor 虽在互联网领域大放异彩，但汽车领域的特殊性决定了 Hypervisor 不可能完全照搬互联网的成熟经验。在汽车领域适配的过程中，Hypervisor 必须正视和尊重汽车领域与互联网领域的差别。

（1）物理硬件层面。互联网的集群服务器模式，可以让其拥有灵活、可扩展的高计算能力和大存储能力，Hypervisor 完全不用操心自己需要消耗多少计算和存储资源的问题。而在对成本极其敏感的汽车领域，不管是当下的域控制器，还是后面的高性能中央计算单元中的主芯片，其计算能力和存储能力都显得捉襟见肘。降低 CPU 占用、AI 算力消耗和存储需求，将是贯穿整车项目开发始终的工作。Hypervisor 自身的轻量化能力成为衡量其能否在汽车领域大规模应用的一个关键指标。

（2）安全冗余层面。互联网领域面对的是动态的用户任务，互联网行业期望 Hypervisor 可以动态分配物理硬件资源，有效利用闲置资源，从而实现降本增效；汽车领域面对的是相对固定的用户计算任务，任务所需硬件资源在出厂前已由工程师设计分配好。汽车行业期望 Hypervisor 在实时性、可靠性和安全性等方面可以更加出众。

（3）适配开发层面。在汽车领域，MCU、MPU、SoC 类型丰富，操作系统数不胜数，如何减少 Hypervisor 在适配底层不同硬件和上层不同操作系统的工作量，是横亘在 Hypervisor 面前的另一座高山。

汽车领域和互联网领域的差别，决定了 Hypervisor 要想在汽车领域继续攻城拔寨，必须继续修炼，直至拥有以下能力。

（1）安全冗余层面。Hypervisor 必须具备通过资源分区技术严格隔离和分配资源的能力。当一个虚拟机中的应用程序出现故障时，只会影响分配给它的内存，而不会影响其他虚拟机的内存池。当然，前提是开发人员提前规划好应用的内存需求。

（2）通用开发框架层面。汽车领域需要一种权威的 Hypervisor 通用框架和标准接口，以减少适配底层的不同硬件和上层的不同操作系统时的开发工作量。目前，VirtiO 标准已得到汽车行业一众巨头的支持，未来有希望脱颖而出，实现“大一统”。

（3）任务调度机制。汽车领域存在大量的实时任务和非实时任务，而这两种系统对任务的时间响应要求有着本质上的不同。Hypervisor 应该具备灵活的时间调度机制，既能支持基于优先级的任务调度方式，又能支持基于时间片的任务调度方式。

（4）进程间通信机制。Hypervisor 在对虚拟机进行严格安全隔离的同时，也需要支持不同虚拟机进程之间以受控方式进行相互通信。最基本的进程间通信包括同步消息传递和共享内存两种方式。

7.5.4 车载主流 Hypervisor 产品介绍

近几年涌入车载 Hypervisor 领域的玩家非常多，并以巨头为主，包括 Xen Hypervisor、OpenSynergy、ACRN Hypervisor、Global Hypervisor、Mentor Hypervisor、QNX Hypervisor 和 Redbend Hypervisor 等。但非常遗憾的是，QNX Hypervisor 是写作本书时唯一被成功应用到量产车型上的 Hypervisor，也是目前市场上唯一的功能安全等级达到 ASIL D 级的虚拟化操作系统。由此可见 Hypervisor 的开发难度非常高。

下面挑选三款比较有代表性的 Hypervisor 产品进行简单对比，如表 7-3 所示。

表 7-3 主流 Hypervisor 性能参数对比

产 品	出 厂 商	最新版本	Hypervisor 类型	支持的硬件类型	支持的操作系统	GPU 虚拟化	安 全 功 能	授权方式
QNX Hypervisor	BlackBerry Limited	v2.2（2021/02）	Type 1	ARM、x86、Pentium、PowerPC、MIPS	QNX、Linux、Android	支持	ISO 26262 ASIL-D、IEC 61508 SIL-3、IEC 62304	闭源收费
ACRN Hypervisor	Linux&Intel	v2.0（2020/06）	Type 1	x86	Clear Linux、AGL、Android、RTOS	支持	Trusted Execution Environment、Secure Boot	开源免费
Mentor Hypervisor	Mentor Graphics	未知	Type 1	ARM	Mentor Embedded Linux、Mentor Embedded Nucleus RTOS、AUTOSAR 和 Android	N/A	ARM TrustZone	闭源收费

❑ 休息一下

“兵马未动，粮草先行”，这是多少鲜血总结出来的经验。一时的落地除了收获短暂的声量，似乎对社会进步不会有大的助力。而储备好粮草的长期落地，才是更有效的方案。在架构升级和自动驾驶领域，我们的粮草就是对关键基础技术的攻坚、关键基础技术的突破。

7.6 复杂工况和恶劣天气，检验自动驾驶能力的“试金石”

自动驾驶在公开道路的终极落地，既要得到普通大众的内心认可，也要获得各国法律法规的支持。而获得认可与支持的前提，则是证明自动驾驶比有人驾驶更加安全。为了达成这个目标，自动驾驶公司开始在政府划定区域如马拉松般地累积运营里程。

受制于传感器的性能边界、算法的成熟程度，自动驾驶公司目前多选择在阳光明媚、风和日丽的天气下，车流适中、交通标识齐全的道路上，展示一段车辆的自动驾驶“华尔兹”。但复杂工况、恶劣天气下的交通事故发生率远高于简单工况、常规天气，这既是常识，也是事实。公开资料显示，降雨条件下发生事故的风险比正常情况高 70%。

自动驾驶要想获得更加令人信服的测试里程累积数据，随着传感器性能边界的不断突破、算法的不断成熟，必将逐渐开展复杂工况、恶劣天气的专项集中测试。这也是检验自动驾驶是否具备终极上路能力的“试金石”。本节梳理出一些复杂工况及恶劣天气，浅谈其对自动驾驶的潜在影响及一些潜在的解决方案。

7.6.1 复杂工况

在自动驾驶公司的路测视频中，我们经常可以看到视频中不断强调无保护左转、环岛、人车混流、狭窄路段超车和大型路口掉头等复杂工况下的自动驾驶能力。这些有人驾驶都经常“折戟沉沙”的工况，是自动驾驶公司竞相追逐的高地，下面我们挑选无保护左转和环岛两个最复杂的工况展开介绍。

1. 无保护左转

在自动驾驶的城市场景、高速场景和泊车场景中，城市场景无疑是最复杂的。而在城市场景中，无保护左转又是最难的工况之一。可以说，理解并攻克了无保护左转工况，就等于提前入围决赛圈。

无保护左转，指的是十字路口没有设置专门的左转信号灯，而是和直行共用一个信号灯，如图 7-20 所示。在无保护左转中，车辆一方面需要遵守交通规则，根据交通信号灯判断车辆是否可以左转，并尽可能礼让直行的车辆；另一方面需要具备竞争策略，通过缓行缓停不断向直行车辆传递左转的意图，并在判断与直行车辆有安全距离的情况下加速穿过直行车道。加速穿过直行车道之后，需要立即减速缓行，并实时感知、预测非机动车道的非机动车、斑马线上的行人等弱势道路使用者，以便安全、高效地驶入对向车道。

图 7-20 无保护左转路口

无保护左转有两个难点：一是车辆本身的感知无法做到超视距，无法提前获知路口被遮挡的直行车辆、非机动车道的非机动车、斑马线上行人的运动情况；二是决策时无法融入对人类意图的理解。没有超视距，就无法做到规划、控制。后期通过 V2X 获取路端感知和其他车辆的数据倒是可以解决这个难题，但目前的单车智能还无法做到高成功率的流畅无保护左转。

目前，自动驾驶车辆擅长判断来车的距离和速度，但是无法领会其他驾驶员、行人的一个眼神、挥手，只能僵硬地根据对向车辆的距离判断是否具有安全的左转距离。自动驾驶车辆不仅要学会如何礼貌地要求其他车辆让路，还要判断其他车辆是否有减速的意图。因此，了解人类的意图、洞悉人类的心理，可能是自动驾驶的终极命题。

2. 环岛

环岛工况，一个让众多有经验的司机都栽跟头的工况，一个看似容易却又异常玄乎的工况。在环岛工况中，自动驾驶车辆需要完成驶入、换道和驶出等操作，再加上常见的不遵守交通规则的非机动车，更给环岛工况增加了复杂性。一个典型的环岛场景如图 7-2 所示。

以一个三车道、五出入口、每个出入口两车道数的环岛为例。在进入环岛前，自动驾驶车辆需要提前变换到可以驶入环岛的相应车道，并在没有信号灯指引下在斑马线礼让行人。礼让完行人后，按照交通规则，还需在第二个让行标志前礼让正在环岛上行驶的车辆，并伺机驶入环岛。

进入环岛后，自动驾驶车辆需要根据驶出环岛的路口选择合适的内侧、中间和外侧车道。因为在环岛行驶中，连续变道是违规的，驶出环岛时需要提前变换到中间车道，再变换到外侧车道，最后驶出环岛。内侧车道行驶，干扰少，但是驶出时需要变换两条车道，为感知、规划增加了更多挑战。外侧车道行驶，驶出环岛成本最低，但是需要面对的无序干扰较多。因此，需要根据自动算法的特点来做选择。

驶出环岛时，一是要在恰当的时机变换到可以驶出环岛的外侧车道；二是在驶入环岛车辆礼让驶出环岛车辆的交通规则下，及时传递驶出环岛意图并安全快速驶出环岛，同时注意礼让斑马线处的行人。

上述例子仅是一种环岛类型，按照 ISO/DIS 34503:2022 中的定义，环岛可分为小型环岛、紧凑环岛、常规环岛、大环岛和双环岛等类型。不同类型的环岛可能有不同的车道数量、中央岛边缘类型、环岛内车道内切直径及出入口数量等，这些都将影响自动驾驶的通过策略。

7.6.2 恶劣天气

这里的"恶劣天气"指的是不利于自动驾驶传感器使用的天气，并非气候学上定义的恶劣天气，两者有一定重叠但不完全一致。已知的不利于自动驾驶传感器使用的恶劣天气包括雨、雪、雾、雾霾、沙尘暴、强光和全黑等。目前，尚未诞生一种可以胜任全天时、全天候的全能传感器，多传感器深度融合又多处于试验验证中。因此，恶劣天气必将长期且深远地影响自动驾驶的量产落地。

1. 激光雷达

激光雷达采用近红外光（常用 905nm 和 1550nm 波长）作为探测媒介。近红外光在大气传播过程中会发生功率衰减，面对雨、雪、雾等恶劣天气时具有天生怯场的弱点。在恶劣天气下使用激光雷达，不仅会大幅降低产品性能，还极易出现虚假障碍物的情况。

1）雨

激光脉冲打到雨滴上时，部分发生散射，部分穿过雨滴，而部分穿过雨滴的激光脉冲会发生较大比例的功率衰减。相关人员通过对不同大小的雨滴进行测试后发现，中、小雨滴造成的激光脉冲功率衰减不足以影响对雨滴后面物体的测量，通过多次回波算法可以过滤掉雨滴散射后的回波脉冲。

但是当雨足够大、足够密、足够乱时，雨滴之间相互撞击会形成团状雾。激光脉冲打到团状雾后，相比中、小雨天气，反射的回波脉冲能量会变强，穿过雨滴的脉冲能量会变弱，这极易导致激光雷达将团状雾识别为虚假障碍物。这个问题目前很难从算法端过滤，因此成功影响激光雷达在大雨中使用的最大阻碍。

相比于中、小雨场景下通过多次回波过滤雨滴散射信号的解决方案，在容易形成团状雾的暴雨中，我们可以采取另一种方案：自动驾驶车辆实时感知降雨大小，并实时判断是否超过内部设定的降雨影响的阈值。一旦超过这个阈值，自动驾驶车辆可以降低对激光雷达感知结果的信任度，提高对更能胜任雨天传感器感知结果的置信度。当然，雨量感知与阈值设定可能是一个更难克服的工程难题。

2）雪

雪是一种由大量白色不透明冰晶（雪晶）和其聚合物（雪团）组成、反射率在30%～90%的固体。因此，打到雪花上的激光脉冲绝大部分将被反射回去，雪花也会被识别为虚假障碍物。在雪花从天而降或被疾风卷起的天气下，激光雷达无能为力。

除了会形成虚假障碍物，在下雪这种极冷天气（<-20℃）下，激光雷达探测器的死区时间将会增加约 6.8ns，这将导致盲区长度增加约 1m，这在传感器布局设计时需要充分考虑。

3）雾

雾是由悬浮在近地面空气中微小水滴或冰晶组成的，会以更加均匀的方式影响雷达感知。当前，905nm 波长的激光雷达穿透雾的能力依旧有限，而被寄予厚望的 1550nm 波长的激光雷达可以提高几十倍的发射功率，被认为是雾天的希望之星。但是 1550nm 激光脉冲遇水即被吸收，功率高，且对人眼安全不利，这些也可能是其突破恶劣天气道路的最大障碍。

4）小结

面对雨、雪、雾等恶劣天气，回波处理是目前已经在应用的技术，而且在部分产品中已展示出良好的效果。另一个更神奇的技术——波形识别，也已在路上。激光脉冲回波信号中如何携带目标波形，并利用波形的唯一性来判断检测到的是雨、雪、雾还是我们关心的物体，可能是未来研究的主攻方向。

2. 相机

所见即所得，这是对人眼和相机最形象的描述。如果再为其插上事件触发和感兴趣区域（Region Of Interest，ROI）的翅膀，那么其在感知世界的江山将更加稳固。

雨、雪、雾等恶劣天气对相机成像的影响相似，都将影响成像的清晰度、分辨率、饱和度等参数。因此，算法上的去雨、去雪、去雾，成为相机在恶劣天气下提升感知能力的重点突破方向。各种深度学习算法层出不穷，都能在一定限制条件下起到一定的作用，但离自动驾驶真正上路还有漫长的一条路要走。除此之外，雨、雪等还会各自对相机成像产生一些特殊的影响。

1）雨

一滴沾在相机镜头上的雨滴，就如一颗老鼠屎，无论是 200 万像素的“粥”，还是 800 万像素的“粥”，都将难以食用，镜头沾上雨水后的成像效果如图 7-21 所示。如今，镜头上的物理除雨技术，已经引起了各企业的大量关注，相机镜头的“洗烘”套餐更是五花八门。

图 7-21 镜头沾上雨水后的成像效果

2）雪

附着在镜头上的雪花可能比雨滴产生更严重的影响，雪花部分融化成水，会产生和雨滴遮挡类似的效果。但在寒冷的冬天，融化后的水可能会迅速在镜头上结冰，从而在相机视线上形成一个长久的不透明的障碍物。在除雨的“洗烘”套餐中加上一个“热吹风”功能，可能更适合雪天。

此外，当雪开始在路面积聚并遮挡车道线时，基于车道线的定位、可通行区域的判断会失效。

3. 毫米波雷达

毫米波雷达采用毫米波（波长为 1～10mm，频率为 24GHz～300GHz，常用 24GHz 和 77GHz 频段）作为探测媒介。毫米波在传播过程受环境影响较小，具有天生的雨、雪、雾等穿透能力，这使毫米波雷达成为辅助驾驶功能不可或缺的核心传感器之一。而其饱受批评的分辨率低的缺陷，正在由一种叫作 4D 毫米波雷达的产品改善。4D 毫米波雷达有潜力成为继激光雷达之后“收割自动驾驶韭菜第二快的刀”。

❑ 休息一下

人类驾驶员平均每行驶 1 亿千米会发生一起致命性的事故。自动驾驶系统要想达到人类的安全性水平，大概需要 100 亿千米的测试数据。如果自动驾驶安全性想要超过人类驾驶安全性一个量级，大概需要1000亿千米的测试数据。为了早日实现100亿/1000亿千米的测试数据，各家自动驾驶公司通过单独采购测试车辆和数据众包等方式，开始了艰苦卓绝的道路测试。

真正易发事故的复杂工况和恶劣天气均有详细的历史记录，基于这些信息做专项测试得出的数据，可能比阳光明媚下日复一日的重复测试更有价值。

7.7 系统设计，不同级别驾驶自动化系统诞生的第一步

SAE J3016标准将驾驶自动化系统由低到高划分为L0～L5六个等级，最高级别为L5，英文全称为Full Driving Automation，中文翻译为完全驾驶自动化。

特斯拉FSD，英文全称为Full Self-Driving，中文翻译为完全自动驾驶。

两个名字的含义极其相似，部分不明真相的消费者以为多花6.4万元（2022年年底中国大陆地区售价）就让自己的车辆拥有自动驾驶能力，在开启了NOA功能（FSD中的导航辅助驾驶功能）的车里睡大觉。

国内厂商看到后心领神会、相视一笑，不过不是站出来为消费者打抱不平，而是顺势将自家独门修炼的武功命名为NOP、NGP……站在巨人的肩上命名，瞬间也积攒了足够的人气。

如果说NOA、NOP、NGP等的虚张声势迷惑普通消费者还情有可原，那么国内部分自动驾驶公司对标NOA、NOP、NGP功能做自家的自动驾驶系统算怎么回事？

这不是无中生有，也不是夸大其词，而是和业内几个朋友交流之后的意外收获。笔者听到之后既震惊又窃喜，震惊的是行业的急速扩张让部分从业人员还来不及修炼基本功，窃喜的是从天而降一个科普L2、L3、L4本质区别的机会。

7.7.1 回归到本源

业内但凡讨论L2、L3、L4驾驶自动化系统的区别，总喜欢站在“担责的角度”，

这逐渐让人们误解，但凡厂商声明“出了事由驾驶员负责”的就是 L2 驾驶自动化系统，“出了事由系统负责”的就是 L4 驾驶自动化系统，“视具体情况而定责”的就是 L3 驾驶自动化系统。

厂商开发出来的驾驶自动化系统在能力上有没有达到 L2/L3/L4 的水平呢？关心的人不多，评价的指标很少，就连如何正向设计一个具有不同级别驾驶自动化的系统，目前也没总结出什么方法论。

这就导致部分自动驾驶公司的系统部门，最重要的工作就是对标，宛如众泰当年的“皮尺部”。但将自己要设计的 L4 驾驶自动化系统降维对标到 L2 驾驶自动化系统上，着实让人大跌眼镜。如何从系统正向设计的角度去理解 L2、L3、L4 驾驶自动化系统之间的区别，是行业内每位工程师必须修炼的基本功。

而部分答案其实早已写在 SAE J3016 标准中。

SAE J3016 是国际上最早、最权威的驾驶自动化系统分级标准，于 2014 年第一次发布，2016 年、2018 年、2021 年又分别发布了三个更新版本。下面提到这个标准的内容皆出自 2021 年发布的最新版本。

SAE J3016 将可以持续执行部分或全部动态驾驶任务（Dynamic Driving Task，DDT）的驾驶自动化系统划分为 6 个等级。

- L0：无驾驶自动化（No Driving Automation）。
- L1：驾驶员辅助（Driver Assistance）。
- L2：部分驾驶自动化（Partial Driving Automation）。
- L3：有条件驾驶自动化（Conditional Driving Automation）。
- L4：高度驾驶自动化（High Driving Automation）。
- L5：完全驾驶自动化（Full Driving Automation）。

这个划分原则构成了驾驶自动化系统正向设计的顶层输入，包括 DDT、DDT 后援、ODD，下面我们逐一分析。

1. DDT

DDT 是安全驾驶一辆车所需的操作，通俗一点讲包括眼观六路、耳听八方、手脚并用，文雅一点讲包括感知、决策和执行等。DDT 包括但不限于以下子任务。

- 目标和事件的探测与响应（感知）。
- 驾驶决策（决策）。
- 车辆横向运动控制（执行）。
- 车辆纵向运动控制（执行）。
- 车辆照明及信号装置控制（执行）。

不同级别的驾驶自动化系统的第一层不同之处，即 DDT 子任务不同。

L0 没什么可多说的，驾驶自动化系统不承担任何 DDT 子任务，一切由驾驶员负责，就是典型的有人驾驶。

L1 长进了一点，驾驶自动化系统可以承担车辆的横向运动控制或者纵向运动控制，并且具备有限的目标和事件的探测与响应能力。

前半句挺好理解的，驾驶自动化系统要么负责纵向加速、减速，要么负责横向转向，不会对两者都负责，自适应巡航和自动泊车辅助分别是 L1 驾驶自动化系统的两个典型代表功能。后半句理解起来有点绕，如果车辆具备单一纵向控制的自适应巡航功能，那么系统只具备实现自适应巡航功能所需要的纵向目标和事件的探测与响应能力，而不具备横向控制的自动泊车辅助功能所需要的目标和事件的探测与响应能力。

因此，在 L1 级别，驾驶员需要时刻监督驾驶自动化系统的性能，承担系统能力之外的目标和事件的探测与响应职责，还要承担系统不具备能力维度的车辆纵向或横向控制。

L2 更加成熟，驾驶自动化系统可以承担车辆的横向运动控制和纵向运动控制，并且具备有限的目标和事件的探测与响应能力。

有了 L1 的解释，L2 的含义不言而喻，不过需要强调的是，驾驶员仍需时刻监督驾驶自动化系统，除横纵向控制以外的车辆控制（如灯、雨刮控制等），仍存在大量系统无法响应的事件，如前方道路施工。

因此，做得不好的 L1 或 L2 驾驶自动化系统简直是驾驶员的噩梦，不仅眼观六路、耳听八方的职责没有少，还增加了照看驾驶自动化系统的责任。说好听点是它辅助驾驶员，说难听点就是驾驶员照顾它。

L3～L5 更像是个“大人”了，可以独立负责所有的 DDT 子任务。在 DDT 层面，L3～L5 没有区别，因此这三个级别驾驶自动化系统又被称为自动驾驶系统（Automated Driving System，ADS）。

2. DDT 后援

DDT 可以让我们区分出 L0、L1、L2、L3～L5，但 L3～L5 之间有什么区别，可以让我们在设计系统时有所侧重。这样的条目很多，但 DDT 后援绝对是最重要的一个，这也是不同级别驾驶自动化系统的第二层不同之处。DDT 后援听起来像一个舶来品，但在理解它的含义后，我们会发现这个翻译名称的精妙。

老虎都有打盹的时候，驾驶自动化系统也不例外，其中包括执行 DDT 相关的系统失效、超出 ODD 等。当失效情况出现时，要么请求用户接管车辆执行 DDT 或执行最小风险策略，使车辆达到最小风险状态，要么驾驶自动化系统直接执行最小风险策略，使车辆达到最小风险状态，这一行为被称为 DDT 后援。

这一段话十分难理解，因为出现了两个不易理解的术语。

（1）最小风险策略：驾驶自动化系统无法继续执行 DDT 时，系统或用户所采取的使车辆达到最小风险状态的措施。

（2）最小风险状态：车辆平稳停车，可以最大限度地减小碰撞风险的状态。

DDT 后援可以说是驾驶自动化系统设计的一个分水岭，而在这个分水岭上的就是 L3 驾驶自动化系统。

L1/L2 驾驶自动化系统，准确来讲没有 DDT 后援的功能，驾驶员的职责本身就包括对目标和事件的探测与响应，以及部分控制，所以一般会早于系统发现失效，并第一时间补位。

L3 定义的 DDT 后援非常模糊，原文意思是：L3 驾驶自动化系统在部分情况下具备直接执行最小风险策略使车辆进入最小风险状态的能力，在部分情况下需要请求 DDT 后援用户进行接管，由 DDT 后援用户决定是接管车辆执行 DDT 还是执行最小风险策略，以使车辆达到最小风险状态。

而对“部分情况”的定义，不同厂商有不同的理解，有的厂商将请求接管理解成了 L3 驾驶自动化系统的标配，但凡出现任何失效情况，都去请求 DDT 后援用户接管，DDT 后援用户在一定时间没有接管后，执行失效减缓策略（本车道停车），而不去思考在部分失效情况下系统直接执行最小风险策略是不是比请求 DDT 后援用户接管更有效。

举个不成熟的例子，如果 L3 驾驶自动化系统中的感知、决策子系统失效，请求接管没有问题，毕竟此时没有了眼睛的 L3 驾驶自动化系统如果执行最小风险策略，只能选择停车（靠边停车或本车道停车）。如果请求 DDT 后援用户接管，DDT 后援用户可以替代系统继续执行 DDT，而感知、决策子系统失效说不定在一定时间后可以自行恢复，L3 驾驶自动化系统又可以重新激活，何乐而不为。

如果转向、制动等子系统失效，此时又没有专用的应急冗余执行机构，那么让 L3 驾驶自动化系统直接执行最小风险策略，完成安全停车，才是最靠谱的 DDT 后援。这时请求接管反而白白浪费安全停车的时间。

而且在请求 DDT 后援用户接管的几秒钟时间内，L3 驾驶自动化系统需要具备继续执行 DDT 的能力，不区分失效类型就直接请求用户接管，的确能做出来一个产品，但肯定不是一个好产品。

这也是 L3 驾驶自动化系统的设计难点，感知系统、执行机构都比 L2 强一点，但又达不到 L4 全冗余的要求。在这样的条件下，谁能做出具备量产水平的 L3 驾驶自动化系统，谁才是真正的勇士。细数市面上的产品，貌似只有奥迪汽车、宝马汽车这两位巨头面向消费者推出过 L3 产品。

对于 L4 驾驶自动化系统来说，没有请求接管这一说，DDT 后援是其必备的功能之一。激活 L4 驾驶自动化系统后，若发生任何失效，系统都可以执行最小风险策略，从而达到最小风险状态。

有人可能会有疑问：L4 毕竟限定在 ODD 范围内，如果从起点到终点整个路线上，L4 只能在高速公路这个 ODD 条件下激活，下了高速公路不还是要请求接管吗？其实不然，L4 驾驶自动化系统在判断将要超出 ODD 的时候，会告知车内乘客，如果需要完成剩余路线，需要有人变成驾驶员继续执行 DDT。

注意“乘客”这个名词，如果此时这名乘客戴着耳机没有听到系统提醒，那么 L4 驾驶自动化系统会执行最小风险策略从而达到最小风险状态。也许等到车辆停下来半小时后，乘客发现自己需要执行 DDT 完成接下来的路线，才摇身一变，变成一名驾驶员。

对于 L3 驾驶自动化系统来说，车内的直接相关角色就是 DDT 后援用户，用户监测系统需要对 DDT 后援用户的接管能力进行实时监测。在接管请求发出后，如果一定时间内 DDT 后援用户没有接管，那么系统执行的是失效减缓策略，而不是风险减缓策略。

这是 L4 和 L3 驾驶自动化系统的本质区别。那些打着做 L4 产品的名义，设计一堆 DDT 后援用户请求接管的逻辑，天花板就是 L3，绝无可能达到 L4 水平。

L4 驾驶自动化系统的 DDT 后援能力需要的是全冗余：感知冗余、计算冗余、执行冗余……否则拿什么来执行 DDT 后援？

L5 驾驶自动化系统的 DDT 后援要求和 L4 驾驶自动化系统一样，两者在 DDT 后援这一点上依旧撕扯不开。

3. ODD

通过 DDT，我们知道了 L0、L1、L2 和 L3～L5 之间的区别；通过 DDT 后援，我们知道了 L1～L2、L3 和 L4～L5 之间的区别，那么 L4 和 L5 有什么本质区别呢？

L4 和 L5 最重要的一个区别就是设计运行范围（Operational Design Domain，ODD），简单来讲，L5 驾驶自动化系统没有 ODD 的限制，L1～L4 驾驶自动化系统都只能工作在 ODD 范围内。关于 ODD 的详细介绍，见 8.1 节。

7.7.2 本源处求真

7.7.1 节主要基于车的角度介绍了不同级别的驾驶自动化系统的设计区别，除车之外，人作为一个重要的系统参与者，不能不提。当然我们不去谈论马路边的责任归属问题，只谈论人在驾驶自动化系统设计时需要承担的职责。

细心的读者可能发现，前文中出现了驾驶员、DDT 后援用户、乘客等多种角色，而这些并不是随意乱叫的，而是在具体语境有着不同的含义。SAE J3016 中统一用“用户”这一名称指代不同的角色。而“监控”则是驾驶自动化系统中与用户强相关的功能。

1. 用户

用户的第一层含义是驾驶员。

在 L1 和 L2 驾驶自动化系统中，只有驾驶员这一个角色。驾驶员通过一些开关操作决定什么时候打开并激活驾驶自动化系统；在激活驾驶自动化系统后，驾驶员监控驾驶自动化系统、监控驾驶环境、监控车辆性能，以便在需要时及时、迅速地替代驾驶自动化系统执行 DDT。

在 L3 驾驶自动化系统中，当系统未被激活时，驾驶员执行所有 DDT，并像在 L1 和 L2 驾驶自动化系统中一样，决定什么时候打开并激活驾驶自动化系统。一旦 L3 驾驶自动化系统被激活，驾驶员立马变成了 DDT 后援用户，这是用户的第二层含义。

DDT 后援用户一方面负责在接收到接管请求后，及时接管车辆执行 DDT 后援任务；

另一方面在发生影响DDT执行相关的系统失效后，及时接管车辆执行DDT后援任务。在执行DDT后援任务时，DDT后援用户决定是自己变成驾驶员执行全部DDT，还是执行最小风险策略达到最小风险状态。

在L4驾驶自动化系统中，当系统没有被激活时，依旧可以存在驾驶员的角色。比如在一个起点到终点的行程中，L4驾驶自动化系统只能在园区这个ODD内激活使用，如果出了园区要想开到终点，就需要由驾驶员进行驾驶。当然，驾驶员同样可以决定是否打开并激活L4驾驶自动化系统。

L4驾驶自动化系统一旦被激活，驾驶员角色立刻变为乘客，这是用户的第三层含义。乘客人如其名，既不需要执行DDT，也不需要对DDT后援负责，可以真正在车里睡觉或看电影。所以在设计L4驾驶自动化系统时，用一堆传感器监视乘客的接管能力，不就是在做L3的事吗？

L5驾驶自动化系统和L4驾驶自动化系统一样，同样存在两种角色，毕竟现在还没有法律法规明确规定人没有开车的权利。

驾驶员、DDT后援用户、乘客都是车内用户的角色，与之对应的是车外的远程驾驶员、远程DDT后援用户、远程调度员，本文就不做介绍了。

2. 监控

驾驶自动化系统在一些情况下需要由用户接管，但如果用户没有这种能力怎么办？监控及提醒便是最好的方法。当然不只用户监控，还包括驾驶环境监控、车辆性能监控、驾驶自动化系统监控。后三者前文已经多次提及过，此处只重点介绍用户监控。

用户监控的目的主要是防止用户对驾驶自动化系统误用和滥用。L2驾驶自动化系统需要驾驶员时刻注意交通状态和系统运行状态，如果驾驶员过度依赖系统，在激活系统后就开始玩手机，甚至睡大觉，是不是不太合适？

为了避免这种情况发生，系统就需要对L2驾驶自动化系统中的驾驶员角色进行监控，监控其是否走神、疲劳等，并在发生此种情况时对其进行提醒，提醒无效后执行失效减缓策略。

对于L3驾驶自动化系统，用户在系统被激活后变成DDT后援用户，需要承担DDT后援职责。当DDT后援用户不具备接管能力时，系统要在适当时候对其进行提醒。但有一点很关键，系统是在监控到DDT后援用户不具备接管能力后才开始进行提醒，还是在预测到可能有DDT后援任务时才去提醒，两者策略的不同将决定L3驾驶自动化系统体验的不同。而如果不加区分地随时随地提醒，就决定其和L2驾驶自动化系统没有本质区别。

对于L4/L5驾驶自动化系统，系统被激活后，用户角色就是乘客，乘客没有负责任何DDT和DDT后援的任务，因此系统不需要对乘客进行监控。

对于L1驾驶自动化系统，SAE通过数据研究发现，很少有用户会对L1驾驶自动化系统产生依赖，所以不需要对驾驶员进行监控。

综上所述，用户监控是L2和L3驾驶自动化系统的典型特征。

7.7.3 求真后妄语

2021年8月，我国的驾驶自动化分级国家标准GB/T 40429—2021《汽车驾驶自动化分级》发布，其基本框架和内容与SAE J3016基本一致，虽无大量创新，但它为SAE J3016提供了一份中英文名词对照表，也算是幸事一桩。

虽然在2014年SAE J3016第一版就已经发布，但行业内显然没有好好学习过，不然也不会出现这么多常识性的错误而无人指出。

最不可理解的常识性错误，要从驾驶自动化系统的定义说起：驾驶自动化系统将可以持续执行部分或全部DDT的系统划分为六个等级。其中的关键词是持续执行，自适应巡航功能激活时持续控制油门、刹车，交通拥堵辅助功能激活时持续控制油门、刹车、方向盘，这些都可以归类到不同级别的驾驶自动化系统中。

像自动紧急制动功能，不是持续执行DDT，而仅在危险情况发生时提供短暂的干预，它就不属于这六个等级。但是行业内普遍将其划入 L0/L1。SAE J3016 中其实已经为这类系统定义了一个名字——主动安全系统（Active Safety Systems），其中还包括前向碰撞预警、车道偏离预警、盲区检测预警等预警类功能。

本节只是基于笔者认真看了一遍 SAE J3016 后得出的些许感悟，不保证完全理解正确，但至少有了自己的思考。在做驾驶自动化系统正向设计时，SAE J3016 还有很多可供借鉴的点，值得我们深度剖析。

❑ **休息一下**

有一句俗语：练武不练功，到老一场空。期望从事自动驾驶行业的人，该练的功还是要尽快练上，不然最后容易搬起石头砸自己的脚。

7.8　本章小结

在讨论“在自动驾驶中谁更重要”的议题时，硬件和算法轮番上阵，一副“打虎亲兄弟，上阵父子兵”的姿态，而系统却默默无闻地跟在它们后面，在它们的高光时刻送水递毛巾，宛如少林寺的扫地僧。

08 功能

如果说硬件、算法和系统都是自动驾驶的内功，那么功能就是将内功发挥出来的招式，一招一式都彰显着自动驾驶更智能、更安全、更可靠的目标。本章将选取行车和泊车场景下的一些典型功能进行科普，直观展示自动驾驶向世人呈现的魅力。

8.1 ODC，自动驾驶法力边界

在一年一度的“阿拉善英雄会”上，越野车可以赢得车友的尖叫，而轿车只能获得黄沙的“讥笑”。越野车和轿车对应完全不同的市场需求，主机厂研发工程师会为它们制定不同的开发需求，测试工程师会为它们制定不同的测试需求，而它们也将分别成长为适合“荒野行者”和“城市白领”的不同座驾。在传统的汽车世界中，不同类型的车辆被赋予不同威力的法力，用于征服不同的道路。

对于即将赋予传统汽车“灵魂”的自动驾驶系统来说，它关系到车内车外人员的安全，如果既不能定义清楚其法力边界，又不能赋予其识别是否超越法力边界的能力，那么自动驾驶法力之外的误伤将在所难免。自动驾驶的法力边界，国际上称为设计运行范围（Operational Design Domain，ODD），国内称为设计运行条件（Operational Design Condition，ODC）。

ODD 在国际上成名许久，不管是美国高速公路安全管理局（National Highway Traffic

Safety Administration，NHTSA），还是美国汽车工程师学会（Society of Automotive Engineers，SAE），都有一套流行的构建框架，国内自动驾驶公司目前都选择使用国外某一种构建框架来定义自己产品的法力边界。但在国内自动驾驶行业急速狂飙的过程中，行业内普遍感觉国外 ODD 的构建框架无法适应极具中国特色的自动驾驶生存法则。

在这样的背景下，ODC 诞生了，相应的国家标准已在制定中。在已经实施的《汽车驾驶自动化分级》（GB/T 40429—2021）标准中，ODC 被定义为自动驾驶系统设计时确定的适用于其功能运行的各类条件的总称，包括设计运行范围、车辆状态、驾乘人员状态及其他必要条件。其中，设计运行范围英文缩写也为 ODD，被定义为自动驾驶系统设计时确定的适用于其功能运行的外部环境条件。

本节将基于国内外已公开的信息和笔者在工作中的理解，梳理国内 ODC 在自动驾驶产品开发过程中可以发挥的作用、三大构成元素的主要内容和制定原则等，探索自动驾驶法力边界的奥秘。

8.1.1 ODC 的作用

笔者常听到一部分车主的真实反馈：开启辅助驾驶功能后，带来的不是轻松和惬意，而是更大的负担，需要更加专注、更加谨慎，以便随时可以及时修正系统的错误操作。这就好比你在一个陌生的城市第一次坐公交车，你不知道到你要下车的车站大概要等多久，不得不时刻保持警惕，时刻留意车内的到站信息。

这样的痛苦便源于用户不了解使用的功能什么时候在可靠运行边界内，什么时候在可靠运行边界外；在边界内，不同道路、不同天气、不同光照下的系统可靠性如何；边界外功能是否会自动退出，是否具有最小风险策略。而 ODC 的作用之一便是帮助用户理解自动驾驶系统，现将其主要作用列举如下。

（1）企业依据 ODC 定义自动驾驶系统，能够安全启动和运行的使用范围。通过对 ODD 包含的外部环境元素进行检测，识别 ODD 是否在自动驾驶系统的能力范围之内；通过对车辆状态进行自检，识别车辆状态是否能够支撑自动驾驶系统的正常运行；通过对动态驾驶任务后援用户（GB/T 40429—2021 中定义的 L3 驾驶自动化系统中的角色）

的接管能力和驾乘人员（GB/T 40429—2021 中定义的 L4 和 L5 驾驶自动化系统中的角色）的安全状态进行监测，识别自动驾驶系统是否具有被及时接管的能力，以及是否具有保证驾乘人员安全的运行条件。

（2）企业依据 ODC 制定用户说明手册，帮助用户理解自动驾驶系统的使用条件和运行范围。用户阅读说明手册，可以清晰地了解自动驾驶系统在外部环境满足何种条件时可以正常运行；车辆在出现什么故障后会导致自动驾驶系统退出；驾乘人员在不满足什么安全条件后会进行功能降级。

（3）测试机构依据 ODC 制定相应的自动驾驶系统的安全测试用例，并出具具有认可性的测试报告。而不像现在，各厂商均选择有利于自己功能的场景进行测试，以此来宣传自己系统具有无与伦比的优势。

8.1.2 组成元素之 ODD

在确定自动驾驶系统 ODD 包含的元素时，厂家不能肆意发挥，需要做到有理有据。自动驾驶系统需要能够实时获取 ODD 包含的元素信息，以使自动驾驶系统能够识别是否处于 ODD 内。ODD 元素既可以通过自身传感器实时获取，也可以通过高精地图和 V2X 等形式获取。所以，系统工程师每罗列一个 ODD 元素，都要思考这辆车是否有条件获取这个元素的信息，以及可以通过什么方式获取这个元素的信息，这可能是确定 ODD 的难处所在。

为了尽快建立 ODD 的构建框架和一个最小元素集合，以便在日后制定自动驾驶标准时拥有更多的话语权，世界各地相关机构都在紧锣密鼓地调研和准备中。目前除 SAE ODD 构建框架外，形成了其他几个有代表性的 ODD 构建框架，包括 NHTSA ODD 构建框架、Pegasus 6 层模型、BSI ODD 构建框架及蓄势待发的国家标准 ODD（包含在 ODC 之中）。下面挑选两个应用比较广泛的国外 ODD 构建框架 NHTSA 和 SAE 做详细介绍，并罗列出一个适合中国国情的可行的 ODD 元素集合。

1. NHTSA ODD 构建框架

NHTSA 在 2019 年发布的标准 *A Framework for Automated Driving System Testable*

Cases and Scenarios 中对 ODD 的分类框架和应用方法进行了系统的介绍。

NHTSA 对 ODD 的定义为：自动驾驶系统可以设计运行的操作范围，包括道路类型、速度范围、光照条件、天气条件和其他相关的运行约束。该定义和国家标准 ODD 定义基本一致，都聚焦在外部环境。NHTSA 通过结构化方法将 ODD 进一步分为六大构建要素：基础设施、驾驶操作限制、周边物体、连接性、环境条件和区域。NHTSA ODD 六大构建要素及其子元素如图 8-1 所示。

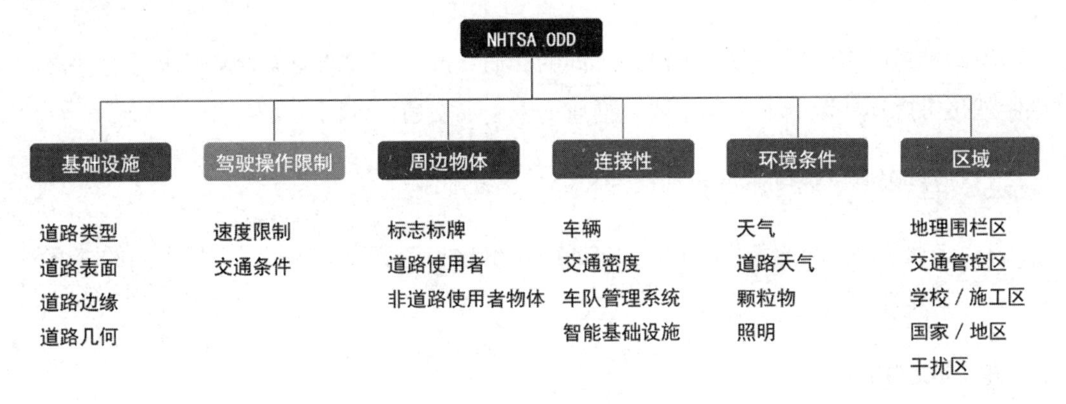

图 8-1 NHTSA ODD 六大构建要素及其子元素

1）基础设施

基础设施是服务一个国家经济运行的设施和系统，如道路、桥梁、隧道、供水、供电和网络等，而自动驾驶系统中的功能也将受限于基础设施。NHTSA 将影响 ODD 设计的基础设施划分为道路类型、道路表面、道路边缘和道路几何 4 个元素。

- 道路类型。高速公路没有信号灯，城市道路没有收费站，乡村道路可能没有标线，这些不同之处将影响自动驾驶系统的设计。因此，ODD 设计需要充分考虑不同类型的道路，包括高速公路、乡村道路、城市道路、交叉路口、沙土路、越野道路、停车场、私人车道、环岛、匝道和人行道等。
- 道路表面。不同道路表面的摩擦系数不同，对应的规划、控制和安全策略也就不可能完全一致。不同摩擦系数的道路表面包括沥青、混凝土、沙土、泥土、碎石和草地等。

- 道路边缘。道路边缘可用来进行辅助定位，而不同的道路边缘将影响感知、定位的策略。典型的道路边缘有标线（固定或临时）、路肩（铺面、碎石和草地等）、格栅、栏杆和锥体等。

- 道路几何。行驶在笔直的康庄大道与十八弯的山路，对安全等级的要求是不一样的。常见的道路几何形状可以抽象为直线、曲线、山丘和侧峰等。

2）驾驶操作限制

不同的道路有不同的限速要求，不同的交通状况有不同的交通管制要求。驾驶操作限制就是考虑这些限制元素，主要包括速度限制和交通条件两大类。

- 速度限制。速度限制包括最低和最高速度限制。

- 交通条件。交通条件包括正常、拥堵、事故和施工等交通状况下所引入的交通限制属性。

3）周边物体

城市内环基本不会有大货车通行，高速公路基本不会出现公交车。在 ODD 设计时，如果可以明确影响感知、定位的物体种类，将显著提高感知、定位的准确性和可靠性。此类物体包括标志标牌、道路使用者和非道路使用者物体。

- 标志标牌。标志标牌用于解释车辆通行规则，包括交通标识（斑马线、让行标识和禁行标识等）、交通信号（信号灯和缓慢通行指示灯等）、道路使用者信号、遇险信号和急救信号等。

- 道路使用者。道路使用者包括不同类型的车辆（轿车、公交车、摩托车、特种车辆、电瓶车和自行车等）、行人。

- 非道路使用者物体。穿过自然保护区的道路总会出现意想不到的惊喜，包括麋鹿、大象等。这些原本不该出现在道路上的物体被称为非道路使用者物体，包括动物、购物车、垃圾、梯子和建筑设备等。

4）连接性

车路协同+单车智能被认为是自动驾驶的终局。车路协同可以为车辆提供超视距的感知，从而提高自动驾驶的安全性，提供更好的驾乘体验。自车与其他车辆、道路使用者、车队管理系统和智能基础设施等通过万物互联技术相连，实现更有效的协同工作。

- 车辆。基于 V2V 技术，自车与道路上的其他车辆实现互通有无。
- 交通密度。基于 V2I 技术，车辆可以实时从路测单元获得交通密度信息；基于 V2V 技术，车辆可以从车辆众包数据中获取交通密度信息。
- 车队管理系统。基于 V2N 技术，车辆可以实时获得远程车队管理系统的支持。
- 智能基础设施。基于 V2I，车辆可以与智能基础设施传感器实现通信，从而获得弱势道路使用者、坑洞、天气、高精地图和交通管制等数据。

5）环境条件

自动驾驶面对恶劣天气依旧无能为力，雨、雪、雾等将极大降低当前主流传感器的感知能力，大风、结冰、极端温度也将极大影响车辆的可操作性。可以说，环境条件是 ODD 设计必须着重考虑的要素之一。

- 天气。恶劣天气既影响驾驶员的视线，也影响车上主要传感器的感知能力。自动驾驶功能必将针对不同的天气条件而设计不同的应对策略，因此在 ODD 设计时需要充分考虑雨、雪、雾和沙尘等天气属性及其严重程度。
- 道路天气。不同天气必将对道路的通行能力带来不同的影响。积水、结冰、积雪的道路都为自动驾驶功能的安全设计带来了严苛的挑战。
- 颗粒物。颗粒物的影响主要是降低能见度，从而增加碰撞风险，颗粒物主要包括雾、烟、扬尘和雾霾等。
- 照明。白天、黎明、黄昏、夜晚、有路灯、无路灯和有迎面大灯等对自动驾驶功能的影响都是不同的。

6）区域

自动驾驶功能在笔直大道上可能火力全开，但在前方有学校的路段需要收敛部分光芒，不同的区域对自动驾驶功能有不同的限制，这也是 ODD 设计必须考虑的一个关键要素。

- 地理围栏区。围栏已经表明具有独立的运行法则，在围栏内生存就需要遵循围栏内定下的规则。典型的地理围栏区包括学校、工业园区、社区和商业区等。
- 交通管控区。道路维护、交通事故等都会发生在临时的交通管理区。这些交通管理区可能会临时关闭某些车道、增设一些动态交通标志、改变道路速度限制、增删一些车道标记、增加人为（交警）引导的交通等。人在经过这些交通管控区时都需要调整驾驶策略，何况是计算机操纵的一些自动驾驶功能。
- 学校/施工区。在这个区域内需要动态限速，因为存在不稳定的行人和车辆行为。
- 国家/地区。各个国家或地区都在积极推动自动驾驶相关法律、法规的建立，后续自动驾驶车辆上路必须满足当地的法律、法规及一些准入要求。
- 干扰区。有些区域对自动驾驶的感知、定位影响较大，导致自动驾驶功能在这些区域必须设计更优的策略，如地下停车场、茂密树荫下的 GNSS 信号干扰、隧道对相机成像的影响、多金属环境对毫米波雷达回波的多径影响等。

NHTSA 在 ODD 的描述中给出一个 L3 交通拥堵辅助（Traffic Jam Assistant，TJA）的 ODD 部分检查清单，如表 8-1 所示，其中 Y 表示允许的设计元素，N 表示不允许的设计元素。

表 8-1　L3 交通拥堵辅助的 ODD 部分检查清单

基础设施	道路类型	隔离的高速公路/管控车道	Y
		无隔离的高速公路/主干路/城市道路/乡村道路/停车场/上下坡/应急道路/路口	N
	道路表面	沥青/混凝土	Y

续表

基础设施	道路边缘	车道标记	必须清晰可见
		临时的车道标记	N
		铺砌/碎石/草丛路肩	限定于隔离的高速公路
		车道屏障/铁轨	屏障/混凝土或金属
驾驶操作限制	速度限制	最低速度限制	0mph
		最高速度限制	<37mph
	交通条件	交通密度	有前车跟随的交通繁忙路段

2. SAE ODD 构建框架

ODD 一词最早的定义来自 SAE J3016 中的《道路车辆驾驶自动化系统相关的分级和术语定义》（*Taxonomy and Definitions for Terms Related to Driving Automation Systems for On-Road Motor Vehicles*）标准：特定的驾驶自动化系统或其功能的运行条件，包括但不限于环境、地理和时间限制，以及拥有特定条件的交通或道路。从定义中可以看出，SAE 对 ODD 的定义包含影响自动驾驶运行的外部条件和内部条件，更类似于国家标准中对 ODC 的定义。

SAE 在 2020 年 4 月发布的一篇介绍最佳实践的文章“AVSC Best Practice for Describing an Operational Design Domain: Conceptual Framework and Lexicon”中，详尽阐述了如何定义自动驾驶系统的 ODD。

SAE AVSC 采用 7 个维度来构建 ODD，包括天气相关的环境条件、道路表面条件、道路设施、操作限制、道路使用者、非静止的路边目标和连接性。

通过使用允许和不允许的元素，基于表格描述和文字描述的形式对自动驾驶系统的 ODD 进行说明，表 8-2 所示为 SAE AVSC 表格描述的一个示例。

表 8-2 SAE AVSC 表格描述的一个示例

ODD 分类	ODD 内明确允许的元素	明确超出 ODD 的元素
道路网络	苏州高铁新城	高铁新城内学校四周相连的道路
颗粒物	小雪和小雨	薄雾和霾
道路表面条件	干燥或潮湿	积水、积雪
允许速度	≤60km/h	>60km/h

3. 中国的 ODD

特斯拉的 Autopilot 中有一个叫作“Traffic Light and Stop Sign Control”的功能，信号灯我们都熟悉，停止标识为何和信号灯等放在一个层次，习惯于在国内开车的朋友可能很难理解，因为我们在路上很少看见“STOP”的标识牌。但对北美地区来说，路口信号灯的覆盖率远远低于中国的城市环境，北美地区更加普遍的路口控制标识便是“STOP”标识牌，如图 8-2 所示。

图 8-2 “STOP”标识牌

这样的中外交通环境差异只是冰山一角，这也难怪在看 NHTSA 和 SAE 关于 ODD 的原文时，一些元素总是找不到合适的中文对应，勉强按字面翻译出来后也感觉 ODD 构建框架缺少一些儒雅和灵动。国内自动驾驶行业翘首以盼，期待适应国情的自动驾驶 ODD 标准尽快出台。

全国汽车标准化技术委员会发布的《自动驾驶系统设计运行条件白皮书》，作为国家标准制定的“前菜”，里面呈现的内容对我们窥探国家标准这一“主食”的色、香、味具有重要意义。白皮书在最高一层将 ODD 分为静态实体、环境条件、动态实体。在一层元素下又划分为二层元素，如图 8-3 所示。白皮书中列举了一个五层 ODD 最小元素集合及两种描述示例，企业可依据自身的自动驾驶系统要求进行增删。

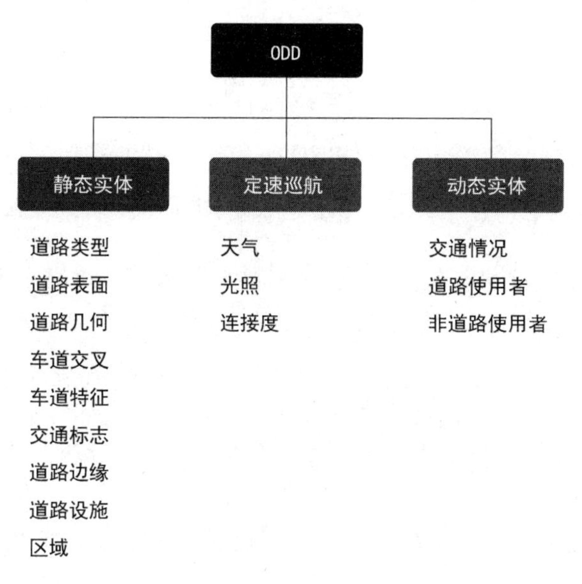

图 8-3 ODD 分类

8.1.3 组成元素之车辆状态

车辆状态包含车辆速度和车辆软/硬件状态，如图 8-4 所示。车辆速度主要指激活速度范围，通过激活速度范围判断自动驾驶系统是否能够被激活。硬件状态主要指关键传感器、计算单元和关键执行器状态是否满足激活和运行的要求。软件状态指定位、感知、控制和规划等模块的状态是否满足激活和运行的要求。如果不满足，要么无法激活，要么即使激活后也将启动功能降级。

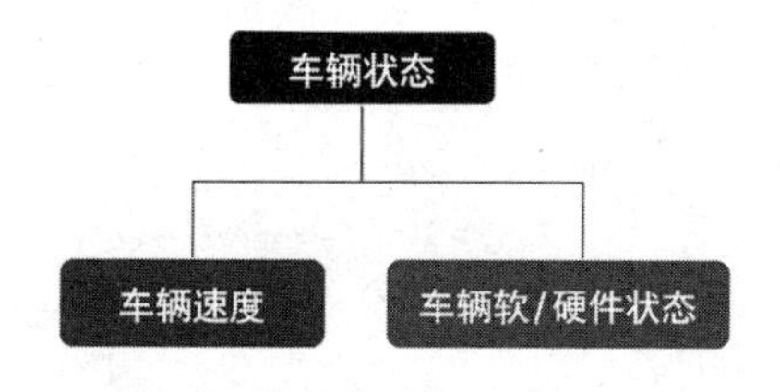

图 8-4 车辆状态分类

8.1.4 组成元素之驾乘人员状态

L3 驾驶自动化系统在工作时，可以识别驾驶自动化系统发出的介入请求和明显的与动态驾驶任务相关的车辆故障，并将执行接管的用户称为动态驾驶任务后援用户。动态驾驶任务后援用户在风平浪静的时候可以安心欣赏前方的美景，但在驾驶自动化系统发出接管请求或发生影响驾驶自动化系统的车辆故障时，需要及时进行接管。

为了保证 L3 驾驶自动化系统可以及时被接管，就需要对动态驾驶任务后援用户进行实时监测，通过识别其疲劳、注意力、位姿、安全带和酗酒等状态来判断其是否满足接管条件，不满足时要采取声、光、电三维“暴力”提醒，提醒依旧无效后，L3 驾驶自动化系统还需启动功能降级，直至安全停车。

对于 L4～L5 驾驶自动化系统来说，车内人员统称为乘客，为了保证乘客乘坐的安全，势必还要监测其位姿、安全带、儿童约束和生命体征等状态是否满足一定的安全条件。车外人员被称为调度员，是否需要对调度员进行异常行为的监测，也值得各企业思考。驾乘人员状态分类如图 8-5 所示。

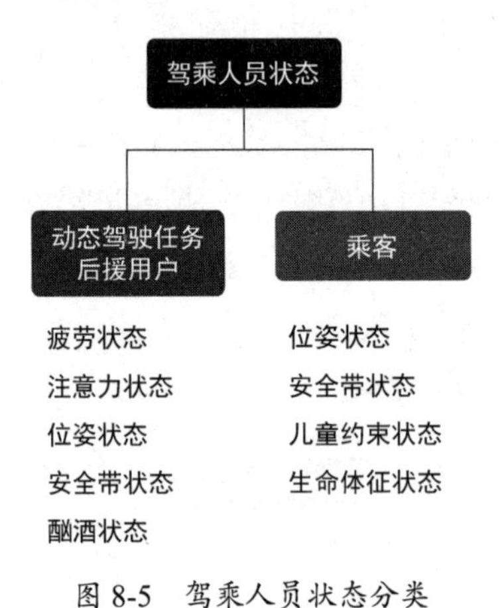

图 8-5 驾乘人员状态分类

❑ 休息一下

ODC 作为自动驾驶法力边界，不仅关系着自动驾驶功能的设计，还关系着用户对自动驾驶功能的理解，统一的 ODC 标准对自动驾驶行业有着深远的意义。

8.2 AEBS，自动驾驶演艺圈中喜欢喊“卡”的导演

随着法规对辅助驾驶功能技术性能、试验要求的明确，辅助驾驶功能正在成为一个个标准的功能模块。而随着整车感知、计算能力的提升，这些标准模块的能力边界又将不断突破，并最终成长为适合自动驾驶下的“累土”，共同构建起自动驾驶的“九层之台”。

比如，一辆具备自动驾驶能力的车辆，要想在车水马龙的城区道路上游刃有余，就不能没有一个安全可靠的自动紧急制动系统（Advanced Emergency Braking System，AEBS）；要想在风驰电掣的高速公路上的闪转腾挪，就不能没有一个机动灵敏的自动变道（Auto Lane Change，ALC）辅助系统。

本节的主角就是AEBS，在自动驾驶演艺圈中，它担负着喊“卡”的使命，也是天生的导演。下面以法规、标准要求为出发点，介绍AEBS的技术要求、试验要求等。

8.2.1 法规、标准要求

法规和标准主要包括国内和国外两部分。

1. 国内

《机动车运行安全技术条件》（GB 7258—2017）：车长大于11m的公路客车和旅游客车应装备符合标准规定的车道保持辅助系统和自动紧急制动系统（AEBS）。该标准于2018年1月1日实施。

《营运货车安全技术条件 第1部分：载货汽车》（JT/T 1178.1—2018）：总质量大于或等于12000kg且最高车速大于90km/h的载货汽车，应安装自动紧急制动系统（AEBS）。该标准于2018年5月1日实施。

《营运货车安全技术条件 第2部分：牵引车辆与挂车》（JT/T 1178.2—2019）：最高车速大于或等于90km/h的牵引车辆应安装自动紧急制动系统（AEBS）。该标准于2019

年 7 月 1 日实施。

《营运车辆自动紧急制动系统性能要求和测试规程》（JT/T 1242—2019）：全球第一个强制要求包含行人安全功能的自动紧急制动系统（AEBS）标准，于 2019 年 4 月 1 日实施。

《商用车辆自动紧急制动系统（AEBS）性能要求及试验方法》（GB/T 38186—2019）：于 2020 年 5 月 1 日实施。

《乘用车自动紧急制动系统（AEBS）性能要求及试验方法》（GB/T 39901—2021）：于 2021 年 10 月 1 日实施。

2. 国外

国外的法规和标准有 *NHTSA's 2014 Automatic Emergency Braking Test Track Evaluations* 和 *Uniform provisions concerning the approval of motor vehicles with regard to the Advanced Emergency Braking Systems (AEBS)*（ECE R131）。

8.2.2 技术要求

AEBS 是一种车辆主动安全系统，在检测到与车辆、行人或其他交通参与者存在潜在的碰撞风险时，会主动激活车辆的碰撞预警系统和紧急制动系统，来减轻或避免碰撞。AEBS 主要包括环境感知模块、底层执行模块、人机交互模块、数据通信接口、数据存储模块和无线通信模块等。

JT/T 1242—2019 目前要求 AEBS 可检测到的目标障碍物类型包括在公众道路上行驶的机动车及行人。这也成为国际上首个对行人障碍物检测提出要求的强制 AEBS 标准。但可以预见的是，随着自动驾驶能力提升带来的感知能力的提升，各家主机厂的 AEBS 可检测的目标障碍物类型也必将更加丰富，针对不同障碍物类型采取的处理策略也会更加细致。

在检测区域方面，JT/T 1242—2019 目前要求 AEBS 的最小检测距离应不大于 2m，对目标车辆的最大检测距离应不小于 150m，对行人的最大检测距离应不小于 60m，基本符合当前相机和毫米波雷达的感知能力。在目标车辆最大检测距离位置的最小检测水平横向宽度应不小于 3.75m，同时在曲率半径不大于 250m 的弯道上可以检测到目标。

目前支撑 AEBS 的传感器配置有单独的毫米波雷达、单独的相机，以及毫米波雷达加相机的融合方案。硬件的选择基本决定了功能的上限，不同硬件的成本也不一样。随着激光雷达的普及，AEBS 功能的可靠性、稳定性和多样性必将再上一个台阶。

1. 商用车

安装 AEBS 的车辆首先应安装符合 GB/T 13594—2003 要求的防抱死制动系统，除手动关闭外，AEBS 需要在 15km/h 至最高设计车速之间正常运行。

AEBS 需要包括碰撞预警和紧急制动两个阶段。当 AEBS 检测到预计碰撞时间（Time To Collision，TTC）/强化距离碰撞时间（Enhanced Time To Collision，ETTC）大于预警设定值时，首先对驾驶员进行提醒，如果驾驶员没有意识到风险存在，则进行变道或刹车减速；当 AEBS 检测到 TTC/ETTC 大于制动设定值时，激活紧急制动功能。

碰撞预警又分为一级碰撞预警和二级碰撞预警。对于气压制动系统来说，一级碰撞预警最迟应在紧急制动开始前 1.4s，二级碰撞预警最迟应在紧急制动开始前 0.8s。对于助力液压制动系统（适用 M2/M3/总质量小于 8t 的 N2 类型车辆）来说，一级碰撞预警最迟应在紧急制动开始前 0.8s，二级碰撞预警最迟应在紧急制动开始前 0s。

碰撞预警阶段自车的速度下降不应超过 15km/h 及自车速度下降总额的 30%这两者间的较高者。GB/T 38186—2019 规定碰撞预警阶段必须提供声学、触觉及光学信号中至少两种信号预警；JT/T 1242—2019 规定一级碰撞预警至少提供一种信号预警，二级碰撞预警至少提供两种信号预警。碰撞预警阶段之后进入紧急制动阶段，紧急制动阶段不应在 TTC/ETTC 大于或等于 3s 前开始，且制动减速度不应小于 $4m/s^2$。

对于静止目标车辆，当自车速度为 80km/h 时，通过紧急制动，发生碰撞时自车减速量应不低于 30km/h；而当自车速度为 40km/h 时，通过紧急制动，应避免两车相撞。对于速度为 12km/h 的目标车辆，当自车速度为 80km/h 时，通过紧急制动，应避免两车相撞。对于具有行人紧急制动功能的 AEBS，当自车速度为 60km/h 时，通过紧急制动，发生碰撞时自车减速量应不低于 20km/h。

在驾驶员干预方面，JT/T 1242—2019 规定当自车处于紧急制动阶段时，应能确保 AEBS 的工作状态不受驾驶员对制动踏板操作的影响。GB/T 38186—2019 规定驾驶员可通过踩制动踏板、打开转向灯等规定的方式，中断碰撞预警阶段和紧急制动阶段。

商用车 AEBS 的关键性能参数如图 8-6 所示。

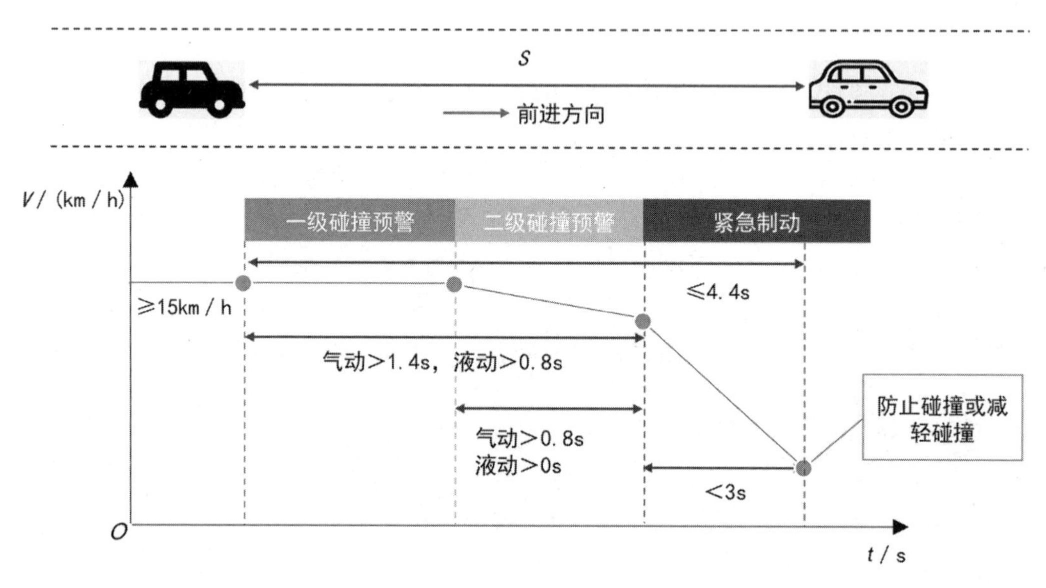

图 8-6 商用车 AEBS 的关键性能参数

2. 乘用车

与商用车相比，乘用车小巧玲珑的身材，决定了其在 AEBS 性能要求方面与商用车有所差异。GB/T 39901—2021 规定，碰撞预警最迟应在紧急制动开始前 1s（商用车规定为 1.4s/0.8s）发出，且没有强制要求两级预警。紧急制动阶段不应在 TTC/ETTC 大于或等于 3s 前开始，且制动减速度不应小于 $4m/s^2$。

乘用车 AEBS 的关键性能参数如图 8-7 所示。

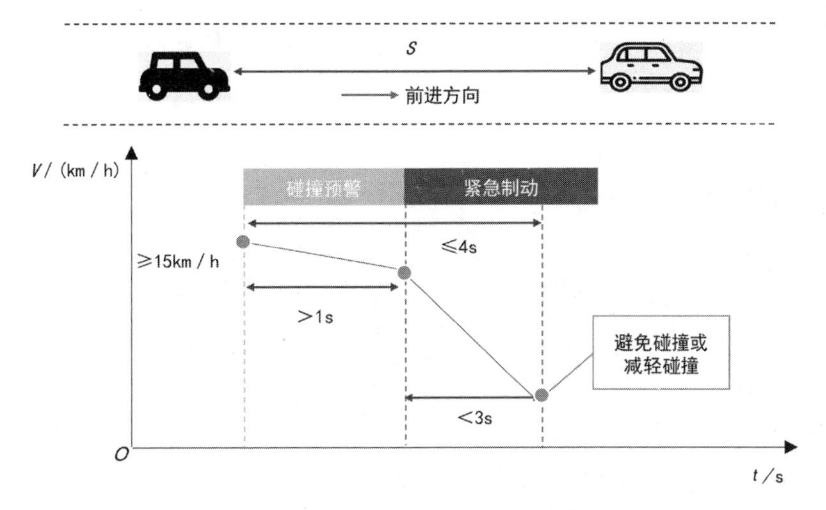

图 8-7 乘用车 AEBS 的关键性能参数

8.2.3 试验要求

试验要求主要分为商用车和乘用车。

1. 商用车

下面以 JT/T 1242—2019 为基础，介绍商用车 AEBS 所要求的一些试验项。

1）目标检测距离和宽度试验

在目标检测距离试验中，目标车辆静止，和自车方向一致。在试验开始前，自车和目标车辆中心线保持一致，当自车距离目标车辆 200m 时，试验开始，如图 8-8 所示。当自车和目标车辆发生碰撞或距离目标车辆小于 2m 且无法探测到目标车辆时，试验结束。若自车在 2～150m 范围内可以准确识别出目标车辆及目标车辆的距离，则试验通过。

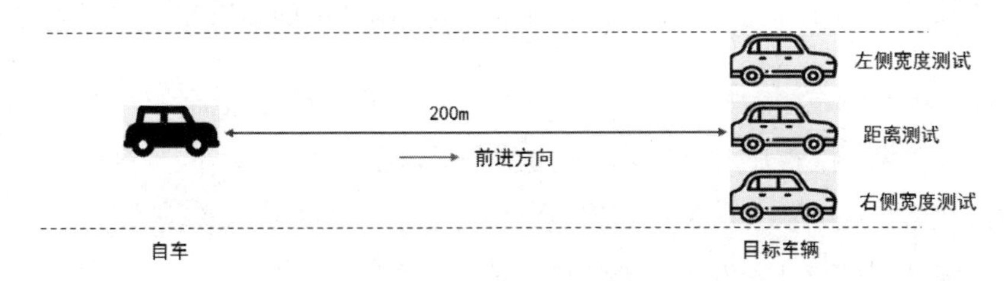

图 8-8 目标检测距离和宽度试验示意图

在宽度试验中，目标车辆静止，和自车方向一致。在试验开始前，自车位于车道中心线，分别将目标车辆置于车道最左侧和最右侧，各进行一次试验。当自车距离目标车辆 200m 时，试验开始。当自车距离目标车辆 150m 时，试验结束。若自车在 150m 处可以准确识别出车道最左侧和最右侧的完整车辆，则试验通过。

2）目标车辆静止和移动试验

在静止试验中，目标车辆静止，和自车方向一致。自车以 80km/h 和 40km/h 速度行驶，当自车距离目标车辆 150m 时，试验开始，如图 8-9 所示。在移动试验中，目标车辆保持以 12km/h 的速度行驶，和自车方向一致，自车以 80km/h 速度行驶，当自车距离目标车辆 150m 时，试验开始。驾驶员保持加速踏板位置不变，保持车速。当自车与目标车辆发生碰撞或避免碰撞时，试验结束。若试验过程中碰撞预警方式、碰撞预警阶段的速度减小量、紧急制动的启动、紧急制动中的最小速度降低量均满足上文要求，则试验通过。

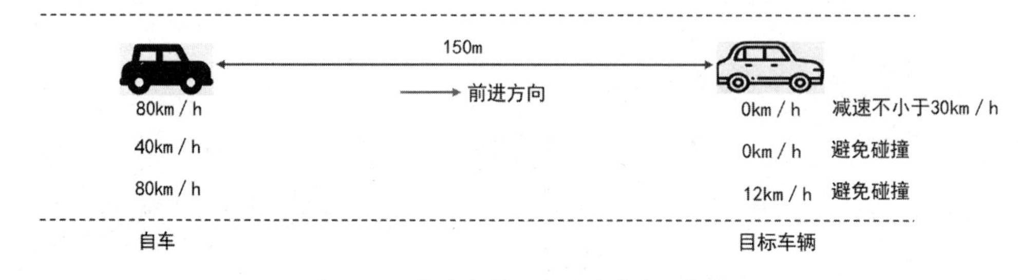

图 8-9 目标车辆静止和移动试验示意图

3）弯道横向目标识别试验

试验在曲率半径为 250m 或者 150m 的弯道上进行。当曲率半径为 250m 时，自车、相邻车道前车和目标车辆均以不低于 50km/h 的速度同向行驶。当曲率半径为 150m 时，自车、相邻车道前车和目标车辆均以不低于 40km/h 的速度同向行驶，如图 8-10 所示。

自车和目标车辆在同一车道内行驶，相邻车道前车在目标车辆外车道行驶，且车间距离不会触发预警。试验开始后，相邻车道前车减速至 25km/h 以下，在自车超过相邻车道前车的过程中，AEBS 不应发出预警且不执行制动。然后目标车辆减速至自车能发出碰撞预警的速度，自车开始发出预警信号，试验结束。

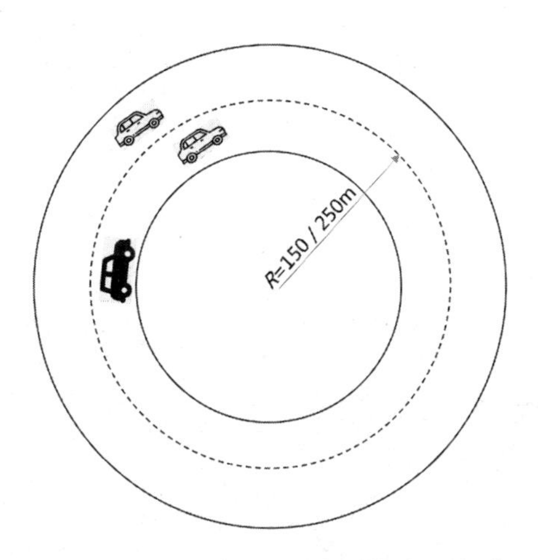

图 8-10 弯道横向目标识别试验示意图

4）误响应试验

自车以 50km/h 匀速行驶至少 60m 后超过两辆静止的前车，驾驶员保持加速踏板位置不变，保持车速。两辆静止前车的车头方向应与自车一致，车身间距为 4.5m，车辆尾部在同一平面，如图 8-11 所示。若试验过程中自车不发出碰撞预警、不进行紧急制动，则试验通过。

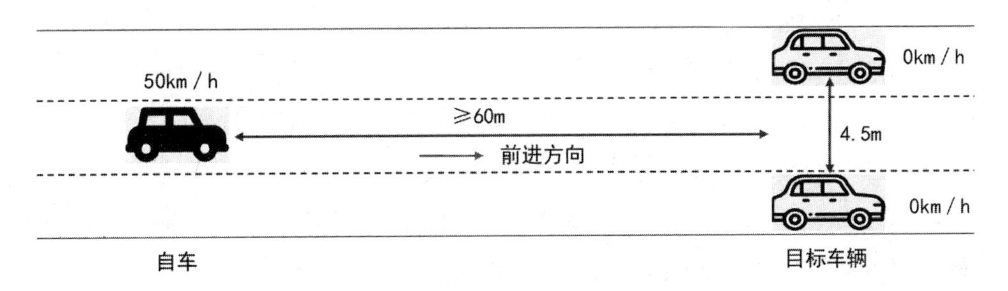

图 8-11 误响应试验示意图

5）行人试验

试验开始时，自车沿规划的车道中心线加速到 60km/h，并保持一定距离，驾驶员保持加速踏板位置不变，保持车速，*B-B* 为自车的车道中心线。同时，控制行人从自车左侧距离车道中心线 6m 远处沿 *A-A* 路径运动，其中，行人的加速距离 *F* 为 1.5m。*L* 点为自车与行人的碰撞点，行人在距离 *L* 点 4.5m 时，应达到 8km/h 的目标速度，如图 8-12

所示。当自车 AEBS 执行紧急制动或发生碰撞时，试验结束。若试验过程中碰撞预警方式、碰撞预警阶段的速度减小量、紧急制动的启动、紧急制动中的最小速度降低量均满足上文要求，则试验通过。

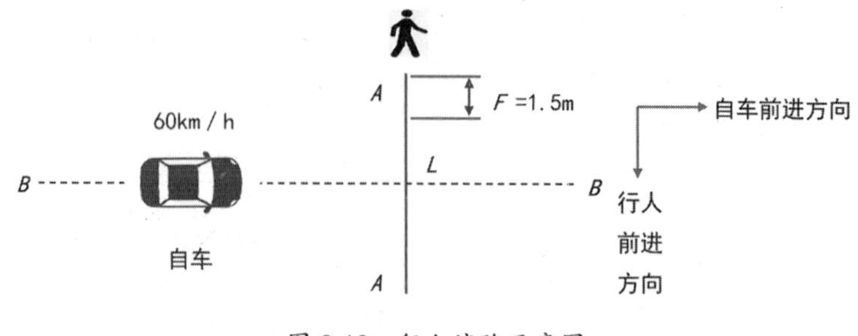

图 8-12 行人试验示意图

2. 乘用车

下面以 GB/T 39901—2021 为基础，介绍乘用车 AEBS 所要求的一些试验项。

1）静止、移动和制动目标条件下的预警和启动试验

自车和目标车辆在试验前至少 2s 沿直线同向行驶且两者中心线偏差不超过 0.5m。在静止试验中，自车以 30km/h 的车速行驶，距离目标车辆至少 60m，试验时开始。在移动试验中，自车以 50km/h 的车速行驶，目标车辆以 20km/h 的速度行驶且二者相距至少 120m 时，试验开始。在制动试验中，自车以 50km/h 的车速行驶，目标车辆以 50km/h 的速度、$-4m/s^2$ 的减速度行驶且二者相距 40m 时，试验开始，如图 8-13 所示。若试验过程中碰撞预警方式、碰撞预警阶段的速度减小量、紧急制动的启动、紧急制动中的最小速度降低量均满足上文要求，则试验通过。

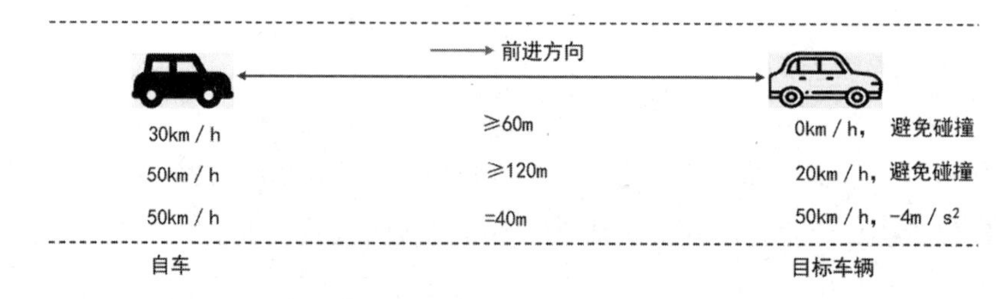

图 8-13 静止、移动和制动目标条件下的预警和启动试验示意图

2）失效警告试验

断开 AEBS 的电源，启动并逐渐加速被试车辆，观察并记录失效警告信号，以及首次发出失效警告信号时的车速和时间。在车辆静止状态下关闭点火开关又重新打开后，失效警告信号应立即重新点亮。

3）驾驶员干预性能试验

在碰撞预警和紧急制动阶段，驾驶员踩下加速踏板、打开转向灯及采用制造商规定的其他方式，检查 AEBS 的响应能否被驾驶员的主动动作中断；检查车辆上电，驾驶员主动关闭 AEBS 后，警告信号是否亮起；检查驾驶员将车辆下电再上电后，AEBS 警告信号是否亮起。

4）误响应试验

误响应试验包括相邻车道车辆误响应试验和车道内铁板误响应试验。在相邻车道车辆误响应试验中，两辆静止的 M1 类目标车辆分别放置在自车两侧车道，且目标车辆与自车行驶方向相同，内侧相距 3.5m，与自车相距 50m。自车以 50km/h 的恒定速度从两辆静止的目标车辆中间通过，如图 8-14 所示。在车道内铁板误响应试验中，道路中间放置一个直径为 600mm、厚度为 10mm、与自车相距 100m 的铁板。自车以 50km/h 的恒定速度从铁板上方通过。若试验过程中自车不发出碰撞预警、不进行紧急制动，则试验通过。

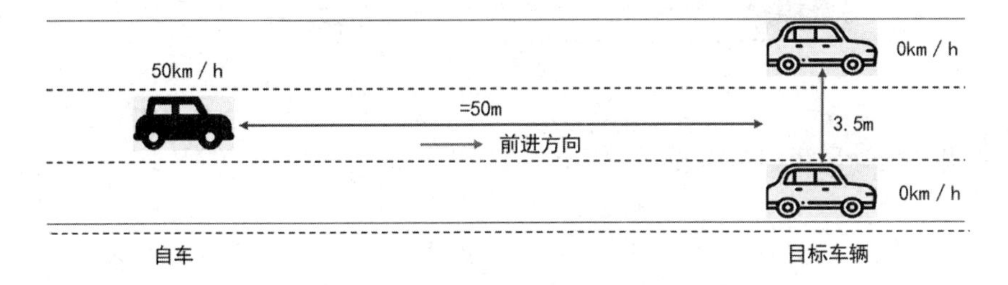

图 8-14 误响应试验示意图

8.2.4 关键参数

AEBS 的关键参数非 TTC/ETTC 莫属，碰撞预警触发和紧急制动触发都基于

TTC/ETTC 的值。对 TTC/ETTC 的计算主要分为简单版 TTC 和复杂版 ETTC。TTC 假设自车和目标车辆均匀速运动，忽略自车和前车的加/减速度影响，计算过程简单。ETTC 在简单版基础上引入自车和前车的加/减速度影响因素，计算过程更加准确。

有人会疑惑，ETTC 明显更接近真实情况，为何不统一用 ETTC 计算方式呢？原因就在于，目标车辆的加/减速度值不是一个可以直接获得的测量值。实现 AEBS 的标准硬件配置是毫米波雷达和相机，毫米波雷达可以通过对多帧之间的速度一次求导获得加/减速度，相机可以通过多帧之间测得的距离多次求导获得加/减速度。但在毫米波雷达测速、相机测距本身精度有限的今天，如果再基于它们的测量数据推算加/减速度，则有可能获得一个更不准确的加/减速度值。

如果 V2X 技术落地，自车就可以通过 V2V 直接获取目标车辆 IMU 上的加/减速度值，显然会更加准确。所以，厂家会根据实现 AEBS 的传感器性能判断到底是采用 TTC 计算方式还是 ETTC 计算方式。下面详细介绍这两种计算方式的原理。

1. TTC

假设自车以 V_0 匀速行驶，目标车辆以 V_1 匀速行驶，D 为车距，求解自车追上前车的时间，即所求的 TTC，在数学上这属于典型的追赶问题，如图 8-15 所示。

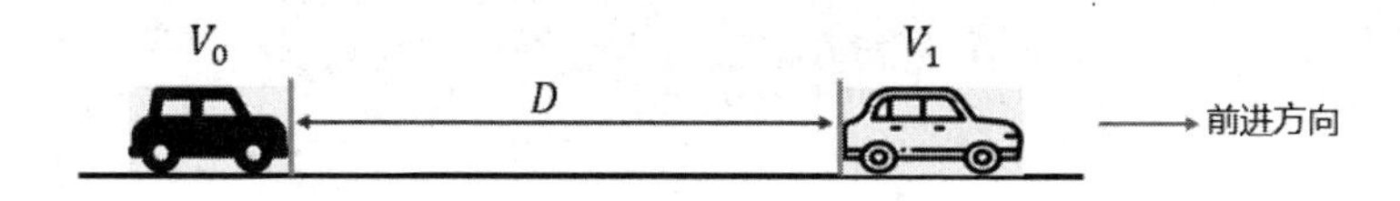

图 8-15 追赶问题

应用牛顿运动定律，可以得到如下的 TTC 求解公式。

$$V_0 \times \mathrm{TTC} = V_1 \times \mathrm{TTC} + D$$

$$\mathrm{TTC} = \frac{D}{V_0 - V_1}$$

这里分三种场景讨论：① 前车静止；② 前车速度小于自车；③ 前车速度大于或等于自车。对于场景①和②，自车都将在一段时间内追上前车，应用此公式十拿九稳；而对于场景③，从直观上理解也可以判断，自车将永远无法追上前车，此时两车的车距 D 即使小

于安全距离 S，也不应触发 AEB 功能。这种场景多发生在旁边车道车辆以较大车速进行切入及辅路汇流时。

2. ETTC

如图 8-16 所示，在 TTC 的基础上引入加/减速度因素，假设自车当前时刻的加/减速度为 a_0，目标车辆当前时刻的加/减速度为 a_1。

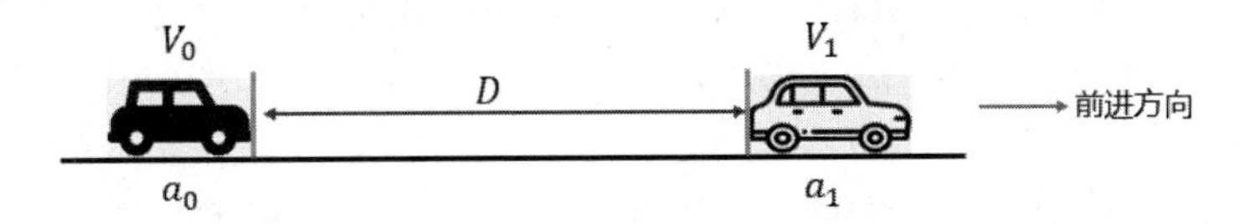

图 8-16 有加速的追赶问题

还是应用牛顿运动定律，假设经过 ETTC 时间，两车相遇，可以得到如下一元二次方程。套用一元二次方程的标准解公式，即可求得 ETTC 的值。

$$V_0 \times \text{ETTC} + \frac{1}{2} \times a_0 \times \text{ETTC}^2 = V_1 \times \text{ETTC} + \frac{1}{2} \times a_1 \times \text{ETTC}^2 + D$$

$$\frac{1}{2} \times (a_1 - a_0) \times \text{ETTC}^2 + (V_1 - V_0) \times \text{ETTC} + D = 0$$

$$\text{ETTC} = \begin{cases} \dfrac{(V_0 - V_1) \pm \sqrt{(V_1 - V_0)^2 - 2(a_1 - a_0)D}}{a_1 - a_0}, & a_1 \neq a_0 \\ \dfrac{D}{V_0 - V_1}, & a_1 = a_0 \end{cases}$$

在自车和目标车辆加/减速度相同的情况下，可以理解为加/减速度作用抵消，ETTC 的求解公式和匀速运动的一致。在自车和目标车辆加/减速度不一致的情况下，可以得到一元二次方程的两个根，公式中取正号还是负号，需要根据两车的初始速度、加/减速度进行计算取舍。

❑ 休息一下

AEBS 将是自动驾驶车辆的一个基础技能，支撑未来自动驾驶乘用车、Robotaxi、配送车，以及港口、矿区等自动驾驶载货车的广泛应用。

8.3 泊车，后退即前进的自动驾驶哲学

按场景来分，自动驾驶主要分为行车场景和泊车场景。泊车场景是用户痛点感受最深、技术实现相对容易、客户最愿买单且最有机会率先落地的场景，也是主机厂及自动驾驶企业兵家必争之地。

泊车场景实现自动驾驶不仅可以缓解停车焦虑，还可以提高停车场车位的利用率和运营效率，乃至整个城市的管理效率。

随着驾驶自动化系统级别的提升，泊车功能由部分辅助变为完全自主，传感器配置由朴素变为轻奢，系统由简单变为复杂，本节就来介绍不同驾驶自动化系统下的典型泊车功能。

8.3.1 L2 自动泊车辅助

L2 下典型的泊车功能为自动泊车辅助（Auto Parking Assist，APA）。APA 功能的开启需要驾驶员手动按下车内使能按钮，并且在车速低于一定值时，整车使能 APA 功能。随后，车辆四周的传感器（超声波雷达和车载鱼眼相机等）开始搜寻可用的停车位，并通过车内中控大屏显示搜寻到的车位。驾驶员选择车位后，中控大屏会提示驾驶员挂上倒挡，此时 APA 会规划出一条泊车路径，并开始接管车辆的转向、加/减速和制动等操作，直到最终完成泊车入库。

最早实现使用这个功能的传感器是超声波雷达，通常左右两侧标准化配置 4 个长距（3～5m）自动泊车辅助超声波雷达（Automatic Parking Assistant，APA）和前后 8 个短距（1.5～2.5m）超声波驻车辅助雷达（Ultrasonic Parking Assistant，UPA）。自动泊车辅助超声波雷达探测功率大，探测距离远，主要用来搜寻侧边停车位。在前进搜寻过程中，侧边前后两个自动泊车辅助超声波雷达还能起到车位冗余检测的作用。超声波驻车辅助雷达主要用于泊车过程中测量车位附近车辆、护栏、围墙的距离，实时修正泊车路径，避免碰撞。

但是基于这个传感器配置，只能识别由车辆、路沿等四周有明显物体分隔的车位，无法识别由车位线分隔的车位。为了解决这一问题，APA 在前、后、左、右硬件配置上各增加了一个车载鱼眼相机——一种可以获得 180°视野内畸变图像的相机，通过对 4 个车载鱼眼相机图像去畸变、拼接，可以获得“鸟瞰图”，将鸟瞰图通过中控大屏显示出来，可以获得更加友好的泊车体验。这也是 360°全景影像功能与 APA 泊车场景的完美融合，如图 8-17 所示。

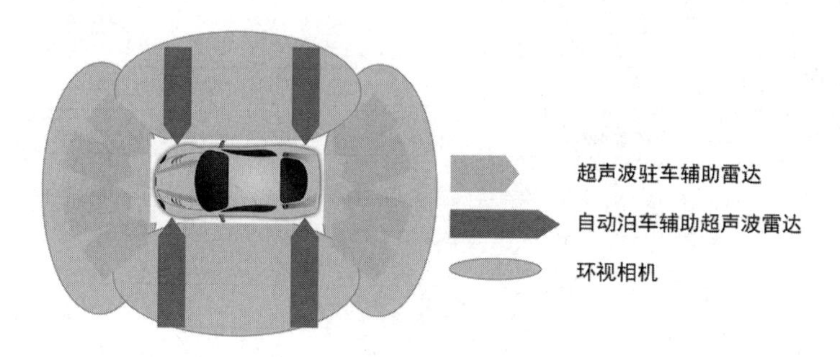

图 8-17 APA 传感器配置

8.3.2 L2+遥控泊车辅助

对于特别狭窄或被两车包夹得太紧的车位，停进去之后两车车门基本没有打开的空间，这时从全景天窗逃生是个不错的选择。还有一种更人性化的方法，泊车前驾驶员下车，通过手机遥控方式控制泊车功能开闭。

得益于车联网远程车控技术的发展，驾驶员可以通过蓝牙、Wi-Fi 等无线网络方式，用手机或遥控钥匙远程控制车辆实现泊入/泊出操作，这也成就了遥控泊车辅助（Remote Parking Assist，RPA）功能。

RPA 和 APA 的硬件配置完全一样，只是在功能上进行拓展，在安全性上进行提升。当车辆显示找到停车位后，驾驶员挂上倒挡并下车。通过手机 App 或遥控钥匙使能 RPA 功能，完成后续的泊车入库，如图 8-18 所示。

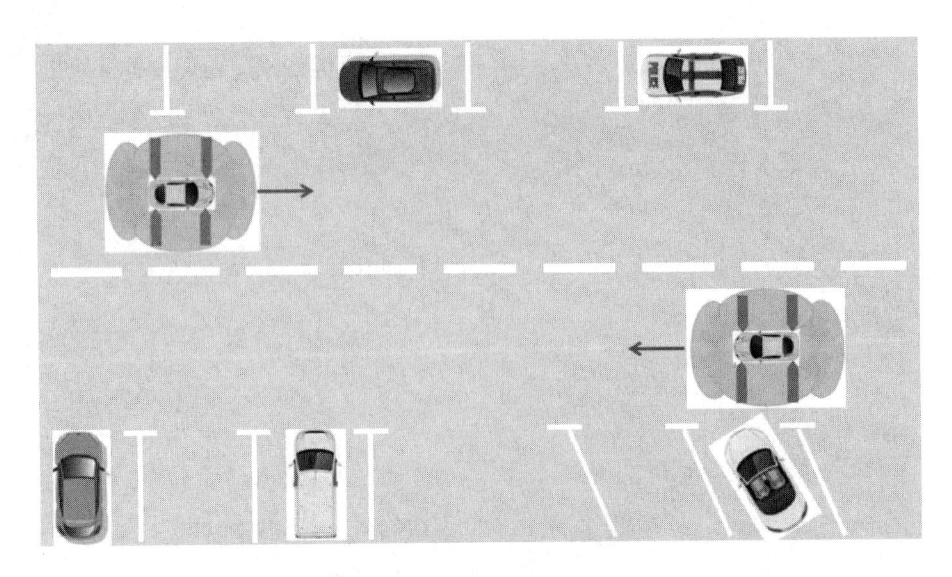

图 8-18 RPA 泊车原理示意图

APA 和 RPA 小结：目前各厂家中高端车型都配置了这两个功能，2021 年这两个功能装机率在 15%～20%，但种种原因导致车主使用率普遍不高。一是识别车位过程烦琐，需要缓慢行驶搜寻；二是车位识别准确率不高，对空车位的标准太过严格；三是效率较低，缓慢寻找车位，缓慢停车，远远赶不上正常司机的停车效率。

8.3.3 L3 记忆泊车辅助

对小区和公司地库有固定停车位的车主来说，使用 APA 或 PRA 功能，每次都要装作不认识车位，慢腾腾地开过去识别，还极有可能出现"三过车位而识别不出来"的现象。这显然不符合"用户为上帝"的产品思维，而针对这一特定需求，部分厂家推出了记忆泊车辅助（Home-zone Parking Assist，HPA）功能。

在正常使用 HPA 功能前，需要进行一次手把手教学。将车开到小区/公司停车场的一个固定起点（可以是人便于乘坐电梯、走楼梯的位置），手动使能 HPA 学习功能。此时低速开动车辆泊入自己固定的车位，挂上 P 挡完成车辆泊入过程。HPA 系统基于传感器感知的环境数据和车辆本身参数进行本地学习或云端学习，从而完成泊入过程自学习，建立泊入过程地图及行驶路径。相同的学习流程可应用于泊出过程，从而实现从固定停车位到固定上车点的路线学习。

完成学习之后，当驾驶员下次开车来到泊车学习路线的起点或中间附近时，车辆会主动提醒驾驶员是否启动 HPA 功能。若开启，则 HPA 将接管泊车入库功能。根据各厂家的功能差异，HPA 支持驾驶员下车远程控制或待在车内充当安全员。当驾驶员上班前或下班后需要接客时，可通过手机 App 或遥控钥匙召唤车辆开启泊出功能，此时车辆将自动开到固定的接客点完成接客功能。

根据几家主流主机厂的 HPA 公开测评数据了解到，学习后的 HPA 功能并不是一个机械僵硬的回放，而是可以在把握住起点和终点的全局路径下，做局部的自我规划，实现对手推车、行人和车辆等动态障碍物的感知、预测、避让。

想要实现上述功能，仅依靠超声波雷达和车载鱼眼相机稍微有点吃力。为此，主流的硬件配置增加了前后视及侧视中长距相机、前向毫米波雷达及 IMU。中长距相机负责在泊入/泊出学习路线上建立特征地图，并在后续功能开启后，将识别到的特征与存储的特征地图进行匹配，以获得车辆在地图上的相对位置。毫米波雷达主要用于获得运动物体的速度，从而为局部路径规划提供感知预测。停车场减速带和上下坡区域会导致视觉识别出现误差，从而导致匹配失败。而结合 IMU 的三轴加速度和三轴角速度信息，可以实现视觉纠偏。

目前各主流主机厂均已公布其 HPA 的量产计划，且部分厂家已量产落地。下面挑选其中两家已量产且比较有代表性的 HPA 功能，罗列出其主要特点，供人们直观了解 HPA 当前的技术水平，如表 8-3 所示。

表 8-3 两家 HPA 产品主要性能对比

功能类别	主机厂 1	主机厂 2
推出时间	2021 年 1 月	2021 年 6 月
硬件配置	6×相机（2 高清前视+4 环视），5×77GHz 毫米波雷达，12×超声波雷达	14×相机，12×超声波雷达、1×IMU
记忆路线距离	100m	1000m
记忆车位数量	5 个	每个停车场 1 个
记忆停车场数量	不限（地库和地面）	100 个（地库）

续表

功能类别	主机厂1	主机厂2
跨楼层记忆	不支持	支持
泊入学习	支持	支持
泊出学习	支持	不支持
是否支持无人	支持	不支持
手机支持	可以	不支持

8.3.4 L4 自主代客泊车

“路线学习”“固定车位”“记忆路线距离受限”，怎么看都不是客户泊车痛点的最理想解决方案。客户期望的是至少可以在停车场内部（地上、地下全区域）、外部（地上划定范围）任意位置下车，由车辆自主完成排队等待、闸口通过、车位寻找和泊车入库等工作，并支持接收手机 App 远程泊出命令，完成用户指定位置的泊出接客工作。

自主代客泊车（Automated Valet Parking，AVP）功能作为 L4 泊车场景的解决方案应运而生。在停车场划定区域内，AVP 支持在任意位置下车、任意位置接客的自主泊入/泊出功能。在这种解决方案中，若驾驶员在停车场外下车并使能功能，则车辆需要首先规划出下车点到停车场入口的路径，并完成自主行驶、自主排队、自主过闸、自主避障、自主寻找车位和自主泊车入位等功能。在接收到驾驶员远程下发的接客命令后，重复上面的过程。

目前，AVP 的技术路线正处于三分天下的局面，行业标准《自主代客泊车系统总体技术要求》详细定义了单车智能、场端智能和车路协同三种技术路线的技术要求。

1. 单车智能

单车智能，顾名思义，完全通过提升车辆的智能化水平实现 AVP 功能。而单车智能实现的基础是建立停车场的高精地图和实现停车场内外的精准定位。

受限于地下停车场卫星信号被完全遮蔽，且停车场结构单一、纹理重复的特点，基于语义特性的语义高精地图成为首选。首先对感知图片进行语义提取，接着对多相机单帧语义特征进行拼接，然后进行多帧叠加，最后进行回环检测，以此消除里程计航迹推算过程中累积的误差。至此，地下停车场的语义高精地图就生成了。地图建立以后，下次车辆来到停车场时，通过将相机实时提取到的语义特征与地图中的语义特征进行匹配，即可推算出现有车辆的位置，有了定位，后面的规划控制也就水到渠成了。

对于地上停车场内部或地下停车场外部，由于其可以稳定、可靠地获取卫星信号，因此基于停车场车道、车位、立柱等几何关系的高精度地图成为首选。首次进场前，通过高精度组合导航、激光雷达和相机等传感器建立精度达到厘米级的高精地图。后面车辆通过高精度组合导航获取绝对定位信息，并拉取此位置的停车场高精地图，即可为规划控制提供支撑。在偶尔的遮蔽场景下，可通过激光雷达、相机、IMU 等融合定位方式提供辅助定位。

单车智能的技术路线不仅可以避免对停车场进行大规模改造，还可以避免停车场运营商、地产商、AVP 技术方案商及主机厂之间的各方协调、组织。但它的缺点也很明显，单车无法提前获取停车场的空余车位、空余充电桩数、停车收费情况等信息，容易出现周末繁华商场停车库一位难求的局面。同时，L4 的成熟算法、硬件量产时间要多久，单车智能 AVP 的实现就要多久，短期内大规模落地存在较大难度。目前主推这一方向的主要为国内的一众自动驾驶方案商。

2. 场端智能

场端智能通过提升停车场的智能化水平来实现自主泊车功能，单车无任何智能感知硬件的需求，无停车场高精地图需求。通过在停车场特定位置部署激光雷达、相机和毫米波雷达等感知传感器、在机房部署边缘计算设备，实现智能感知、AI 计算，并将感知结果通过无线网络发送给车辆，辅助车辆进行环境感知，从而实现自主泊车功能。

场端智能的优点非常明显，不受限于单车智能的发展，利于快速落地。其缺点也很明显，场端无法实现 100%感知覆盖，在无法覆盖的区域内功能失效；驾驶员必须将车辆开到场端感知覆盖的区域才能下车，无法灵活选择在停车场外下车。此外，随着激光雷达、800 万像素相机等高阶传感器陆续前装，各家 L4 算法能力也在不断突破，放着单车智能不用，转而将智能感知主体全都放在场端，怎么想都是一条过渡技术路线。目前这一技术路线的主要实践者为国外巨头供应商。

3. 车路协同

单车智能无法获取场端的数据，场端智能无法发挥车端智能的优势，车路协同则被认为是 AVP 的终极量产解决方案。车端除了具备实现单车智能所必需的硬件，还需加装车载单元，负责 V2X 中车端与停车场端路测单元通信。场端安装必要的传感器，实现车位检测、车牌识别、流量检测、安防安检等，场端边缘计算设备将停车场辅助信息通过停车场路测单元发送给车端车载单元。车端与停车场端数据实时互动，实现 AVP 功能。

车路协同技术路线的优点是可以彻底解决客户泊车的痛点，它是客户非常愿意买单的功能之一。它还能平衡各方利益，是各方愿意为之努力的方向。其缺点是技术难度、系统复杂度都较前两者上了一个级别。目前，主推车路协同 AVP 方案的代表企业为国内自立自强、科技强国的典范企业。

8.3.5 L5 的极致享受

全场景的自动驾驶，应该不再区分泊车场景，也就不会有泊车的概念。车主可在任意落客点下车，车辆基于 V2X 技术，通过路测单元获取附近停车场的场端信息及道路交通信息，从而完成最优车位的锁定、最优路径的规划。

车主也可以在办公室预约在任意时间、任意可上车点的接客功能，车辆基于大数据实时计算通行的时间，提前进行车辆自清洁，以及提前准备好车主下班路上所需的办公、娱乐设备。

那时，驾车必是一种享受。

❑ **休息一下**

泊车作为客户痛点最深且极具价值的场景，其落地是有驱动力及创造力的，其落地进展也往往能反映自动驾驶企业的技术水平。

8.4 远程驾驶，自动驾驶全无人考卷上的一道“大题”

小时候学骑自行车，当知道爷爷奶奶在后面扶着的时候，我们通常会肆无忌惮地上路。但是爷爷奶奶清楚，拽在手里的风筝永远飞不远，于是在某个路口默默地松开了手。在不知情的时候，我们一般还能嘚瑟个十几二十米，但当意识到已没有靠山的时候，就会开始踉踉跄跄，甚至摔跤。

现在的自动驾驶公司像极了小时候学骑自行车的我们，车上的安全员就是自动驾驶公司心中的“定海神针”。在有安全员的时候，即使自动驾驶系统做得再不完善，也不妨碍自动驾驶车辆在马路上游走闲逛。毕竟对于一切自己应对不了的工况，都可以请求安全员去接管。虽然每家自动驾驶公司都在喊着“全无人”，但大部分自动驾驶公司就是迟迟不肯迈开那条“腿”。

在各地陆续出台鼓励全无人的政策后，部分头部自动驾驶公司已经开启了全无人的商业化试点运营。本节就来正式聊一下自动驾驶下一阶段的重头戏——全无人与远程驾驶。

全无人，不仅需要勇气，还需要底气。而勇气和底气都来自一套完整的技术保障，包括单车智能、安全冗余和远程驾驶。单车智能足够强，可以尽量减少无法处理的复杂工况及长尾问题；安全冗余足够硬，可以在系统失效或车辆故障后提供完善的最小风险策略。这两项能力足以保证自动驾驶车辆在绝大多数场景下行得放心、停得安心。

但是只具备前两项能力还不足以撑起全无人的雄心壮志。正如国外一家自动驾驶公司 Voyage 认为，“无论你的自动驾驶系统多么出色，它都会遇到不知道如何决策的新颖情况。即使在诸如圣何塞乡村之类的较为平静的社区中，我们的自动驾驶车辆也总有新的交通状况需要处理，建筑地带、装箱车、混乱的停车场，甚至火鸡！”

解决这种困境的方法有以下三种。

第一种是等，直到自动驾驶系统优秀到可以应付 99.99999……9%的场景，但这可能要耗费十几二十年时间。即便如此，多年之后，人们仍将面临如何处理自动驾驶车辆无法处理的 0.0000……1%场景的挑战。

第二种是派人去抢修，如同 120 急救一样，抢救是否及时到位，全看距离急救点位置的远近和道路是否通畅。

第三种是采用如图 8-19 所示的方法，在云端重建车辆行驶环境，让云端安全员像在实车上一样了解车辆的驾驶情况和环境情况，并在需要接管时将控车指令实时发送到车端，实现远程实时控车的功能。

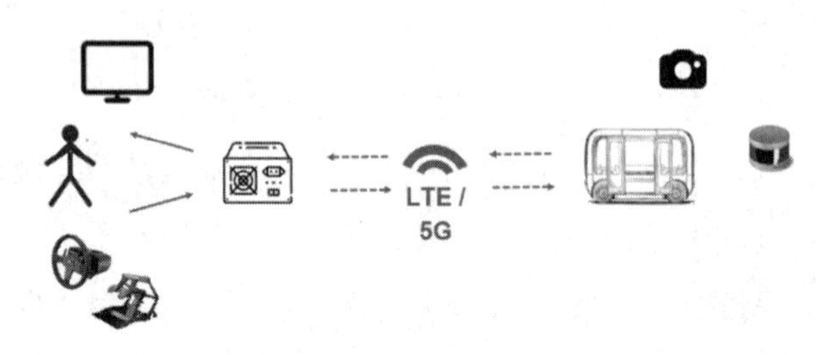

图 8-19 远程驾驶原理示意图

三种方法对比，高下立判。远程驾驶作为自动驾驶走向全无人商业化运营的重要保障，是各家自动驾驶公司必须修炼的一门基本武功，是自动驾驶全无人考卷上的一道“大题”。笔者甚至想下个武断的结论：看这家自动驾驶公司具不具备全无人商业化运营的能力，就要先看它有没有一套完善的远程驾驶体系。

8.4.1 远程驾驶作用

远程驾驶除了将在自动驾驶领域有所作为，还必将在安全作业领域成就一番事业。

1. 自动驾驶领域

如上所述，在相当长一段时间内，自动驾驶都将为更强的安全性能而奋斗，而在这个过程中，远程驾驶将扮演拯救自动驾驶于危难中的“超人”角色。

远程驾驶可以在超出 ODD、系统异常、车辆故障等特殊情况下，接管车辆并远程控制车辆恢复正常行驶，或操控车辆到安全区域停车，进而辅助自动驾驶车辆测试、运营，从而提高自动驾驶系统的安全性和可靠性，减少交通事故和人员伤亡，加速自动驾驶的落地。

同时，依托远程驾驶平台实时监测自动驾驶车辆状态、自动驾驶系统状态、自动驾驶车队运营效率等，对故障做到早发现、早治疗，对懈怠做到早察觉、早鞭策，从而提高自动驾驶车辆运行效率、降低运营成本。

对于内部开发和运营人员来说，远程驾驶可以为算法开发及验证、数据采集及分析提供极大的便利性。现场测试工程师不再需要一直等待开发工程师的测试指令，开发工程师也不会因为联系不上现场测试工程师而着急。远程驾驶也可以称得上开发和测试的好兄弟、好帮手。

2. 安全作业领域

借助远程驾驶，可以让工作者在云端操纵工程机械，使其工作在抗震救灾、有毒、危险隧道、灭火救援、悬崖开路和爆炸现场清理等恶劣环境中，同时高效完成施工救援作业。

8.4.2 远程驾驶架构

远程驾驶架构主要由车端、舱端、云平台和网络 4 部分组成，如图 8-20 所示。在工作时，车端传感器的感知数据，以及车辆自身状态、位姿信息等通过网络传输给舱端显示系统进行显示和位姿随动。舱端中的远程驾驶员基于显示的信息进行驾驶决策，并通过操控方向盘、油门踏板、刹车踏板和挡位等模拟器触发驾驶信号，驾驶信号由云平台处理后通过网络传给车端。车端远控主机收到信号后进行控制命令解算，并将解算后的控制命令发送给车端执行器执行，从而实现一个完整的远程驾驶闭环过程。

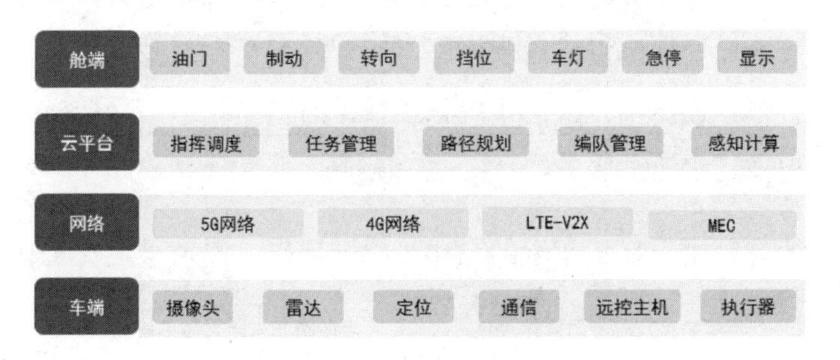

图 8-20 远程驾驶架构

1. 车端

车端主要包括感知设备、控制设备、通信设备和执行设备等。

（1）当前，远程驾驶系统中的感知设备以相机为主，辅以原车上的毫米波雷达、激光雷达和组合导航等设备，主要用来提供车辆周围环境的实时状态信息，为舱端远程驾驶员提供一个良好的驾驶视野。

（2）控制设备一般指车上的远控主机，主要承担两部分工作。一是将云平台发送过来的车辆操纵指令，转化为整车可使用的线控指令（方向盘转角、油门踏板开度等）；二是将感知设备采集的感知数据，以及车辆自身状态、位姿信息进行打包处理，发送给云平台。控制设备通常还承担自动驾驶、远程驾驶和有人驾驶模式的切换策略。

（3）通信设备既可以是一个单独的零件，也可以将功能集成在整车其他控制器中，负责将车端的数据上传到云平台，以及接收云平台下发的数据。

（4）执行设备是远控操作指令的最终执行者，包括线控转向、线控制动、线控挡位和车身喇叭、灯光等。

2. 舱端

舱端主要包括远程驾驶模拟舱、显示系统、舱端服务器和备份急停系统等。

（1）远程驾驶模拟舱的朴素方案是将方向盘、油门踏板、刹车踏板、挡杆、信号采集系统和运动平台等简单组合在一起，如图 8-21（a）所示。丰富一点的方案是在此基础上加入一些工业设计的考虑，提高舒适性，如图 8-21（b）所示。奢华一点的方案是加上六自由度的运动平台，增加沉浸式驾驶体验。远程驾驶员在驾驶模拟舱时可以像真实开车一样，操纵各种模拟器。信号采集系统采集数据后，将物理信号转换为车端可匹配的执行信号，并打包发送给舱端服务器。

（2）显示系统主要用来显示车端的 360° 感知数据，以及车辆状态和姿态信息，远程驾驶员可基于显示信息控制后续的远程驾驶。

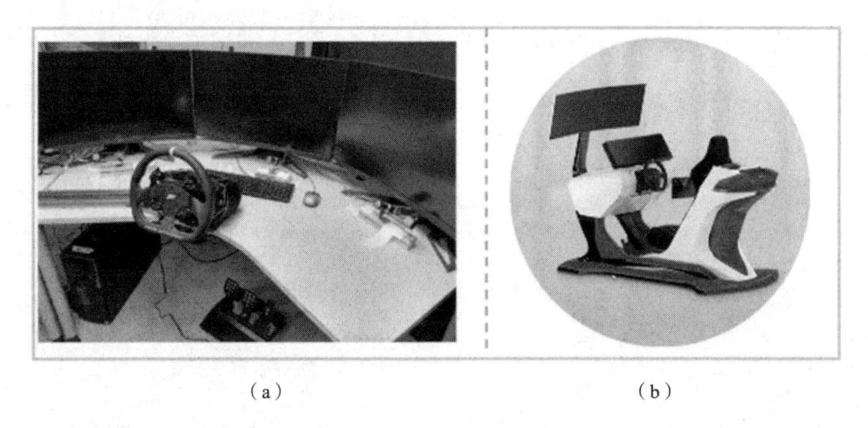

（a）　　（b）

图 8-21 远程驾驶模拟舱示意图

（3）舱端服务器是舱端的大脑。针对车端相机的感知数据，需要舱端服务器解码渲染后将其传输到显示系统中。为了使显示方案更友好、远程驾驶员观察视频更加舒适，还需要对图像进行去畸变、拼接等处理；远程驾驶员的操纵指令也需要舱端服务器进行处理下发。

（4）备份急停系统使用独立的通信链路，在主网络出现问题后，可在紧急情况下将车辆远程停下，提高远程驾驶系统的安全性和可靠性。

3. 云平台

云平台主要承担任务调度和信息转发功能。

（1）调度功能可以实现一个远程驾驶模拟舱对多辆车的远程驾驶接管任务，从而大大提升远程驾驶的工作效率。云平台的各类服务场景可根据目标车辆的实际作业需求进行设计，包含单车接管、车队调度中的接管等不同策略。

（2）云平台作为应用的总入口，负责各类信息回传和指令下发，需要对网络质量进行全方位监测，实时为业务规划网络路径，提供可靠的保障。

4. 网络

网络基于 V2X 和 5G 系统，实现车与车、车与云平台之间的信息传输。

作为信息处理主要节点，5G 系统基于基站、核心网、移动边缘计算等节点实现对控制数据、状态数据的传输。V2X 主要用于实现车与车之间、车与路之间感知信息的传输。5G R16 中对远程驾驶网络通信指标给出了如表 8-4 所示的要求。

表 8-4 远程驾驶网络通信指标

用 例	时 延	可 靠 性	速 率
车辆编队	10ms	99.99%	65Mbps
远程驾驶	5ms	99.99%	上传：25Mbps，下载：1Mbps
高级驾驶	3ms	99.99%	53Mbps
传感器共享	3ms	99.99%	1000Mbps

8.4.3 行业进展

下面主要从政策和产品的角度介绍行业进展。

1. 政策

2022 年 7 月，北京正式开放中国首个主驾无人的出行服务商业化试点。目前，百度和小马智行成为首批获许企业，将在北京经济技术开发区核心区 60 平方千米范围内投入 30 辆主驾无人的车辆，开展常态化收费运营服务。

业内一片欢腾，普遍认为此举将自动驾驶的商业化落地推向了新的台阶。未曾想，重庆、武汉紧随其后，憋了一个更大的招：主驾、副驾、后排的安全员全部取消。

2022 年 8 月，重庆、武汉两地政府部门率先发布自动驾驶全无人商业化试点政策，并向百度发放全国首批无人化示范运营资格，允许车内无安全员的自动驾驶车辆在社会道路上开展商业化服务。

2022 年 8 月 8 日下午，交通运输部在官网发布了《自动驾驶汽车运输安全服务指南（试行）》（征求意见稿）（以下简称《指南》）公开征求意见的通知。《指南》中明确：从事运输经营的完全自动驾驶汽车应当配备远程驾驶员或安全员。

至此，远程驾驶被写进了自动驾驶官方的要求中，国内轰轰烈烈的全无人自动驾驶也拉开了商业化运营的序幕。

接下来我们来看美国的情况。

2022 年 4 月，美国加州车辆管理局（Department of MotorVehicles，DMV）发布了最新的自动驾驶路测政策：将允许通过考核的自动驾驶公司开启车内无人监管的道路测试。DMV 同时给出了解释：无车内安全员的自动驾驶测试资格将只会颁发给产品符合 SAE 标准 L4 与 L5 资格的公司，并且汽车能够严格满足安全操作需求，否则申请将会被无情驳回。

DMV 概述了获取自动驾驶许可的必要条件，其中包括抵御网络攻击的适当安全措施、双向通信设备，以及车辆不能在某些指定区域和条件以外自主运行等。据悉，2022 年 4 月 2 日，DMV 自动驾驶路测政策失效后，在加州测试无人车的所有 50 多家公司中，只有一家提出了测试无人车的申请。

2. 产品

2021 年 12 月，希迪智驾在 2021 中部（长沙）人工智能产业博览会上推出行业内首台正向开发的远程驾驶舱，如图 8-22 所示。远程驾驶舱前有 3 块显示屏，从左至右分别显示车辆所在环境的平面图，车辆信息、参数、精确到经纬度的位置，车辆前后窗的视角和 360°度环视车辆周边的影像。据称，这款远程驾驶舱已应用于金川井下远程遥控矿卡和句容台泥的无人驾驶矿卡。

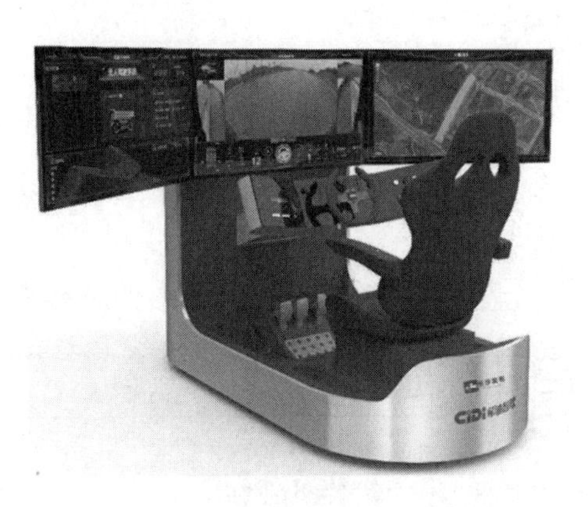

图 8-22　希迪智驾开发的远程驾驶舱

2022 年 7 月，慧拓智能发布远程驾驶系统 Avatar Driver 旗舰版，如图 8-23 所示。该系统配备了符合人体工学的电动自调式座椅、工业级方向盘，以及灵活开合的屏幕和可调整受力效果的工业级踏板。据称，该套系统伴随其矿山无人驾驶项目的落地而得到了充分的验证。

图 8-23 慧拓智能开发的远程驾驶舱

可以看到，封闭场景是率先实现自动驾驶全无人商业运营的场景，远程驾驶已经在该场景中做了部分有意义的探索工作。随着开放道路全无人自动驾驶的到来，远程驾驶也必将迎来一波技术和产品的创新。

❑ 休息一下

自动驾驶全无人的“考卷”已经徐徐展开，面对远程驾驶的这道“大题”，不知道各家自动驾驶公司能得几分。

8.5 编队行驶，自动驾驶江湖的“共同富裕”

在辅助驾驶领域，业内喜欢将一个个功能划分为三六九等，有平民阶层的 LDW、

AEB 和 ACC 等功能，也有贵族阶层的 NOA、NOP 和 NGP 等功能。但在自动驾驶领域，业内更喜欢用场景去区分尊卑贵贱，有不起眼的港口场景和矿山场景，也有备受瞩目的干线物流场景和 Robotaxi 场景等。

在场景为王的自动驾驶领域，自动驾驶编队行驶是为数不多的独立功能之一，肩负着减少能源消耗、缓解交通拥堵、提高车辆安全性的重任。绝大多数卡车自动驾驶公司都对这一功能进行过测试验证，但囿于技术瓶颈，离期望的效果还相差甚远，进展可谓相当缓慢。

以 ISO 在 2022 年 9 月发布的一份编队行驶标准（ISO 4272）为契机，本节就从国内外已公布的法规和标准角度，浅显地介绍一下自动驾驶的编队行驶功能。

8.5.1 法规和标准

目前已发布的与编队行驶功能相关的法规和标准如下，本节绝大部分内容也取自如下法规和标准，并在此基础上加入少量笔者自己的理解。

（1）GB/T 31024—2014《合作式智能运输系统 专用短程通信》。

（2）T/ITS 0113.2—2019《营运车辆—合作式自动驾驶货车编队行驶》。

（3）ISO 4272: 2022 *Intelligent transport systems—Truck platooning systems (TPS)—Functional and operational requirements*。

8.5.2 系统架构

自动驾驶编队行驶是指两辆或者两辆以上的车辆，基于智能传感器、无线通信和云平台等技术，通过数据共享和协同决策，以队列的形式在特定的场景下实现自动驾驶。

自动驾驶编队行驶系统架构包括车辆、云平台、路侧单元，以及 V2X（V2V、V2I 和 V2N 等）无线通信部分。自动驾驶编队行驶的系统架构示意图如图 8-24 所示。

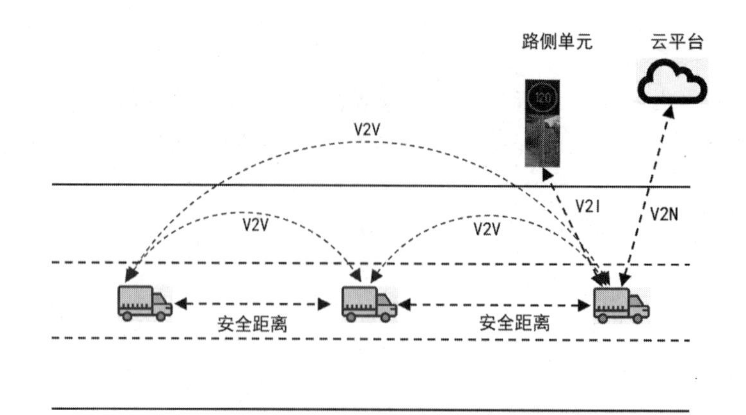

图 8-24 自动驾驶编队行驶的系统架构示意图

1. 车辆

车辆包括领航车辆和跟随车辆。领航车辆是指编队中最前方的车辆，是整个编队行为（包括创建编队、解散编队、车辆加入编队和车辆离开编队等）的决策者，对编队行为进行管控和决策。跟随车辆是指编队中位于领航车辆之后的所有其他车辆，具有与前方车辆保持合理安全距离的能力。

在自动驾驶场景，领航车辆和跟随车辆均为自动驾驶，车辆的总体功能要求包括以下几个方面。

（1）具有实现自动驾驶功能的完整软/硬件，包括传感器、计算单元、线控底盘和完整算法等，从而支持处于编队中的自动驾驶，以及离开编队之后的自动驾驶。领航车辆和跟随车辆均可以基于交通状况合理规划行驶路线及决策驾驶行为。

（2）具有实现车辆间轨迹、感知、状态和指令等信息交互的 V2V 通信功能。领航车辆基于这些信息监控整个编队的行驶状态，并能够在编队行驶状态出现问题时及时做出警告和应急措施。跟随车辆基于领航车辆共享的轨迹、感知和状态等信息，通过自动驾驶系统进行感知、决策、规划和控制，实现对领航车辆的跟随。

（3）具有与云平台进行必要信息交互的 V2N 通信功能，如获取实时状态信息、输入/输出指令和紧急管控等，从而实现对编队的监控和运营管理。在图 8-24 所示的架构中，仅画出了领航车辆云平台通信的链路，实际上跟随车辆也支持与云平台进行通信。

（4）具有与路侧单元进行信息传输的 V2I 通信功能，包括动态限速和交通状况等信息，以实现车路协同。

2. 云平台

云平台主要包括在线状态监控、车队管理、车辆控制、位置管理、认证管理、权限管理和运营维护等功能，为车辆提供全方位服务和安全保障。

3. 路侧单元

路侧单元主要负责将动态限速和障碍车位置等信息传输给编队车辆，以实现车路协同。

4. V2X 通信

在编队行驶状态下，车辆与云端、车辆与车辆、车辆与环境之间将产生大量实时的数据交互，并且因为车间距很小，对数据交互的响应要求也极高。V2X 作为感知能力，其技术可靠性和应用推广度既依赖于通信技术、标准和法规，也依赖于路边基础设施。

目前，V2X 包含两条技术路线，分别基于 IEEE 802.11p 的专用短程通信（Dedicated Short Range Communication，DSRC）技术和基于蜂窝网络的车用无线通信技术（Cellular Vehicle-to-Everything，C-V2X）。

DSRC 在美国有十年以上的技术沉淀，但它的组网需要新建大量路侧单元，新建成本较高，硬件产品成本也比较高。

V2X 可以直接利用现有的蜂窝网络，工业和信息化部已将 5905MHz～5925MHz 频段划分给 C-V2X 技术进行试验。伴随着 5G 的商用加速，其毫秒级的网络传输时延、10Gbps～20Gbps 的峰值速率、100 万个/km²的连接数密度，将可以满足自动驾驶编队行驶的严苛要求。

在有 LTE/5G 网络覆盖的场景下，C-V2X 无疑将是自动驾驶编队行驶的更优选择。

8.5.3 功能场景

自动驾驶编队行驶功能场景包括行为类和行驶类，如表 8-5 所示。

表 8-5 自动驾驶编队行驶功能场景列表

类型	序号	功能场景
行为类	1	编队创建
	2	车辆加入
	3	车辆离开
	4	编队解散
行驶类	5	匀速行驶
	6	加速行驶
	7	减速行驶
	8	紧急制动
	9	弯曲道路行驶
	10	变道行驶

1. 编队创建

车辆在没有开始编队的状态下，由潜在领航车辆开启编队创建功能，首先创建一个只包含自身的编队。同时通过 V2X 设备向附近车辆播报编队信息，潜在跟随车辆收到编队信息之后可以申请加入。

2. 车辆加入

编队在停止或行驶过程中，潜在跟随车辆申请加入编队，在经过领航车辆或云平台允许之后从队尾加入编队，并逐渐缩短跟车距离，此时不允许其他车辆加入或者编队中的车辆离开。当新加入的跟随车辆稳定保持编队行驶的目标车距之后，编队恢复正常行驶状态。

3. 车辆离开

编队在行驶过程中，队尾的跟随车辆申请离开编队，在经过领航车辆或云平台允许之后，该跟随车辆逐渐增加与前车的跟随距离，此时不允许其他车辆加入或者编队中的车辆离开。当申请离开的跟随车辆与前车的车距达到安全距离之后，离开编队完成。

4. 编队解散

在实际路况或编队内的车辆状态已经不具备编队行驶条件时，不具备编队行驶条件的车辆应通知领航车辆，由领航车辆下达解散指令，队列进行解散，队内各车辆恢复自由行驶状态。

5. 匀速行驶

整个编队在领航车辆的带领下，以基本稳定的速度行驶，编队中的车辆之间保持稳定的间隔距离。车辆速度误差应控制在目标车速的10%以内。编队车辆之间稳定的间隔距离应控制在设定间隔距离的10%以内。

6. 加/减速行驶

整个编队在领航车辆的带领下加/减速行驶，编队中的车辆之间保持相对稳定的间隔距离。加速行驶时，编队所有车辆的加速度要小于2.5m/s²；减速行驶时，编队所有车辆的加速度要大于−2.5m/s²。编队车辆之间稳定的间隔距离应控制在设定间隔距离的 20%以内。

7. 紧急制动

整个编队在领航车辆的带领下进行紧急制动，控制编队以较大的减速度制动。紧急制动车辆的加速度要大于−6m/s²，小于−2.5m/s²，相邻车辆的相对纵向距离要小于100m。

8. 弯曲道路行驶

整个编队在领航车辆的带领下在弯道行驶，编队所有车辆的加速度大于−2.5m/s²，小于2.5m/s²。编队中的所有车辆应稳定保持在同一车道内，禁止压线。编队车辆之间稳定的间隔距离应控制在设定间隔距离的20%以内。

9. 变道行驶

整个编队在领航车辆的带领下，完成从当前车道到相邻车道的变道。编队在变道行驶过程中，领航车辆应根据自车车速、相邻车道上行进车辆的车速，以及编队的长度来提前提速（不超过车道规定的限速值）或降速，以保证编队中的所有车辆安全变道。

变道行驶过程中车辆速度误差应控制在目标车速20%以内。编队车辆之间稳定的间隔距离应控制在设定间隔距离的20%以内。在变道过程中，编队应开启转向灯。

10. 其他异常情况

编队在行驶过程中，应可以处理各种复杂和异常问题，保证编队的行车安全，包括以下几种情况。

（1）其他车辆驶入。编队正常行驶时，邻近车道的其他车辆在驶入和驶离匝道的过程中，会穿过编队所在的车道。

（2）变道行驶异常。编队在变道行驶过程中，周围环境发生改变导致部分车辆无法完成变道。

（3）车辆状态异常。编队正常行驶时，编队内任意车辆状态发生异常。

（4）天气环境状态异常。比如雨天、道路湿滑等场景。

8.5.4 功能作用

减少能源消耗，这可能是编队行驶功能最常被提及的作用。

编队行驶通过V2X通信对同向行驶的车辆进行连接，跟随车辆可以实时获取前面车辆加速、制动、转向等信息，并在最短的时间内做出反应，从而尽可能地缩短跟车距离。因跟车距离十分接近，两车之间会形成“气流真空区”，如图8-25所示，不会产生空气涡流，因而能够有效降低空气阻力，让后面跟随的卡车以最小的风阻行驶，从而达到省油的目的。

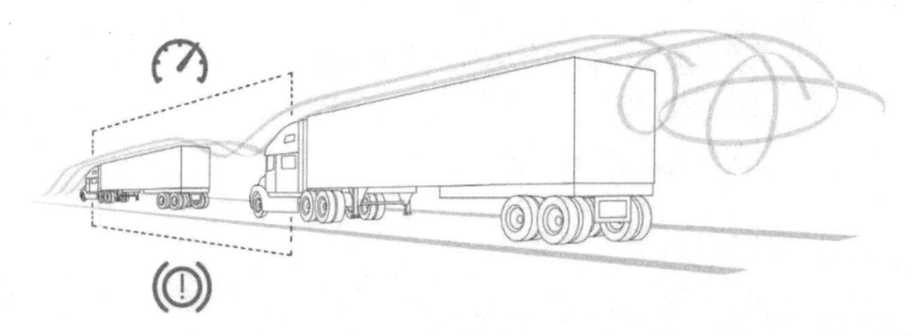

图 8-25 两车之间“气流真空区”示意图

北美货运效率委员会、美国能源部和运输部曾测试过不同跟车距离下编队行驶的燃油节省率，测试结果如图 8-26 所示。

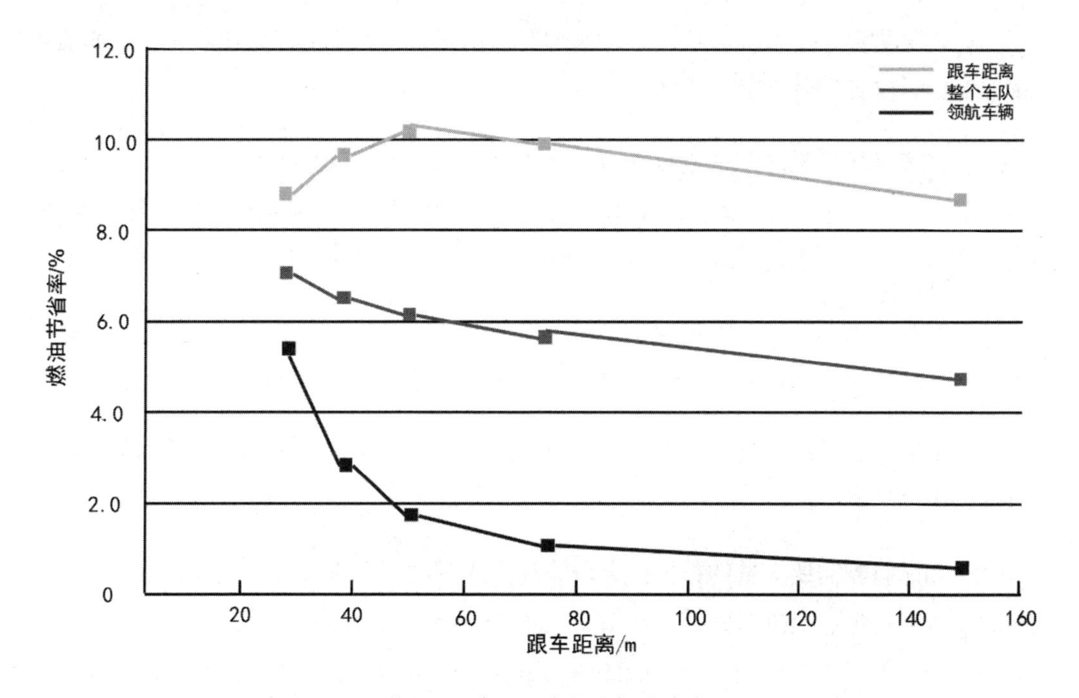

图 8-26 车间距离与油耗的关系

在图 8-26 中，横坐标为跟车距离，纵坐标为燃油节省率。结果显示，良好的车间距离能够使跟随车辆节省 10%左右的燃油消耗，领航车辆因采用辅助驾驶或自动驾驶技术也可以减少 2%左右的燃油消耗。考虑到燃油消耗占卡车全生命周期成本的 30%，无论怎么算，这都将省出一笔可观的费用。

此外，归功于车辆间距的缩小，自动驾驶编队行驶对缓解交通拥堵、提高道路的通行能力都具有较为明显的效果。此外，基于高精度的传感器、优秀的自动驾驶算法，自动驾驶编队行驶可以大大提高运输车辆的安全性。

8.5.5 技术难点

自动驾驶车辆编队涉及的核心技术包括自动驾驶车辆的组合定位技术、传感器多源信息融合技术、自动驾驶车辆的协同编队控制技术，以及自动驾驶车辆协同系统的感知与通信技术，但是这些技术离稳定上路还有很长的路要走。

（1）V2X 大多工作在高频段，对建筑物等遮挡障碍物的绕射能力比较差，因而需要通过重复广播或者冗余机制来辅助解决。

（2）V2X 与传感器之间的数据融合是必需的，在两者的重合区域内，如果出现有差异的信息，以谁为准，又或者如何互相验证，必须有机制支持。但是现在的实际情况是，相机、毫米波雷达、激光雷达之间的融合尚且没有做好，更别提与 V2X 的融合了。

（3）如果两辆车的动力配置相差悬殊，遇到坡度等情况就容易使动力较低的车辆脱离编队，影响整体运输效率，不同配置、不同品牌车辆的兼容性问题也需要解决。

（4）编队行驶的基础是车辆会彼此靠得很近，很难想象在未来，公路管理部门可以允许这么短的车距。

（5）编队行驶需要大量的数据信息以顺利完成调度、运输任务。例如，车辆的准确定位、交付目的地、交货时间、货物信息、车辆性能，以及驾驶员信息等。这就涉及数据访问权限、网络安全和隐私方面的问题，联合各个运营方、参与方达成信息共享的共识也是一大难题。

8.5.6 行业进展

自动驾驶编队行驶为交通系统带来的正面影响和实际意义已经不言而喻，针对卡车的编队测试，国内外也已经陆续开展了好几年。

1. 国外

2011 年，沃尔沃卡车率先研发编队行驶，并于 2016 年参加全球首次跨国界测试——欧洲卡车编队行驶挑战赛。

2016 年，恩智浦、达夫卡车、TNO 汽车、里卡多，通过采用 V2X、相机和雷达等先进感知技术，将编队中跟随车辆的跟车时距（车距/当前车速）缩短至 0.5s，换算成跟车距离就是 11m。2017 年，它们又进一步将跟车距离减少 40%，相当于在 80km/h 的速度下将跟车距离保持在 7m。

2018 年 1 月，丰田通商、日野、五十铃等 4 家日本卡车公司，做了约 15km 的编队行驶实证试验。3 辆全长 12m 的重卡以速度 80km/h、车间距 35m 在相同的区域内行驶了 13 次。

2019 年 7 月，大陆集团联合克诺尔进行商用车编队行驶项目测试，该编队行驶系统演示了 4 种主要的自动驾驶功能：成形编队、编队巡航驾驶、车队高级紧急制动、单独车辆分离编队。

2. 国内

2018 年 4 月，一汽解放在青岛港发布了 L4 智能卡车，演示了智能编队行驶技术。

2019 年 4 月，搭载主线科技 TrunkPort 的中国重汽智能网联卡车在滨莱高速公路进行了高速编队实测。

2019 年 5 月 7 日，推荐性国家标准《智能网联汽车自动驾驶功能测试方法及要求第三部分列队跟驰功能》公开验证试验在天津举行，来自北汽福田、东风商用车、中国重汽的 9 辆重型商用车参加。测试地点为城市主干路，全长 4km，双向 6 车道，包含 3 个交叉路口，并包含有坡度、弯道等道路条件。试验最终完成最高车速为 60km/h，跟车距离为 15(1±20%)m 的编队行驶测试。

2019 年 11 月，上汽商用车、中国移动、上港集团等在东海大桥，以 3 辆智卡的编队运行实现了港区和铁路堆场之间的货柜自动转运。

2019 年 12 月，四维图新携手北汽福田、首发集团、华为等合力打造的 L4 无人驾驶卡车车队完成在中国高速公路全封闭环境下，基于 C-V2X 车路协同技术的队列跟驰测试工作。图森未来的技术方案目前能做到 3～4 辆车的编队，车辆间距为 20m，车速保持在 80km/h。

❑ 休息一下

自动驾驶编队行驶对技术的要求远高于单车自动驾驶，单车自动驾驶落地尚且遥遥无期，编队行驶落地时间可想而知。但这不妨碍我们对美好生活的幻想，对“共同富裕”理想的追求。

8.6 单踏板模式，是天才设计还是疯子挑衅

2022 年，“单踏板模式”成为智能电动车新车发布会上的高频词汇，那么单踏板模式是不是只有一个踏板？单踏板模式的工作原理和作用是什么？且看本节一一道来。

8.6.1 单踏板模式

在手动挡车型上，如图 8-27（a）所示，我们通过左右脚配合踩离合踏板、制动踏板和油门踏板实现挂/换挡，以及车辆的加速/减速/刹停。也就是说，我们需要用两只脚控制 3 个踏板。

后来，自动挡被发明出来。在自动挡车型上，如图 8-27（b）所示，我们通过右脚踩油门踏板实现车辆的加速，通过松油门踏板、移脚去踩制动踏板实现车辆的减速/刹停。也就是说，我们需要用一只脚控制两个踏板。

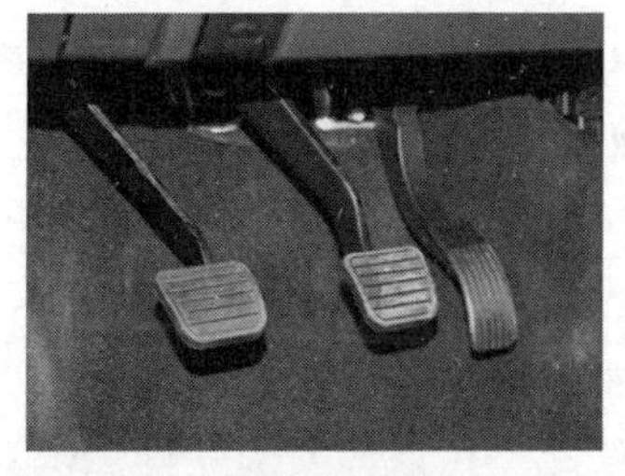

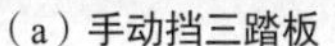

（a）手动挡三踏板

（b）自动挡 / 电动车二踏板

图 8-27　三踏板和二踏板实物

2022 年，当电动车满街跑的时候，一种叫作单踏板模式的新鲜事物不断冲击着人们倦怠的神经。单踏板模式准确来说是一种驾驶模式，是一种基于动能回收系统开发出来的功能，而不是按字面意思理解的主驾下面只有一个踏板，电动车的主驾下面依旧有制动踏板和电门踏板两个踏板。

单踏板模式被激活后，电门踏板踩得深一点，车辆进入正常加速模式；电门踏板踩得浅一点，车辆动能回收系统介入，进入动能回收模式，车辆将开始进行一定程度的减速，类似制动踏板的功能。一个电门踏板既能进行加速，也能进行减速，所以被亲切地称为单踏板模式。

图 8-28 展示了没有单踏板模式的燃油车和有单踏板模式的电动车的工作原理示意图。在图 8-28（a）中，我们可以看到燃油车油门踏板踩得深，产生的加速度大；踩得浅，产生的加速度小。当需要刹车的时候，将脚换到刹车踏板，这是当前绝大多数驾驶员的驾驶习惯。

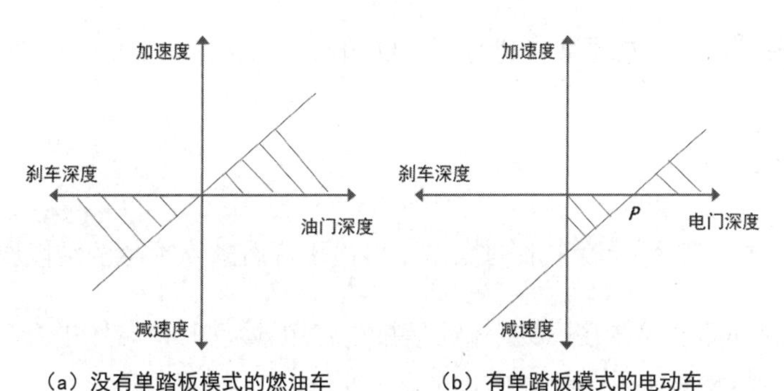

（a）没有单踏板模式的燃油车　　（b）有单踏板模式的电动车

图 8-28　单踏板模式的工作原理示意图

在图 8-28（b）中，我们可以看到电动车电门踏板踩下的阈值只有大于 P 值时，才会产生加速度；而当踩下的阈值小于 P 值时，动能回收系统介入，不仅不会产生加速度，还会产生减速度。这样当车辆处于路况不复杂的场景时，驾驶员完全可以通过一个电门踏板慢慢将车速降为 0。

目前，绝大多数电动车都配置了单踏板模式，只是各家的软件标定策略不同，导致用户的感受也参差不齐。特斯拉不支持用户关闭单踏板模式，且采用强动能回收模式，让单踏板模式感受更加明显，成为单踏板模式最重要的推动者。

目前，单踏板模式在业界有着褒贬不一的声音（主要是针对特斯拉的单踏板模式）。

支持者认为单踏板模式百利而无一害。

（1）能够让车辆在行驶过程中进行充分的能量回收，提升续航里程。

（2）能够减少驾驶员右脚来回移动的频率，帮助驾驶员更好地控制车速，大幅提升驾驶舒适感。

（3）能够减少制动系统的触发次数和力度，延长刹车片的使用寿命。

反对者认为单踏板模式是“反人类”的设计，必将增加事故发生的概率。

（1）开惯了燃油车的司机会不习惯动能回收模式带来的拖曳感，且一旦习惯之后，容易让形成肌肉记忆的燃油车司机出现误踩。

（2）一些新手司机，尤其是驾驶习惯不良的新手司机，在紧急情况更容易出现误踩。

8.6.2 动能回收系统

单踏板模式这一套行云流水般的操作，得益于背后默默奉献的动能回收系统。

闭合电路的一部分导体在磁场中做切割磁感线的运动时，导体中就会产生感应电动势和感应电流，俗称磁生电，工作原理如图 8-29 所示。

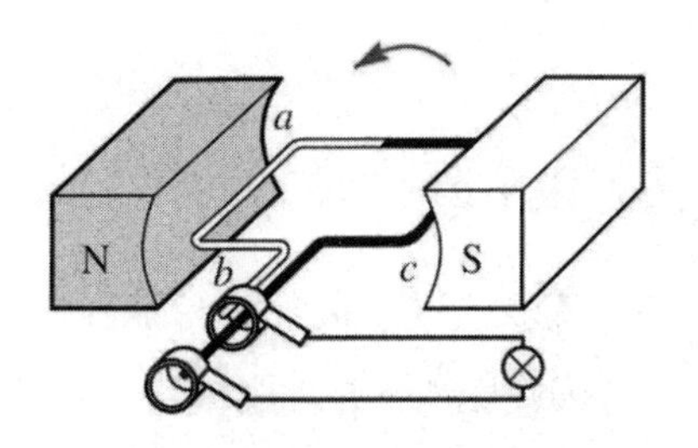

图 8-29 磁生电工作原理

电动车动能回收系统正是基于磁生电原理，电动车在松电门踏板或踩制动踏板过程中，电机和车轮还是耦合在一起的，电机中的转子在车轮和传动机构的带动下高速旋转，并且定子绕组线圈切割磁感线。基于磁生电原理，一方面，定子绕组中将产生感应电流，感应电流可通过回路给电池充电；另一方面，转子中将产生反向扭矩，从而阻止车辆向前行进，以此实现车辆减速。

动能回收系统诞生于 2009 年，最初被用在 F1 赛车上。通过在原车发动机的基础上增加一台电机和一套电池组，赛车在刹车的时候可以通过反转电机将车辆的动能转化为电能并存储在电池组内；而在加速的过程中，可以把这部分存储的电能通过电机进行释放，获得更强的动力。据了解，F1 赛车使用动能回收系统可以让赛车有将近十分之一的行驶时间拥有 110%的动力。

在燃油车时代，刹车过程中的动能基本上都随刹车片的热量而消散在空气中。燃油车既不具备动能回收的硬件基础，对于遍地加油站来说也显得不是太有必要。但是当电动车时代到来时，如何省电、如何提高续航里程，成为各厂商不断追求的“真理”。这部分被浪费的动能就显得弥足珍贵，而电动车天生的电机驱动又为动能回收系统提供了绝佳的硬件基础。

综合厂商和专业评测机构给出的数据可以大概总结出：采用动能回收系统，在我国以新欧洲驾驶循环周期（New European Driving Cycle，NEDC）标准为基础的国标工况下，动能回收系统可以提高 15%～25%的续航里程。

影响动能回收系统效率的原因可以归为两类：硬件和软件。

1. 硬件

硬件上又包含 3 方面：一是逆变器的功率，二是电池容量，三是电池电量。

（1）基于磁生电发出的电都是交流电，但电池只能存储直流电，因此需要一个逆变器将交流电转换为直流电。这个逆变器能够承受的功率上限就可以理解为动能回收系统功率的上限。

（2）电池容量对动能回收系统的影响就比较直观了，容量更大的电池可以承载更多的电量。电池容量对混动车型来说可能是一种限制，但对全身都是电池的电动车来说基本不会有影响。

（3）电池电量达到 95%以上后，为了防止动力电池过充，导致动能回收系统无法工作或者效果下降（毕竟回收的电已经无处安放了），有些厂商会限制充电上限为 90%～95%，以便动能回收系统可以全力工作。

2. 软件

软件主要指的是软件标定策略，软件标定策略也会影响动能回收系统的用户使用感受。行业内目前主要有无关联、部分关联、全关联 3 种软件标定策略。

（1）无关联。动能回收系统没有和制动踏板或电门踏板做任何关联。完全松掉电门踏板后，用户会非常明显感受到动能回收系统带来的拖曳感，这种充满落差的体验就像是松完电门踏板又直接踩制动踏板，而且还是深踩。这种体感不要说乘客容易晕车难受，驾驶员都容易晕车难受。因此，目前只有少部分厂家采取这种无关联的软件标定策略。

（2）部分关联。将动能回收系统和电门踏板做强关联，也就是上文介绍的单踏板模式。在日常情况下，通过一个电门踏板控制车辆的加/减速，只有在突发情况下，驾驶员才需要去踩制动踏板。

多数厂家为单踏板模式设置了两种动能回收模式：弱动能回收模式和强动能回收模式。在弱动能回收模式下，车辆减速不明显，就像驾驶燃油车松开油门踏板但不踩制动踏板时的状态。在强动能回收模式下，车辆会立刻减速，更像松开油门踏板且踩制动踏板时车辆减速的状态。

强动能回收模式虽然可以回收更多的动能，但是需要驾驶员改变原有的驾驶习惯。此外，强动能回收模式也容易在不需要回收时产生无效回收的问题，比如在匀速行驶或滑行工况，这时对驾驶员脚法控制的精度要求较高，脚掌轻微的开合角度变化就能导致车辆在加速与动能回收之间反复横跳，能量可能在这个过程被浪费掉。

（3）全关联。动能回收系统和电门踏板及制动踏板均关联，即驾驶员松开电门踏板或踩下制动踏板，都将激活动能回收系统。动能回收系统和电门踏板的关联已经介绍过，不再赘述。下面介绍动能回收系统和制动踏板的关联逻辑。

当驾驶员踩下制动踏板时，系统会根据踩制动踏板的深度控制电机反扭矩工作，提供相应的制动力并回收能量。当踩制动踏板的深度超过一定阈值，系统判断动能回收系统无法满足制动力要求时，传统的机械液压制动才会参与工作，提供更强的制动力。

如果配合单踏板的弱动能回收模式，这样的软件标定策略既不改变经过百年验证的安全驾驶方式，又能最大化发挥动能回收系统的价值。如果配合单踏板的强动能回收模式，这样的软件标定策略将继承单踏板模式的所有优点和缺点。

此外，动能回收系统和制动踏板关联的难点是如何保证动能回收系统和机械液压制动协同工作时刹车的线性体验。有些标定水平较差的动能回收系统，刹车踏板前段制动力绵软，而后段机械液压制动介入时制动力又突然变得非常强，致使体验十分割裂。而优秀的软件标定策略可以使驾驶员几乎感受不到制动踏板在不同开度下机械液压制动的介入，以及工作模式的转变。

❑ 休息一下

一个没有开过带有单踏板模式车的人，很难给出单踏板模式是天才设计还是疯子挑衅的结论。但笔者突然想到了解决这一问题的终局方案——自动驾驶，它不仅可以肆无忌惮地进行动能回收，还可以无所顾忌地只请求电门踏板的深度，毕竟自动驾驶车辆的终极形态已经没有驾驶位，也没有驾驶员。

8.7 本章小结

功能作为自动驾驶内功修炼水平的最外在表现，是分辨主机厂或自动驾驶公司是否具有工程化能力的指标之一。减少夸大宣传、潜心打磨功能，这是未来行业内需要达成一致的价值观。

第3篇

行业那些事儿

09 行业杂谈

自动驾驶作为一个全新而又具有活力的行业，聚集了社会上优秀的人、财、物。在这个行业中，每天都在为谁是自动驾驶最佳感知传感器而辩论，每天都在为重感知还是重地图技术路线而争论。笔者有幸成为该领域的从业者，本章将以从业者的角度记录行业内发生的一些事儿。

9.1 批评在左，敬畏在右

2021年年底，在Momenta完成全年10亿美金的融资后，自动驾驶公司的声量达到顶峰。2021年销量依旧可观的传统主机厂，竟在自动驾驶公司面前没有了一点骄傲和自豪。2021年还没有任何大规模量产经验的自动驾驶公司，眼看就要上位成为汽车行业新的游戏规则“制定者”。

2022年年底，Argo AI倒闭，标志着自动驾驶行业进入新一轮的寒冬。在这轮寒冬中，原先趾高气扬的自动驾驶公司纷纷出现在传统主机厂的大小会议室中，以谋求一两个前装量产的辅助驾驶项目度过寒冬。仅仅一年，传统主机厂又变成了自动驾驶公司想要搭上的“摇钱树”。

这种转变源于对传统主机厂转身动量的重新认识，源于对新技术量产落地的更准确预估。在传统主机厂的转身过程中，有一些无形的“围墙”存在，需要加以评判，以便将其推倒。在传统主机厂的量产落地中，更有无数宝贵的“经验”值得借鉴。

传统汽车人面对纷纷扰扰的“唱衰”和“赞美”，更需要用敬畏之心对待传统汽车行业，用自我修炼守住传统汽车人的那份荣光。

9.1.1 “围墙”的批评

这方面的批评源自一则低调的新闻报道，“Aurora 在 2021 年 8 月公布了有史以来第一个适用于自动驾驶卡车和乘用车的安全案例框架（Aurora’s Safety Case Framework）的初始版本，旨在解决自动驾驶卡车和乘用车的安全问题，这使其成为目前业内唯一公开分享其安全案例框架的自动驾驶公司”。

上述这段新闻触动笔者的字眼是“公开分享”，笔者有一位朋友供职于某传统主机厂，在一次聊天中，他吐槽了这样一件事：“我作为零件的产品设计发布工程师，经过对标分析后提出，即将开发的下一代零件上需要支持远程刷新功能。但由于远程刷新业务涉及云端、车端及无线链路等多部门协作、多业务合作，需要专门由隔壁组的远程刷新功能负责人牵头进行方案整理、上会评审。而在上会前，我询问远程刷新功能负责人能否将上会的评审材料也发我一份。未曾想，得到的回复是‘这个报告属于组内保密资料，外发不合规，只能在我这里看’。”

“合规”不知从何时起成为传统主机厂在内部建立各种“围墙”的借口。笔者朋友的遭遇绝非个例，在同一个部门、同一个科室的兄弟组中，人为制造的沟壑都这么深，更别提部门之间竖立的“围墙”了。笔者在传统主机厂和自动驾驶公司都工作过，两段经历对比，更能体会到传统主机厂内部不断构筑的“围墙”所带来的弊端。

细究下来，传统主机厂内部的“围墙”主要包括“信息围墙”“流程围墙”和“觉悟围墙”，下面一一简述。

1. 企业牢筑的“信息围墙”

笔者回顾在传统主机厂工作的那段日子，发现自己大部分时间被一只无形的手困在了井底。这只手一部分来自自己未开化的愚智，另一部分来自企业内部设立的建立“信息围墙”。建立“信息围墙”堂而皇之的理由是“公司信息安全”，普通员工的理解是“拒绝给予员工的一切带薪学习机会”。下面是部分主机厂维护“公司信息安全”的一些措施。

（1）严格的外网访问权限。新员工的电脑只能访问公司内网，没有外网权限。如果工作需要，可以申请外网权限，经领导批准之后才会开放外网。而这个外网仅限白名单中的网站，白名单中的网站一般不包括微信、知乎和技术博客等有助于员工自身职业发展，但不利于公司信息安全的网站。

（2）资料外发的合规限制。公司电脑中的任何文件，无论是员工搜集的公开资料还是平时的知识积累，最好都不要外发，尤其是私人邮箱，否则极有可能被扣上违反信息安全的帽子，年底绩效降级。如果员工未经组内、科室内及部门内领导同意，私自将负责产品、项目的一些文档发给外部门的同事，那么在被发现之后极有可能被扣上“不合规”的帽子。

（3）极少的外部交流机会。传统主机厂的供应商制度等级森严，一旦零件选型窗口已过，零件定点完成，那么很少有供应商愿意无偿进行技术分享、交流。

“信息围墙”导致的后果是员工工作日的8～12小时都被公司买断了，员工少了一分关心行业发展趋势的动力，多了一分对职业生涯的迷惘；少了一分做出颠覆性产品的雄心壮志，多了一分推脱甩锅的圆滑。

2. 公司建立的“流程围墙”

流程为上，这是在传统主机厂生存的法则。流程保证了大几千人的研发中心有条不紊地运行，每个部门的每个岗位都有明晰的定义，每项工作都有细致的接口定义。遵照流程能保证各部门之间有条不紊地合作，项目不出大的纰漏。

但流程不可能包含所有工作内容，当遇到流程中未定义的任务，且任务需要跨部门协调、推动时，而你恰好又作为牵头人，个中感受只有亲身经历才能深有体会。各部门想的是如何建立本部门在公司中的竞争壁垒，而不是如何在行业中建立竞争壁垒。而在公司中建立竞争壁垒的手段就是让其他部门永远不了解你的零件、你的工具、你的测试用例、你的流程……

3. 个人养成的“觉悟围墙”

当你面向大海的时候，你会关心诗和远方。但当你整天被流程耳濡目染的时候，你关心的对象就会变为流程体系。某一天，你会发现，衡量自己一年绩效的指标变成了发起了多少个工程变更、完成了多少个工程认可。你开始醉心于不断突破一个个流程的发起和流转时间，开始热衷于指导新入职的同事快速上手流程。

长此以往，个人不愿站在更高的角度看待和思考问题，不再敏感于行业趋势和产品动态。

4. 小结

到了 2021 年的年关，“众星捧月”的 Mobileye 的车规级芯片出货量依旧熠熠生辉，但与其放弃合作的主机厂也越来越多。而与其“分手”的主机厂均透露出一个关键信息：封闭和保守。黑盒交付是对合作伙伴的封闭，对神经网络的视而不见是对技术架构的保守。

技术强如 Mobileye 都要受“封闭、保守就要挨打”的教训，更别提已经在自动驾驶技术上落后的传统主机厂们。一个单打独斗的人可以走得很快，但必定走得不远。一个开放合作的组织可能无法走得很快，但一定能走得很远。打破围墙，实现信息共享、资源共享，是传统主机厂转身过程必须学会的一课，也是成就伟大产品的第一步。

9.1.2 “敬畏”的思考

自动驾驶是一项革新汽车的新技术，学术界带着最新科研成果，工业界带着顶尖工程技术，资本界带着巨量资金纷纷组团入局自动驾驶行业，大有一种降维打击、颠覆传统、变革汽车的傲慢与张狂。

汽车行业发展百年以来，技术的深刻变革从未停歇，组团入局的新人此起彼伏，而真正破局的成功者却少之又少。新能源作为近些年变革汽车的重要技术，极大拉低了造车门槛，然而能在汽车界站稳脚跟、扬名立万的新造车势力又有几家？

在算法逐渐趋同、硬件逐渐相似、架构逐渐一致的背景下，自动驾驶公司未来的核心竞争壁垒在哪儿？是海量关键有效数据的积累，是对落地场景更深刻的理解，还是支撑数据闭环的完备工具链？可能都是，也可能都不是。

不管是与不是，要让自动驾驶技术在汽车行业有所作为，我们就需要加深对车辆本身平顺性、可靠性和安全性的理解，以及对造车所需的行业积累、品质控制、供应链管理和成本控制的掌握。这些也是传统主机厂高竖的竞争壁垒。

自动驾驶公司可以通过与传统主机厂合作轻易获得这些能力，也可以上演蛇吞象的戏码，但前提是自动驾驶公司得先成长为一条蛇。华为的战斗力令人闻风丧胆，其在自动驾驶、智能座舱、车联网及整车架构上的综合造诣颇高，国内企业无出其右。照理说，该是门庭若市，高朋满座。可实际情况却是，即使推销了这么多年，买账的传统主机厂依然屈指可数，不买账的倒是正义凛然。

自动驾驶的“黄埔军校”百度 Apollo，在自动驾驶人才输送上毫不吝啬，可在输出其 Apollo 自动驾驶解决方案时遇到了巨大的困难，权衡利弊后还是决定亲自下场造车，自产自销。国内大大小小的自动驾驶公司都多多少少向传统主机厂表过忠心，要做自动驾驶方案的供应商，但真正被传统主机厂纳入供应商体系的又有几家？

少有的特例就是 2021 年的融资大户 Momenta，上汽集团、通用汽车、奔驰汽车、博世、腾讯等巨头全部为其 C 轮注资，造就了 2021 年自动驾驶领域最大规模的 10 亿美元融资。另外，Momenta 牵手上汽智己成为其辅助驾驶方案供应商，与吉利路特斯成立合资公司，随后又与比亚迪成立合资公司，俨然成为传统主机厂眼中的香饽饽，甚至已经有媒体喊出了下一个“宁德时代”的口号。

对于 Momenta 的特例，笔者想多发表一些见解。

（1）有点觉悟的传统主机厂都已经觉醒，在软件定义汽车的大背景下，自动驾驶全栈解决方案一定要掌握在自己手中，这是决定未来汽车高附加值花落谁家的利益分配问题；是决定传统主机厂继续站在食物链顶端还是沦为代工厂的生死存亡问题；是决定传统主机厂高层管理者命运的问题。

（2）有点实力的传统主机厂已经开始行动，纷纷成立软件中心、智驾中心，招揽人才，积蓄力量。但传统主机厂的组织架构、技术架构、存量车型决定了它必须先摸索、后改革、再小步快跑，无法像初创自动驾驶公司那样从零开始，轻装上阵，无所羁绊。

（3）在传统主机厂自研出全栈解决方案之前，空档期的新车型不能没有卖点，与自动驾驶公司合作成了填补空档期卖点的最佳选择。而对传统主机厂来说，遴选供应商的标准，一是产品可以满足要求，二是合作态度足够开放，最好是白盒子交付。所以笔者大胆揣测，Momenta 在与传统主机厂的合作态度上，肯定比其他自动驾驶公司更开放一点，所以二者才会一拍即合。

（4）对 Momenta 来说，当传统主机厂在自研及消化 Momenta 的自动驾驶方案取得突破时，二者的合作是否还能长久和睦？Momenta 是否也要提前规划下场造车？这些都是值得期待的事情。

沉睡的传统主机厂，看起来像一头大象，温吞软萌；等到其觉醒的时候，可能就是腾飞的巨龙。

❑ 休息一下

传统主机厂“倒下不易”，自动驾驶公司“破局更难”。汽车产业虽然出现了一些变革现象，但我们必须带着敬畏之心，既不要高估初创企业对自动驾驶落地的短期作用，也不要低估传统主机厂对自动驾驶落地的长期影响。

9.2 成本，自动驾驶身上的“遮羞布”

自动驾驶的成本问题就像一块“遮羞布”，一直被业内很多人拿来掩盖自动驾驶技术尚不成熟的现状，且屡试不爽。与此同时，2022 年上半年，多家自动驾驶公司在产品发布会上鼓吹极低的自动驾驶前装量产价格，将互联网低价竞争那套打法照搬到自动驾驶战场。有感于此，本节就来分析下自动驾驶成本竞争背后的更深层次逻辑。

9.2.1 关于成本的两种观点

对自动驾驶高昂成本的争论随着自动驾驶的诞生而兴起，争论的对象从激光雷达到计算单元，再到线控底盘。最经典的争论莫过于马斯克在 2018 年 2 月提出的：激光雷达昂贵、丑陋，且没有必要。此言一出，自动驾驶的混沌世界诞生了“阴阳两派”，“阴派”是坚持低成本视觉路线的特斯拉，“阳派”是坚持高成本激光雷达的其他自动驾驶公司。

“阴派”认为：从第一性原理出发，人类通过视觉不断地观察、学习、模仿与实践，逐步实现由“新手司机”向“老司机”的蜕变。汽车也可以单纯依靠视觉，通过对大规模真实与仿真道路数据的学习和训练，不断迭代升级算法能力，最终实现自动驾驶。成本低只是从第一性原理出发制定技术路线时带来的意外收获，并非因为相机成本低才使用相机。

“阳派”认为：激光雷达点云可以带来相机像素无法给予的深度信息，既然短期内无法修炼或不想修炼出和特斯拉一样的视觉大法，那么不如前期多花点钱，快速验证算法，积累数据，建立起差异竞争，何乐而不为呢？况且，随着自动驾驶产业链上下游的成熟，成本下降是必然的趋势。现在，成本高可能是阻碍前进的一座小丘陵，但在成本降低到合适区间后，它就有可能变成弯道超车的加速器。

2018 年，一个 Velodyne 64 线激光雷达售价高达 8 万美元，如果再算上线控底盘、相机、高精度组合导航和计算单元等零部件，自动驾驶车辆只是硬件成本都在百万元级别。所以说，基于当时背景的阴阳论战还是有必要的、理性的和向善的。

到了 2022 年，激光雷达在乘用车前装量产的价格普遍降到了 1 万元以内；自动驾驶公司开始竞相投靠主机厂，切入辅助驾驶赛道。

显然，这时自动驾驶整体技术成熟度不够，无法满足大规模量产的前置条件，需要行业整体静下心来闭关修炼。但是依然有自动驾驶公司跳出来喊：高成本是阻碍自动驾驶大规模量产的罪魁祸首，我们要做的就是降低自动驾驶成本，并已经找到了一条可提供给乘用车客户的低成本量产方案。

9.2.2 两家低成本量产方案代表

下面选取业内比较有代表性的两家公司的低成本量产方案进行介绍，分别用 A 公司和 B 公司指代这两家公司。

1. A 公司

2021 年 12 月，A 公司发布了面向前装量产的自动驾驶解决方案。

官方介绍该方案采用 5 个混合固态激光雷达，包括在车顶与车辆后向各安装 1 个中长距混合固态激光雷达、在车头进气格栅位置与车尾的左右两侧各安装 1 个短距混合固态激光雷达。其他传感器包括 8 个所谓自研模组的相机、1 套高精度组合导航、1 套计算单元等。

这套方案的卖点既不是复杂工况下路径规划的顺滑，也不是极端工况下感知能力的坚挺，而是成本不超过 1 万美元。在 1 万美元这个宣传重点上，A 公司还特别强调：与特斯拉 FSD 的价格基本持平，但比 FSD 性价比更高。言外之意是：我们只用 5 个激光雷达，就能提供低成本的自动驾驶解决方案。

在成本构成中，A 公司介绍激光雷达和其他硬件部分五五开，也就是 5 个激光雷达共 5000 美元。按照其 2024 年的计划，这个价格完全可以做到量产，甚至可能更低。但笔者想，激光雷达可以降到这个价格，可能不是 A 公司舌战供应商的苦劳，而是主机厂采购工程师在年销量 10 万/20 万/50 万辆的诱惑下，对激光雷达供应商的成本摊薄及主动让利。

在介绍计算单元的降本经验时，A 公司掏出了口袋中的发言稿：“针对自动驾驶深度学习模型研发的推理引擎，实现了比开源深度学习框架平均快 6 倍的推理速度，大幅提升了自动驾驶的计算效率，大大降低了对计算资源的需求。因此，我们的计算平台中可以选用入门级英伟达显卡，整个计算平台功耗只有 150W。”

一提到显卡，笔者脑海中浮现的就是令游戏发烧友燥热的 RTX3080 等。在显卡前加上“入门级”一词，笔者特意搜了一下“入门级显卡”，竟都是消费级显卡。先不论消费级显卡用在工业领域的合法性问题，单就工作温度范围、振动性、可靠性等都无法满足工业场景，更别提车载领域了。

2022 年 3 月，英伟达 GTC 2022 大会期间，A 公司宣布采用英伟达单片算力最强的 Orin 芯片作为计算平台的主芯片，这么一来似乎又和前述“自研推理引擎大大降低对计算资源的需求”相矛盾，真相到底如何，似乎也不那么重要。

2022 年 4 月，A 公司在庆祝其装备了此系统的 30 辆 Robotaxi 在深圳投入运营时，又宣称：在确保系统性能的基础上，与车企大规模合作后，整套自动驾驶系统成本可再降低 70%，达到 3000 美元。这句话说了好似又没说，顶级的竞争都是“和自己竞争”。

2. B 公司

2022 年 5 月，B 公司在其品牌日上宣布进军前装量产领域，并推出最新一代量产车规级自动驾驶解决方案。

该方案的亮点同样既不是面对复杂道路的闲庭信步，也不是面对恶劣天气的昂首阔步，而是量产成本低至 1 万元。B 公司在宣传材料中介绍，这 1 万元的自动驾驶解决方案，在硬件配置方面包含了相机、激光雷达和毫米波雷达传感器。

据介绍，该方案是一整套产品，包含 3 个版本，对应不同的场景会有不同的成本。成本越高的产品，能处理越复杂的场景。标配版可以用 10%的成本（1 万元）实现 99%的自动驾驶能力，这也是发布会中的重头戏。

业内人士其实很清楚，具备 99%能力的自动驾驶产品根本不具备前装量产上路的条件。99%意味着，100 万辆自动驾驶车同时在跑，可能会同时有 1 万辆车出现问题；一辆自动驾驶车跑 100h，可能会有 1h 出现问题。别说乘用车，就是后装物流小车，恐怕也接受不了这个结果。所以 1 万元似乎仅是宣传的噱头，就像一款新车的最低配置，仅是为了拉低均价。

离 A 公司的 3000 美元成本仅过去半个月，B 公司就以更低的 1 万元成本将其竞争了下去。

9.2.3 成本竞争的影响

自动驾驶无论是底层硬件传感器、中间层操作系统和中间件，还是顶层算法模型，其技术路线都还没有实现收敛，在自动驾驶车辆真正全面量产的道路上仍然荆棘密布。这时，不去浓墨重彩地宣传技术层面的创新，反而跳出来大喊降低量产成本，真让人“丈二和尚——摸不着头脑”。

1. 主机厂

主机厂采购工程师刷到了上述新闻会想：这帮家伙不是在抢我的功劳吗？我要以几十万甚至上百万辆的年销量作为背书来和供应商谈判，才能将各家供应商价格压得这么低，怎么就成了你的功劳？再说，除非你是我们的子公司或子部门，我才有可能允许你提供软/硬件打包方案，否则我为什么不直接从供应商处单独采购激光雷达、毫米波雷达、相机、计算单元等硬件呢？

此外，一旦真正走到了前装量产，外置会影响造型的传感器，内嵌会影响布置的计算单元。不同主机厂，甚至是同一主机厂的不同车型在产品造型、尺寸、性能等方面都或多或少存在差异，都需要供应商在某些方面进行定制开发，这也是为什么汽车上的每个零件都是从发包定点开始开发的。中间商既没精力，也没能力对接这些需求。

如果自动驾驶公司想走的是与主机厂合作的技术路线，那么它这么宣传量产成本其实已经得罪了主机厂的关键人物——采购工程师。但凡和主机厂采购工程师打过交道的供应商都知道，有几十万甚至上百万辆年销量背书的采购工程师在供应商面前是何等权威。

所以说，自动驾驶的最终量产成本的平均水平由行业内的乘用车装车率决定，每家自动驾驶公司的具体量产成本由定点的主机厂的年销量决定。该规则是传统汽车行业中的生存法则，不是训练出几个优秀的算法模型就可以打破的。

2. 同行

一部分自动驾驶公司喜欢宣传成本竞争，主要原因在于自动驾驶公司的创始团队大多来自互联网行业。

移动互联网带来的繁荣无人质疑，但汽车行业的悠久历史也不容小觑。建议自动驾驶公司多招聘具有传统汽车行业从业经历的人员，他们不仅踏实肯干、任劳任怨，而且有助于团队培养汽车思维，打破主机厂的人情壁垒。

3. 消费者

某位消费者看了上述新闻后说到："五六十万元的买车钱都付了，别说增加 1 万元，就是增加 5 万元，只要能让我的车具备真正的自动驾驶能力，让我不用开车、停车，路上可以看电影、睡觉，我也是乐意买单的"。

这样的宣传严重误导了消费者，让消费者误以为自动驾驶公司是考虑到劳苦大众的微薄收入，才一直不量产自动驾驶汽车。殊不知，成本高只是借口，内功不足才是本质。

❑ **休息一下**

笔者坚信业内是允许有不同的观点存在的，估值几十亿元的高科技公司，肯定既能接受表扬，也能接受质疑。上文提到的自动驾驶公司无论是技术还是产品，在业内都是有口皆碑的。笔者仅是基于其着重成本宣传的策略，提出了一点个人的看法，别无他意。如果说非要有他意，可能就是：当这个行业只有开始平心静气地打磨产品时，才算真正走向成熟。

9.3 H2H 模式，干线物流自动驾驶的"局部最优解"

一流的自动驾驶公司在遇到短时无法攻破的复杂场景时，会第一时间思考能不能把复杂场景改造成易于实现的简单场景。

在干线物流自动驾驶的传统仓到仓模式短期落地无望的背景下，部分公司开启了落地新模式的有益探索。在这一过程中诞生的全新 H2H（Hub to Hub）模式让人眼前一亮，该模式不仅简化了落地场景，还提供了干线物流自动驾驶短期实现商业闭环的可能性。

什么是干线物流？什么是仓到仓模式？什么是 H2H 模式？下面我们一探究竟。

9.3.1 传统的仓到仓模式

在自动驾驶圈内，干线物流绝对是出镜率数一数二的名词，然而大多数人却无法说出它的准确定义，甚至一度误以为它是高速公路的代名词。

干线物流是指利用铁路、公路、江河的干线进行的长距离、大数量的运输，是运输网中起骨干作用的线路运输，可分为铁路干线物流、公路干线物流和海运干线物流等。以电商快递领域为例，广州京东物流园仓库的货物通过公路运输到上海京东物流园仓库，这一过程被称为公路干线物流。

支线物流是干线物流之后的物流环节。货物到达上海京东物流园仓库后，还需要发往浦东、青浦、金山等各区（镇）大大小小的配送中心，这一运输过程被称为支线物流（或城市配送）。支线物流之后便是末端配送（或“最后一公里”），是将货物配送到消费者手中的最后一环。“干线物流+支线物流+末端配送”便形成一条完整的点到点货物运输链路。

顾名思义，公路干线物流自动驾驶就是利用无人驾驶卡车替代有人驾驶卡车往返于两个城市的物流园仓库间，即利用公路干线进行无人运输。始于一个城市的物流园仓库，止于另一个城市的物流园仓库，因此这一模式也被形象地称为干线物流自动驾驶的仓到仓模式。①

在自动驾驶的各个落地场景中，干线物流场景的市场体量在 4 万亿～6 万亿元，一直深受资本圈的热捧。在世界范围内，专注于干线物流场景并已形成规模的自动驾驶公司有十余家，其中既有 2015 年成立并荣登全球自动驾驶第一股的图森未来，也有 2021 年成立就迅速赢得资本圈热捧的千挂科技。

提到自动驾驶可以解决的干线物流的痛点，常人总喜欢提两点：① 司机难招、司机难留、年轻司机少等；② 人工成本上升、燃料成本上升等。第一点的最好解决办法不是自动驾驶，而是提高司机的收入。第二点才是自动驾驶可以真正施展才华的地方。

① 后文除非另加说明，否则所提干线物流专指公路干线物流。

在干线物流的全生命周期成本（Total Cost of Ownership，TCO）中，人工成本约占25%，燃料成本约占 30%，如图 9-1 所示。通过自动驾驶取代卡车司机，直接节省成本约 25%。而通过自动驾驶对车辆加/减速时机、换道时机进行优化，以及通过编队行驶降低后车的风阻，有望整体再降低 20%左右的燃料成本。如果再考虑自动驾驶对运输效率的提升，那么干线物流注定是被自动驾驶变革的场景。

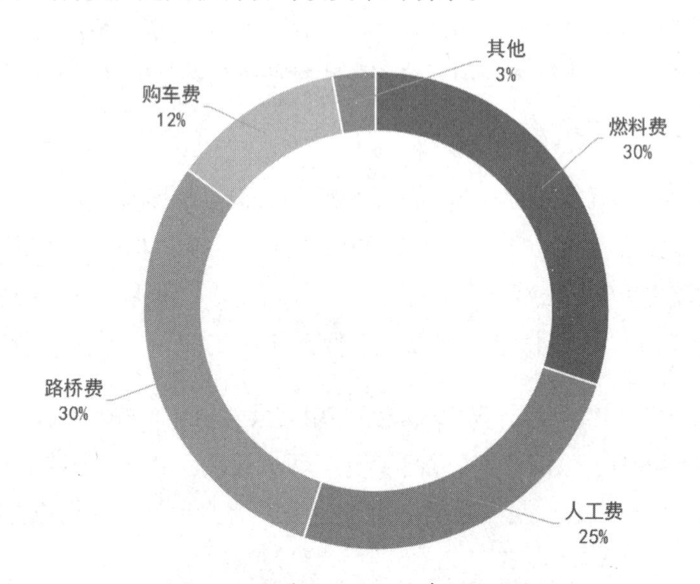

图 9-1　干线物流的全生命周期成本

在干线物流自动驾驶的传统仓到仓模式中，无人驾驶卡车载着货物往返于两个城市的物流园仓库之间。在行程中，既有高速公路，也有省道、国道、匝道、园区内部道路等，还有园区闸机、十字路口、高速收费站等。

这一模式场景过于丰富、变化过于莫测，短期内根本看不到自动驾驶落地的希望。因此，目前做干线物流的自动驾驶公司都将主要精力投入在道路铺装好、结构化程度高、机非隔离、无对向来车的高速公路主干路上。

但只攻克高速公路主干路，不能形成完整的商业闭环。假设各家自动驾驶公司已经可以在高速公路主干路上提供自动驾驶系统且法规也允许全无人，那么当驾驶员将车从物流园仓库开到高速公路附近时，无论是在收费站前激活自动驾驶系统再下车，还是在通过收费站后激活自动驾驶系统再下车，又或者是驶入高速公路主干路后激活自动驾驶系统再下车，都将面临司机的安全和调度等问题，这恐怕还没有几家自动驾驶公司能解决。

其实木桶原理已经告诉我们，干线物流自动驾驶带来的降本增效威力必将由全场景中最短的那块木板决定，打通干线物流自动驾驶的仓到仓模式才是正解和终解。

但是修炼出干线物流仓到仓之间的自动驾驶能力需要多久？2022 年 3 月，在中国电动汽车百人会论坛上，智加科技中国区总经理容力给出了以下时间点：两三年内实现收费站到收费站场景之间在有人监督下的自动驾驶，五年内实现干线物流仓到仓之间的自动驾驶。鉴于自动驾驶圈普遍没有什么时间概念，笔者觉得在这个时间上再加 10 年（也就是 2037 年，甚至更长）实现干线物流仓到仓之间的自动驾驶，是比较靠谱的。

15 年的时间，对没有找到“造血”来源的自动驾驶公司来说，是很难熬的。而为了活到那一天，一种方案是降低姿态，和主机厂合作，首先提供满足商用车法规的一些辅助驾驶产品及高级辅助驾驶产品，待时机成熟后再全力奔赴自动驾驶的舞台；另一种方案就是想方设法改造现有场景，将复杂场景简单化，并尽快实现自动驾驶商业落地。

9.3.2 全新的 H2H 模式

传统物流园选址目前还没有特别的科学依据，这导致有的物流园位于农田环绕的农村区域，有的物流园位于工厂林立的城市郊区。所走之路阴晴不定、所遇障碍物变化莫测，这些目前都是自动驾驶最惧怕的特点。

全新的 H2H 模式的核心思想便是“化繁为简”，通过新建转运中心（Transfer Hub），将转运中心与高速公路之间的行驶路线尽量缩短、尽量固定。同时，根据技术能力的不同或渐进式落地的需要，还可以灵活地将转运中心设在高速公路主干路旁或高速公路收费站附近。H2H 模式的业务流程如图 9-2 所示。

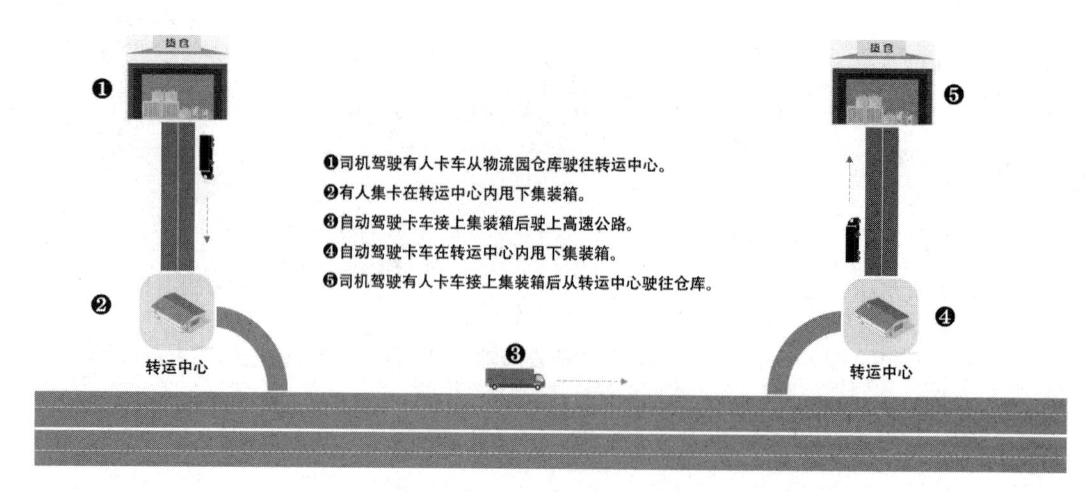

图 9-2　H2H 模式的业务流程

设在高速公路主干路旁的转运中心就像服务区一样，通过一段匝道与高速公路主干路相连，出了物流园的门后就是一马平川，复杂一点的可能就是那几百米的匝道了。当然这种最理想、最容易实现的方式需要政策的支持和强硬的关系网。

设在高速公路收费站附近的转运中心，虽然无法完全规避开放道路，但通过有针对性地选址及行驶路线规划，可以极大地减少在开放道路上行驶的环境变数，但这种方式对技术栈要求高。

物流园仓库与转运中心之间的货物运输依旧由人工驾驶卡车完成，转运中心与转运中心之间的货物运输由自动驾驶卡车完成。转运中心内通过甩挂运输的方式完成人工驾驶卡车及自动驾驶卡车的货物交接。所谓甩挂运输，是指卡车按预定的计划，在装卸作业点甩下集装箱并将其挂上指定的挂车继续运行的一种组织方式。

转运中心内部自动驾驶卡车短期可由人工驾驶完成内部道路通行、甩挂和接挂等操作，在驶入固定位置后激活自动驾驶系统，这时司机可以转变为安全员继续留在车上或在支持全无人时直接下车；长期可以参照港口自动驾驶的经验，建立一套完整的生产作业管理系统、车队调度管理系统等，自动驾驶卡车在全无人状态下完成转运中心内的通行和工作任务。

H2H 模式也并非完美无瑕，其缺点总结起来就是“你不仅得有钱，还得有地”。如果要形成规模化效果，转运中心就不可能太小。就像图森未来首席产品官 Chuck Price 说的，转运中心实际上就是高速公路边的一个大型“停车场”，如果同时运货的车队规模达 100 辆，那么这个“停车场”至少需要 100 英亩（超过 40 万平方米）。而且还需要配备安保措施，这就相当于一个小“港口”了。况且，就算能花得起这么多钱，高速公路收费站附近（或高速公路主干路附近）也未必有这么大的空闲场地。Chuck Price 认为，在高速公路收费站附近（或高速公路主干路附近）设转运中心，会是一个“噩梦”。

9.3.3　H2H 模式的践行者

公开资料显示，最早提出并践行 H2H 模式的是美国公司 Embark。2019 年 9 月，Embark 在完成 C 轮 7000 万美元的融资后，决定将这一模式付诸实践，并在 2019 年秋天投入运营。Embark 将运营路线上的转运中心分别建立在洛杉矶和菲尼克斯高速公路收费站附近。

如图 9-3 所示，有人驾驶卡车（白色）驶入转运中心后将集装箱甩下，自动驾驶卡车（灰色）首先由人工驾驶接上集装箱，并在驾驶员检查自动驾驶软/硬件无故障后，驶出转运中心，此后激活自动驾驶系统，司机转变为安全员继续随车行驶。

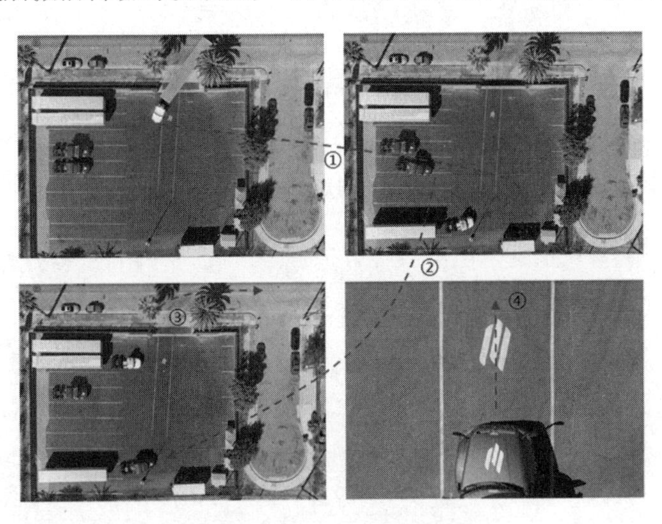

图 9-3　Embark 的 H2H 运营模式

Embark 采用的是渐进式技术路线，在转运中心内部，自动驾驶卡车由人驾驶，从转运中心到转运中心之间开启辅助驾驶功能。之后随着技术迭代，逐步演进为在转运中心内部、转运中心之间实现全无人的自动驾驶。Embark CEO Alex Rodrigues 认为：转运中心是干线物流自动驾驶的关键。

美国的另一家公司 Ike（2020 年被 Nuro 收购）也是 H2H 模式的追随者，同时为了证明自己追求的正确性，Ike 在 2019 年专门找了咨询机构来分析这种模式在未来 10 年的前景。咨询机构认为：未来 10 年，H2H 模式虽然会减少高速公路主干路上司机的就业岗位，但是将创造 14 万个从转运中心到物流园之间的短途运输岗位，这些岗位可以发挥人类司机面对复杂环境的优势，并且这些岗位因离家更近，还会极大增加卡车司机工作和生活的幸福感。

不得不佩服美国公司的处事方式，不谈降本增效、节能减排，只谈钱多、事少、离家近。与其说 Ike 选对了干线物流自动驾驶的商业模式，不如说 Ike 管理层深刻洞察了人性。

国内有此想法的公司众多，但真正将此想法落实到行动上并以此为使命的是百度和狮桥在 2020 年发起成立的 DeepWay。

2021 年 9 月 17 日，DeepWay 在其战略发布会上不仅推出了自主研发的第 1 代智能新能源重卡——星途 1 代，还推出了其全新的 H2H 模式。

DeepWay 的 H2H 模式是：在物流集散地城市的高速公路收费站附近修建大型物流中转 Hub。在起点城市，普通卡车将货物运送到 DeepWay 的中转 Hub，星途自动驾驶重卡从中转 Hub 接走集装箱后直接驶上高速公路。在高速路段，自动驾驶重卡将完成自动过收费站、自动换电、自动行驶等一系列动作，然后抵达目的地城市的中转 Hub，卸掉集装箱完成运载工作，剩下的城市端的物流由普通货车完成，整个工作流程如图 9-4 所示。

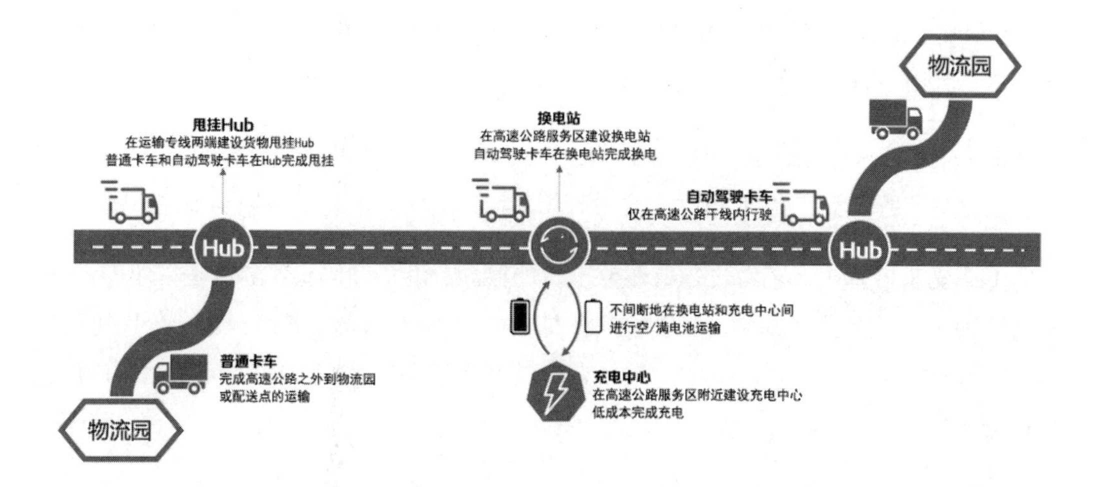

图 9-4 DeepWay 的 H2H 模式工作流程

❑ 休息一下

H2H 模式算不上什么大的创新，但在自动驾驶技术无法变革突破、迟迟无法商业落地的今天，不失为一条“曲线救国”之路，也不失为自动驾驶公司自证清白之路。

9.4 港口自动驾驶，是伪自动驾驶商用场景吗

2022 年 8 月，自动驾驶圈内的朋友可能见证了一场精彩绝伦的围绕“矿山是不是伪自动驾驶商用场景”的隔空喊话，相关资深人士站在各自的专业角度分析矿山场景。作为矿山的门外汉，笔者无法断定矿山是不是伪自动驾驶商用场景，但是这场隔空喊话勾起了笔者的另一个相似的疑问：作为常常和矿山相提并论的“好兄弟”，也是笔者稍微熟悉的港口场景，它是伪自动驾驶商用场景吗？

下面笔者从几个角度来议一议港口是不是伪自动驾驶商用场景，说不定将分析过程和结论类比到矿山，也顺带能将矿山的疑问给解答了。

港口码头不是典型的工业自动化场景吗？港口码头中负责集装箱装卸的三大主力选

手——岸桥、AGV、场桥，不是典型的工业自动化产品吗？2017 年开港的洋山港四期码头，不是国内全自动化集装箱码头的代表吗？

提到港口自动驾驶，有上述疑问的人不在少数。这些人也许对传统港口码头的自动化升级方案有所了解，但对 2017 年之后开始的港口码头智能化升级缺少关注。

下面先来科普一下笔者也曾傻傻分不清的概念：港口和码头。港口是集船舶停靠、货物装卸、人员办公和基础设施功能于一体的一片区域。大的港口，还会分区进行管理，比如厦门港又分为 12 个港区。码头在港口中，主要指负责船舶靠泊、货物装卸的港口设施。

针对集装箱的装卸过程，港口码头主要有 3 种设备，第一种是岸桥设备，负责在码头面进行装卸船；第二种是水平运输设备，负责在码头面和堆场之间运输；第三种是场桥设备，负责在堆场内部进行装卸箱。岸桥设备和场桥设备属于典型的港机设备。集装箱的装卸过程如图 9-5 所示。

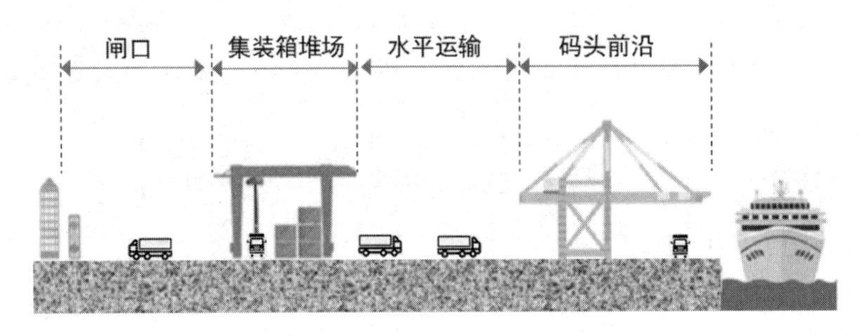

图 9-5 集装箱的装卸过程

水平运输设备在传统港口码头中主要由司机驾驶的集卡车负责，这也是港口码头的痛点。港口码头运营方嫌弃司机难招、用人成本越来越高，但效率却没有提高。司机嫌弃港口码头开车轮班倒、折返跑。针对这些痛点，荷兰鹿特丹港 ETC-Delta 码头在 1993 年使用了无人的自动导引运输车（Automatic Guided Vehicle，AGV）替换有人驾驶集卡车。

AGV 长得特别像一辆平板车，其实物如图 9-6 所示。

图 9-6 AGV 实物（图中码头为山东港口青岛港全自动化码头）

在港口码头场景中，AGV 常采用磁钉导航方式。这种方式需要按照一定的间隔，在行驶道路的地下提前埋上磁钉，如图 9-7 所示。AGV 在行驶过程中通过自身的磁导航传感器接收磁钉信息，从而实现自身相对于路径左右偏差的定位。对于两磁钉之间的盲区，AGV 通常采用角度传感器/惯性导航来提供航向角度，引导自身正确运行在磁钉与磁钉之间。

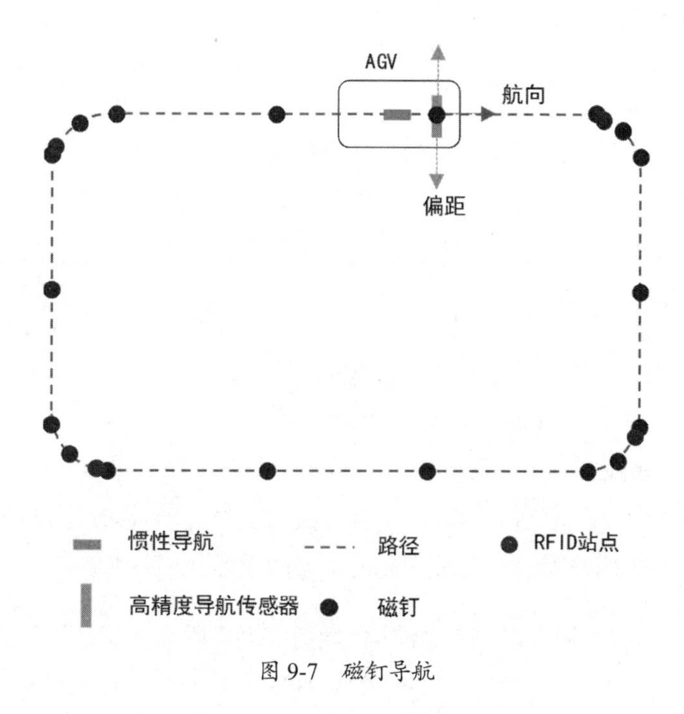

图 9-7 磁钉导航

经过近三十年的发展，AGV 技术已经达到了一个相当成熟的阶段。无论是运行效率、定位精度，还是运行可靠性、稳定性等方面，都具备卓越的工业自动化产品该有的修养。

AGV 诞生于欧洲，并在欧洲众多港口码头中得到大面积的推广和应用。2017 年，双双建成的青岛港前湾四期码头（83 台 AGV）和洋山港四期码头（135 台 AGV）均是 AGV 在国内落地的优秀案例。

但是基于 AGV 的水平运输方案需要在港口码头的地面埋下数万枚磁钉，所以该方案一般适用于港口的新建码头，不太适用于港口旧码头的自动化改造。建成后的港口码头随着使用时间的增加，会出现磁钉老化等各种问题，刨坑换磁钉是港口码头运营后期不愿面对但又不得不面对的难题。

以前 AGV 的痛点可能只能咬牙接受，因为没有更好的解决方案可以替代。但当时间来到 2015 年——部分人称之为自动驾驶元年的年份。大学教授、外企高管纷纷主动离开自己的舒适圈，投入浪漫而又无情的自动驾驶创业浪潮中。也是从 2015 年之后，港口场景开始被自动驾驶技术盯上。

很多人可能想不到，国内最早启动港口自动驾驶项目的竟然是上汽集团。2017 年年初，上汽红岩的自动驾驶卡车项目立项，并于当年 12 月在上海洋山深水港四期投入 14 辆“5G+L4”智能重卡，实现 5 车编队行驶。细究起来，上汽集团无论在新能源还是自动驾驶领域，起步都很早，但最后貌似都赶了个晚集。就连专门负责商用车自动驾驶业务的友道智途也是 2021 年 11 月才成立的。

针对港口码头水平运输设备的自动驾驶解决方案主要有两种，一种是无人集卡，另一种是智能导引运输车（Intelligent Guided Vehicle，IGV）。无人集卡是指在普通集装箱卡车身上加装激光雷达、相机、组合导航、计算单元等自动驾驶套件，实现感知、定位、控制和规划等功能。无人集卡因可以和干线物流自动驾驶场景共用商用车底盘等硬件，而被赋予了自动驾驶卡车车规登陆战“先遣队”的重任。

IGV 和 AGV 长得特别像，只是不再使用磁钉循迹方案，而是加装了和集卡一样的感知和定位传感器来实现自动驾驶功能，IGV 如图 9-8 所示。IGV 看上去还是一个工业自动化产品的样子，但已经换成了自动驾驶的“芯”。笔者一直觉得IGV特别符合模块化的思想，在上面搭载不同的车厢组件就可以成为不同用途的车型。

图 9-8 IGV（图中港口为广西北部湾港）

相比于AGV来说，无人集卡和IGV的平均成本降低30%～60%，并且对基础设施无特殊要求。单车故障不会影响系统整体运行，因此无人集卡和IGV成了港口改造旧码头、建造新码头的首选方案。作为自动驾驶的典型产品，无人集卡和IGV已经陆续进驻国内各大港口，个别港口已经开启大规模运营，大部分港口还处于小规模验证阶段。

港口的运营难点在于业务逻辑，而负责实现业务逻辑功能的是码头的各种平台。在这个封闭的简单场景中，单车没那么智能，也不需要那么智能。单车只需要保证准确的定位和简单的障碍物识别，不需要做感知预测，也不需要进行决策规划，这怎么看都不算一个完整的自动驾驶产品。

这种观点其实表达了当前部分港口自动驾驶的一个发展现状：重平台智能、轻单车智能。

重平台智能是港口一直以来的优良传统，港口是汇集了众多动态要素的作战单位和视效率为生命的铁血军团，如果没有一个优秀的指挥官，那么很容易鸡飞狗跳。想象一个场景：当一艘装载了成千上万个集装箱的货船即将抵港，停在哪个泊位合适、由哪些岸桥负责卸船、集装箱的卸载顺序、由哪些水平运输设备参与转运、集装箱堆场摆放位置等，面对这些问题，如果没有一个总指挥统筹，即使不至于乱成一锅粥，整体的作业效率肯定也不高。

在港口大大小小的平台中，码头操作系统（Terminal Operation System，TOS）无疑是最耀眼的那颗星。作为港口生产的核心软件，TOS 负责统筹集装箱的装卸、配载、堆场、疏港等作业计划，又被称为港口的“大脑”，它直接影响着港口作业的效率、安全和成本，可以称得上港口自动化升级过程的巅峰之作。

在无人集卡、IGV 等成为水平运输设备队伍中的宠儿之后，如何高效管理这些长了眼睛和大脑的无人车，成为摆在港口码头运营面前的甜蜜烦恼。重平台智能的思想再次发挥了至关重要的作用，而继承这一思想的优秀产物便是车辆管理系统（Vehicle Management System，VMS），各家对这一产物的叫法略有不同，后统一以 VMS 指代。

VMS 担负着“上达天听（TOS）、下体民情（无人集卡或 IGV）”的重任。VMS 从 TOS 下达的码头生产作业任务中，分解出集装箱的水平搬运任务，并自动向无人集卡或 IGV 下达作业指令，从而最优化地分配和调度无人集卡或 IGV 去执行运输任务。VMS 的具体职责包括设备管理、作业任务管理、路径规划下发、行驶指令下发、对位管理等。

在这样的背景下，无人集卡或 IGV 就像还没有独立行为能力的孩童，日常三餐、休息睡觉都由 VMS 这个父母安排好，而自己要做的可能就是在父母的监督下把饭吃好、把路走好。这的确是无人集卡或 IGV 在部分港口码头的现状，单车整体表现比较木讷。

面对前方行驶路径上出现的障碍物，无人集卡或 IGV 不需要识别障碍物是猫是狗、障碍物有何运动趋势，只需要等待，直至障碍物主动离开。除非 VMS 下发新的变道任务及变道路径，或远程驾驶调度员接管并进行远程驾驶。无人集卡或 IGV 虽然也有不逊于干线物流自动驾驶卡车的传感器配置，但它的四五个激光雷达主要用来进行辅助定位和检测有无障碍物，它的七八个相机主要用来进行远程测试或远程控制。

襁褓中的孩子终究要长大，“重平台智能、轻单车智能”能让 100 台无人集卡或 IGV 在岸桥和堆场之间有条不紊地运行起来，可以向港口码头运营方证明自动驾驶技术在港口内是行得通的。但这种策略很难满足港口码头运营方的真正需求——降本增效，毕竟经验丰富的司机眼里可容不下慢吞吞的前车，也不会被一个临时出现的锥桶困在原地。

因此，当前的“重平台智能、轻单车智能”只是自动驾驶落地的第一步，它必将在未来承担起“增效的重任”，这也是港口自动驾驶亟须进步的地方。

为什么各种政策中都将自动驾驶和智能港口两个场景加以区分呢?

远的不提，就以科学技术部于2022年8月15日公布的《科技部关于支持建设新一代人工智能示范应用场景的通知》（以下简称《通知》）来说。《通知》的目标是打造形成一批可复制、可推广的标杆型示范应用场景，首批支持建设十个示范应用场景，其中两个就是智能港口和自动驾驶。科学技术部将智能港口和自动驾驶列为同一层级的场景。

《通知》对智能港口场景的描述如下：针对港口大型码头泊位、岸桥管理，以及堆场、配载调度等关键业务环节，运用智能化码头机械、数字孪生集成生产时空管控系统等关键技术，开展船舶自动配载、自动作业路径及泊位计划优化、水平运输车辆及新型轨道交通设备的协同调度、智能堆场选位等场景应用，形成覆盖码头运作、运行监测与设备健康管理的智能化解决方案，打造世界一流水平的超大型智能港口。

《通知》对自动驾驶场景的描述如下：针对自动驾驶从特定道路向常规道路进一步拓展需求，运用车端与路端传感器融合的高准确环境感知与超视距信息共享、车路云一体化的协同决策与控制等关键技术，开展交叉路口、环岛、匝道等复杂行车条件下自动驾驶场景示范应用，推动高速公路无人物流、高级别自动驾驶汽车、智能网联公交车、自主代客泊车等场景发展。

从政策来看，智能港口和自动驾驶都是人工智能技术的典型应用场景，港口强调的是协同调度、智能选位，自动驾驶强调的是融合感知、协同决策与控制。这其实并不矛盾，港口是人工智能落地的一个综合场景，既包括水平运输环节的自动驾驶，还包括所有工程设备的协同调度、智能理货、智慧闸口等。

自动驾驶应用的水平运输环节，放在整个港口来说，是重要的但分量没那么重。毕竟100台无人集卡或IGV的采购成本可能仅占全新智慧化码头投资的1/30。但在干线物流、无人公交车等自动驾驶场景中，如果采用单车智能的方案，自动驾驶车辆就是全部的家当。

❑ **休息一下**

港口作为自动驾驶的典型应用场景，其实争议不大。但业界其实一直好奇，随着自动驾驶在港口的大规模落地，其真正的降本增效成果如何？是赔本赚吆喝，还是闷声发大财？

9.5 强云强车，会是港口自动驾驶的终局吗

2022 年，自动驾驶开始降温，而按照能量守恒定律，其他某些地方必将升温。不用多想，大家也能脱口而出，其中一个就是热得发烫的辅助驾驶，整个自动驾驶行业开始以“能为主机厂做辅助驾驶前装量产”为荣。

事实上，并非所有自动驾驶场景都在降温，上述降温仅指 Robotaxi 等（半）开放场景，港口等封闭场景下的自动驾驶其实在悄无声息地升温。这意外的升温也让笔者开始思考一些问题：港口自动驾驶的终局技术方案是什么？港口自动驾驶是赔本赚吆喝，还是闷声发大财？

本节就将笔者对上述两个问题的一些思考分享给大家。

9.5.1 港口自动驾驶的终局技术路线是什么

自动驾驶或辅助驾驶一直存在着“轻感知、重地图”与“轻地图、重感知”的技术路线之争，两者的主要差别之一就是是否强依赖高精地图。高精地图作为一种超视距的传感器，能够迅速为自动驾驶带来“千里眼、顺风耳”的舒爽体验，因此一开始绝大多数厂商都选择站在“轻感知、重地图”这一技术路线的阵营。

但囿于高精地图的采集资质收紧、大范围采集的鲜度难以保持、成本居高不下等问题，直到 2022 年，这条技术路线阵营中的厂商也没有把高精地图的威力发挥出来，部分厂商开始动摇，跃跃欲试转向难度更高的“轻地图、重感知”这一技术路线的阵营。

但上述技术路线之争却没有殃及港口自动驾驶。在港口中，既没有高精地图采集资

质的要求，也没有鲜度保持的烦恼，更没有成本控制的忧虑，且因港口中场桥、岸桥等港机设备的工作本身也要用到高精地图，因此毫无例外，港口自动驾驶公司全都使用高精地图作为开疆拓土的必备武器。

港口自动驾驶公司虽然在使用高精地图的观点上达成了一致意见，但并不意味着技术路线已经实现“大一统”。基于港口场景独有的特点，港口自动驾驶落地过程也一直存在着“强云弱车”和“强云强车”技术路线之争。这里的“云”是指承接 TOS 和单车之间的 VMS，这里的“单车”是指无人集卡、IGV、ART 等担负水平运输任务的自动驾驶车辆。

1. 强云弱车

港口是一个汇集了众多动态要素的作战单位，是一个视效率为生命的铁血军团，如果没有一个优秀的指挥官，就很容易鸡飞狗跳。因此在自动驾驶到来之前，港口就特别重视云端平台的智能，在此期间诞生了优秀的码头生产作业管理系统、岸桥管理系统、场桥管理系统等。

强云弱车技术路线是港口重平台智能优良传统的沿袭，在这一技术路线中，云端功能特别强大，单车功能稍显薄弱。

强云的功能可以归为 3 类：调度功能、运营管理功能和接口功能，强云包含的子功能如图 9-9 所示。

调度功能	运营管理功能	接口功能
导航规划	远程控制	TOS接口
局部规划	路网监控	单车接口

图 9-9 强云包含的子功能

1）调度功能

调度功能主要包括导航规划和局部规划子功能。

导航规划聚焦在分钟级到小时级的规划，在接收到 TOS 发送的目的地信息，以及单车上传的起始点信息后，基于存储的高精地图规划自起始点至目的地的工作路径。这个过程类似于我们开车时使用导航地图进行导航。

局部规划聚焦在毫秒级到秒级的规划，基于单车上报的障碍物信息及其他单车的状态，决策是否规划一条绕过障碍物、超车进入堆场、码头面变道进入作业车道等的局部路径。

调度功能是强云的最生动体现，调度功能包含的两个子功能一直被认为自动驾驶的大脑，而这个大脑在其他场景的自动驾驶中一般被放置在单车上。如今，港口自动驾驶将大脑搬到了云端，有了大脑的云被称为强云，没有大脑的单车被称为弱车，强云弱车的称谓由此而来。

2）运营管理功能

运营管理功能主要包括远程控制和路网监控子功能。

在水平运输作业过程中，单车不可避免地出现超出 ODD、系统异常、车辆故障等特殊情况，此时远程控制可介入接管车辆并远程控制车辆恢复正常行驶，或操控车辆到安全区域停车，进而辅助自动驾驶车辆测试、运营，从而提高自动驾驶系统的安全性和可靠性，减少交通事故和人员伤亡，加速自动驾驶的落地。

路网监控承担着对整个港口水平运输作业情况的监控，从而让港口运营方坐在办公室里也能做到运筹帷幄于千里之外。

3）接口功能

云端向上承接 TOS，向下对接不同厂家、不同类型的单车，因此接口功能包括与 TOS 和单车的接口子功能。

云端从 TOS 下达的作业任务中分解出集装箱的水平搬运任务，并自动向单车下达作业指令，从而最优化地分配和调度单车去执行运输任务。接口的具体职责包括设备管理、作业任务管理、路径规划下发、行驶指令下发、对位管理等。

被拿去大脑的单车，在强云的光环掩盖下，所能发挥的作用非常有限，仅剩下简单的定位、控制和防撞等子功能，如图 9-10 所示。定位、控制子功能无须赘述。防撞子功能是指，当行驶路线上出现障碍物时就停车，而不去思考障碍物是什么，也不去思考是否需要绕障行驶。

单车	定位	控制	防撞

图 9-10 弱车包含的子功能

2. 强云弱车存在的问题

强云弱车技术路线是对港口重平台智能指导思想的一脉相承，已经得到国内部分大港的落地验证，被证实是新建港口时的一条可行方案。但多位业内人士在谈到这一技术路线时，除了不吝赞美，也表达了一丝隐忧：强云弱车在落地过程中暴露出来的一些问题，不一定是国内其他港口的可承受之痛。

1）云端导航规划的问题

现阶段导航规划只支持初始直线路径，所以一旦单车处于转弯或变道过程，由于各种原因需要重新请求导航规划，此时云端无法支持新的导航路径规划，只能由现场或云端调度员介入拉车。

现阶段导航规划只支持固定位置的上下码头面，当参与水平运输的单车比较多时，有限的上下码头面位置会显著降低泊位的使用率。

现阶段导航规划的路网固定，一旦路网中的某些设备位置发生变化，如锁站位置，也将导致规划失败。

2）云端局部规划的问题

（1）速度控制不稳定问题。想象一个路权冲突场景，此时自车需要降低车速或缓慢停车来礼让其他单车，但由于网络延时、不稳定等问题，减速或停车指令下发得不及时，当单车收到指令后，已经十分接近停车点，缓停只能变成急刹来保证安全。由于网络延时、不稳定带来的速度上传和下发的不完全对称问题，预估将增加单车 20%的耗电量，而满载情况下的急加速或急减速也将加剧底盘（制动、轮胎、电机等）的损耗。

（2）无法绕障问题。对于行驶路线上出现的未上报云端的障碍物，单车只能停车等待，最终导致交通路网堵塞，无法正常作业；对于出现的上报云端的障碍物，单车需要请求云端重新进行局部规划，一来一回，势必影响工作效率。

3）单车不够智能的问题

没有感知预测功能，避障仅能支持路径点上的障碍物，将大大增加碰撞发生的概率。例如，在一个十字路口场景，自车直行，目标车垂直行进。若目标车略晚于自车通过交汇点，前一秒两车均未出现在各自的路径点，则下一秒两车必然相撞。

3. 强云强车

基于强云弱车在落地过程中暴露出来的一些问题，业内部分厂商提出了一种强云强车的技术路线。强云强车包含的子功能如图 9-11 所示，模拟仿真、运营监控、感知预测、局部规划、主动安全，以及场桥、岸桥、充电站接口子功能为强云强车的新增功能，导航规划子功能为升级功能，局部规划、防撞子功能为删除功能。

	调度功能	运营管理功能	接口功能
云端	导航规划	远程控制	TOS接口
	局部规划	路网监控	单车接口
	模拟仿真	运营监控	场桥、岸桥、充电站接口
单车	定位	控制	防撞
	感知预测	局部规划	主动安全

图 9-11　强云强车包含的子功能

由图 9-11 可以看出，强云强车将云端关键的局部规划子功能还给了单车，同时赋予单车另一个关键子功能——感知预测，而这样做的好处显而易见。

（1）没有网络延时、不稳定带来的速度上传和下发的不完全对称问题，单车速度控制更加稳定，在能耗降低的同时还可以减少底盘的损耗。

（2）通过实时感知预测，单车可以支持自主规划、自主绕障，在交通流复杂场景下发生碰撞的概率大大降低，单车在前方出现障碍物时再也不用傻傻等待了。

云端核心的局部规划子功能被删除之后，云端并没有消沉，而是对导航规划子功能进行升级，不仅支持任意位置的上下码头面、锁站动态变化，还支持在弯道上进行导航规划，并通过新增模拟仿真、运营监控，以及场桥、岸桥、充电站接口等子功能，使云端依旧维持强云该有的样子。

强云强车技术路线在部分港口的小规模车队上得到了成功应用，但在大规模车队中的表现如何，是否真能达到强强联合的效果，还缺少一个标杆项目的检验。而这个标杆项目有望在2024年左右落地，届时我们用实打实的数据进行比较。

9.5.2 港口自动驾驶是赔本赚吆喝，还是闷声发大财

"港口自动驾驶是赔本赚吆喝，还是闷声发大财"这个问题适合通过摆事实、讲道理来分析。要分析这个问题，需要先了解两方面的事实：港口自动驾驶典型落地场景的成果和2022年部分港口自动驾驶公司的落地情况。

1. 港口自动驾驶典型落地场景的成果

港口自动驾驶的典型落地场景首推天津港北疆港区C段智能化集装箱码头，它是全球首个智慧零碳码头，于2021年10月17日正式投产运营。12台岸桥、42台场桥、76台智能水平运输机器人在云端智慧大脑的指挥下，取得的成绩如下。

（1）2022年10月13日，完成第100万个标准箱作业，创下了全球港口从开工建设到完成的用时最短纪录。

（2）2022年11月5日，随着"达飞阿奎拉"轮的平稳驶离，智慧零碳码头在船舶晚到港的情况下，提前3小时完成全部装卸作业，以35.2箱/小时的平均单桥效率和46.3箱/小时的重点线效率，刷新作业船舶的两项纪录。

以上均取自官方报道，无一例外都说明一个道理：运用了自动驾驶技术的港口，正

在实实在在地提升整体作业效率。而这还基于自动驾驶技术硬件还不是那么稳定、自动驾驶大脑还不是那么智能、自动驾驶感知还不是那么准确等条件。待以上硬件、算法更加成熟稳定，港口整体的工作效率还将有巨大的提升空间，港口自动驾驶更是未来可期。

2. 2022 年部分港口自动驾驶公司的落地情况

表 9-1 汇总了 2022 年部分港口自动驾驶公司的落地情况（信息源于各家公司官方微信公众号）。真实落地项目要比表 9-1 中多得多，部分港口自动驾驶公司由于各种原因未公开发布自己的中标项目信息，但表 9-1 的数据足以说明一些道理。

表 9-1　2022 年部分港口自动驾驶公司的落地情况

时　间	港口名称	单车类型	自动驾驶解决方案提供商
2022 年 3 月	满都拉口岸（通关口岸）	无人集卡	主线科技
2022 年 8 月	苏州港太仓港区码头四期（内河码头）	平板车	斯年智驾
2022 年 8 月	厦门港海润码头	平板车	斯年智驾
2022 年 9 月	龙拱港（内河码头）	平板车	经纬恒润
2022 年 10 月	合肥港（内河码头）	平板车	仓擎智能+主线科技
2022 年 10 月	宁波舟山港梅东集装箱码头	无人集卡	飞步科技
2022 年 11 月	宿迁港（内河码头）	无人集卡	斯年智驾

从表 9-1 中我们可以看到，2022 年港口自动驾驶的落地项目已经出现内河码头和通关口岸，这是沿海大码头标杆项目的带动作用，也是港口自动驾驶自我价值的证明。自动驾驶公司最缺的是什么？一个是量产订单，另一个是客户检验。港口自动驾驶公司已经打通了这一循环，前两年的项目还在现场接受付费客户的百般审视，而如今的订单正在为身体建立造血功能，如此循环往复，港口自动驾驶公司终将越来越好。

但 2022 年自动驾驶的寒冷也不是对港口自动驾驶公司完全没有影响，从港口自动驾驶公司 2022 年仅有的两次融资事件来说（主线科技 B 轮、斯年智驾 A+轮），各家公司的现金流压力依旧巨大。在自动驾驶产业上下游未完全成熟的阶段，港口自动驾驶公司的造血能力还不足以满足身体的需求，如何在寒冷中开源节流，以及赢得资本市场的信任，是下一个阶段各家港口自动驾驶公司的工作重点之一。

❑ **休息一下**

强云弱车和强云强车，谁是自动驾驶终局的技术路线？这可能要等到强云强车标杆项目的建成之后，通过实际运营数据进行对比才能得到答案。但港口自动驾驶公司肯定既不是赔本赚吆喝，也不是闷声发大财，而是稳扎稳打赢天下。

9.6 Argo AI，自动驾驶“拔苗助长”的一个悲剧

2022年10月26日，美国一家名为Argo AI的自动驾驶公司宣布倒闭。本来，自动驾驶赛道每隔一段时间消失/出现几家公司再平常不过，但考虑到Argo AI是汽车界两大传统公司福特与大众在自动驾驶赛道抱团取暖的成果，其倒闭也就不可避免地在业界引起一阵轰动。

再结合Mobileye的“骨折”般上市，图森未来的CEO被自己公司罢黜，小马智行的隐秘裁员，媒体出奇一致地做出了自动驾驶“泡沫破灭、寒冬来临”的预判。

笔者细读了几篇相关报道，详细了解了Argo AI由生到灭的修炼经历后，再一联想国内同时期成立的自动驾驶公司现状，突然觉得这不就是“拔苗助长”的故事在西方土地上的重演吗？何来“自动驾驶的至暗一天”？何来“自动驾驶的凛冬将至”？何来“自动驾驶的无人生还”？

9.6.1 Argo AI的经历

2016年11月，Bryan Salesky和Peter Rander博士——两位分别拥有谷歌和Uber自动驾驶团队任职背景的名人，在美国宾夕法尼亚州匹兹堡联合成立了Argo AI。在自动驾驶公司如雨后春笋般冒出的风口年代，行业内最先进的两家公司Waymo和Uber的前技术专家强强联手，就提前预示了Argo AI不平凡的一生。

2017年2月，福特汽车公司宣布，计划在未来5年向人工智能企业Argo AI投资10亿美元，为福特计划于2021年推出的自动驾驶汽车开发虚拟驾驶系统。尽管Argo AI刚

成立 3 个月，只有 12 名员工，甚至可能还没有定好自动驾驶的落地场景，但这些都不足以动摇福特的偏爱。

成为 Argo AI 的最大股东后，福特还将内部的自动驾驶研发团队并入 Argo AI。而后，福特与 Argo AI 一同制订了一个短期计划——2021 年实现自动驾驶，而且这套自动驾驶系统既可以搭载在福特车上，也可以对外销售。

图 9-12 所示为福特和 Argo AI 合作开发的 Robotaxi。

图 9-12 福特和 Argo AI 合作开发的 Robotaxi

当时，绝大多数人相信自动驾驶可以在 2021 年实现，所以并没有人质疑这一计划。

有了福特的偏爱，Argo AI 一边开始大规模招兵买马，一边抓紧部署测试车辆，自动驾驶能力以肉眼可见的速度在增长。站在 2022 年年末这个时间点，在有了与自动驾驶缠斗的丰富经验后，我们已经意识到：自动驾驶从 0 到 90%的能力进步仅需要 10%的时间，但具备从 90%到 100%的量产能力还需要 90%的时间。Argo AI 从 0 到 90%的飞速成长让所有人忽略了后者还需要经历的漫漫长路，其中也包括大众。

大众一直在自动驾驶赛道的起点观察，以期可以物色出那位“万中无一的练武奇才”。在收购 Aurora 被婉拒、投资 Waymo 不了了之、自己的自动驾驶子公司 AID（Autonomous Intelligent Driving）依旧无起色的背景下，这家全球规模位于头部的汽车制造商，对拥有自动驾驶自主技术的急迫心情已经达到顶峰。

所以当福特带领 Argo AI 向资本世界敞开怀抱时，大众毫不犹豫地扑了上去。没过多久，大众便在 2019 年 7 月宣布向自己看中的“练武奇才”Argo AI 投资 26 亿美元，包括 10 亿美元的现金和 16 亿美元的大众自动驾驶子公司 AID。

等到 2020 年 6 月这笔交易完成后，大众与福特各持 Argo AI 约 40%的股份，共同成为 Argo AI 最大股东，由此开启了将 Argo AI 打造成自动驾驶领域全球巨头的合作。获得至少 36 亿美元的投资之后，Argo AI 一度挤进自动驾驶领域头部企业，估值一举达到了 72.5 亿美元，顶峰时员工超过 2000 人。Argo AI 看起来半个身子都已经跨入 IPO 的大门了。

图 9-13 所示为大众和 Argo AI 合作开发的 ID Buzz AD。

图 9-13 大众和 Argo AI 合作开发的 ID Buzz AD

而后，Argo AI 在 Robotaxi 和无人配送场景开始了辛勤耕耘，虽然在 Robotaxi 场景已经和美国网约车巨头 Lyft 合作测试，在无人配送场景已经和零售巨头沃尔玛合作测试，测试地点也从大本营匹兹堡扩展到了迈阿密、底特律、华盛顿……但 Argo AI 始终无法从这些测试项目中获得稳定的收入。

这其实并不是 Argo AI 一家公司的问题，而是所有处于自动驾驶赛道的公司的共同问题。在攻克后面 10%的难题之前，自动驾驶公司需要一直被输血。然而诡异的是，2022 年，大众和福特同时坐不住了，不愿再为这一具有伟大前景的事业烧钱了，于是二者纷纷停止了对 Argo AI 的输血，而 Argo AI 也因资金链断裂最终走向倒闭。

福特随后给出了做出这个艰难决定的原因：Argo AI 未能吸引到新的投资，实现自动驾驶将需要比预期更长的时间，而当前用户更期盼的是辅助驾驶功能。因此，福特决定不再向以研发自动驾驶为目标的 Argo AI 投入资金，转而将资源投入福特公司内部研发的辅助驾驶系统。

听完这个故事，笔者的脑海中没有出现“寒冬”和“凛冬”这些字眼，倒是想起了一个成语“拔苗助长”。西方国家在与我国关于“新能源、自动驾驶”的较量中，隐约感受到了些许威胁。于是，在业界公认的汽车领域最有前景的自动驾驶赛道砸入重金，准备快速建立竞争壁垒，以期可以在未来半个世纪继续待在汽车产业利润金字塔的顶端。

但是未曾想，这条路既非一朝一夕可以走通，也非疯狂施肥、浇水就能在短时间内收割的韭菜。而另一边，我国遍地开花的自动驾驶公司在阳光雨露充足时肆意生长，在严寒酷暑来临时韬光养晦。在眼见自动驾驶短期落地无望后，国内的自动驾驶公司纷纷调转方向，开始为主机厂提供优秀的辅助驾驶解决方案。

福特眼见 Argo AI 这棵自动驾驶的苗被拔得营养不良，而自己的辅助驾驶这棵苗更是弱不禁风。无可奈何之下，福特只能选择放弃，其实这就是一段拔苗助长的失败经历，不用大惊小怪。

9.6.2 Argo AI 的贡献

Argo AI 对自动驾驶产业的贡献，除了千篇一律的测试车辆，还有被开发人员铭记的 Argoverse 数据集，以及一个前途未明的自研激光雷达。

1. Argoverse 数据集

数据集是自动驾驶神经网络模型不断成长的肥料，很多自动驾驶公司和知名大学都公开过自动驾驶的数据集。而由 Argo AI、卡内基梅隆大学和佐治亚理工学院共同发布的数据集——Argoverse，在所有数据集中值得一提。

已有的数据集主要聚焦在目标检测上，通过训练这类数据集，可以比较好地识别类似的目标。比如通过对异形车辆数据集进行训练，自动驾驶感知模块就能识别各种农用车辆。感知模块除了对目标进行检测，还需要对目标进行跟踪、对目标未来的运动轨迹进行预测，以便表现得更像一个经验丰富的司机。

Argoverse 就是这样一个用于实现目标跟踪和轨迹预测的数据集。截至 2021 年 12 月，Argoverse 的最新版本是 1.1，该版本数据集具有以下特点。

（1）包含 113 个用于目标跟踪的场景注释。

（2）包含从 1000 多个驾驶小时中提取的 324557 条用于轨迹预测的车辆轨迹。

（3）两张具有车道中心线、交通方向、地面高度等的高精地图。

（4）具有一个 API，用于将地图数据与传感器信息连接起来。

2. 未知命运的自研激光雷达

2021 年 5 月，Argo AI 向外界公布了一款自研的长距新型激光雷达，并计划于 2021 年年底配备在自家的 200 辆自动驾驶测试车辆上。根据披露的消息，Argo AI 自研的这款激光雷达可以探测到 400m 处 10%反射率的物体和 250m 处 3.5%反射率的物体。

如此优秀的低反射率物体的远距离探测能力，得益于使用了盖革模式下的雪崩光电二极管（GmAPD）阵列探测器和 1440nm 以上波长发射器。

目前市面上常见的激光雷达的探测器多是利用光电传感器产生模拟输出信号，模拟输出信号值的大小与探测到的光子数成正比。对于较近和反射率较高的物体，探测器能接收到较多的光子，从而产生较大的模拟输出信号；对于较远和反射率较低的物体，探测器只能接收到较少的光子，从而产生较小的模拟输出信号。为了区分信号和噪声，就需要设置一个最小的阈值，这个阈值虽然过滤了噪声，但也不可避免地造成部分光子的损失。

GmAPD 阵列探测器上的单个像素可检测出带有尖峰输出的单个光子，光子的尖峰输出与噪声明显不同。因此，采用 GmAPD 阵列探测器的激光雷达可以增强对低反射率物体的识别能力。Argo AI 硬件开发高级总监 Zach Little 举了一个例子：如果传统的激光雷达在人类身上有 15～20 个点，我们的激光雷达则会有 70～150 个点。

使用 1440nm 以上波长发射器（具体使用波长未披露），可以实现更长的探测距离和更高的分辨率。

今天，我们无法得知 Argo AI 自研激光雷达的进展情况，但随着 Argo AI 的倒闭，其激光雷达部门也被“摆上货架”。该部门源于 2017 年被 Argo AI 收购的 Princeton Lightwave，被收购时就已经是一个超过 50 人的工程师团队，而到 2023 年，还是一个只有 80 人的团队。

9.6.3 Argo AI 的教训

Argo AI 的失败，加剧了业内对国内自动驾驶公司“烧钱无数、落地无望”的讨伐。

有人认为，只做自动驾驶就是死路一条，自动驾驶公司都会遇到“不可能三角”数据、安全和成本，三者之间相互制约，无法兼得。将自动驾驶研发中积累的技术能力用于实现可在量产车上搭载的辅助驾驶，才是识时务之举。

也有人认为，自动驾驶的成功秘籍藏在干线物流、港口、矿山、环卫等具体场景中，开发出可以解决这些行业痛点、难点问题的自动驾驶产品，才是自动驾驶发展的正确方向。

还有人认为，在热浪逐渐消散、寒潮滚滚而来的当下，越来越多的自动驾驶企业将举步维艰。背靠巨头的企业尚且难以自保，那些概念型的中小企业所面临的困境更是可想而知。物竞天择、适者生存，这将是一场比拼生命力的终极竞赛。

这些讨伐可能都对，也可能都不对。自动驾驶这个赛道不是没有经历过寒冬，2019

年自动驾驶的温度不知道比现在低了多少度，文远知行、元戎启行、禾多科技、领骏科技、驭势科技等公司当时眼看就要倒下了，但它们坚持活到了现在，并且都找到了越来越好的道路。

2019 年的这一波寒冬也充分锻炼了国内自动驾驶公司的韧劲，所以在 2022 年年初显露出来丝丝寒意时，国内自动驾驶公司立马求变，有的开始探索和主机厂合作提供辅助驾驶解决方案，有的开始将落地场景切到需求更迫切的港口、矿山等。

退一万步讲，即使这一波寒冬持续时间足够长，导致部分自动驾驶公司的余量消耗殆尽，此前的努力还未见收获。但也别怕，山穷水尽之后还有国家这双大手。对于早已跨越了行业竞争，上升到国家战略的自动驾驶赛道来说，这一战全是为国出征。在新能源的根基上开出自动驾驶之花，既是昂首阔步走进制造业利润金字塔顶端的关键，也是实现工业强国的标志。

9.7 重感知、轻地图，是“师夷长技以制夷”吗

20 世纪 80 年代初，中国汽车工业走上了一条“市场换技术”的道路，而后合资车企如雨后春笋般冒出。从第一家合资车企成立距今已近 40 年，然而我们自始至终没有真正掌握燃油车领域的核心技术。这也难怪偏激的人感慨道：市场换技术，技术没换到，市场也没有了。

2000 年，中国汽车工业“黄金十年”的正中间年份，燃油车巨头在中国市场挣得盆满钵满，电动汽车悄无声息地被列入“863 计划”的 12 个重大专项之一。二十多年过去了，靠着独立自主，我们真的在电动汽车的很多领域有了话语权。

2015 年，自动驾驶开始走上台面。这一次，全世界的目光都狠狠盯着这块大蛋糕。中国厂商能否依靠电动汽车发展的优势继续在自动驾驶领域攻城拔寨，牵动着每个从业者的心，当然也包括笔者。

自动驾驶行业内的每次技术创新、重大突破，笔者都会关心是否有国人的参与。2022

年下半年频繁出镜的“重感知、轻地图”技术路线，就是本节要关心的对象。

9.7.1 重感知、轻地图诞生的背景

自动驾驶自诞生之日，就开始了无休止的路线之争。

站在感知方案的角度，有特斯拉只依靠相机的纯视觉技术路线，有其他厂家的相机+激光雷达的多传感器融合技术路线；站在高精地图的角度，有特斯拉不依赖高精地图的无地图路线，也有其他厂家严重依赖高精地图的重地图路线。

如果将上面两种技术路线进行组合，我们会发现特斯拉属于“重感知、无地图”，其他厂家属于“重地图、轻感知”。

在无地图和重地图两者之间，一定还缺少一个中间状态，毕竟三足才能鼎立，三角形才具有稳定性。果不其然，在人才密度极高的自动驾驶行业，这个足、这个角很快就被创新出来，并被唤作“轻地图”。

轻地图与重感知搭配，成为 2022 年自动驾驶行业最高频的词汇之一。按照这样的迭代逻辑，笔者大胆预测：“重感知、重地图”将在 2024 年成为焦点，“轻地图、轻感知”将在 2026 年成为主旋律。

关于重感知、轻地图技术路线的提出者，业内有两种说法：一种说法是 2018 年由 Z 公司在行业内率先提出；另一种说法是由 M 公司在行业内最早提出。至于究竟是谁，这不是本节关心的重点。

基于高速公路高精地图，此前走重地图、轻感知技术路线的厂家均已陆续量产高速领航辅助驾驶产品。产品性能优劣、体验好坏不说，至少媒体口径上已经处于同一起跑线。为了能够继续保持竞争优势，城市领航辅助驾驶产品就成了必须快速攻下的又一座城。

但在攻城的时候，这条技术路线的厂家发现缺少了一样重要的补给：城市高精地图。

据统计，中国高速公路里程约为30多万千米，主流图商基本已完成高速公路及城市快速路的高精地图采集，这也是上述技术路线厂家的高速领航辅助驾驶产品得以上路的基础。

但是相比于高速公路，城市道路存在两个显著的不同之处。

一是城市道路里程更长，据统计接近1000万千米，是高速公路里程的30多倍，而主流图商目前仅完成了约20万千米道路的数据覆盖（集中在北上广深）。

二是城市道路变化度高，如城市道路不定时的养护、大型车辆密集、路边车辆的不规则停放、经常遇到打开的车门等。

因此，如果想基于高精地图实现城市领航辅助驾驶功能，对图商的采集能力、高精地图的鲜度要求都很高，鲜度最好可达到时更或日更级别。目前，图商能提供的城市高精地图只能按月或者按季度更新，基于这种鲜度的高精地图也能做出产品，但无法满足主机厂严格的品控要求。

假设图商可以解决鲜度问题，但这又会引发主机厂不可承受的成本难题。《智能网联汽车高精地图白皮书》中提到，采用传统测绘车的专业采集方式，厘米级高精地图的测绘效率约为每天每车100千米道路，每千米成本可能达千元。

为了同时解决鲜度和成本的问题，业内曾流行过一种高精地图采集模式——众包采集模式。

众包采集即发动群众的力量，由道路上的私家车、出租车、网约车负责采集数据，将这些带有定位信息的车辆行驶轨迹、相机图像数据、毫米波雷达目标数据通过车端联网设备上传至图商云端平台，图商利用AI技术处理数据，提取道路的结构化信息。

专业采集精度高、数量少，因此适合高精地图的初始绘制。众包采集精度低、数量多，因此适合后续地图的高频更新。通过专业采集+众包采集的组合方式，似乎可以解决鲜度和成本的问题。

但是，众包采集模式背后隐藏着巨大的数据安全问题。可能是考虑到这个问题，2022 年 8 月，自然资源部在《自然资源部关于促进智能网联汽车发展维护测绘地理信息安全的通知》中重申：高精地图测绘制作，只能由具备导航电子地图制作甲级资质的单位进行。

这在政策上又为高精地图的测绘多加了一道门槛。2022 年导航电子地图制作甲级资质复核时，原先 31 家具有此资质的企业只有 19 家通过复核。

在鲜度、成本、政策等多重因素下，原先期望依赖高精地图“进城”的企业不得不另谋出路。怎么办？学特斯拉走不依赖高精地图的路线？特斯拉是无地图，我们就叫作轻地图，到底有多轻，根据能力而定。

重感知、轻地图技术路线就是在这个背景下被创新提出的，并借助媒体的力量被传播到行业的每个角落。

9.7.2 重感知、轻地图践行者的众生百态

2023 年，行业内不遗余力地宣传重感知、轻地图技术路线的主要有 M 公司和 Z 公司，X 公司还处于说得少、做得多的研发阶段，H 公司在公开场合表过态，但未见有实质性的动作。

通过分析各家公司在 AI Day 或媒体开发日上公布的资料可知，各家公司对重感知中的重、轻地图中的轻的理解既有相同的地方，也有不同的地方。而这成了我们理解这条技术路线的关键。

2022 年 4 月 19 日，M 公司在其第 5 届 AI Day 上发布了城市 NOH（城市领航辅助驾驶），并称其为“国内第一个使用重感知方案的城市导航辅助驾驶系统”。当时轻感知还没有被正式提出，M 公司也没有过多分享对重感知方案实现的技术细节。

2022 年 9 月 13 日，M 公司在其第 6 届 AI Day 上正式将重感知和轻地图组合在一起提了出来，由 CEO 领衔一众技术专家，不仅给出了自己关于重感知、轻地图的理解，还

耐心解释了实现这一技术路线的关键。

谈到重感知、轻地图技术路线时，M 公司的技术副总裁说道，“就是尽量地相信实时感知，对地图主要利用拓扑关系、从感知里较难获得的信息，以及地图里面不会改变的信息。”M 公司的技术总监说道，“在重感知的技术下，不需要精度极高的地图即可实现城市辅助驾驶功能。”

其实当听到这两位的说法时，笔者便产生了一丝好奇：拓扑关系不是高精地图中的一个图层吗？不需要精度极高的地图是指导航地图的精度就足矣吗？如果只用到导航地图，为何不直接挑明呢？

对于实现这一技术路线的关键，基于笔者的理解，将其总结为 Transformer + MANA。

Transformer 在经过特斯拉的 AI Day 洗礼后，行业内对此应该不陌生。Transformer 在 2017 年由谷歌提出，在自然语言领域应用广泛，而后被移植到了计算机视觉任务中。2021 年 8 月 20 日，在特斯拉的 AI Day 上，自动驾驶技术负责人 Andrej Karpathy 公开了 FSD 中采用的算法，Transformer 正是其中最核心的模块之一。

Transformer 由于可以很好地在空间-时序维度上进行建模，且在多模态融合方面具备较大优势，因此迅速在国内传开，各厂商纷纷开始引入 Transformer，当然也包括 M 公司。技术无国界，技术合流是行业幸事，此处其实无可指摘。

Transformer 这样的大模型需要海量数据的训练，而 M 公司推出的配合大模型进化的大数据处理工具包含数据标注、算法模型、测试验证系统、仿真模拟工具及计算硬件。

虽然 M 公司在其 AI Day 上发布的内容有很多特斯拉 AI Day 的影子，但这不会妨碍我们对国内汽车行业优秀的消化、吸收、再创新能力给予肯定。

在实打实的技术分享后，M 公司表示，搭载城市 NOH 的车型将在 2022 年第 4 季度交付，并自信地喊出了：中国首个大规模量产的城市辅助驾驶系统和城市辅助驾驶系统最早量产落地的玩家。

但剧情没有按照 M 公司期望的方向发展。

2022 年 9 月 17 日，一个周六的早晨，距离 M 公司在 AI Day 上喊出“首个”和“最早”仅过去 80 余个小时，X 公司便向部分广州车主推送城市 NGP 功能；2022 年 9 月 23 日，H 公司开始在深圳推送城区 NCA 功能。

虽然 X 公司和 H 公司的城市领航辅助驾驶功能推送区域仅为 1 个城市，推送用户数量非常有限，但没有 1 个城市哪来 100 个城市，没有 1 位用户哪来 100 万位用户。

按照汽车厂商之间正常的打法，M 公司下一步应该会提前交付城市 NOH，以便应对 X 公司和 H 公司的挑战。但遗憾的是，如今 2022 年已经过去，搭载 M 公司 NOA 的车型还在冲刺上市，M 公司的“中国首个大规模量产”还有待实现。

对于“M 公司的城市 NOH 不依赖高精地图，为何仍无法直接实现大范围城市覆盖”的问题，M 公司技术总监公开解释道：虽然 M 公司的城市 NOH 不用高精地图，但还需要在标准导航地图上添加部分额外数据。

这个“部分额外数据”需要重新采集吗？是高精地图中的数据元素吗？采集涉及采集资质问题吗？这三个问题一出来，笔者立刻领悟轻地图中“轻”字的巧妙了，轻代表 1%、50%还是 99%，最终解释权归 M 公司所有。

对重感知、轻地图技术路线呼声第二高的当属 Z 公司。

2022 年 8 月 17 日，Z 公司在其媒体开放日发布了高速领航辅助驾驶系统 H-INP，对外宣称是国内首款采用重感知、轻地图技术路线的高级别自动驾驶解决方案。

Z 公司对其重感知、轻地图技术路线的解释为：重感知、轻地图是指不绝对依赖高精地图，在有高精地图时当然可以应用，在没有高精地图时可以通过使用时空联合的多任务融合感知方案及在线高精矢量重建等关键技术，减轻对高精地图的依赖。

在高速公路高精地图已经基本覆盖的背景下，Z 公司推出可以不依赖高精地图的高速领航辅助驾驶产品，着实让人有点摸不着头脑。

对于关键的重感知方案，Z 公司采用的是基于鸟瞰图（Bird's Eye View，BEV）的多传感器时空融合感知框架，利用深度神经网络，从图像和点云数据中提取单传感器或单视角数据的深度特征，然后采用基于 Transformer 的多传感器特征和多视角特征融合机制，得到当前时刻的 BEV 特征。

2023 年 1 月 5 日，Z 公司官方公布了其行泊一体智能驾驶系统定点金龙客车的消息，预计在 2024 年量产。从 0 到 1 定点过程的难度可想而知，唯愿其在创新的道路上继续锲而不舍，成为中国自动驾驶的脊梁。

接下来就是低调搞研发的 X 公司了，它也是饱受高精地图困扰的厂商之一。

X 公司与重感知、轻地图的关联可能要追溯到 2022 年 6 月，其 CEO 在粤港澳大湾区车展期间表达了一个观点：对于自动驾驶而言，高精地图一定是个过渡，云端的结合也只是一个辅助。

2022 年 9 月 21 日，X 公司在其新车型发布会上，正式推出了第二代智能辅助驾驶系统，当时强调这是基于重感知技术路线开发的智能辅助驾驶系统。一个月后，在 X 公司的 1024 科技日上，CEO 先是大吐苦水："我们碰到了巨大的困难，原来城市 NGP 依赖于高精地图，最开始我们认为在今年上半年甚至一季度下旬，就可以将城市 NGP 从一个城市推到数个城市，但困难比想象中的要多。"

随后自动驾驶副总裁宽慰 CEO，新开发的 XNGP 不需要高精地图了，并详细解释了这么做可行的原因：把来自每个相机的视频流，直接注入一个大模型的深度学习网络中，再让它直接输出 BEV 视角下的静态和动态信息，比如动态目标物的 4D 信息（如车辆、二轮车等的大小、距离、位置及速度、行为预测等），以及静态目标物的 3D 信息（如车道线和马路边缘的位置）。

大模型有了，大数据怎么解决呢？建立自动驾驶智算中心，这与 M 公司的智算中心、特斯拉的 Dojo 如出一辙。

H 公司也深受高精地图的困扰。2021 年 4 月，其公布的一段路测视频，成功将 H 公司高阶智能驾驶系统送上中心位。在这段视频中，车辆在城市里自由穿梭，轻松躲避障碍物，一度让消费者感觉自动驾驶不远了。

然而H公司原计划2021年12月向用户推送的城区NCA功能，但直到2022年9月23日，才在深圳某些特定用户的车上推送。之所以是深圳，主要是因为深圳率先审批发布了城市高精地图。而其他城市用户何时可以收到城区NCA功能的推送，将视各城市高精地图的审批进展而定。

❑ **休息一下**

目前行业内流行一种文化：做系统要对标特斯拉，开发算法要对标特斯拉，设计人机交互也要对标特斯拉……

2022年10月1日，特斯拉在AI Day期间的关键词又变成了Occupancy Network和Lane & Objects等，对于还没有消化去年关键词BEV、Transfomer和Hydranet的厂商，新的问题摆在眼前，跟还是不跟?

如今，中美两国在自动驾驶领域的发展程度不相上下，我们需要的是沉下心来做自主创新。

第一个登上山顶的人是伟大的，因为他为后来登山者提供了一条可成功复制的道路。但登山的道路永远不止一条，且想要突破极限登上更高的山顶，一定需要自我突破。

唯愿国内厂商能够走出一条独立自主的登顶之路，哪怕不是当下的最优路径或最省力路径。

9.8 架构妄语，来自食物链顶端的电子电气架构工程师

自2017年以来，汽车电子电气架构一直风头很盛，曝光度很高，虽不如自动驾驶、新能源赚钱迅速、吸睛无数，但随着各大主机厂、供应商都推出了自己所谓的新一代电子电气架构，以及有关新一代电子电气架构的各种超前宣传和科普文章，这个曾经没有什么存在感的幕后工作者也逐渐走到了聚光灯之下。

9.8.1 “分久必合”的演进

万事万物皆有其生命周期，电子电气架构也不例外。眼下是老架构面临退位，新架构急于上位的年代，而谁能在架构的更替中先行一步，谁就有可能先入“关中”。说起电子电气架构的更替，就不得不提博世提出的电子电气架构演进路线，如图 9-14 所示。

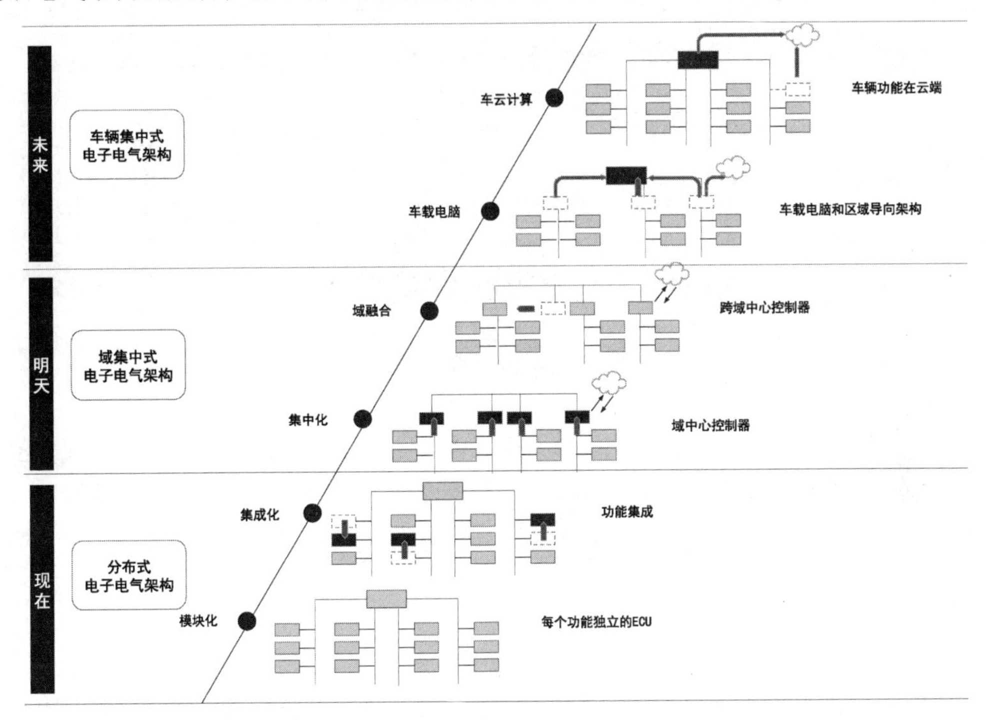

图 9-14 电子电气架构演进路线

在图 9-14 中，分布式电子电气架构基本上就是一个控制器控制一个功能，然后按照动力、底盘、车身、舒适和诊断等功能大类分成域（Domain），每个域一般有一到两条网段，彼此之间通过一个中央网关进行交互。

域内相似或者一类功能的控制器彼此合并，就往上进化一层。当这个域内合并到一定程度时，会出现一个大的控制器，并进化成域控制器承担域内主要功能。剩下的其他控制器或者被合并，或者芯片降级沦为没有灵魂的传感器或执行机构。此阶段就是现在如日中天的域融合。

当各域控制器统一域内江山的时候，自然会出现跨域之间的兼并，直至大一统的中央控制器（一般可以真正称为 Computer 了）出现，就是所谓的车载电脑和区域导向架构。到这一步往往就很难了，尤其对于传统主机厂来说，这不仅是技术升级换代，还意味着主机厂内部、主机厂及供应商间的分工将出现大幅变化。

现在绝大多数主机厂在用的，也是用了很多年的就是分布式电子电气架构。最近大家火急火燎地向更上层的域架构演进，甚至想一步到位直接实现中央计算架构，部分厂家还喊出了要把汽车打造成“Computer on Wheels”或者“IoT Device on Wheels”的豪言壮语。

9.8.2 电子电气架构工程师的职责

各家主机厂对电子电气架构工程师的职责边界的定义并不相同，下面仅简单介绍比较通用的职责。

1. 架构设计

主机厂的一套电子电气架构的生命周期通常在 5～10 年，所以在设计新一代电子电气的架构时，需要充分调研未来 5～10 年的整车潜在电子电气需求，并将需求拆解成对系统（网络、诊断、电源）和零件的 5～10 年总体要求，基于架构总体规划制定系统和零件的短、中、长期技术路线。

2. 系统设计

架构设计完成之后，进入整车项目的开发过程，即架构的落地阶段。架构工程师根据市场、项目给出的功能列表，细化出电子电气功能清单，并根据功能清单组织各子系统工程师（部分子系统由电子电气架构工程师负责）进行功能评审，邀请所有接口相关方，明确大家在什么阶段实现依赖和诉求，在什么节点可以进行系统联调。

3. 功能开发

为各系统和零件明确了各自的功能边界后，电子电气架构工程师就需要为它们规划统一的路和桥，主要包括网络系统、诊断系统和电源系统等。针对网络系统，需要定义网络拓扑、通信接口、路由逻辑、唤醒休眠逻辑等；针对诊断系统，需要定义统一的诊断要求、诊断接口；针对电源系统，需要定义用电级别、充/放电策略、静态电流总体要求等。这 3 个系统的平台化水平在一定程度上体现了电子电气架构工程师的能力、主机厂在供应商面前的话语权。

从上述职责可以看出，一位优秀的电子电气架构工程师需要兼具硬实力、软手段，上对行业趋势、公司战略了如指掌，下对系统原理、零件功能信手拈来。

9.8.3 “不负责任”的杂谈

本小节主要杂谈两点，一是电子电气架构落地过程的痛点，二是对当前架构换代的“非主流”解读。

1. 电子电气架构落地过程的痛点

架构工作的终极目标是实现大一统，包括通信策略、网络管理策略、电源管理策略、功能软/硬件接口等。这样在适配其他项目时，电子电气架构工程师只要专注于新需求的设计、新功能的开发即可。

现实情况是，核心零部件都是由重量级供应商提供的，而重量级供应商对非重量级主机厂的态度是“随便挑，随便选，只卖产品，不卖服务，除非你付得起天价开发费”，这就导致架构平台需要去适配重量级供应商的零件。

一些经常打补丁的零件开始令人瑟瑟发抖，要为重量级供应商定制一版信号路由关系，增删一路 CAN 终端电阻，启用预留的 Ethernet/CAN/LIN 资源。换另一家重量级供应商的零件，又要做相同的定制，架构大一统的大任遥遥无期，再好的架构设计也无法发挥其最大的价值。

传统主机厂和周天子一般，空有王的头衔，却常常无法规划和指挥各路诸侯（系统、零件）。往往是诸侯有自己的诉求时，才来面见周天子，想借周天子之名，名正言顺地获得其他诸侯的支持。同理，传统主机厂想要脱胎换骨升级，基本会新建事业部、分公司，或者将项目打包给强大的第三方。这也是近几年传统主机厂纷纷设立软件中心的缘由。

一些新成立的主机厂好比藩王根基未固，架构团队几乎可以包办大部分功能设计的分配，可谓创业大功臣。而后，分封完毕，藩王成气候后，架构团队又逐渐势微，乃至整个团队也萎缩了。

2. 对当前架构换代的“非主流”解读

现在的分布式电子电气架构真的无法支撑汽车所谓的电气化、智能化、网联化了吗？笔者斗胆妄议：如果局部再升级优化下，至少能再战五年。有人可能要问：这样能应付得了辅助驾驶乃至自动驾驶需求吗？笔者认为应付自动驾驶要打个问号，但应付辅助驾驶肯定没有问题，前提是“加钱”。加的钱用来升级部分控制系统的算力，以便于满足辅助驾驶的算力和人机交互需求。

可以预见，行业内将长期处在辅助驾驶阶段，电子电气分布式架构尚且能够支持该阶段，那么为什么主机厂和供应商急于升级电子电气架构呢？需求从来都是想卖东西给你的人帮你提的，对比一下 3G/4G 时代，相信你会有一些答案。

近年来，手机的创新已经趋于稳定和饱和，当“科技界”的眼光盯上汽车时，就知道汽车行业的充分竞争时代来了。只把车机做成低配手机的所谓互联网汽车级别的创新，显然不能满足互联网的科技感需求。怎么办？答案是架构升级。

广大互联网企业自认为以一种降维打击的姿态加入汽车红海中，但对它们来说，嵌入式单片机显然不是施展拳脚的舞台，强算力的域控制器/中央控制器才是。已经有互联网企业开始以整套域架构方案作为卖点，这些跨界的企业借助熟练的宣传方式，逐步把汽车行业的大环境改造成它们期望的主战场，给人一种汽车的未来将由这些跨界的互联网科技大厂主导的错觉。

只怕最后，都是给“英伟达们”做了嫁衣。笔者希望各位传统主机厂沉得住气，深耕工艺、质量、材料基础创新，维护好汽车企业的荣光。笔者也相信大多数客户想要的是一个舒适、安全的沙发，而不是一台随时可能宕机的带着 4 个轮子的电脑。

9.9 本章小结

杂谈不是目的，搭乘“快车”的企业应尽快走上认真踏实的奋斗之路才是诉求。愿在业内人士的共同努力和监督下，人类可以更早地实现解放双手的目的。